Gedichte und Interpretationen
Mittelalter

Gedichte
und Interpretationen

Mittelalter

Herausgegeben
von Helmut Tervooren

Philipp Reclam jun. Stuttgart

Universal-Bibliothek Nr. 8864
© 1993 Philipp Reclam jun. GmbH & Co., Stuttgart
Gesamtherstellung: Reclam, Ditzingen. Printed in Germany 1993
RECLAM und UNIVERSAL-BIBLIOTHEK sind eingetragene
Warenzeichen der Philipp Reclam jun. GmbH & Co., Stuttgart
ISBN 3-15-008864-X

Inhalt

Vorbemerkung

Dieses Bändchen enthält 22 Interpretationen mhd. Lieder, das früheste entstand noch im 12. Jahrhundert, das späteste ist kurz nach 1450 aufgezeichnet. Wenn der Kenner nun sein Lied hier nicht interpretiert findet, der Lehrer möglicherweise befremdet ist, weil er nur an wenigen Liedern das höfische Programm »Minne« demonstrieren kann, dann liegt es daran, daß ich durch die Auswahl der Lieder herkömmlichen Vorstellungen über mhd. Lyrik ein wenig gegensteuern und trotz des unbezweifelten Vorrangs der Minnekanzone anderen Typen Raum geben wollte. Daß dabei Wertungen aufgebrochen wurden, die durch die Herrschaft eines Auswahlkanons über mehr als ein Jahrhundert in der Forschung festgeworden sind, war mehr als ein angenehmer Nebeneffekt.

Die Vielfalt mhd. Liedüberlieferung sollte in den Blick kommen. Insofern sah ich in der Vorgabe des Verlages, die deutsche Lyrik zwischen 1150 und 1450 in ausgewählten Beispielen vorzustellen, nicht nur eine Last, sondern auch eine Chance. Ich sah sie in der Reflexion des Gattungsaspekts. Der Blick auf die Gattung bot die Möglichkeit, Entwicklungen einmal anders zu beschreiben und Lieder einzubeziehen, die sonst (zu) wenig Aufmerksamkeit finden. Darum bat ich die Interpretinnen und Interpreten, den Gattungsaspekt in ihrer Interpretation aufzunehmen. Daß alle in ihrer Art darauf eingegangen sind und darauf eingehen konnten, ohne in ihren Interpretationen an Facettenreichtum oder Engagement zu verlieren, zeigte mir, daß mein gewählter Ansatz fruchtbar war und meine Bitte den freien Spielraum der Bearbeiter nicht einschränkte. Eine Interpretation unter diesem Aspekt vermag offensichtlich ein Lied aufzuschließen und gleichzeitig zum Überblick über die mhd. Lyrik beizutragen.

Die Auswahl der Lieder ist natürlich in mehr als einer Hinsicht willkürlich. Jeder, der die Überlieferung überschaut, sieht das. Besonders schmerzlich wird man die Lücken bei der Sangspruchdichtung empfinden. Hier mag und kann man mit mir rechten. Ich widerspreche nicht. Im Blick auf die Gattungsreflexion und -diskussion, das anvisierte Zentrum dieses Bändchens, läßt sich aber vielleicht doch eine gewisse Repräsentativität erkennen. Die Diskussion wird im einzelnen Lied ebenso geführt wie im Zusammenspiel der Interpretationen, das sich dem Leser erschließt, wenn er das Bändchen als Ganzes liest. Lesern, die sich für Fragen der Gattungspoetik im mhd. Lied interessieren, kann ich das empfehlen. Meine Ansichten zu diesem Problem habe ich auf den folgenden Seiten dargelegt. Sie enthalten zugleich meine Gründe für die Anordnung der Beiträge.

Zuletzt noch ein Wort des Dankes. Ohne das intensive Studium aller im Band vereinigten Interpretationen hätte ich den Aufriß so nicht schreiben können. Auch wäre die Planung und Herausgabe des Bändchens nicht so unproblematisch und erfreulich verlaufen, wenn nicht alle, die mitgearbeitet haben, so bereitwillig auf meine Wünsche eingegangen wären und so diszipliniert und pünktlich gearbeitet hätten. Ihnen allen danke ich dafür ganz herzlich.

H. T.

Einleitung

Gattungen und Gattungsentwicklung in mittelhochdeutscher Lyrik

Von Helmut Tervooren

I

Der Irrtum, mhd. Lyrik mit der Minnekanzone[1] gleichzusetzen, hat Tradition und unterläuft nicht nur dem Laien. Er ist einerseits verzeihlich, da die Überlieferung ihn auch aufmerksameren Beobachtern aufdrängt, andererseits aber auch verhängnisvoll, da er den Blick auf die teils offene, teils verborgene Vielfalt mhd. lyrischer Gattungen und Formen verdeckt – und damit auch die Vielfalt kultureller Interaktionen zwischen literarischen Typen und die sie rezipierenden historischen Individuen und Gruppen.

Die vorschnelle Identifikation mhd. Lyrik mit der Kanzone hat natürlich ihre Gründe in der überragenden geistes-, mental- und kulturgeschichtlichen Bedeutung dieser zentralen Liedgattung. Sie prägte nicht nur die klassische Zeit des Minnesangs, sondern wirkte noch fort, als die Produktion von

---

1 Ich spreche im folgenden in Anlehnung an den romanistischen Gebrauch von ›(Minne)kanzone‹, wenn das zentrale, klassische Minnelied gemeint ist. Weiterhin benutze ich den Begriff ›Gattung‹, gelegentlich spreche ich auch in Anlehnung an H. Kuhn von ›(Text)typ‹, wiewohl es sich in der Regel nicht um literarisch durchgeformte Textreihen im Sinne von Natur- oder Seinsformen der Dichtung handelt und die einzelnen Ausformungen nicht immer auf der gleichen Ebene definiert werden können. Begründete Hierarchisierungen sind schwierig, obwohl ›Gattung‹ sicher dem Begriff ›(Text)typ‹ überzuordnen ist. Wenn man aber mit W. Voßkamp (»Gattungen als literarisch-soziale Institutionen«, in: *Textsortenlehre – Gattungsgeschichte*, hrsg. von W. Hinck, Heidelberg 1977, S. 27–44, hier S. 27) Gattungen »als historisch bedingte Kommunikations- und Vermittlungsformen« betrachtet (also als Formen, die sich in neuen Situationen auch neu konstituieren), mag eine solche terminologische und definitorische Unschärfe verzeihlich sein.

Minneliedern zurückging. Die Sammler und Redaktoren der großen Minnesanghandschriften A, B, C, E waren auch noch zu Beginn des 14. Jahrhunderts vom *grant chant courtois* so fasziniert, daß sie ihren auswählenden Blick vor allem auf die Minnekanzone richteten. Dieser Vorgang ist für unsere Kenntnisse der mhd. Lyrik und damit für ihre Geschichte von besonderer Bedeutung, denn zu Beginn des 14. Jahrhunderts ist wahrscheinlich das Bild geformt worden, das bis heute unsere Literaturgeschichten vermitteln. Damals ist die Überlieferung ›gereinigt‹ oder zumindest auf die Kanzone hin stilisiert worden. »Daß sie [d. h. andere Typenansätze als die Kanzone] besonders im Deutschen kaum zu fassen sind, vor allem für das 12. und 13. Jahrhundert, liegt hauptsächlich an unseren aufs ›hohe‹ Lied fixierten alten Liederhandschriften.«[2]

Daß solche Schlüsse berechtigt sind, daß die Anliegen und Ziele der Sammler auch anders gelagert sein könnten, läßt die fragmentarische Walther-Handschrift U^x–U^{xx} vermuten. Wiewohl sie zu den frühen Überlieferungsträgern gehört, kann man sie nur mit Vorbehalt eine Minneliederhandschrift nennen, da in den 42 dort überlieferten Strophen die eigentliche Minnekanzone deutlich unterrepräsentiert ist. Hier herrschen die sonst schlecht tradierten objektiven Gattungen vor. Nicht ganz ohne Schuld an der Identifikation von mhd. Lyrik mit Minnesang ist natürlich auch die literaturgeschichtliche Forschung. Sie hat das hohe Ansehen, welches das Minnelied in der zeitgenössischen Literaturgesellschaft, bei Sängern und Hörern, genoß (etwas unreflektiert, wie ich meine), übernommen und perpetuiert. Erst in jüngerer Zeit verlagern sich, angestoßen von Hugo Kuhns Überlegungen zu Typenbildung, Gebrauchssituation usw., die Forschungsaktivitäten auf den scheinbar typenreicheren späteren Minnesang, besonders auch auf Neidhart.

Die Nobilitierung der Gattung Kanzone ergibt sich aus der

2 Hugo Kuhn, *Minnelieder Walthers von der Vogelweide. Ein Kommentar*, hrsg. von Chr. Cormeau, Tübingen 1982, S. 82.

neuen Liebesideologie, die um 1170 aus dem Westen nach Deutschland kommt. Ein Lied ist dann gut, wenn es von der Liebe handelt. *Bona canso* (›gutes Lied‹) nennt die Trobador-Poetik darum das Lied, das einem Minneverhältnis in seiner idealen Form Ausdruck verleiht, das Ansehen der *domna* erhöht und dadurch die Wertschätzung des Trobadors bei der Dame steigert.[3] Wenn auch der Begriff *bona canso* primär eine inhaltliche Ausrichtung signalisiert, geht damit eine ästhetische Aufwertung der Kanzone einher, da der Rang des Themas vom Sänger höchste Kunstfertigkeit verlangt. Formaler Ausdruck dieser Wertschätzung ist das *novitas*-Prinzip: Der Sänger erfindet zu jeder Kanzone eine neue Melodie, während er etwa bei der Sirventes auf bekannte Melodien zurückgreifen konnte und durfte.[4] Die Folge der Nobilitierung der Kanzone ist natürlich die Disqualifizierung (oder zumindest: die Abqualifizierung) der Sekundärgattungen, also von allem, was nicht Minnelied ist. In der deutschen Lyriküberlieferung ist dieser Prozeß der Abqualifizierung, aber auch der der gattungsmäßigen Ausdifferenzierung der Kanzone nur schwer zu beurteilen, weil sich neben der Kanzone nur wenige Gattungen fest etablieren konnten. Anders als in der Romania kommt darum die Vielfalt mittelalterlicher lyrischer Gattungen nicht so klar in den Blick. Der *Grundriß der romanischen Literaturen des Mittelalters*[5] geht für die provenzalische Lyrik von 15 *genres lyriques* aus, ohne gewisse Untergattungen wie etwa das Abschiedslied mitzuzählen.[6] Natürlich haben diese *genres*/Gattungen

---

3 Dietmar Rieger, *Gattungen und Gattungsbezeichnungen der Trobadorlyrik. Untersuchungen zum altprov. Sirventes*, Tübingen 1976, S. 305 bis 312.

4 Vgl. etwa Gisela Kornrumpf / Burghart Wachinger, »Alment. Formentlehnung und Tönegebrauch in der mhd. Spruchdichtung«, in: *Deutsche Literatur im Mittelalter. Kontakte und Perspektiven*, H. Kuhn zum Gedenken, hrsg. von Chr. Cormeau, Stuttgart 1982, S. 356–411, hier S. 370 ff.

5 Vol. 2: *Les Genres Lyriques*, T. 1, Fasc. 3–5, Heidelberg 1979–87.

6 Vgl. auch Rieger (Anm. 3) S. 2 ff.

quantitativ ein unterschiedliches Gewicht. Die Kanzone ist mit 40 % am stärksten vertreten, das Kreuzlied dagegen und die Pastourelle gehören mit 1 % zu den weniger gut bezeugten *genres*.[7] Aber alle haben eine spezifische, eine gattungsmäßige Ausprägung und mittelalterliche theoretische und konkrete Paradigma.

Ob in Deutschland auch eine so große Zahl von Gattungen anzusetzen ist, ist unsicher, da bisher weder qualitative noch quantitative Untersuchungen zu mhd. lyrischen Gattungen in ausreichender Zahl vorliegen. Unbezweifelbar ist aber (auch nach dem Ausgleich der Verwerfungen durch Überlieferung und Forschung) die dominante Stellung der Minnekanzone. Sie gilt für die deutsche Lyrik ebenso wie für die romanische. *Bona canso* könnte denn auch in der mhd. Lyrik *guot sanc* (Hadlaub SMS 8,I,10), *edeler sanc* (Hadlaub ebd. II,1; III,1), *hövescher sanc* (Walther 31,33; 32,7), *hôher sanc* (Walther 53,28), *minneclîcher sanc* (Rubin KLD 47, XVIIa,3,6), *hôhez niuwez liet* (Hartwig von Rûte, MF 117,25, mit Betonung des *novitas*-Prinzips), *ritterlîchez liet* (Ulrich von Lichtenstein 456,24) entsprechen. Die Belegsammlung ist relativ vollständig, und die Begriffe stehen dabei in programmatischen Strophen, in denen der Sänger über seine Kunst reflektiert. Sie dürften darum eine gewisse literaturwissenschaftliche Relevanz besitzen.[8] Die hervorragende Stellung des Minneliedes ist darum bei jeder weiterführenden Überlegung zum Gattungsproblem in der mhd. Lyrik zu respektieren. Andererseits müssen germanistische Forschungsdefizite offengelegt und die Beziehungen zu den anderen Gattungen untersucht werden. Im günstigsten Fall läuft es auf die Erstellung eines minnesängerischen Gattungssystems hinaus. Dies ist ein schwieriges Unternehmen,

7 Im einzelnen vgl. dazu Rupprecht Rohr, »Zur Interpretation der altprov. Lyrik«, in: Romanistisches Jb. 13 (1962) S. 43–75, hier S. 73 ff.
8 Natürlich sind *hövesch* und *hôch* auch ständische Wertungen, aber sie signalisieren (auch durch ständische Attributionen) das Außergewöhnliche des Minneliedes.

weil nirgends in der Überlieferung auf ein solches System rekurriert wird, sondern immer nur mit Systemelementen gespielt wird. In einem Vorwort gar ist es ein hybrides Unterfangen, zumal wenn man bedenkt, daß den bisherigen Versuchen[9] kein durchschlagender Erfolg beschieden war.
Den Versuch wäre es allerdings wert, wenn auch letztlich vielleicht nicht mehr als eine Beschreibung von inhaltlichen, formalen oder funktionalen Gruppierungen herauskommt.[10] Aber schon bei solchen vorläufigen Gruppierungsversuchen stellt sich die Frage, von welcher Basis man ausgehen soll. Versuche, die eine normative zeitübergreifende Gattungslehre zugrunde legen, müssen scheitern. Im Mittelalter gibt es keine deutsche Poetik, und Transformationen lateinischer Poetiken auf volkssprachige Literatur sind problematisch. Zudem findet man darin auch wenig, was hilfreich und brauchbar wäre.[11] Gibt es aber für die Zeit keine gesetzte Gattungsnorm, kann die Feststellung gattungshafter Phänomene und ihre Vernetzung zu einer Struktur, vielleicht zu einem System nur auf eine Art gewonnen werden: über die literarische Praxis und über zeitgenössische Reflexionen über Gattungsmäßiges, wie sie sich etwa in Terminologien niederschlagen. Termini, die Gattungen oder gattungsähnliche Erscheinungen benennen, kennt auch die mhd. Überlieferung.[12] Der für

9 Vgl. Hugo Moser, »Minnesang und Spruchdichtung? Über die Arten der hochmittelalterlichen deutschen Lyrik«, in: Euph. 50 (1956) S. 370 bis 387; Ulrich Müller, »Ein Beschreibungsmodell zur mhd. Lyrik. Ein Versuch«, in: ZfdPh. 98 (1979) S. 53–73.
10 Vgl. dazu Hugo Kuhns »Typologie«. Er unterscheidet zwischen Formtypen, Strukturtypen, Funktionstypen, Aufführungstypen u. a. und glaubt so, die Totalität der schriftlichen Überlieferung erfassen zu können (H. K., »Versuch über das 15. Jahrhundert in der deutschen Literatur«, in: *Entwürfe zu einer Literatursystematik des Spätmittelalters*, Tübingen 1980, S. 77–101, hier S. 85).
11 Irene Behrens, *Die Lehre von der Einteilung der Dichtkunst, vornehmlich vom 16.–19. Jh. Studien zur Geschichte der literarischen Gattungen*, Halle 1940, S. 33 ff.
12 Vgl. die erschöpfende Zusammenstellung bei G. Schweikle, *Minnesang*, Stuttgart 1989 (SM 244), S. 115 f.

die Lyrik ergiebigste Katalog findet sich in einer Spottstrophe Reinmars des Fiedlers auf Leuthold von Seven.

> Got welle sône welle, doch sô singet der von Seven
> noch baz dan ieman in der werlte. frâget nifteln unde neven,
> geswîen swâger swiger sweher: si jehent ez sî wâr.
> tageliet klageliet hügeliet zügeliet tanzliet leich er kan,
> er singet kriuzliet twingliet schimpfliet lobeliet rüegliet alse
>   ein man
> der mit werder kunst den liuten kürzet langez jâr.
> wir mugen wol alle stille swîgen dâ hêr Liutolt sprechen wil:
> ez darf mit sange nieman giuden wider in.
> er swinget alsô hô ob allen meistern hin,
> ern werde noch, die nû dâ leben, den brichet er daz zil.

>   (KLD 45,III)

Möge Gott wollen, wie er will, dennoch singt der von Seven besser als sonst jemand auf der Welt. Fragt Nichten und Neffen, die ganze angeheiratete Verwandtschaft, Schwiegersohn, Schwiegervater und -mutter: Sie bestätigen es. Auf Tagelieder, Klagelieder, Jubellieder, Lieder zur Geige [?], Tanzlieder und Leichs versteht er sich. Er singt Kreuzlieder, Heischelieder, Scherz-, Lob- und Schmählieder, so wie ein Mann, der mit höfischer Kunst den Leuten das lange Jahr verkürzt. Wir mögen wohl alle schweigen, wo Herr Leuthold sprechen will. Es darf sich niemand mit Liedern gegen ihn großtun. Wenn nicht zu denen, die nun leben, ein [neuer] kommt, dann sticht er sie alle aus.

Dieser Katalog ist öfter auf seine Brauchbarkeit für die Erstellung eines minnesängerischen Gattungssystems untersucht worden. Wegen des Fehlens typologischer Festigkeit der meisten Termini haben Hugo Kuhn[13] und Kurt Ruh[14] seine Brauchbarkeit bestritten. Dagegen ging Hugo Moser bei seinem Versuch einer gattungsmäßigen Gliederung der

---

13 Hugo Kuhn, *Gattungsprobleme in mhd. Literatur*, München 1956, S. 8 ff.
14 Kurt Ruh, »Mhd. Spruchdichtung als gattungsgeschichtliches Problem«, in: DVjs. 42 (1968) S. 309–324.

mhd. Lyrik u. a. von diesem Katalog aus. Auch H. Janssen[15]
hat mit Nachdruck Kuhn und Ruh widersprochen. Die Diskussion kann hier nicht weitergeführt werden, aber es sollte
doch bedacht werden, daß diese Termini, auch wenn sie
keine eindeutigen Gattungscharakteristika benennen, nicht
willkürlich geprägt sind. Sie lassen sich inhaltlich, z. T. auch
aufgrund der Gebrauchsfunktion unterscheiden – ein wichtiger Schritt auf dem Weg zum System; vor allem aber ordnen
sie sich z. T. in eine die mittelalterlichen Literaturen über-
spannende Gattungsterminologie ein.[16] Trotz der fehlenden
typologischen Festigkeit signalisieren diese Begriffe darum
sicher ein mehr oder weniger differenziertes Gattungsbe-
wußtsein. Auch wird ein gewisses Gattungsverständnis
bei den Zuhörern vorauszusetzen sein, wenn ein Sänger
solche Listen ironisierend in einer literarischen Polemik
benutzt.

Alles andere wäre auch verwunderlich. Die Zeit, in der sich
die mhd. Literatur entwickelt und ausbreitet, ist ja auch eine
Zeit der literarischen Bewußtseinsbildung. Diese entwickelt
sich aber immer im Umgang mit Texten – und der war in dieser Zeit zumindest beim weltlichen Adel in der Regel nicht
schulmäßig, sondern durch den aktiven und passiven Vollzug
von Literatur bestimmt. Das schließt natürlich nicht aus, daß
sich dieses Bewußtsein aus verschiedenen Quellen speist.
Kuhn[17] spricht von subliterarischen, gelehrt-lateinischen und
volkssprachig-literarischen Schichten. Aber er läßt es als
unwahrscheinlich erscheinen, daß eine solche Bewußtseinsbildung sich um literaturwissenschaftliche Systematiken und

15 Hildegard Janssen, *Das sog. »Genre objectif«. Zum Problem mittelalterlicher literarischer Gattungen dargestellt an den Sommerliedern
Neidharts*, Göppingen 1980, S. 25 ff.
16 Vgl. etwa prov. *alba*, frz. *aube*, mhd. *tagelied*; lat. *conflictus, altercatio*,
prov. *partimen, tenso, joc partit*, frz. *debat, jeu partit*, mhd. *geteiltez spil*;
lat. *salutatio*, prov. *salutz*, frz. *salut*, mhd. *gruoz*; lat. *planctus*, prov.
planh, mhd. *klageliet*. Vgl. dazu auch P. Wareman, »Les débuts du
lyrisme profane au moyen age latin«, in: Neophil. 42 (1958) S. 89–107.
17 Kuhn (Anm. 13) S. 20–25.

Namen kümmert. Was literarisches Bewußtsein auszeichnet und was literaturgeschichtlich fruchtbar zu machen ist, ist die Sensibilität, mit der es auf literarische, mentale und poetische Interaktion reagiert.[18]

Mit dem Einbezug des literarischen Bewußtseins scheint mir aber auch ein Zugang zum Gattungsproblem gefunden zu sein, der gegenstandsgemäß ist. Bewußtsein speichert frühe Ausformungen der Gattung und registriert Innovationen. Es vermag Verschiebungen, Um- und Neuordnungen in Gattungsmustern zu erkennen und ihre möglichen Gründe und Funktionen im Kulturleben, aber auch im sozialen Leben zu bestimmen und so historische Bewegungen nachzustellen. Kurz: Es ist eine wandlungsfähige und dynamische Instanz, die nach Bedarf rückwärts gerichtet ist, aber gleichzeitig nach vorne schauen kann. Dies ist ja im übrigen nicht neu und auch von der Literaturwissenschaft längst anerkannt worden, spätestens seit den 70er Jahren, als H. R. Jauss die Gattungsgeschichte zur Rezeptionsgeschichte erweiterte.[19] Die Rezeptionsästhetik drang damals auch in die Interpretationen mhd. Texte ein, und der »Erwartungshorizont« des Hörers / Lesers (nach Jauss ein objektivierbares Bezugssystem der Erwartungen) wurde als ein fruchtbares und erkenntnisförderndes Interpretamentum in die Textdeutung einbezogen.

Setzt die Literaturwissenschaft die Existenz eines solchen Gattungsbewußtseins an – und sie tut es in zahlreichen Interpretationen und Deutungen mhd. Lyrik –, dann muß sie die nicht gerade häufigen poetologischen Reflexionen in der

---

18 Diese Dynamik ist es auch, die Beschreibungsentwürfe zu mhd. Gattungssystemen (s. etwa Moser und – mit berechtigter Kritik an Moser, aber auch differenzierter – Müller [Anm. 9]) letztlich scheitern läßt. Als Matrix für die Erstellung eines Lyrik-Katalogs mögen sie ihre Berechtigung haben, als Abbild zeitgenössischer literarischer Prozesse taugen sie wenig, da sie nicht berücksichtigen, daß sich ein Lied unter verschiedenen gattungshaften Aspekten fassen läßt.

19 Hans Robert Jauss, *Literaturgeschichte als Provokation*, Frankfurt a. M. 1970.

mhd. Liedüberlieferung auch mutiger und intensiver interpretieren. Wenn Walther von der Vogelweide einen Registerwechsel (und eventuell auch eine Registererweiterung) ankündigt,[20] ist dieser Wechsel vielleicht nicht allein auf die in der Lyrik konventionelle dichotomische Unterscheidung Minnesang – Sangspruchdichtung zu beziehen, wie es etwa der Kommentar von Wilmanns will.[21] Es wäre dann an eine differenziertere und weiterfassende Dichotomie zu denken, die in der übersichtlicheren und (vielleicht) gattungsreicheren romanischen Lyrik deutlicher wird und die von Zumthor, Bec u. a. begrifflich in zwei soziopoetische Register (*registre aristocratique* und *registre populaire*) gefaßt wurden. Auch mit anderem wäre zu rechnen, das sein Zentrum in weiteren Lebenszusammenhängen hatte und nicht unmittelbar mit dem Minnelied zusammenhing: Brauchtumslieder, Balladen, Tanzlieder und geistliche Lieder. Liedtypen also, die in der Forschung als »natürliche« Gattungen und als Vorformen des höfischen Liedes und des Sangspruches eine gewisse Rolle spielten, aber als selbständige Gattungen kaum beachtet wurden. In Wahrheit sind es doch wohl soziogenetische Register, denn der Vortragsort dürfte für beide Register der Hof gewesen sein. Nur dort konnten die zahlreichen Registerinterferenzen ihre Wirkung entfalten.

Zugegeben, direkte Zeugnisse gibt es kaum, aber auch hier mögen die Verwerfungen durch die Überlieferung eine Rolle gespielt haben. So ist es etwa auffällig, daß das, was der Philologe ihr abgewinnt, und das, was explizite Quellen zu Gattungen sagen, in einem merkwürdigen Gegensatz stehen. Die Überlieferung ist (wie schon betont) auf das hohe Lied hin stilisiert. In der ausführlichsten zeitgenössischen Sammlung von Gattungsnamen, in der zitierten Scheltstrophe

---

20 Vgl. etwa: *Sît daz diu minneclîche minne alsô verdarp, / sît sanc ouch ich ein teil unminneclîche, / iemer als ez danne stât, / also sol man danne singen* (48,14 ff.).

21 Vgl. W. Wilmanns / V. Michels (Hrsg.), *Walther von der Vogelweide*, Halle [4]1924, S. 206.

Reinmars des Fiedlers, fehlt dagegen der Name, den wir heute für das hohe Lied verwenden und der auch mittelalterlich ist, völlig. Dafür mag es manchen plausiblen Grund geben, etwa den, daß Reinmar der Fiedler in diesem ironischen Lob es tunlichst vermeidet, dem Vielschreiber Leuthold von Seven auch noch eine Fertigkeit in der vornehmsten Gattung, eben dem Minnelied, zuzubilligen. Ein anderer Grund könnte darin liegen, daß *klageliet, hügeliet, lobeliet* Aspekte (Untergruppen) der Minnekanzone darstellen. Dennoch bleibt es auffällig, daß bei der Dominanz der Minnekanzone in der Überlieferung ein so typenreicher Katalog das *minneliet* nicht nennt. Ist die Dominanz im zeitgenössischen Literaturbetrieb vielleicht doch nicht so groß, wie es die Überlieferung uns glauben macht? Haben andere Typen ihren Weg aufs Pergament nur deshalb nicht gefunden, weil sie noch illiteraten Traditionen und Gebrauchssituationen verhaftet waren und damit nicht den Ansprüchen der Redaktoren unserer Sammelhandschriften entsprachen? Das sind Fragen, die gestellt werden müssen, wenn sie auch (noch) nicht beantwortet werden können.

Eine weitere Auffälligkeit beobachtet der, der die mhd. Lyrik unter dem Gattungsaspekt durchmustert und die literaturgeschichtliche Ausfaltung einzelner Texttypen betrachtet. Nach einer frühen Phase, die vor allem der Kürenberger repräsentiert und die in der Vielfalt der thematischen Aspekte auch zahlreiche Typenansätze birgt, geht die Zahl erkennbarer Typenansätze zurück. Friedrich von Hausen und vor allem Heinrich von Morungen sind offenbar in erster Linie am *grand chant courtois* interessiert. Für diese kurze Zeit mag es dann auch zutreffen, daß Sänger und Publikum vollauf damit beschäftigt waren, die Kanzone und die von ihr transportierte Liebesauffassung zu verarbeiten.[22] Dann aber nimmt die Zahl der zumindest in Ansätzen beschreibbaren Typen ständig zu. Im 13. Jahrhundert erweist

22 Vgl. Helmut Tervooren, *Reinmar-Studien. Ein Kommentar zu den »unechten« Liedern Reinmars des Alten*, Stuttgart 1991, S. 263 f.

sich die Lyrik, wie in der Frühzeit, wieder als ein innova-
tionsfreudiges und typenreiches Ensemble. Die Minnekanzone, die durch ihre Faszination die ursprüngliche Breite des
Gattungsspektrums beschnitt, wird nun wiederum selbst
funktional ausdifferenziert (ähnlich wie in der Romania, wo
auch mehrere Differenzierungsphasen angesetzt werden).
Man kann vermuten, daß dies im Zuge einer allgemeinen
Entwicklung lag, da spätestens seit der Mitte des 13. Jahrhunderts sich (aufgrund neuer soziokultureller Verhältnisse
und veränderter literarischer Kommunikation?) neue literarische Gattungen herausbildeten (Sangspruch, Märe, *bîspel*,
mystische Traktate, Brief, geistliches Spiel). Aber dies allein
erklärt die Ausfaltung in der Lyrik nicht. Man wird auch eine
innere Dynamik, die vor allem vom Minnelied und seiner
Wirkung auf das Publikum ausgeht, in Rechnung stellen
müssen. Die Zahl der Typen kulminiert im ausgehenden
13. Jahrhundert zweifellos im Werk des schweizerischen
Minnesängers Hadlaub, das praktisch alles, was an Typen
und Formen um 1300 möglich war, vereinigt. Diese Bewegung ist vielleicht deswegen so interessant, weil sie den
Gedanken an eine durch die Überlieferung verschüttete
Kontinuität, aber auch an eine Zeit- und Interessengebun-
denheit verschiedener Texttypen aufkommen läßt, denn die
Typenvielfalt ergibt sich auch durch den Rückgriff auf Älteres, auf natürliche und historische Gattungstypen, auf
deutsche und europäische Traditionen. Diesen Aspekt der
minnesängerischen Gattungspoetik sollte man im Auge behalten. Auch hier könnte Hadlaub ein interessanter Zeuge
sein. Sein überaus breites Werk mag ja als eine Reaktion auf
seine literarhistorische Schlüsselposition verstanden werden.
»Keiner vor ihm hatte wohl je die gleiche Möglichkeit besessen, die Kunsttradition in ihrer Gesamtheit zu überblicken
und sich durch all die großen und kleinen Vorläufer anregen
und inspirieren zu lassen.«[23]

23 Max Schiendorfer, *Johannes Hadlaub. Die Gedichte des Zürcher Minnesängers*, Zürich / München 1986, S. 207.

Der Rückgriff auf Älteres als Element minnesängerischer Gattungspoetik ist vielleicht zu wenig beachtet worden und bedarf einer kurzen Erläuterung.[24] In ihm liegt das eigentliche Moment der Kontinuität, denn das Frühere mutiert, indem es sich erweitert und durch Späteres ergänzt wird. Dabei entsteht ständig etwas Neues, das den Literaturwissenschaftler zu immer neuen Definitionen des Gattungsaspektes zwingt. Etwas konkreter: Absolute Innovationen kennt die mhd. Lyrik offenbar nicht. Motive, Bilder und auch Typenansätze lassen sich in der Regel in der früheren Lyrik belegen, aber sie treten bei der Neuaufnahme in neue ästhetische und funktionale Zusammenhänge. Was die normative Poetik als schwierig empfindet, ist logische Konsequenz dieser Betrachtungsweise: Ein Lied kann in verschiedenen Gattungszusammenhängen gesehen werden, solange man nicht die Frage nach der gattungshaften Dominante stellt. Sie allein verweist auf den Platz im Zusammenspiel der Gattungen und Typen.

Ich erläutere den Gedanken an einigen Beispielen. Die Themen ›Liebe und Abschied‹, ›bleiben und gehen‹ gehören in der Liebeslyrik eng zusammen. In der Romania haben sich darum mit *comjat* und *chanson de change* zwei Subgattungen des Minneliedes gebildet, die diese thematische Verflechtung auch auf der Gattungsebene sinnfällig machen. Der *comjat* hat den Abschied von der bisherigen Dame zum Gegenstand, die *chanson de change* Abschied und Hinwendung zu einer anderen Dame.[25] In Deutschland hat diese Ausfaltung der Kanzone keinen Anklang gefunden, ist jedoch in einzelnen Motiven als Gattungszitat greifbar, etwa als expressive Entgleisung bei Friedrich von Hausen in seinem Lied VI,4

24 Vgl. dazu auch H. R. Jauss, »Theorie der Gattungen und Literatur des Mittelalters«, in: *Grundriß der romanischen Literaturen des Mittelalters*, Vol. 1: *Generalités*, Heidelberg 1972, S. 111–114.

25 E. Köhler, »›Vers‹ und Kanzone«, in: *Grundriß der romanischen Literaturen des Mittelalters*, Vol. 2: *Les Genres Lyriques*, T. 1, Fasc. 3, Heidelberg 1987, S. 162–176.

oder alludierend in Reinmars Lied LVI.[26] Der Themenkreis
›Abschied und Absage‹ hat sich in Deutschland dennoch
breit entfaltet,[27] und zwar in einer ganz spezifischen Art und
in enger Interaktion mit anderen Typen als Reue- oder
werlt-süeze-Lied, als Herbstlied, ja selbst als Trinklied.[28] Am
interessantesten ist vielleicht das Herbstlied, als dessen Erfinder Steinmar gilt. In ihm ist die Struktur der *chanson de
change* noch erkennbar: Der Sänger sagt sich von der Dame
los und geht eine neue elementare Bindung ein. Die Minne
wird dabei durch *luoder* und *vrâz* substituiert, die asketische
Grundhaltung des Minners durch Schlemmerei und in ge-
stalterischer Konsequenz die Frühlingslandschaft des Minneliedes durch den Herbst. Daß es jetzt nur noch ein kleiner
Schritt ist, bis sich das Herbstlied aus dem Bannkreis des
Minneliedes löst und eigene gattungshafte Konturen bekommt, liegt auf der Hand. Die Freß-, Martins- und Sauf-
lieder des späteren Mittelalters werden hier eine ihrer Wurzeln haben.

Daß die Ausstrahlungskraft des Minneliedes aber noch nicht
gebrochen ist, auch wenn solche »Gattungsentelechien« zeit-
weilig unterbrochen werden können, zeigt wiederum Hadlaub. Er stellt den Herbst nicht preisend im Gegensatz zur
Minne dar, sondern nützt ihn so, wie früher die Dichter des
klassischen Minnesangs den Natureingang nutzten, nämlich
als kontrastierendes Vergleichsmodell. Dabei reduziert er
das Herbstthema und holt das neue Motiv gleichsam in die
Minnekanzone zurück, allerdings nicht ohne die von Steinmar geweckten Assoziationen einzubeziehen. Drei Strophen
lang zählt Hadlaub in Lied 18 die kulinarischen Köstlichkei-
ten auf, bis dann in Strophe 4 überraschend der Umschlag in
eine Minneklage erfolgt. Hier zeigt sich Hadlaub ganz als

---

26 Vgl. H. Tervooren (Anm. 22) S. 140 ff. und 261 f. und Ursula Peters,
  *Frauendienst. Untersuchungen zu Ulrich von Lichtenstein und zum
  Wirklichkeitsgehalt des Minnesangs*, Göppingen 1971, S. 158 ff.
27 Vgl. dazu den Aufriß im Beitrag H. Brunners im vorliegenden Band.
28 Vgl. dazu die Beiträge von J. Goheen, E. Grunewald und F. V. Spechtler.

Meister der Spätzeit, der fortgesetzt neue Horizonte stiftet und sich mit dieser Wirkungsstrategie ganz auf das literarische Bewußtsein seiner Hörer verlassen kann. Die Herbstgenüsse des neuen Steinmar-Genres werden zur Spiegelung minnesängerischer Askese herangezogen und damit zu einer originellen Folie für die Minneklage:[29] ein intelligentes Spiel mit Innovationen, ein Beispiel dafür, wie schnell sie im mittelalterlichen Literaturbetrieb aufgenommen und selbst wieder Gegenstand der Veränderung werden.

Ein anderes Beispiel. Das Gespielinnenlied bzw. -gespräch verbindet die Literaturgeschichte mit Neidhart und Burkhard von Hohenfels. Als Gattungszitat fassen wir es allerdings schon früh bei Heinrich von Rugge (Leich X[b]). Dort unterhalten sich zwei Frauen über Liebhaber. Burkhard und Neidhart können also auf eine uns verschüttete Tradition zurückgreifen. Das Thema solcher Lieder ist die Liebe. Als Form bietet sich – als ein optimales Medium zur Darstellung der Liebeskasuistik – der Dialog an. Gesprächspartner sind zwei Frauen oder Mann und Frau (etwa Dame und Minner, Dame und Bote). Damit ordnet sich dieser Typenansatz in die zahlreichen Ausfaltungen fraulichen Sprechens ein. In Deutschland stehen Strophen und Lieder dieser Art, wenn sie denn nicht sehr alt sind, im Bannkreis des Minneliedes, so daß man die Ausformung dieses Typenansatzes etwa bei Reinmar als dialogisches Minnelied und damit als Subgenus der Kanzone beschreiben kann.[30] Soziopoetisch (und wohl auch genetisch) gehören ›Frauenlieder‹ aber in das *registre populaire* (was die nordfranzösische Lyrik mit ihren vielfältigen Typen fraulichen Sprechens sehr schön zeigt). Genau in dieses Register führt die Neidhartsche Ausprägung dieses Typs, ich meine das Sommerlied. Durch szenische und epi-

---

29 Der Stricker benutzt in seinen ›Minnesängern‹ ein strukturell ähnliches Mittel: Er kritisiert minnesängerische »Speisemetaphern«.

30 Vgl. dazu den Beitrag von I. Kasten. Die Ausfaltung solcher Inszenierungstypen außerhalb der engeren Gattung ›Lied‹, etwa in der Minnerede, kann hier außer Betracht bleiben.

sche Elemente in eine scheinbar reale Umwelt versetzt (das
erinnert an die provenzalische Tenzone!), wird hier über die
richtige Art des Liebens, konkreter: über die richtigen Liebhaber gestritten. Dies geschieht freilich nicht in der geschlif-
fenen Form des Minnegespräches, aber es streiten auch nicht
miles und *clericus* oder *vrouwe* und *ritter*, sondern Bauernmädchen, untereinander oder mit ihren Müttern, die in
Absichtserklärungen und Handlungen ihre erotischen Wünsche und Vorstellungen darlegen. Bei einem invarianten thematischen Kern steuern also Personen und Situationen die
Gattungsentwicklung. Ersetzt man etwa Dame und Freund
durch ein Ehepaar[31] oder den Gegensatz *miles – clericus*
durch den Gegensatz ›alter – junger Mann‹, dann kann ein
solches Gespräch auch sehr schnell zur *chanson de malmariée* werden.

II

An diesen zwei Fallaufrissen wird vielleicht deutlich, daß der
Idealtypus einer Gattung letztlich nur als Idee im Bewußtsein des Publikums und der Autoren existiert – und auch dies
nur dann, wenn diese den Literaturbetrieb, die ›Szene‹ über-
schauen. Die konkreten Ausprägungen sind dagegen immer
nur Annäherungen. Wie aber ist dann die Komplexität und
Dynamik des Gattungshaften in mhd. Liedern darzustellen?
Wie läßt sich für einen Sammelband von Interpretationen ein
Konzept entwickeln, das all diese Erscheinungen deutlich
macht? Offenbar kommt es darauf an, eine Auffassungsweise
zu finden, welche dem Stoff gemäß ist und welche die in ihm
entdeckte komplexe Dynamik zu einem Ganzen fügt, ohne
sie zu verwischen.
Ein Konzept, das die Ausfaltung in der Zeit betrachtet (eine
genetische Ausfaltung mit Berücksichtigung gewisser Re-
zeptionsschübe also), vermag nur Wesentliches aus der

---

31 Vgl. etwa Reinmar LXIV und den Kommentar dazu bei Tervooren
(Anm. 22) S. 130–139.

Entwicklung des Minneliedes darzustellen. Und dies nicht deshalb, weil nur für diese Gattung genügend Material zur Verfügung steht, sondern vor allem deswegen, weil ein solches organologisches Modell mit einer gleichsam zentralen Perspektivierung Verläufe stets vertikal sieht und für kontemporäre Erscheinungen nur wenig Raum läßt. Zu schnell greift ein solches Modell auch zum Urteil der Epigonalität und beschneidet Vielfalt durch Athetierung dessen, was als nicht modellgemäß erscheint. Auch eine rein strukturelle Darstellung greift zu kurz, weil sie den ständigen Austausch zwischen den Gattungen, ihre Kontaminationen und Umbildungen genauso wenig berücksichtigen kann wie das, was Hugo Kuhn »Gattungsentelechie« nannte,[32] also das notwendige Hineinwachsen in geschichtliche und poetologische Positionen.

Wie ist also zu verfahren? H. Kuhn hat das Minnelied einmal »Faszinationstyp« genannt. H. R. Jauss spricht von der »systemprägenden Dominanz« des Minneliedes.[33] Was sie damit meinen, ist das: Alle mittelalterlichen Liedgattungen sind auf die zentrale Gattung, auf die Minnekanzone bezogen, die ihrerseits als klassischer mittelalterlicher Gattungstyp Repräsentations- und Ausdrucksform höfischer Idealität ist. Es ist eine ›gewordene‹ Form, vor allem in Deutschland, weil sie heimische literarische und brauchtümliche Traditionen anverwandelt und mündliche sowie schriftliche lateinische und romanische Formen rezipiert. Die folgende Graphik ist in ihrer schematischen Verengung gewiß kein zureichender Ersatz für die Ausfaltung dieses Sachverhaltes (vor allem, weil sie die Bewegungen im ›System‹ nicht wiedergeben kann), aber sie vermag vielleicht die Verflechtung der mhd. lyrischen Gattungen und ihren Bezug zum Zentrum deutlich zu machen.[34]

32 Kuhn (Anm. 13) S. 27.
33 Jauss (Anm. 24) S. 112.
34 Die Graphik ist eine Weiterentwicklung meines Versuches in: H. T., »Lied und Kommentar«, in: DU 41 (1989) 1, S. 74–89, hier S. 82.

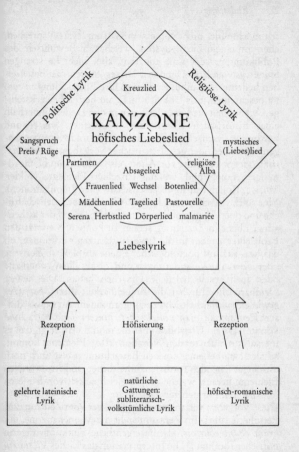

Politische Lyrik

Religiöse Lyrik

Kreuzlied

KANZONE
höfisches Liebeslied

Sangspruch
Preis / Rüge

mystisches
(Liebes)lied

Partimen

religiöse
Alba

Absagelied

Frauenlied   Wechsel   Botenlied

Mädchenlied   Tagelied   Pastourelle

Serena   Herbstlied   Dörperlied   malmariée

Liebeslyrik

Rezeption   Höfisierung   Rezeption

gelehrte lateinische
Lyrik

natürliche
Gattungen:
subliterarisch-
volkstümliche Lyrik

höfisch-romanische
Lyrik

System mittelhochdeutscher Gattungen

Ich möchte hier nicht von einem Gattungssystem sprechen, eher von einem Bezugssystem, welches im Bewußtsein des Publikums präsent war, kohärent, aber nicht im strengen Sinne systematisch. Dennoch: Dieses ›System‹ zu beschreiben bedeutet, die mhd. Lyrik und ihre Entwicklung *in toto* zu beschreiben. Das läßt sich m. E. am besten bewerkstelligen, wenn man die Veränderungen in den Liedern innerhalb eines historischen Kontinuums beobachtet, wertet und beschreibt; beschreibt als Positivierungen und Negativierungen poetischer oder gesellschaftlicher Vorgaben, als Athetierung oder Selegierung von Altem, als Ordnung und Umordnung, Setzung und Vollzug einzelner Elemente (Bilder, Motive, Rollen mit ihren gesellschaftlichen Implikationen). Eine solche Beschreibung hat den Vorteil, neue gesellschaftliche und poetische Sinnbildungen mit solchen auf der ästhetischen Ebene in Beziehung setzen zu können. Sie setzt den Beobachter zudem in die Lage, abschätzen zu können, ob das, was sich auf poetologischer Ebene abspielt, spielerische oder ernsthafte Veränderungen sind, ob sie allein ästhetische oder auch gesellschaftliche Ursachen haben. Die neuere Neidhart-Literatur hat die Brauchbarkeit dieses Ansatzes erwiesen (vielleicht nicht zufällig an einem Autor, als dessen Kennmarke man *niuwez liet, niuwer sanc* betrachten könnte). Da ein Überblick über die mhd. Lyrik zeigt, daß es niemals zu einer totalen Negation *aller* Elemente kommt, schälen sich bei einer solchen Betrachtungsweise auch noch die länger lebenden formalen, inhaltlichen und strukturellen Elemente heraus, welche die Vergleichbarkeit von früheren mit späteren Formen gewährleisten.

Diese Vorgaben verlangen einen Weg, der vom Zentrum zur Peripherie führt. Im Zentrum steht die Minnekanzone, der *grant chant courtois*, als die eigentliche Funktionsträgerin höfischer Idealität.[35] Die Interpretation des Liedes *Vil süeziu senftiu toeterinne* Heinrichs von Morungen durch Trude

---

35 Eine Binnendifferenzierung (Minneklage, Werbelied, Frauenpreis, Minnelehre u. a.) ist im Rahmen dieses Beitrags nicht möglich, aber

Ehlert arbeitet die Konventionen der ›klassischen‹ Minnekanzone heraus, zeigt aber auch, wie schon Morungen die
Konvention durchbricht. In diesem Lied wird ein wesentliches Charakteristikum der Minnedame aber ganz deutlich:
Ihre Zeitlosigkeit, alle Zeit läuft auf sie zu. Die Interpretation eröffnet darum notwendig das Bändchen und zeichnet
gleichsam das Grundmuster, vor dem die folgenden Lieder
und ihre Interpretationen gesehen werden müssen.
Die Minnekanzone stammt ganz aus der romanischen Tradition (was nicht besagt, daß sie nicht auch deutsche Wurzeln
hat). Die Autoren sind sich dieses Rezeptionsvorgangs auch
bewußt. Schon im Anfang der Überlieferung stehen die ›hei-
mischen‹ volksläufigen Gattungen (Wechsel, Tagelied und
Frauenlied) im Banne der Kanzone. Das verrät nicht die
Form, wohl aber die transportierte Ideologie, denn die
Topoi, Motive, Bilder, woraus sich die höfische Liebesideologie kristallisiert, begleiten die deutsche Liebeslyrik von
ihren Anfängen an. Exemplarisch beleuchtet das die Interpretation des III. Tones von Dietmar von Aist durch M. G.
Scholz. Auch das Frauenlied belegt diese Auffassung, wie aus
den Ausführungen von I. Kasten zu Reinmar XXVII *Lieber
bote, nu wirp alsô* hervorgeht. Im ›donauländischen‹ Minnesang hat die heimische Tradition noch ihre Bedeutung (etwa
in den beiden altertümlichen Frauenliedern, die unter Dietmars Namen überliefert sind). In Blick auf die Geschichte
des Frauenliedes ist das aber eine Episode, denn das Frauenlied ist schon schnell aus brauchtümlich-subliterarischen
Bezügen herausgewachsen und zu einem integralen Bestandteil der höfisch-ritterlichen Lyrik geworden. Die einzelnen
Stationen können hier nicht nachgezeichnet werden. Aber
die Entwicklung des Frauenliedes ist nicht nur ein Herauswachsen aus allgemeinen Bezügen früher Gemeinschafts-
lyrik in ritterlich-höfische (eine ständische Ausgliederung
also), sondern auch eine nationale. Sie zeigt im Vergleich mit

auch nicht nötig. Eine Zusammenstellung des höfischen Registers findet sich mit entsprechenden Belegen bei Schweikle (Anm. 12) S. 119 ff.

anders verlaufenden Entwicklungen des romanischen Frauenliedes entschieden deutsche Züge. Auch am Kreuzlied läßt sich das dokumentieren. Es tritt in der mhd. Lyrik fast ausschließlich in Form und Ethos der Minnekanzone auf und nur selten als religiöses Aufforderungs- und Propagandalied, wie etwa in der mittellateinischen, aber auch romanischen Lyrik. Dies, die strukturell begründete Verknüpfung von Frauen- und Gottesdienst sowie die ständige Interaktion mit anderen Subgattungen stellt die Interpretation der Kreuzlieder Albrechts von Johansdorf durch Ch. Ortmann und H. Ragotzky heraus.

Das Tagelied ist nach der Minnekanzone (mit deutlichem Abstand allerdings) die am besten bezeugte mhd. Liedgattung. Sie allein hat neben der Kanzone feste gattungshafte Umrisse. Man mag es mit dem Blick auf seine Verbreitung in Zeit und Raum aus vorliterarischen Quellen ableiten, aber schon die frühen Beispiele zeigen, wie weit es sich unter dem Einfluß der zeitgenössischen Lyrik höfisch verengt und der Minnekanzone angenähert hat. Es sind ja nicht die partnerschaftstiftenden ethischen Werte wie *triuwe, staete, dienest*, die das Tagelied von der Minnekanzone trennen, sondern die fehlende Legitimation der Werte durch die Öffentlichkeit des Hofes – und natürlich der dargestellte Vollzug der Liebe. Was die Minnekanzone in der Form des höfischen Werbeliedes erstrebt, erfüllt sich im Tagelied. Den Beitrag Wolframs von Eschenbach zu dieser Gattung beleuchtet J. Kühnel. Er macht deutlich, welch entscheidenden Anteil Wolfram bei der Herausbildung eines minnesängerischen Gattungssystems geleistet hat und wie die Profilierung des Typs ›Tagelied‹ eine Präzisierung anderer Typen provoziert.

Was bisher in den Blick kam, waren funktional differenzierte, vielleicht auch von verschiedenen Interessen gesteuerte, aber von der Kanzone abhängige Unterarten. Die Beschreibung mag als eine Momentaufnahme der literarischen Situation um 1200 gelten, wenn man noch das Botenlied und den Sangspruch hinzunimmt. Letzteren stellt Th.

Bein mit einer Interpretation des *Meißner Tones* Walthers
von der Vogelweide vor, dessen Bauform nicht zufällig eine
›Kanzone‹ ist, also die Bauform, die Gattungen und Typen
übergreift. Aber es ist das Bild, das die Überlieferung bietet. Gattungszitate und -anklänge (etwa das Gespielinnen-
Lied im Leich Heinrichs von Rugge, das Partimen bei Reinmar XIV,4 und bei Albrecht von Johansdorf IV,2) sind damit
nicht erfaßt. Doch geht es in diesem Zusammenhang auch
nicht darum, die angespielten oder virulenten Typenansätze
im Minnesang vor Walther aufzulisten. Vielmehr sollte gezeigt werden, daß die Minnekanzone den ideellen Flucht-
punkt aller Subgattungen darstellt und ihre systemprägende
Kraft um 1200 voll ausgebildet ist. Das beweisen die Absagelieder,[36] die trotz der Negativierung der Dame eben durch die
Opposition ins ›System‹ integriert werden. Sinnfällig wird
aber die systemprägende Kraft nicht nur in solchen gegen-
läufigen Erscheinungen, sondern vor allem in der großen
Masse der lyrischen Produktion nach 1200, die in großer
inhaltlicher und formaler Vielfalt das Grundmuster immer
wieder reproduzieren. Paradigmatisch für diesen Strang der
Entwicklung steht H. J. Behrs Interpretation von *Ich klage
dir, meie* Herzog Heinrichs von Breslau. In diesem Lied wird
nicht nur das poetische Muster wiederholt, es wiederholen
sich auch der Rezeptionsvorgang und seine repräsentativen
Funktionen. Was sich im Westen und Südwesten um 1180
abspielte, stellen die kleineren östlichen Fürstenhöfe mit
ihren mehrheitlich deutschsprechenden Führungseliten um
1250–1300 nach. Dieser Entwicklungsstrang ist zwar – wie
schon gesagt – nicht unproduktiv, aber er ist auch in den Literaturgeschichten sattsam dargestellt und braucht deshalb
nicht mit weiteren Beispielen belegt zu werden.
Stärker noch als in der Reproduktion des klassischen Minneliedes wird die Faszination des Grundmusters in der Übertragung spürbar, etwa im geistlichen Liebeslied. Es über-

36 Vgl. die Beiträge von H. Brunner, J. Goheen und E. Grunewald.

nimmt die Struktur der Kanzone und ihre Lexik, verbindet
sie aber mit der sakralisierten Bildsprache des Hohen Liedes – und natürlich mit einem anderen Adressaten und mit
anderen Implikationen! Daß es bei solchen Liedern aber oft
nur die Aufführungssituation ist, welche die Implikationen
offenlegt, die Öffentlichkeit, in welche der Sänger hinein-
spricht: Konvent oder Hof, wird in W. Beutins Beitrag zu
Hadewijchs 45. strophischen Lied augenfällig.
Schnitte wie diesen wird man bis ins 14. Jahrhundert ansetzen können.[37] Die durch sie aufgedeckten Strukturen bleiben
aber noch lange konstant. An der Dominanz der Kanzone
und ihrer strukturbestimmenden Kraft ändert sich vorerst
wenig, wenn auch die Zahl der erkennbaren Typen und
Typenansätze zunimmt[38] und es zu einer stärkeren Schemati-
sierung der Untergattungen kommt. Und dennoch scheint in
diesem ›System‹ von allem Anfang an auch eine zentrifugale
Kraft zu wirken. Der Kürenberger – so darf man nicht ohne
Grund annehmen – liefert neben dem Muster (II,2) auch die
Parodie (II,3). Alle großen Minnesänger – Hartmann, Reinmar, Walther, Wolfram und schon früh in besonderem Maße
Veldeke – experimentieren mit neuen Typenansätzen oder
verlagern den Schwerpunkt der Minnekanzone[39] – und das
bedeutet auch: Sie akzeptieren nicht bedingungslos die Herrschaft der Kanzone, sondern reiben sich an den (vorgegebe-
nen) poetologischen und sozialen Regeln. Man kann diesen Vorgang als Absatzbewegung von der Minnekanzone

37 Lediglich für die Zeit um 1400 ist bisher der Versuch eines weiteren
    synchronen Schnittes gemacht worden, vgl. dazu H. Brunner, »Tradi-
    tion und Innovation im Bereich der Liedtypen um 1400«, in: *Textsorten
    und literarische Gattungen. Dokumentation des Germanistentages in
    Hamburg*, hrsg. vom Vorstand der Vereinigung der deutschen Hoch-
    schulgermanisten, Berlin 1983, S. 392–413, und Doris Sittig, ›*Vil won-
    ders machet minne‹. Das dt. Liebeslied in der ersten Hälfte des 15. Jahr-
    hunderts. Versuch einer Typologie*, Göppingen 1989.
38 Siehe zu Hadlaub im vorliegenden Band, S. 251 ff., und Brunner, ebd.
39 Daß Parodieansätze schon im frühen Minnesang virulent sind, zeigt
    u. a. G. Schweikle, »Humor und Ironie im Minnesang«, in: *Wolfram
    Studien* 7 (1982) S. 55–74.

und ihrer handlungssteuernden Verbindlichkeit beschreiben, muß dabei allerdings im Auge behalten, daß die Erfüllung der Vorgaben und die Distanzierung von ihnen kontemporäre Erscheinungen sein können. Denn nur aus diesem Blickwinkel vermeidet man vorschnelle Urteile, die auf Epigonalität oder Degeneration hinauslaufen. Was sich nämlich auf der einen Seite als ein Herauswachsen aus der offiziellen Kultur beschreiben läßt, kann auf der anderen Seite als ein Zuwachs an poetischen Möglichkeiten, als ein Schritt auf autonome Strukturen der Kunst gedeutet werden, als Schaffung eines Freiraumes für Typen, die nicht spezifisch auf die Situation des Zentrums zugeschnitten sind. Massiv setzt der Prozeß nach Einzelvorstößen m. E. bei Walther ein. Er thematisiert in seinen Auseinandersetzungen mit dem *unhovelîchen singen* als erster den Sachverhalt. Es ist offensichtlich der Zeitpunkt, als die Minnekanzone an den Adelshöfen stärker dem Druck anderer Gattungen ausgesetzt ist.

Die Bewegung entzündet sich am Faszinosum ›Minne‹, die nach einer Phase relativer Problemlosigkeit in ein Stadium des Konfliktes ihrer Konstituenten gerät. Dabei ist besonders die hohe Stellung der Dame dem kritischen Zugriff ausgesetzt.[40] Ob die Kritik an diesem zentralen Strukturelement der Minnekanzone der primäre Auslöser der Absatzbewegung gewesen ist, bedürfte noch einer genaueren Untersuchung, die neben literarischen (etwa Längsschnitte der einzelnen, der Kanzone durch Kritik oder Zustimmung verbundenen Typen und ihres wechselvollen Verhältnisses zur Basis) auch sozialpsychologische Faktoren berücksichtigen müßte.[41]

40 Vgl. H. Tervooren, »Das Spiel mit der höfischen Minne. Minneparodien im 13.–15. Jahrhundert«, in: ZfdPh. 104 (1985) Sonderh. S. 135–157.
41 Neuere Arbeiten zum Minnesang gehen in diese Richtung, vgl. etwa die Aufsätze in: ›*Minne ist ein swaerez spil‹. Neue Untersuchungen zum Minnesang und zur Geschichte der Liebe im Mittelalter*, hrsg. von U. Müller, Göppingen 1986, s. dort Bernd Thum, »Geschlechterkultur und Minne. Ein Versuch zur Sozial-, Funktions- und Mentalitätsge-

Jedenfalls verselbständigen sich einige Elemente, und es kon-
kurrieren mit der ethischen Triebkraft der Kanzone andere
elementare Kräfte: (personale) Liebe, Eros, Sexualität. Entsprechend wandelt sich (bedingt oder bedingend) das Frauenbild. In extremen Fällen wird die Dame sogar ganz aus
dem Spiel genommen und etwa durch den Wein ersetzt. Mit
diesen Erscheinungen sind andere Mutationen der Stoff-
kerne verbunden. Der geistig-abstrakte Handlungsraum,
wie er in der monologischen Minnekanzone aufscheint, wird
durch eine faktisch-dingliche Szenerie ersetzt. Dabei nehmen
die epischen Elemente gegenüber den reflexiven stark zu –
und damit auch die Möglichkeiten des Autors zu neuen Per-
spektivierungen, seien sie nun ironisch-parodistisch, indem
er die höfische Passion ›Minne‹ in Alltagswelten versetzt,
seien sie dekorativ-repräsentierend, indem er den adeligen
Lebensraum idealisierend spiegelt. Daß mit der Umstrukturierung von Stoffkernen auch ein Wechsel von Stilebenen
verbunden ist, liegt auf der Hand.

Für das minnesängerische Gattungsensemble bleibt all dies
nicht ohne Folgen. Dadurch, daß die Minne an handlungs-
steuernder Verbindlichkeit verliert und die Kanzone an
Kraft, höfische Gemeinschaft zu stiften und zu erhalten, werden die zentrifugalen Kräfte stärker. Die peripheren Typenansätze bilden sich stärker durch, oder es entstehen neue, die
aber durchaus auf Altes zurückgreifen können bzw. noch
wenig benutzte Rezeptionsstränge aufnehmen. Nicht alles
mutiert zu neuen Typen. Manches bleibt Versuch, anderes
wird jedoch traditionsbildend. Letzteres gilt besonders für
die Typenansätze, die sich in der deutschen Lyrik zunächst in
Konkurrenz oder auch in Anlehnung an die Minnekanzone
herausbilden, aber soviel eigene poetische, didaktische oder

schichte des oberrhein. Minnesangs im 12. Jahrhundert«, S. 3–71; Peter
Dinzelbacher, »Sozial- und Mentalitätsgeschichte der Liebe im Mittelalter«, S. 75–110; Ulrich Müller, »Die Ideologie der hohen Minne: Eine
ekklesiogene Kollektivneurose? Überlegungen und Thesen zum Minnesang«, S. 283–315.

kritische Substanz besitzen, daß sie auch noch weiter existie-
ren konnten, als die Kanzone ihren Einfluß verlor. Die
»Neidharte« sind dafür wohl die besten Beispiele, aber auch
die Sauf- und Freßlieder, die Klefferschelten oder die Schönheitsbeschreibungen, die in katalogartigen Körperpreislie-
dern oder in blasonartigen Liedern weiterleben. All diese
Erscheinungen spielen in den Interpretationen dieses Bändchens eine Rolle, so daß der Leser zumindest einen Eindruck
von der Dynamik der Entwicklung bekommt.

Walthers *Under der linden* scheint sich der Einordnung in
solche Entwicklung noch ganz zu entziehen. Es gehört jedoch zu den wenigen ganz großen Liedern des Mittelalters,
die sich durch ihre lyrische Unmittelbarkeit jeder einsinni-
gen Deutung und Klassifizierung verweigern. Das arbeitet
H. Sievert in ihrer Interpretation klar heraus. Aber was für
das Lied und seine moderne Rezeption gelten mag, muß
nichts darüber sagen, welche Bedeutung Walther selbst ihm
beimaß. Daß er in diesem und anderen ›Mädchenliedern‹ ein
Frauenbild entworfen hat, das sich als Antitypus zur höfischen Dame verstehen läßt, sollte man nicht bezweifeln,
zumal mit diesem neuen Frauenbild weitere Veränderungen
im lyrischen Gefüge einhergehen: neue oder neu geordnete
Elemente der Beschreibung, der Wechsel des Handlungsrau-
mes, der epische Bericht und eine oft dialogische Darstellung
der Begegnung.

Deutlicher wird hier Neidhart. Die von ihm entworfene
Frau im Winterlied 8 kann nur als Gegenentwurf, als primär
literarisches Konstrukt, das in einem absoluten Negations-
verhältnis zum offiziellen Minnesang steht, gedacht werden.
I. Beñnewitz versucht zu erweisen, daß schon Neidhart
solche Lieder geschrieben hat (eigentlich eine Selbstver-
ständlichkeit, aber in unserem Wissenschaftsbetrieb immer
noch notwendig), und interpretiert das Lied im Blick auf
Typenansätze, wie sie in mittelalterlichen und romanischen
Pastourellen aufscheinen, aber auch in unpräziser Typik bei
zeitgenössischen deutschen Autoren. Wie in diesem Winter-

lied wird auch in anderen Liedern der späteren Zeit das Materiell-Leibliche zum zentralen Punkt der Darstellung. Dabei ist nicht in jedem Fall auszumachen, welche Funktion solche Negationen höfischer Sinnvorgaben haben. In Neidharts Liedern scheint es so zu sein, als ob der Faszinationstyp ›Kanzone‹ seine Kraft noch nicht eingebüßt habe und die als Absatzbewegung dargestellten Vorgänge in Wirklichkeit die Funktion haben, das System zu stabilisieren. Dies gilt zumindest dann, wenn man die Änderung der weiblichen Rollenstereotype als eine sozialpsychologische Entlastung für den Mann versteht, der sich im höfischen Konditionierungsprozeß überfordert fühlt. Das schließt im übrigen nicht aus, daß auch Kritik, Schadenfreude oder einfach Lust am literarischen Spiel mitschwingen.

In den sogenannten Gegengesängen begegnet uns diese Problematik aber auch in solchen Liedern, die man unter dem Begriff ›Objekt‹ – oder ›Erzähllieder‹ zusammenfaßt. Ihr Charakteristikum ist – wie schon angedeutet – die Konkretisierung der Rollen und Handlungsräume der Kanzone, die Verlagerung der Vorgänge in Alltagswelten. Ob es die konkrete Besetzung der Rolle des eifersüchtigen oder alten Ehemannes ist, wie im Lied *Ich wil mîn gemüete erjetten* von Burkhard von Hohenfels, dessen Typenanklang an die *chanson de malmariée* S. Staar herausarbeitet, oder ob die Sängerrolle mit einem Mann besetzt wird, den die Sorge um sein Hauswesen umtreibt, erst vor der Folie der Minnekanzone und im Wechselspiel mit affinen Gattungen entfalten solche Lieder ihr komisches oder kritisches Potential. Selbst ihre Innovationen dienen (zumindest bei Hadlaub) dazu, die Minnekanzone am Leben zu erhalten. M. Schiendorfer führt mit zwei Interpretationen in diese Typen ein. In Hadlaubs Lied *Ach, mir was lange* feiert sich die höfische Gesellschaft noch einmal und benutzt dazu den beschriebenen Typ, das pseudobiographische ›objektive‹ Erzähllied.

Biographismen verwandten auch schon die frühen Minnesänger. Die romantische Auffassung vom Minnesang als

Erlebnisdichtung ist in diesem Stilelement begründet. Heute wissen wir, daß der Minnediener der Kanzone eine literarische Kunstfigur ist. Das Spiel mit dieser Kunstfigur, verbunden mit Armutsklagen, die vor allem die Sangspruchdichtung pflegt, forcierte schon Neidhart. An Kraft gewannen solche Klagen, als sie aus der intellektuell-emotionalen Reflexion herausgenommen und in konkretisierenden Erzählliedern verdichtet wurden. Exemplarisch für diese Entwicklung steht neben den Hadlaub-Liedern das Lied *Wâhebûf und Nichtenvint* Süßkinds von Trimberg (E. Wenzel) und Oswalds von Wolkenstein *Es fügt sich* (S. Hartmann).

Einige wenige Sätze zur Produktion von Gegenwelten, zum Gegengesang sollen den Abschnitt beschließen. Seine Einbettung in die elementare Welt des Körpers – man mag hier an Bachtins ›Akte des Körperdramas‹[42] denken – ist schon kurz angesprochen worden. Es ist vor allem die Pastourelle, welche die nicht sublimierten Formen der Sexualität ins Spiel bringt und Tabus (oder Tabufiktionen?) bricht. Sie entwickelt dafür eine bis dahin in der Lyrik kaum verwendete Form erotischen Sprechens, die ihre Quellen im bäuerlich-handwerklichen Bereich ebenso hat wie in gelehrt-antiken und biblischen Traditionen. Auf diese Art des Sprechens gehen die Beiträge U. Müllers zur Pastourelle *Ain graserin* Oswalds von Wolkenstein und G. Hercherts zum anonymen burlesk-erotischen Schönheitspreis *Ich spring an disem ringe* ausführlich ein. Wiewohl der Sitz im Leben dieser Typansätze auch die Adelsdichtung der Klassik ist und sie nur lange Zeit in Rekurrenz auf sie verstanden werden konnten, lösen sich allmählich die ständisch gebundenen Positionen auf. Besonders deutlich wird dies bei dem Lied *Ich spring an disem ringe*. Aus dem höfischen Sololied ist ein Gruppenmusizierlied (mit Vorsänger?) geworden. Die Kommunikationssituation hat sich also völlig geändert und die ursprüng-

---

42 Michail Bachtin, »Die groteske Gestalt des Leibes«, in: M. B., *Literatur und Karneval. Zur Romantheorie und Lachkultur*, Frankfurt a. M./ Wien 1985, S. 15–23.

liche soziale Funktion, höfische Identität zu produzieren und zu kontinuieren, ist verlorengegangen. Sozialer Wandel, Wertewandel sind die Stichworte, unter denen solche Texte neben den poetologischen Veränderungen zu untersuchen wären. Aber wiederum ist zu bemerken, daß diese Lieder an Altes anschließen können. In dem Moment, in dem sich die Minnekanzone aus sozialfunktionalen und sozialrepräsentativen Bezügen herauszieht, greifen die Autoren auf alte oder subliterarische Muster zurück. Denn daß das erotische Lied neben dem offiziellen Sang gelebt hat und das Obszöne nicht erst ein Charakteristikum des Grobianismus des 14. und 15. Jahrhunderts ist, wird man heute nicht mehr bezweifeln. Im Klerikerlied, wie es in den *Carmina Burana* überliefert ist, gelten und galten die ewig gleichen Spielregeln der Liebe und die vergleichbare sprachliche Verschlüsselung erotischer Vorgänge.

Es bleibt noch ein kurzer Blick auf zwei andere Konkurrenten der Minne zu werfen: auf die Welt der Zecher und Schlemmer. Hier scheint die Herkunft des lyrischen Ichs aus dem Minnesang noch deutlich durch, wenn denn diese Lieder nicht überhaupt als Absagelieder zum engeren Hof der Minnekanzone zu zählen sind. Daß der ›entelechale‹ Prozeß dieser Liedtypen zu eigenständigen Gattungen führt, wie sie etwa in *Neidharts Gefräß* oder in Meister Hesellohers *Von üppiglichen dingen* vorliegen, zeigt, daß die assimilierende Kraft der Minnekanzone verlischt. Auch hier handelt es sich im übrigen um eine Rückkehr zu Traditionen, die in der mittellateinischen Literatur ohne größere Kontinuitätsbrüche gepflegt wurden. Um beide Aspekte, um die Einbettung der Lieder in das minnesängerische Gattungssystem wie in neue und alte Traditionen bemühen sich F. V. Spechtler und E. Grunewald in ihren Beiträgen zum Trinklied des Mönchs von Salzburg und zum Schlemmerlied Steinmars.

III

Der Idealtyp einer Gattung lebt letztlich nur als Idee im Bewußtsein des Autors und der Literaturgesellschaft. So oder ähnlich formulieren es die wenigen Arbeiten, die sich mit Gattungsfragen in mhd. Lyrik beschäftigen. Diese Vorstellung war auch Ausgangspunkt für meine Überlegungen. Ich übertrug sie dann auf das Zusammenspiel der Gattungen. Wer das fassen wollte, konnte m. E. nicht abstrakt von einem System her denken und argumentieren. Das Zusammenspiel erschloß sich nur konkret aus dem interpretativen Umgang mit den Liedern, wenn es denn Leute mit entsprechender Praxis und Kompetenz versuchten. Aus diesem Gedanken erwuchs Konzeption und Anordnung des vorliegenden Bandes. Wenn sich nun im Zusammenspiel der Interpretationen untereinander, aber auch mit meinen Vorbemerkungen etwas von einer systemhaften Interaktion mhd. Liedgattungen zeigte, hätte der Band über die Einzelinterpretation hinaus seinen Zweck erfüllt.

Die Minnekanzone
und ihre historischen Wandlungen

Das ›klassische‹ Minnelied

Heinrich von Morungen:
Vil süeziu senftiu toeterinne

Von Trude Ehlert

> Vil süeziu senftiu toeterinne,
>   war umbe welt ir toeten mir den lîp,
> und ich íuch sô herzeclîchen minne,
>   zwâre vróuwè, vür elliu wîp?
> 5   Waenent ir, ob ir mich toetet,
>   daz ich iuch iemêr mêr beschouwe?
>   nein, iuwer minne hât mich des ernoetet,
>   daz iuwer sêle ist mîner sêle vrouwe.
>   sol mir hie niht guot geschehen
> 10   von iuwerm werden lîbe,
>   sô muoz mîn sêle iu des verjehen,
>   dazs iuwerre sêle dienet dort als einem
>   reinen wîbe.[1]

Gütige sanftmütige – Mörderin, / warum wollt Ihr mich töten, / wo ich Euch doch so von Herzen verehre, / wahrhaftig, Herrin, mehr als alle Frauen. / [5] Glaubt Ihr, daß ich, wenn Ihr mich tötet, / Euch niemals mehr anschauend bewundere? / Im Gegenteil: die Liebe zu Euch hat mich dazu genötigt, / daß Eure Seele meiner Seele Herrin ist. / Wird mir hier in diesem Leben keine Gnade / [10] von Eurer edlen Person zuteil, / so muß meine Seele Euch bekennen, / daß sie Eurer Seele dort dienen wird als einer / Frau ohne jeden Makel.[2]

---

1 Text nach: MFMT XXXIV = 147,7; vgl. auch Heinrich von Morungen in der Ausgabe von Tervooren, Nr. XXXIV.
2 Die Übersetzung ist in Anlehnung an und in Auseinandersetzung mit der von Helmut Tervooren in seinem Morungen-Bändchen vorgelegten entstanden.

Das Lied *Vil süeziu senftiu toeterinne*, als letztes im Morungen-Corpus der Manessischen Handschrift überliefert[3] und von den meisten Herausgebern am Ende seines Œuvres plaziert (was allerdings nicht immer auch eine Datierung ans Ende seiner Schaffenszeit implizieren sollte),[4] enthält nicht nur eine Reihe von Motiven, die in anderen Liedern Morungens wiederkehren, sondern kann zugleich auch als typisches Exemplar des ›klassischen‹ Minneliedes gelten. Bereits mit dem Oxymoron des ersten Verses ist die für das klassische Minnelied typische paradoxe Situation zwischen Sänger und Dame artikuliert: die Wirkung der verehrten Dame auf den Sänger wird als angenehm und zugleich schmerzlich, ja in letzter Konsequenz todbringend beschrieben. Damit ist jene Grundkonstellation der hohen Minne angesprochen, die Leo Spitzer – bezogen auf die Trobadorpoesie – als *paradoxe amoureux* bezeichnet hat:[5] der Sänger beharrt auf der verehrenden Liebe zu einer Dame, obwohl sie ihm die ersehnte Erwiderung nicht zuteil werden läßt; ja, er akzeptiert den Schmerz, der aus der Verweigerung der Dame resultiert, als integrativen Bestandteil der Beziehung, auch wenn er nicht aufgibt, ihre Zuneigung zu erhoffen und zu erflehen.

Das Leid, das dem Sänger aus der ablehnenden Haltung der Dame erwächst, setzt Morungen hier in hyperbolischer Formulierung, indem er eine Metapher aus der Topik des Liebeskriegs aufgreift, mit dem Tod gleich, und er apostrophiert die Dame daher konsequenterweise als *toeterinne*, als Mörderin. Die Epitheta *süez* und *senfte*, die im Bedeutungsbereich von ›angenehm, freundlich‹ konvergieren, beschreiben einerseits Eigenschaften, welche der Dame in den Augen des Sängers eignen und daher seine fortdauernde Verehrung begründen, obwohl sie seine Zuneigung nicht erwidert;

---

3 Die Strophe ist auch im (verschollenen) Troßschen Fragment überliefert. Vgl. das Faksimile des Textes bei Ulrich Müller, *Heinrich von Morungen*.

4 Vgl. dazu Schweiger, bes. S. 9–46 sowie S. 344–348.

5 Spitzer, S. 364.

andererseits kommt den Epitheta Appellfunktion zu: sie leiten den Versuch des Sängers ein, die Dame von ihrer ablehnenden Haltung, die hier als Tötungsabsicht dargestellt wird, abzubringen.

Als Argument, mit dem die Dame von ihrem Tun abgebracht werden soll, führt der Sänger seine herzliche Verehrung ins Feld. Die Wörter *minne* und *minnen*, herzuleiten aus althochdeutsch *minna*, was soviel heißt wie ›freundliches Gedenken‹, nehmen im Minnesang ein ganzes Spektrum von Bedeutungen an, die den Bereich der emotionalen Bindung vor allem zwischen Mann und Frau betreffen. *minne* steht für die Zuneigung, die der Sänger der Dame entgegenbringt, und für die Erwiderung, die er von ihr erwartet. Als *minne* wird auch die Verehrung bezeichnet, die der höfische Sänger – und sei es um der einen angebeteten Dame willen, wie beispielsweise bei Rudolf von Fenis (MF 81,22–25) – allen Damen widmet, indem er sie durch seinen Gesang preist und in Wert und Ansehen erhöht; dafür erwartet er Lohn.[6] *minne* kann aber auch die mit *leit* verbundene Empfindung genannt werden, die der Sänger der Dame gegenüber hegt, wenn sie ihm Erwiderung verweigert. Die Bedeutung des Wortes im jeweiligen Lied profiliert sich erst durch den konkreten Kontext und muß demnach aus ihm heraus bestimmt werden.[7] Wenn man das Verb *minnen* hier in V. 3 als ›verehren‹ versteht, so findet das seine Berechtigung durch die Fortführung des Gedankengangs in V. 4: der Sänger beteuert, die angesprochene Dame mehr als alle (anderen) Frauen zu *minnen*. Er nimmt damit ein Motiv des konventionellen Minneliedes auf, in dem der Sänger seinen Anspruch auf Respekt in der höfischen Gesellschaft daraus ableitet, daß er allen Damen

---

6 Vgl. z. B. Bernger von Horheim MF 115,19–26; weitere Belege dazu im Motiv-Index zu *Des Minnesangs Frühling*, in: Ehlert, S. 256 ff., bes. S. 256, s. v. »alle Frauen *êren, loben, minnen*«.

7 Vgl. dazu Schweikle, S. 167–179, vor allem auch die dort verzeichnete Literatur zur Minneterminologie; ferner Motiv-Index zu *Des Minnesangs Frühling*, in: Ehlert, S. 276, s. v. »*minne*-Definitionen«.

Ehrerbietung entgegenzubringen versteht. Der Sänger in Morungens Lied dagegen kehrt dieses Motiv um und betont, gestützt durch eine Wahrheitsbeteuerung, daß er die angesprochene Dame allen anderen vorziehe; damit impliziert er einerseits den Aspekt der Verehrung, der sich auf alle Damen bezieht, und insistiert andererseits auf der persönlichen Bindung an diese eine Dame, welche dadurch über alle anderen gestellt wird. Das – wenigstens von seiner Seite – Persönliche sowie auch die emotionale Ebene der Bindung werden durch das Adverb *herzeclîchen* (V. 3) unterstrichen. Auch mit der Beteuerung, daß seine Verehrung von Herzen komme, bedient sich Morungen eines Motivs des klassischen Minnelieds; so weist Friedrich von Hausen beispielsweise den Vorwurf der Dame zurück, der Sänger hätte sie nicht *von herzen liep* (MF 45,38).[8]

Die Frageform, in die Morungen die Unterstellung des Sängers kleidet, die Dame wolle ihn töten, erhält dadurch, daß ihr das Gegenargument gegen die angeblich geplante Handlung gleich zur Seite gestellt wird, Appellcharakter: der Sänger entzieht der Dame, indem er sie seiner Verehrung versichert, jegliche Begründung für ihr Tun und appelliert damit an sie, ihre ihm todbringend erscheinende Haltung zu ändern.

Die beiden folgenden Verse versuchen die Motivation zu ergründen, aus der heraus die Dame handelt. Wie er die ablehnende Haltung der Dame von der todbringenden Wirkung her beschrieben hatte, denkt der Sänger auch hier von der Wirkung der Handlung her: die Dame könnte glauben, wenn sie ihn tötete, würde sie den Sänger endgültig aus ihrer Nähe entfernen, so daß er sie niemals[9] mehr bewundernd

---

8 Vgl. auch Motiv-Index zu *Des Minnesangs Frühling*, in: Ehlert, S. 269, s. v. »*von herzen kommen*«.

9 In Objekt- oder Finalsätzen, die von *waenen* abhängig sind und mit der Konjunktion *daz* eingeleitet werden, aber keine Negation enthalten, kann *iemer* negierende Bedeutung erhalten, vgl. Paul/Wiehl/Grosse, *Mhd. Grammatik*, § 441.

betrachten könnte. Das Wort *beschouwen* kennzeichnet die Haltung des Sängers zur Dame und bestätigt nochmals die Übersetzung von *minnen* in V. 3 mit ›verehren‹: seine Hingabe an sie vollzieht sich im Schauen, in der Kontemplation; nicht körperliche Vereinigung ist das Ziel des Sängers, sondern »distanzierte Nähe und Verehrung«[10].

Das Schauen, nicht als oberflächliches Betrachten, sondern als ein Erkennen, das in der sinnlich erfahrbaren Welt, insbesondere in der weiblichen Schönheit, den Abglanz der Vollkommenheit sieht, ist für Morungens Minnekonzept von zentraler Bedeutung. Zu Recht spricht Ingrid Kasten daher von einer »Poetik des *schouwens*« bei Morungen.[11] Wie keiner seiner Vorgänger beschreibt oder evoziert und preist Morungen die Schönheit der von ihm besungenen Dame, wobei er nicht selten den Prozeß der Wahrnehmung selbst thematisiert, so etwa in MF 141,1:

> Seht an ir ougen,   und merket ir kinne,
>   seht an ir kele wîz und prüevent ir munt.
> Si ist âne lougen   gestalt sam diu minne.
>   mir wart von vrouwen só liebez nie kunt.
> Jâ hât si mich verwunt
> sêre in den tôt. ich verliuse die sinne.
>   genâde, ein küniginne, du tuo mich gesunt.[12]

Die Schönheit der Frau, die dem Hörer mehr suggeriert als eigentlich beschrieben wird, ergreift den Sänger mit solcher Gewalt, daß ihr Anblick sein Leben bedroht und ihn seiner Sinne und damit des Mediums der kontemplativen Verehrung zu berauben droht. Wie aus dem Aufgesang der nächsten Strophe (141,8–11) hervorgeht, hat diese vollkommene

10 Schwietering, S. 101.
11 Kasten, S. 319 ff.
12 Schaut ihre Augen an und betrachtet ihr Kinn, schaut ihren weißen Hals an, betrachtet genau ihren Mund. Sie gleicht wahrhaftig der Minnegöttin. Niemals habe ich bei Frauen solchen Liebreiz kennengelernt. Fürwahr, sie hat mich zu Tode verwundet. Ich verliere die Besinnung. Gnade, Königin, mach du mich gesund! (Übersetzung unter Heranziehung von Tervooren, S. 113.)

Schönheit ihren Ursprung im Wirken Gottes, welches sich somit in der Anschauung der Schönheit offenbart und die Freude des Sängers hervorruft:

> Die ich mit gesange   hie prîse unde kroene,
> an die hât got sînen wunsch wol geleit.
> in gesach nu lange   nie bilde alsô schoene
> als ist mîn vrouwe; des bin ich gemeit.[13]

Ähnlich auch in der Strophe MF 133,37 ff., in der der Sänger sich wünscht, in der Anschauung der wunderbaren, von Gott geschaffenen Schönheit der Dame verharren zu können:

> Stên ich vor ir unde schouwe daz wunder,
> daz got mit schoene an ir lîp hât getân,
> sô ist des so vil, daz ich sihe dâ besunder,
> daz ich vil gerne wolt iemer dâ stân.[14]

Auch die von Morungen bevorzugte Licht-Metaphorik, die Gleichsetzung der Dame mit Sonne oder Mond, die Erwähnung des Glanzes, der von der Dame ausgeht und für Morungen Bild für die »Summe weiblicher Vollkommenheit«[15] ist, zeugen von der zentralen Bedeutung des *schouwens* für seine Minnekonzeption. Die sinnliche Affizierung des Sängers führt jedoch nicht zu dem Wunsch nach sinnlichem Besitz der Dame, sondern bewirkt im Prozeß des *schouwens* eine Transformation: von der rezeptiven Haltung des Erblickens gelangt der Sänger zur Kontemplation, der bewundernden, anbetenden Anschauung, die er (wie in MF 133,40) niemals aufgeben möchte. Diese Vergeistigung der

---

13 An dieser Frau, die ich hier mit meinem Gesang preise und erhöhe, hat Gott seine Vollkommenheit wirken lassen. Ich habe noch niemals, seitdem ich schaue, eine so schöne Erscheinung wie meine Herrin erblickt. Darüber bin ich froh.
14 Stehe ich vor ihr und betrachte die wunderbare Schönheit, die Gott ihr verliehen hat, dann erblicke ich da so viele Einzelheiten, daß ich am liebsten immer dort stehen wollte. (Übersetzung unter Heranziehung von Tervooren, S. 81.)
15 Vgl. dazu die bei Frings/Lea, S. 83–111, zusammengestellten Belege; Zitat S. 85.

Liebesbeziehung hat ihr Modell in der Mystik,[16] doch wird mit dem Modell nicht zugleich auch die religiöse Intention der Mystik in die höfische Minnebeziehung übertragen. Sie bleibt vielmehr von dem beharrenden Willen des Sängers gekennzeichnet und zielt auf die personale Bindung an die Dame.

Wenn der Sänger der Dame in V. 5 f. also unterstellt, sie wolle ihn töten, damit er sie niemals mehr *beschouwen* könne, wirft er ihr implizit vor, seine durch ihren Anblick ausgelöste liebende Verehrung unterbinden zu wollen.

Die Peripetie in der Argumentation des Liedes liegt in V. 7 f.: der Sänger macht die – vergebliche – Hoffnung der Dame auf seinen Tod und auf das damit verbundene Ende seiner Verehrung zunichte, indem er ihr versichert, seine Liebe zu ihr[17] habe ihre Seele zur Herrin seiner Seele gemacht, habe also seine Seele dazu genötigt, ihrer Seele zu dienen. Damit greift der Sänger die Trennung von Leib und Seele wieder auf, die er, versteckt in der rhetorischen Figur des *pars pro toto*, in V. 2 schon vorbereitet hatte, der wörtlich übersetzt lauten müßte: warum wollt Ihr mir den Körper töten? Hatte der Sänger gegen diese Trennung zunächst trotzig die Verehrung gesetzt, die er mit seiner ungeteilten Person der Dame von Herzen widmete, so spricht er hier der *minne* die Kraft zu, die Bewegung seiner Seele zu bestimmen, wobei *minne* nun mit ›Liebe‹ übersetzt werden kann, da die durch dieses Wort bezeichnete Haltung des Sängers bereits als verehrende Bewunderung näher beschrieben und damit das

---

16 Vgl. Schwietering, S. 101 ff.
17 Mit Tervooren, S. 141 und 189, verstehe ich das Possessivpronomen analog zum Genitivus objectivus als bezogen auf das Objekt (»Ziel«) der Empfindung; vgl. auch Paul/Wiehl/Grosse, *Mhd. Grammatik*, § 407. Wollte man, wie Morrall, S. 84, *iuwer* analog zum Genitivus subjectivus verstehen, so müßte man entweder in dem Wort *minne* eine von der Dame ausgehende Kraft (»your power to charm me« übersetzt Morrall) sehen, die aber nicht Liebe oder Verehrung ist, oder der Satz wäre sinnlos, weil der Vorwurf der Tötungsabsicht ja gerade impliziert, daß die Dame dem Sänger ihre Zuwendung, Liebe, *minne* verweigert.

Wort ›Liebe‹ in seiner Bedeutung eingegrenzt wurde. Der letzten Konsequenz, die das Verhalten der Dame auf den Sänger hat, dem Tod, kann er nur durch diese Aufspaltung seiner Person in Leib und Seele entkommen. Indem er die Verehrung der Frau als Bewegung der Seele bestimmt, transzendiert sein Dienst jede irdische Endlichkeit und kann auch nicht durch den Tod des Leibes beendet werden. Die der Dame unterstellte Hoffnung, mit dem Tod des Sängers auch seines Dienstes ledig zu sein, wäre also vergeblich.

Die letzten vier Verse fassen die bisherigen Aussagen zusammen und präzisieren sie in einigen Details. Dabei unterscheidet der Sänger nun in gleicher Weise zwischen Körper und Seele der Dame, wie er seine Person in Leib und Seele aufgeteilt hatte, und ordnet den Körper dem Diesseits, die Seele dem Jenseits zu: wenn er im Diesseits zu Lebzeiten der Dame von ihr keine Gnade erlangen könne, werde seine Seele den Dienst an der Dame *als einem reinen wîbe* im Jenseits fortsetzen. Auch hier, wie schon bei der ersten Selbstnennung des Sängers, fungiert das Wort *lîp* als *pars pro toto* und meint nicht nur den Körper der Dame, sondern die Frau als personale Einheit, die der Sänger mit Verehrung als *werde*, ›edel‹, apostrophiert. Erst die Wiederaufnahme des Gedankens, seine Seele werde im Jenseits ihrer Seele dienen, profiliert im Nachhinein das Wort *lîp* gegen das Wort *sêle* und läßt beide insofern auseinandertreten, als der *lîp* nur dem Diesseits, die *sêle* auch dem Jenseits zugeordnet wird. Die Formulierung *als einem reinen wîbe*, mit der jener Dienst im Jenseits näher bestimmt wird, überläßt es dem Hörer, darin einen bloßen Vergleich (›wie einer makellosen Frau‹) oder eine Identifikation (›in ihrer Eigenschaft als makellose Frau‹) zu sehen. Daß damit die Dame in jedem Fall unter die Heiligen versetzt, ja sogar mit einem Attribut Mariens versehen und somit in deren Nähe gerückt wird, hat bei neuzeitlichen Interpreten zunächst Anstoß erregt. Das gewagte Bild von der Fortsetzung des Dienstes im Jenseits hielt Schönbach für eine »kühne Vermengung religiöser Dinge mit weltlichen, bei der jene von diesen profaniert werden«[18], zumal es zwischen den Heiligen des Himmels zwar Abstufungen, aber keine Dienstverhältnisse gebe. Kesting hat jedoch dargetan, daß Maria eine Ausnahme von dieser Regel bildet: ihr huldigen, gehorchen und dienen die Chöre der Engel und Heiligen.[19] Außerdem kann Maria als »Inbegriff des *reinen wîbes*«[20] gelten. Mit dem Bild der Maria, der die Engel und Heiligen dienen, benutzt Morungen also wiederum ein religiöses Muster, um das Verhältnis des Sängers zur Dame zu modellieren, ja in die Transzendenz hinein zu verlängern.

Selbst im Jenseits aber bleibt dabei die für das klassische Minnelied typische Distanz zwischen Dame und Sänger erhalten, eine Distanz, die Morungen des öfteren ins Bild setzt, indem er die Dame mit der Sonne vergleicht.[21] Dabei kann die Distanz ausdrücklich thematisiert werden wie in MF 134,36 ff.: *Wâ ist nu hin mîn liehter morgensterne? / wê, waz hilfet mich, daz mîn sunne ist ûf gegân? / si ist mir ze hôh und ouch ein teil ze verne / gegen mittem tage unde wil dâ lange stân*; oder sie kann im Doppelbild von Sonne und Mond zum Ausdruck kommen, mit dem das Verhältnis von Dame und Sänger beschrieben wird, wie z. B. in MF 124,35 bis 37: *ich muoz iemer dem gelîche spehen, / Als der mâne tuot, der sînen schîn / von der sunnen schîn empfât*. Durch den Vergleich der Dame mit der Sonne, insbesondere, wenn er über die *tugent* als *tertium comparationis* hergestellt wird wie in MF 123,1 ff., überträgt Morungen erneut ein Bild aus dem Marienlob in den Frauendienst. Wurde dort in typologischer Auslegung eine Passage des Hohenliedes (*electa ut sol*, Cant. 6,9) als Voraussage auf Maria gedeutet und die Gottesmutter dadurch in die präfigurierte Heilsgeschichte

18 Schönbach, S. 150.
19 Kesting, S. 110 f.
20 Ebd., S. 111.
21 Vgl. z. B. MF 123,1: *Ir tugent reine ist der sunnen gelîch*; MF 129,20 f.: *Si liuhtet sam der sunne tuot / gegen dem liehten morgen*; MF 134,26 f.: *... wan ich hab ein wîp ob der sunnen mir erkorn*; MF 136,28–30; MF 136,35 f.; MF 138,37 f.; MF 143,10 f.; MF 144,28–30.

eingebunden,[22] so übernimmt Morungen zwar das Bild, transponiert jedoch nur die in ihm angelegte Distanz zwischen Sprecher und Adressatin, nicht aber die heilsgeschichtliche Implikation in den Frauendienst. Ähnlich auch bei dem Motiv von der Dame, die durch die Augen in das Herz des Sängers gelangt (MF 127,7 ff., 144,24 f.); ein Motiv, in dem aus der provenzalischen Trobadorlyrik stammende und religiöse Ausdrucksmuster für Mariae Empfängnis konvergieren[23] und das durch die Spiritualisierung der Minnebeziehung ebenfalls eine Distanz zwischen Dame und Sänger festschreibt.

Nicht Klage, wie sie typisch wäre für Reinmar, ist die Reaktion des Sängers auf die abwehrende Haltung der Dame bei Morungen, sondern eine nochmalige Steigerung des Dienstversprechens, das nun die Beziehung zwischen Sänger und Dame ins Jenseits perpetuiert: die Minne transzendiert damit das Hier und Jetzt, überdauert das irdische Sein und damit auch die irdische Willkür der Dame. Nicht Gegenseitigkeit der Liebe im Diesseits und ihre Erfüllung durch körperliche Vereinigung, wie sie Hartmann von Aue und Walther von der Vogelweide in einer Reihe ihrer Lieder fordern, ist die Vision des Sängers in Morungens Lied, sondern vollkommene Hingabe im Dienst für die Dame auch gegen deren Willen und über das unvollkommene irdische Leben hinaus. Damit hat das vielleicht zunächst nur spielerische Erproben höfischer Lebensformen eine neue Dimension bekommen: die Behauptung der über den Tod hinausgehenden Beständigkeit des sich im *beschouwen* erfüllenden Minnedienstes bindet ihn in religiöse Transzendenzvorstellungen ein und verleiht ihm gerade dadurch größeren Eigenwert auch in der Welt.

In einer einzigen Strophe von außerordentlicher poetischer Dichte stellt Morungen also eine Minnebeziehung dar, die

22 Vgl. dazu Kesting, S. 95 f.
23 Vgl. ebd., S. 96; Frings/Lea, S. 94 f.; zum Motiv der Dame im Herzen vgl. auch v. Ertzdorff (1965).

für das konventionelle oder ›klassische‹ Minnelied typisch ist
und die Konvention doch zugleich auch überschreitet: ein
Sänger verharrt geduldig im Dienst der von ihm verehrten
Dame, auch wenn sie nur mit Ablehnung reagiert. Da seine
kontemplative Verehrung im Diesseits durch die Willkür der
Dame gefährdet ist, steigert er sein Dienstversprechen sogar
bis über den Tod hinaus. Die Kanzonenstrophe, im ›klassischen‹ Minnesang meist Teil eines mehrstrophigen Liedes,
umfaßt hier als Einzelstrophe die gesamte Argumentation.
Die meisten Herausgeber deuteten V. 1–4 und 5–8 als doppelten Aufgesang und tragen damit der metrischen Dreitei-
lung des Liedes Rechnung.[24] Allerdings schließen sich die
beiden Aufgesänge nicht zu einer metrischen Einheit zusammen, weil die Kadenzen des nach dieser Deutung ersten Aufgesangs nicht mit denen des zweiten identisch sind; außerdem unterteilen die Argumentationsbögen den zweiten Aufgesang: während V. 5 und 6 die Argumentation von V. 1–4
fortsetzen, beginnt in V. 7 die Gegenargumentation, die sich
bis V. 12 fortsetzt. Dieser Zweiteilung der Strophe entspricht
die symmetrische Anordnung von weiblichen und männlichen Kadenzen, deren Symmetrieachse zwischen V. 6 und 7
liegt. Am Anfangs- und Endpunkt der Symmetrie stehen die
beiden diametral entgegengesetzten Urteile über die Dame:
wird sie am Anfang als – wenn auch *süeziu, senftiu* – *toeterinne* bezeichnet, so ist am Ende von ihr als von *einem reinen
wîbe* die Rede. Zwischen diesen Polen, der ambivalenten
Wirkung der Dame im Diesseits und der in der Verklärung
des Jenseits erhabenen Dame, spannt sich die Argumentation
des Sängers; sie zeichnet den Weg vor, den er sich für seine
Beziehung zur angebeteten Dame wünscht.

24 A 4wv a, A 5mv b, A 4wv a, 5mv b; 4 wv c, A 4wv d; A 5wv c,
A 5wv d; 4mv e, A 3wv f, A 4mv e, A 7wv f. Semikola bedeuten Ende
des Satzbogens.

Literaturhinweise

Ausgaben

Heinrich von Morungen: Lieder. Mhd./nhd. Text, Übers., Komm. von Helmut Tervooren. Stuttgart 1975 [u. ö.]. [Zit. als: Tervooren.]

Des Minnesangs Frühling. Unter Benutzung der Ausg. von Karl Lachmann und Moriz Haupt, Friedrich Vogt und Carl von Kraus bearb. von Hugo Moser und Helmut Tervooren. Bd. 1: Texte. 38., erneut rev. Aufl. mit einem neuen Anh. Stuttgart 1988.

Müller, Ulrich: Heinrich von Morungen. Abb. zur gesamten handschriftlichen Überlieferung. Göppingen 1971.

Forschungsliteratur

Ehlert, Trude: Konvention – Variation – Innovation. Ein struktureller Vergleich von Liedern aus »Des Minnesangs Frühling« und von Walther von der Vogelweide. Berlin 1980.

Ertzdorff, Xenja von: Die Dame im Herzen und das Herz bei der Dame. Zur Verwendung des Begriffs ›Herz‹ in der höfischen Liebeslyrik des 11. und 12. Jahrhunderts. In: ZfdPh. 84 (1965) S. 6–46.

Frings, Theodor / Lea, Elisabeth: Das Lied vom Spiegel und von Narziß. Morungen 145,1. Minnelied, Kanzone, Hymnus. Beobachtungen zur Sprache der Minne. Deutsch, Provenzalisch, Französisch, Lateinisch. In: PBB (Halle) 87 (1965) S. 40–200.

Kasten, Ingrid: Frauendienst bei Trobadors und Minnesängern im 12. Jahrhundert. Zur Entwicklung und Adaptation eines literarischen Konzepts. Heidelberg 1986.

Kesting, Peter: Maria – Frouwe. Über den Einfluß der Marienverehrung auf den Minnesang bis Walther von der Vogelweide. München 1964.

Morrall, E. J.: Heinrich's von Morungen conception of love. In: GLL 13 (1959/60) S. 81–87.

Paul, Hermann: Mhd. Grammatik. 23. Aufl., neu bearb. von Peter Wiehl und Siegfried Grosse. Tübingen 1989.

Schönbach, Anton E.: Beiträge zur Erklärung altdeutscher Dichtwerke. 1. Stück: Die älteren Minnesänger. Wien 1899. (Sitzungsberichte der Kaiserl. Akad. der Wiss. zu Wien. Phil.-hist. Kl. 141. Ahh. 2.) S. 112–150.

Schweiger, Valentin: Textkritische und chronologische Studien zu den Liedern Heinrichs von Morungen. Diss. Freiburg i. Br. 1970.

Schweikle, Günther: Minnesang. Stuttgart 1989. (SM 244.)

Schwietering, Julius: Der Liederzyklus Heinrichs von Morungen. In: J. S.: Mystik und höfische Dichtung im Hochmittelalter. Tübingen 1960. S. 71–105.

Spitzer, Leo: L'amour lointain de Jaufré Rudel et le sens de la poésie des Troubadours. In: L. S.: Romanische Literaturstudien 1936 bis 1956. Tübingen 1959. S. 363–417.

Das frühe Minnelied

Dietmar von Aist: *Hei, nû kumet uns diu zît*

Von Manfred Günter Scholz

1 Hei, nû kumet uns diu zît,   der kleinen vogellîne sanc.
   ez gruonet wol diu linde breit,   zergangen ist der
                                      winter lanc.
   nû siht man bluomen wol getân,   an der heide üebent si
                                      ir schîn.
   des wirt vil manic herze frô,   des selben troestet sich
                                    daz [ ] mîn.

2 Ich bin dir lange holt gewesen,   frouwe biderbe unde
                                      guot.
   vil wol ich daz bestatet hân!   dû hâst getiuret mînen
                                    muot.
   swaz ich dîn bezzer worden sî,   ze heile müez ez mir
                                    ergân.
   machest dû daz ende guot,   sô hâst dû ez allez wol
                               getân.

3 Man sol die biderben und die guoten   ze allen zîten
                                          haben liep.
   swer sich gerüemet alze vil,   der kan der besten mâze
                                   niet.
   joch sol ez niemer hövescher man   gemachen allen
                                       wîben guot.
   er ist sîn selbes meister niht,   swer sîn alze vil getuot.

4 Ûf der linden obene   dâ sanc ein kleinez vogellîn,
   vor dem walde wart ez lût.   dô huop sich aber daz
                                herze mîn

an eine stat, dâ ez ê dâ was.   ich sach die rôsenbluomen
                         stân,
die manent mich der gedanke vil,   die ich hin ze einer
                         frouwen hân.

5 Ez dunkent mich wol tûsent jâr,   daz ich an liebes arme
                         lac.
sunder alle mîn schulde   frömedet er mich alle tac.
sît ich bluomen niht ensach   noch hôrte kleiner
                         vogellîn sanc,
sît was al mîn frôide kurz   und ouch der jâmer alze lanc.[1]

1 Hei, nun kommt uns die Zeit (des Sommers), der Gesang
der kleinen Vögelchen. / Es grünt schon die breite Linde,
dahin ist der lange Winter. / Nun sieht man anmutige Blumen, auf der Heide erproben sie ihr Strahlen. / Darüber werden sehr viele Herzen froh, und auch mein Herz schöpft daraus Zuversicht.

2 Ich bin dir seit langem zugetan, edle und vortreffliche Herrin. / Wie gut ich das angelegt habe! Du hast meinen Sinn veredelt. / Um was ich immer ich durch dich besser geworden bin,
es möge mir zum Heil gereichen. / Machst du das Ende gut,
so hast du alles wohl getan.

3 Man soll die Edlen und die Vortrefflichen zu allen Zeiten
lieb behalten. / Wer immer sich allzuviel rühmt, der weiß
nichts vom rechten Maß. / Auch soll es ein höfischer Mann
niemals allen Frauen recht machen. / Der ist nicht Meister
seiner selbst, der in dieser Hinsicht allzuviel tut.

4 Auf der Linde oben, da sang ein kleines Vögelchen, / vor
dem Wald erhob es seine Stimme. Da schwang sich mein Herz

1 MFMT III = 33,15 ff.; Text nach B, graphisch und morphologisch normalisiert. Weitere Abweichungen: 1,4 *daz herze mîn* B; 2,2 *bestat* B; 3,2
niht B. Im übrigen vgl. den textkritischen Apparat in MFMT. Da nicht
bereits durch das Textbild eine bestimmte Deutungsmöglichkeit präjudi-
ziert werden soll, wird auf die übliche Markierung von Frauenstrophen
durch Anführungszeichen verzichtet.

wieder auf / zu einem Ort, an dem es früher war. Ich sah die blühenden Rosen stehen, / die rufen in mir viele Gedanken hervor, die sich auf eine Dame richten.

5 Es kommt mir vor, als sei es schon tausend Jahre her, daß ich im Arm des Geliebten lag. / / Ganz ohne meine Schuld bleibt er mir jeden Tag fern. / Seit ich keine Blumen sah noch den Gesang kleiner Vögelchen hörte, / seitdem war all meine Freude von kurzer Dauer, der Jammer aber allzulang.[2]

1. *Zum Dichter.* Ein DITMARUS DE AGASTA o. ä. ist ca. 30 Jahre lang vor 1171 im oberösterreichischen Raum mehrfach urkundlich bezeugt. Aus chronologischen Gründen wird aber meist angezweifelt, daß es sich dabei um unseren Autor handeln kann. Man sieht in ihm eher einen jüngeren Namensträger, einen Ministerialen jener Familie oder einen Angehörigen einer Seitenlinie.[3]

2. *Zu Dietmars Werk.* Gut 40 Strophen sind in den Handschriften B (Weingartner Liederhandschrift) und C (Große Heidelberger, ›Manessische‹ Liederhandschrift) unter seinem Namen bezeugt. Nach Form und Gehalt zeigen sie eine erstaunliche Spannweite: Neben archaischen, in die Frühzeit des Minnesangs weisenden Zügen finden sich romanischen Einfluß verratende Elemente und solche Charakteristika, die eher zu der Entwicklungsstufe eines Reinmar oder Walther zu passen scheinen. Eine Auffassung, nach der nur der geringere Teil des überlieferten Dietmar zu belassen, das übrige aber jüngeren Autoren zuzuweisen sei, wird heute zunehmend kritisiert und Dietmar als ein Dichter gesehen, der in jener literarisch ungemein schnellebigen Zeit mehrere Stadien der lyrischen Entwicklung zu umgreifen vermochte. Da die Verfasserschaft von Ton III nahezu unbestritten ist, braucht an dieser Stelle nicht in die Echtheitsdiskussion eingegriffen zu werden.

2 Der Übersetzer verdankt seinen Vorgängern (namentlich Schweikle) mancherlei Anregungen.
3 Vgl. des näheren Schweikle, S. 388 f., und Tervooren, Sp. 95.

3. *Zur Überlieferung.* In B und C stehen die fünf Strophen übereinstimmend als Nr. 7–11, in A (der Kleinen Heidelberger Liederhandschrift) sind die Strophen 2, 5 und 4 unter Heinrich von Veltkilchen (Veldeke) tradiert. Auf den ersten Blick wird man einen Zuschreibungsfehler annehmen, doch ist auch die Vermutung nicht von der Hand zu weisen, daß Dietmar-Strophen in Veldekes Vortragsrepertoire übernommen und zu neuen Strophenverbänden umgruppiert worden sind.[4]

4. *Zur Strophenform.* Endgereimte Langzeilen mit Binnenzäsur; Kadenzen: An- und Abverse 4 mv; Reimschema: a-a-b-b.

5. *Zur Toneinheit.* Die erste Ausgabe von MF (Lachmann / Haupt) hat die fünf Strophen als Einzelstrophen behandelt, und das nicht von ungefähr. Kann das mittelalterliche Lied überhaupt nach den Gesichtspunkten der Kohärenz und Kontinuität nicht an einem neuzeitlichen Liedbegriff gemessen werden, so gilt dies erst recht für die Töne der ersten Minnesangphase. Hier kommt der Strophe – und das zeigt ihre Nähe zur Strophe der gleichzeitig entstehenden Sangspruchdichtung – noch ein größerer Eigenwert zu, sie ist vielfach als Einzelstrophe überliefert und auch dann, wenn sie in einem Tonverbund steht, nicht selten als Einzelstrophe verständlich. Sie ist noch freier kombinierbar als die Strophe des späteren Minnesangs, wechselnde Gruppierungen sind möglich, mehrere Strophen schließen sich weniger zu einem eigentlichen Lied zusammen als zu lockerer gefügten Strophenkreisen oder -ketten. Denkbar sind ferner spätere Zudichtungen von Strophen zu einem gegebenen Ton (vom Autor selbst oder von anderen). Und auch mit der Möglichkeit von Verlusten ist zu rechnen, so daß für den modernen Interpreten die Toneinheit nicht mehr in dem Maße gegeben sein mag, wie es für den zeitgenössischen Hörer der Fall war.

4 Der – auch im Wortlaut z. T. ändernde – A-Text ist in der Ausgabe von Heinen, S. 3, abgedruckt.

6. *Zu den einzelnen Strophen von Ton III.* Auch die Strophen dieses Tons können als Einzelstrophen interpretiert werden. Eine kurze, bewußt prosaische Bestandsaufnahme mag dies zeigen:

1: Ein Ich setzt Naturphänomene in Relation zur Befindlichkeit der Menschen allgemein und seiner selbst.

2: Ein Mann versichert eine angeredete Dame seines Dienstes, beteuert die sittliche Läuterung, die er dadurch erfahren habe, und gibt seiner Hoffnung auf Liebeserfüllung Ausdruck.

3: Ein Ich spricht sich in einer sangspruchartigen Lehrstrophe für die Liebe zu den *biderben* und *guoten* aus und lehnt Prahlerei mit Liebeserfolgen und den Versuch, es allen Frauen recht machen zu wollen, als der *mâze* widersprechend ab.

4: Ein Mann erinnert sich anläßlich der Beobachtung von Naturphänomenen an die Liebesbegegnung mit einer Dame.

5: Eine Frau erinnert sich an eine Liebesbegegnung und verknüpft das Ausbleiben von erfreulichen Natursignalen mit ihrer gegenwärtigen seelischen Lage.

Die Sprecherzuweisung der Strophen 1 und 3 bleibt zunächst offen; ob sie von einer Frau oder einem Mann gesprochen sind, ist bei der späteren Interpretation zweier möglicher Strophengruppierungen zu diskutieren.

7. *Zu möglichen Strophenkombinationen.* Die Frage nach größeren Einheiten ist von der Forschung unterschiedlich beantwortet worden. Wenn es sich auch nicht um ein einheitliches Lied handelt – obwohl nicht auszuschließen ist, daß alle Strophen in einem Vortrag erklungen sein können –, so gebietet doch die Tatsache der Tongleichheit der Strophen (der Kadenzentausch in den Anversen von 3,1 und 5,2 ist für den frühen Minnesang nicht ungewöhnlich), sich der Frage nach einem Zusammenhang der Strophen nicht zu entziehen. Daß man sich bei einer Entscheidung nur von der hand-

schriftlich bezeugten Strophenfolge leiten lassen darf und nicht von einem subjektiven wissenschaftlichen Urteil (wie Rathke, der einen dreistrophigen Wechsel 1–5–4 ansetzt), sollte selbstverständlich sein. Unter Beachtung dieser Prämisse sind die folgenden mehr oder minder engen Einheiten vorgeschlagen worden:

1–2 als Wechsel (Str. 1 Frauen-, Str. 2 Männerstrophe: Sayce)

2–3 (Rathke)

1–2–3 (Str. 3 äußerlich angefügt: v. Kraus; enger zugehörig: Ittenbach, Schweikle)

4–5 als Wechsel (seit Bartsch und Schönbach fast allgemein)

Kriterien der Strophenbindung durch Motive, Wörter und Reime, wie man sie gern als Hilfsmittel zur Konstituierung größerer, u. U. liedhafter Einheiten nutzt, sind beim frühen Minnesang nur mit Zurückhaltung anzuwenden. Das schmale Textcorpus, die eingeschränkte Reimauswahl, das begrenzte Motiv- und Wortmaterial lassen derartige Schlüsse nur bei Vorhandensein anderer (deutlicher) Indizien für Strophenzusammenhang zu. Da die folgende Interpretation zweier Strophengruppen keinen Anspruch auf alleinige Gültigkeit stellen will, seien die wichtigsten Responsionsmittel zwischen den Strophen immerhin aufgeführt:

1/4: Vogelsang, Blumen, Linde; Reime *schîn : mîn / vogellîn : mîn*

1/5: Blumen (sehen), Vogelsang, *frô / fröide*; Reim *sanc : lanc*

2/3: *biderbe und guot, machen [...] guot*; Reime *guot : muot / guot : getuot, getân / getuot*

2/4: Reime *ergân : getân / stân : hân*

4/5: Vogelsang, Blumen (sehen), *gedanke / dunkent*

8. *Interpretation der Strophengruppe 1–3.* Eine engere Zusammengehörigkeit der ersten drei Strophen läßt sich be-

gründen. Die Strophenschlüsse von 1 und 2 stehen im Zeichen der Zuversicht und Hoffnung, in Strophe 1 wird diese Empfindung aus Vorgängen und Erscheinungen in der Natur abgeleitet, in Strophe 2 aus dem bisherigen Verlauf der Beziehung des Mannes zur Frau. Strophe 3 ist durch die Wortresponsion *biderbe und guot* besonders dicht mit Strophe 2 verknüpft. – Strophe 2 ist eindeutig als Männerstrophe ausgewiesen. Der annähernd parallele Schluß von Strophe 1 macht die Zuordnung auch dieser Strophe zum Mann wahrscheinlich, letztlich hängt die Entscheidung aber auch von der Genuszuweisung von Strophe 3 ab.

Die erste Strophe:

Der Natureingang (wohl der erste im deutschen Minnesang, vermutlich von mittellateinischer Lyrik beeinflußt) arbeitet mit den wichtigsten Versatzstücken des *locus amoenus*: der Winter ist vergangen, der Sommer naht (chiastische Anordnung in V. 1 f.: kommende Zeit – Vogelsang, Linde – vergangene Zeit), seine Zeichen sind der Gesang der Vögel, das Grünen der Linde, das Blühen der Blumen. Natur wird im Mittelalter noch nicht um ihrer selbst willen dichterisch gestaltet, ihre Phänomene sind stets funktional eingesetzt, sie stehen in Beziehung zu menschlichen Empfindungen. Die geläufigste Relation ist der Parallelanschluß: Erwachen der Natur – Aufkommen von Freude im Innern des Menschen; seltener ist die antithetische Verknüpfung: es ist Frühling, aber mein Herz ist von Trauer erfüllt.
Gleich am Jubelausruf des Anfangs wird deutlich, wie das Ich die Erscheinungen der Natur mit Freude aufnimmt und wie durch das *uns* (und das spätere *man*) die Allgemeinheit fraglos in dieses Freudegefühl einbezogen wird. Was hier wie ein Naturgesetz zu funktionieren scheint, wird am Schluß der Strophe mit Hilfe des zweimaligen *des* rational ausgefaltet: der Wechsel der Jahreszeiten weckt in den Menschen neue Empfindungen, und – erst ganz am Ende meldet das Ich sich zu Wort – auch mein Herz hat daran teil.

Frô-Werden, Sich-*troesten*, das sind im Minnesang Vorgänge, die unlösbar mit dem Phänomen der Liebe verbunden sind. So folgt in aller Regel auf eine Strophe mit Natureingang eine Minnestrophe. Dies ist auch hier der Fall.

Die zweite Strophe:

Ein Mann versichert eine Dame in direkter Anrede (was nicht notwendig ihre Anwesenheit voraussetzt) seiner langwährenden Verbundenheit (das Perfekt hat hier die Funktion der ›durchstehenden Zeit‹). Er spricht als ihr *dienestman*: *holt* und *hulde* gehören zur Terminologie des Lehnswesens und bezeichnen ein ›Geneigtsein‹ (zunächst vom Höher- zum Niedrigerstehenden, dann auch umgekehrt und wechselseitig), das im Minnekontext auch einen verinnerlichten Wert erhält. Die Frau hat diesen langen Dienst verdient, was durch die ihr zugeteilten, alle möglichen Qualitäten (zumal inneren Adel und ethische Vollkommenheit) summierenden Adjektive *biderbe* und *guot* angezeigt wird, und der Mann hat aus diesem beständigen Dienen Kapital geschlagen (*bestaten* ist – allerdings erst später – auch als ›Geld anlegen‹ bezeugt). Sie hat sein Inneres veredelt, er ist durch sie ethisch aufgewertet worden,[5] einfach dadurch, daß sie seine Verehrung nicht zurückgewiesen hat, wobei sie ihm freilich einen Beweis ihrer Zuneigung nicht gegeben haben muß. Auf diesen Liebesbeweis aber hofft er (was er unter *heil* versteht, macht er im letzten Vers deutlich) als auf ein gutes Ende all seines Bemühens. Wir haben eine Werbestrophe vor uns, die den vom Minnesänger gewöhnlich ersehnten Kausalnexus von Dienst und Lohn mit bis dahin unkonventionellen Formulierungen umschreibt.

Die dritte Strophe:

Heinen setzt die Strophe in Anführungszeichen, sieht in ihr also eine Frauenstrophe, worin ich ihm folge. Zum einen

---

5 Ein aus der romanischen Lyrik stammendes Motiv, das davor warnen sollte, bei Dietmar eher archaische Züge aufspüren zu wollen.

deshalb, weil nach Strophe 2 eine Reaktion von seiten der Frau erwartet werden kann, zum andern, weil die Wiederaufnahme von *biderbe* und *guot* einen prägnanteren Sinn erhält, wenn man sich die Strophe von einer Frau gesprochen denkt. Es ist im Minnesang nicht ungewöhnlich, daß die Frau als Lehrmeisterin auftritt, und im vorliegenden Fall wird die aus ihrem Mund kommende Lehre verständlich, nachdem er ihr in der vorausgegangenen Strophe die Fähigkeit attestiert hat, seinen *muot* zu *tiuren* und ihn *bezzer* werden zu lassen. Und auch die Tatsache, daß die Frau nicht eigentlich auf das Ansinnen des Mannes eingeht, vielmehr abbiegt und aus seinem speziellen einen allgemeinen Kasus macht (verallgemeinernd: *(man) sol* in V. 1 und 3, *swer* in V. 2 und 4), steht im Minnesang nicht allein. Man hat der Strophe mangelnde Logik vorgeworfen, doch ist gedankliche Kausalität wie im großen (Aufeinanderfolge der Strophen, Liedeinheit) auch im kleinen gerade vom frühen Minnesang nicht zu fordern.

Die Frau nimmt wohlwollend zur Kenntnis, daß der Mann sie als *biderbe unde guot* bezeichnet hat, und sie scheint ihn mit ihrer im ersten Vers getroffenen Feststellung zu ermutigen. Doch was folgt, sind drei Einschränkungen, ja Warnungen. Zweimal die Warnung, etwas *alze vil* zu tun, was dem Geist der *mâze* widerspräche (auch das Motiv der *mâze* stammt aus romanischer Lyrik), einmal die Warnung, *allen* Frauen gegenüber eine bestimmte Haltung einzunehmen. Ob die Worte der Frau der Kenntnis dieses einen Mannes oder der Männer überhaupt entspringen, läßt sich nicht belegen, entscheidend ist die nicht eigens ausgesprochene, aber in ihrer Lehre implizierte Forderung an den Mann, den Weg der Vervollkommnung noch weiter zu gehen, bevor sie seine Wünsche zu erfüllen vermag.

Die Charakterisierung von Strophe 2 als Werbestrophe des Mannes und von Strophe 3 als einer Strophe, in der eine gewisse Reserviertheit der Frau zum Ausdruck kommt, macht es im Rückblick unwahrscheinlich, daß wir mit Strophé 1 eine Frauenstrophe vor uns haben. Sie ist vielmehr nichts anderes als eine Einstimmung und Vorbereitung auf das Thema ›Minne‹, wie es in Strophe 2 dominant wird. Das Ich am Schluß von Strophe 1 ist identisch mit dem Ich am Anfang von Strophe 2.

Der Sprecherwechsel von Strophe 2 zu Strophe 3 müßte bei dieser Interpretation im Vortrag deutlich gemacht werden, sei es, daß mit verteilten Rollen gesungen wird, sei es, daß der Sänger etwa die Stimmlage verändert.

Zwei andere Deutungsmöglichkeiten der Lehrstrophe seien noch kurz zur Diskussion gestellt; Sprecher wäre jeweils der Mann: Im ersten Fall stellt er, sein eigenes Verhalten in der Verehrung einer *biderben und guoten* Dame als Vorbild nehmend, die Regel auf, daß die Liebe der Männer nur Frauen gelten solle, die diese hohen Qualitäten aufweisen. – Im zweiten Fall nimmt er, sich selbst empfehlend, dieselben Tugenden in Anspruch wie die Frau (*die biderben und die guoten* gilt also hier für die Männer) und setzt sich von anderen Männern ab, die durch ihr Verhalten in der einen oder anderen Weise gegen die Forderung der *mâze* verstoßen (Vogt in den Anmerkungen zu MF). Problematisch wird diese Auffassung der Strophe dadurch, daß es nicht eben einfach gewesen sein mag, dem zuhörenden Publikum zu verdeutlichen, daß *biderbe und guot* nun nicht mehr Qualitäten der Frau, sondern solche des Mannes sind.

9. Interpretation der Strophengruppe 4–5. Die Strophen 4 und 5 werden in Übereinstimmung mit den meisten Forschern im folgenden als Wechsel interpretiert. Der (in der Grundform zweistrophige) Wechsel unterscheidet sich vom Dialog darin, daß zwar auch hier zwei verschiedene Partner sprechen, jedoch monologisch, wobei in der Regel räumliche Distanz zwischen den Sprechern gegeben ist. Ihr kann eine innere Distanz entsprechen, häufiger aber steht die äußere Trennung im Kontrast zur inneren Nähe der Beteiligten. Den Wechselstrophen als der lyrischen Form des Aneinander-Denkens liegen gemeinsame Thematik und gleiche Situation zugrunde. Das Sprechen der Partner kann als synchron vorgestellt werden, zwischen den Strophen eines Wechsels kann aber auch eine bestimmte zeitliche Distanz liegen (diachroner Wechsel).

Hier liegt ein synchroner Wechsel vor, da jedes Signal einer zwischen den Strophen 4 und 5 verstrichenen Zeit fehlt. Wie die allererste Strophe des Tons verwendet auch dieser Wechsel das Inventar des *locus amoenus*, das hier zeichenhaft steht für den Ort einer zurückliegenden Liebesbegegnung. Eng vergleichbar ist das berühmte Lied Walthers von der Vogelweide *Under der linden*, in dem alle diese Versatzstücke wiederkehren und das Walthers Bekanntschaft mit Dietmars Strophen verrät (v. Kraus).

Die vierte Strophe:

Die Erzählung des Mannes setzt ein mit einer räumlichen Beobachtung, und Raumeindrücke dominieren diese Strophe durchaus: *Ûf der linden obene dâ, vor dem walde, an eine stat, dâ [. . .] dâ, hin ze einer frouwen*. Die Erfahrungen und Erinnerungen sind ganz räumlich bestimmt, doch die am Raum festgemachten Sinneseindrücke setzen die Erfahrung der Zeit in Gang: *dô, aber, ê* – Raum- und Zeitstrukturen überlagern sich. Die verbalen Zeitindikatoren reichen über die Vergangenheit (V. 1 und 2) in eine Vorvergangenheit hinaus (V. 3a, vielleicht auch 3b) und in die aktuelle Gegenwart herein (V. 4). Der vergangene (akustische) Sinneseindruck (*sanc, wart ez lût*) führt zu einer inneren Bewegung.[6] Die Äußerung des Vogels bewirkt also die Er-innerung des Menschen, der *sensus* löst *imaginatio* und *memoria* aus. Der Abvers der dritten Zeile ist nicht leicht zu verstehen: weniger

---

6 Zu beachten ist, wie im Widerstreit von Satz- und Versstruktur dieser Aussage ein besonderer Ausdruckswert verliehen wird: das Herz erhebt sich gleichsam über die Versgrenze hinweg. Bemerkenswert ist dies gerade für die frühe Lyrik, in der sonst – wie auch an unserem Ton zu beobachten – Vers und Satz meist in einem Kongruenzverhältnis stehen.

deshalb, weil vom Herzen zum Ich gewechselt wird (das Herz sieht, d. h., der innere Mensch sieht, mit den Augen des Herzens nämlich, also: ich sehe), als vielmehr darum, weil Zeitpunkt, Ort und Modalität dieses Sehens nicht eindeutig zu fassen sind. Die C-Lesart *ich sach dâ* scheint demgegenüber das Sehen an die *stat*, zu der das Herz sich wieder begeben hat, zu binden, meint also ein imaginiertes Sehen, wobei immer noch offenbleibt, ob es in der Vergangenheit oder in der Vorvergangenheit vorzustellen ist. Der Wortlaut von B beläßt das Geschehen eigentümlich in der Schwebe – auch dies ein Signum gerade des frühen Minnesangs –, in einer Schwebe zwischen realem Sehen und imaginiertem Schauen, zwischen Vergangenheit und Vorvergangenheit, zwischen wirklichem und vorgestelltem Liebeserlebnis. Auffallend ist das Präsens im letzten Vers: Ein in der Vergangenheit liegender Sinneseindruck hat die Erinnerung an eine Vorvergangenheit ausgelöst, aber die liebenden Gedanken, durch die blühenden Rosen veranlaßt, reichen in die Gegenwart herein, bleiben präsent.

Vom *sensus* über *imaginatio* und *memoria* zur *ratio*, diesen Dreischritt mittelalterlicher Erkenntnislehre hat Dietmar in seiner Strophe poetisch anschaulich gemacht.[7]

Die fünfte Strophe:

Sind die Gedanken die letzte Stufe im Erfahrungsprozeß des Mannes, so setzt die Strophe der Frau gleich mit ihnen ein. Haben beim Mann Vorgänge im Raum eine innere Bewegung ausgelöst, so gibt für die Frau die Zeit die dominierende Perspektive ab. Liegt für ihn die Liebesgemeinschaft ein unbestimmtes *ê* zurück, so ist es für sie eine unvorstellbar lange Zeit, am Anfang wie am Ende ihrer Klage, *tûsent jâr, alze lanc*. Es scheint paradox: Der Mann, für dessen Strophe die räumlichen Koordinaten bestimmend sind, bewegt sich innerlich in einem Prozeß, von der Wahrnehmung über die Erinnerung zum Denken – die Frau, deren Denken und

7 Groos, S. 163 f.

Erinnern ganz an der Zeit haftet (außerdem: *manegen tac, sît, sît, kurz*), verharrt ganz im Statischen. Der Raum kommt in ihrer Strophe nur als nicht mehr vorhandener zur Sprache (V. 1b), das Sehen der Blumen und das Hören des Vogelsangs – im Verhältnis zur Strophe des Mannes (V. 1 f. und 3) chiastisch angeordnet – nur in der Negation.

Aus dem dritten Vers läßt sich nicht folgern, die Strophe der Frau sei zu einer anderen Jahreszeit gesprochen als die des Mannes. Vielmehr ist für die Frau das Erblicken der Blumen und das Vernehmen des Gesangs der Vögel an die Gegenwart des Geliebten gebunden.[8]

So liegt bei diesem Wechsel zweifellos Identität der Situation vor. Zu konstatieren ist des weiteren eine innere Nähe der Partner im Sinne gleichgestimmter Empfindungen: die Trennung wird als negativ empfunden (beim Mann indirekt-verhalten, bei der Frau direkt-expressiv). Aber diese Nähe ist nur dem Zuhörer bewußt, nicht den Beteiligten selbst, zumal nicht der Frau, denn die räumliche Distanz steht der Kommunikation entgegen, fördert das Mißverstehen (*frömedet er mich*). Erst durch das Mehrwissen des Publikums also wird dieser Wechsel zu einem Strophenpaar, das seelische Kongruenz anzeigt.

10. *Schluß.* Vergleicht man die Eingangsstrophen der beiden Strophengruppen 1–3 und 4–5 miteinander, so fallen Gemeinsamkeiten wie Unterschiede auf. Die Naturphänomene, die aufgeführt werden, sind nahezu identisch (die entscheidenden Responsionen wurden genannt). Während aber in Strophe 1 eine Frühlings-Gegenwart als Zustand beschrieben wird, eine Gegenwart, an der alle teilhaben und die das Gefühl der Menschen insgesamt und des Ich im besonderen freisetzt, hat der Mann in Strophe 4 die Natur als nur ihn ganz persönlich betreffendes Geschehen erfahren, das seine privaten Emotionen, Erinnerungen und Gedanken anstößt.

8 Wohl deshalb fassen manche Interpreten V. 3 als Hauptsatz auf, was freilich wegen der Wortstellung unwahrscheinlich ist.

Diese Differenz läßt sich auch an den beiden Frauenstrophen
ablesen: Ist Strophe 3 als Lehrstrophe schon per se allgemein
ausgerichtet und zeigt sich in ihr eine überlegene Haltung
der Frau, so bleibt Strophe 5 ganz im persönlich-intimen
Bereich, die Frau glaubt sich isoliert, und ihre Worte sind
Klage.
Über den Vortrag mittelalterlicher Lyrik wissen wir wenig.
Und so können wir nur vermuten, wie die Einheit des Tons
in der Aufführung nach dem Erklingen der letzten Strophe
noch einmal hätte bekräftigt werden können, wie hätte deutlich gemacht werden können, daß Schmerz nicht das letzte
Wort sein muß. Es könnte sich eine Rundung vom Ende zum
Anfang vollziehen, eine Art Ringkomposition entstehen,
wenn der Sänger, die Schlußreime der Frau wieder aufneh-
mend, ihrer Trauer ein Ende macht:

> Hei, nû kumet uns diu zît, der kleinen vogellîne sanc.
> ez gruonet wol diu linde breit, zergangen ist der winter lanc.

Literaturhinweise

Ausgaben

Des Minnesangs Frühling. Nach Karl Lachmann, Moriz Haupt und
    Friedrich Vogt neu bearb. von Carl von Kraus. Leipzig 1940.
Des Minnesangs Frühling. Unter Benutzung der Ausg. von Karl
    Lachmann und Moriz Haupt, Friedrich Vogt und Carl von Kraus
    bearb. von Hugo Moser und Helmut Tervooren. Bd. 1: Texte. 38.,
    erneut rev. Aufl. mit einem neuen Anh. Stuttgart 1988.
Die mhd. Minnelyrik. Hrsg. von Günther Schweikle. Bd. 1: Die frühe
    Minnelyrik. Texte und Übertragungen, Einführung und Kommen-
    tar. Darmstadt 1977. [Zit. als: Schweikle.]
Mutabilität im Minnesang. Mehrfach überlieferte Lieder des 12. und
    frühen 13. Jahrhunderts. Hrsg. von Hubert Heinen. Göppingen
    1989. [Zit. als: Heinen.]

Forschungsliteratur

Angermann, Adolar: Der Wechsel in der mhd. Lyrik. Diss. Marburg 1910.

Bäuml, Franz H.: Notes on the *Wechsel* of Dietmar von Aist. In: JEGP 55 (1956) S. 58–69.

Boor, Helmut de: Dietmar von Eist: Ûf der linden obene. In: Die deutsche Lyrik. Form und Geschichte. Hrsg. von B. von Wiese. Bd. 1: Interpretationen. Vom Mittelalter bis zur Frühromantik. Düsseldorf 1956. S. 30–34.

Brinkmann, Hennig: Dietmar von Eist und Friderich von Husen: Minnelieder. In: Gedicht und Gedanke. Auslegungen deutscher Gedichte. Hrsg. von H. O. Burger. Halle 1942. S. 29–42 [zu Dietmar S. 29–34].

Groos, Arthur: Modern Stereotyping and Medieval Topoi: The Lovers' Exchange in Dietmar von Aist's »Ûf der linden obene«. In: JEGP 88 (1989) S. 157–167.

Ipsen, Ingeborg: Strophe und Lied im frühen Minnesang. In: PBB 57 (1933) S. 301–413.

Ittenbach, Max: Der frühe deutsche Minnesang. Strophenfügung und Dichtersprache. Halle 1939.

Kraus, Carl von: Des Minnesangs Frühling. Untersuchungen. Leipzig 1939. Nachdr. u. d. T.: Des Minnesangs Frühling. Bd. 3,1: Kommentare. Carl von Kraus. Des Minnesangs Frühling. Untersuchungen. Hrsg. von H. Moser und H. Tervooren. Stuttgart 1981.

Ohlenroth, Derk: Sprechsituation und Sprecheridentität. Eine Untersuchung zum Verhältnis von Sprache und Realität im frühen deutschen Minnesang. Göppingen 1974.

Rathke, Kurt: Dietmar von Aist. Diss. Greifswald 1932.

Sayce, Olive: The Medieval German Lyric 1150–1300. The Development of its Themes and Forms in their European Context. Oxford 1982.

Scholz, Manfred Günter: Zu Stil und Typologie des mhd. Wechsels. In: JbIG 21 (1989) S. 60–92.

Tervooren, Helmut: Dietmar von Aist. In: VL² 2 (1980) Sp. 95–98.

Das späte Minnelied

Heinrich von Breslau: *Ich klage dir, meie*

Von Hans-Joachim Behr

1 Ich klage dir, meie, ich klage dir, sumerwunne,
  ich klage dir, liehtiu heide breit,
  ich klage dir, ouge brehender klê,
  ich klage dir, grüener walt, ich klage dir, sunne,
5 ich klage dir, Venus, sendiu leit,
  daz mir diu liebe tuot sô wê.
  welt ir mir helfen pflihten,
  sô trûwe ich daz diu liebe müeze rihten
  sich ûf ein minneclîchez wesen.
10 nu lât iu sîn gekündet mînen kumber
    durch got und helfet mir genesen.

2 'Waz tuot si dir? lâ hoeren uns die schulde,
  daz âne sache ir iht geschê
  von uns, wan daz ist wîser sin'.
  in liebem wâne habe ich ir wol hulde:
5 swann aber ich fürbaz ihtes jê,
  si giht, ich sterbe ê solch gewin
  mir von ir werd zu teile.
  daz ist ein tôt an minneclîchem heile.
  owê daz ich sî ie gesach,
10 diu mir in herzelieber liebe reichet
    sô bitterlîchez ungemach.

3 'Ich meie wil den bluomen mîn verbieten,
  den rôsen rôt, den liljen wîz,
  daz sî sich vor ir sliezen zuo.

sô wil ich sumerwunne mich des nieten,
5 der kleinen vogele süezer flîz
daz der gen ir ein swîgen tuo.
ich heide breit wil vâhen
si, swenn si wil nâch glanzen bluomen gâhen
ûf mich, und wil si halten mir.
10 nu sî von uns ir widerseit, der guoten:
    sus muoz si sîn genædic dir.

4 Ich brehender klê wil dich mit schîne rechen
swenn sî mich an mit ougen siht,
daz sî vor glaste schilhen muoz.
ich grüener walt wil abe mîn löiber brechen,
5 hât sî bî mir ze schaffen iht.
si gebe dir danne holden gruoz.
ich sunne wil durchhitzen
ir herze ir muot: kein schatehuot für switzen
mac ir gen mir gehelfen niht,
10 si welle dînen senden kumber swenden
    mit herzelieber liebe geschiht.

5 Ich Venus wil ir allez daz erleiden
swaz minneclich geschaffen ist,
tuot sî dir niht genâden rât.'
owê sol man si von den wunnen scheiden,
5 ê wolde ich sterben sunder frist,
swie gar si mich betrüebet hât.
'wilt dû dich rechen lâzen,
ich schaffe daz gar aller fröiden strâzen
ir widerspenic müezen wesen.'
10 ir zarter lîp der möhte es niht erlîden:
    lât mich ê sterben, sî genesen.

1 Ich führe Klage vor Dir, Mai, vor Dir, sommerliche Freude,
vor Dir, strahlende weite Heide, vor Dir, in die Augen leuch-
tender Klee, vor Dir, grüner Wald, vor Dir, Sonne, vor Dir,
Venus, Klage um meiner Sehnsuchtsqualen wegen und daß

mir die Geliebte so weh tut. Wollt Ihr mir zu meinem Recht verhelfen, so bin ich zuversichtlich, daß sich die Geliebte zu einem freundlichen Verhalten (mir gegenüber) bequemen wird. Nun laßt Euch bei Gott meinen Kummer geklagt sein und helft mir, davon loszukommen.

2 »Was tut sie Dir an? Laß uns ihre Schuld kennenlernen, auf daß ihr nichts ohne Grund von uns geschehe: das ist ein Gebot der Klugheit!« In süßer, hoffnungsvoller Erwartung besitze ich durchaus ihre Gunst, doch immer dann, wenn ich darüber hinaus etwas erbitte, sagt sie, ich würde eher sterben, als daß mir solcher Erfolg bei ihr zuteil würde. Das ist der Tod eines jeden Liebesglückes! Ach, daß ich sie, die mir innige Liebe mit so bitterem Kummer vergilt, jemals gesehen habe!

3 »Ich, Mai, will meinen Blumen (den Umgang) mit ihr ver-bieten, den roten Rosen, den weißen Lilien, auf daß sie vor ihr ihre Blüten schließen. Ebenso will ich, Sommerfreude, darauf bedacht sein, daß das süße Bemühen der kleinen Vögel im Gesang in ihrer Gegenwart verstummt. Ich, weite Heide, will sie fangen, wenn sie auf mich eilt, um Blumen zu pflük-ken, und will sie festhalten. Ab jetzt sei der Lieben von uns Fehde angesagt: so muß sie Dich zwangsläufig erhören.

4 Ich, strahlender Klee, will Dich mit Leuchtkraft rächen, so daß sie, wann immer sie mich ansieht, meines Glanzes wegen blinzeln muß. Ich, grüner Wald, will mein Laub abwerfen, sobald sie sich bei mir aufhält, es sei denn, sie lasse Dir freundliche Beachtung zukommen. Ich, Sonne, will ihr Herz und ihren Verstand durch und durch erhitzen: kein schatten-spendender Hut gegen das Schwitzen wird ihr mir gegenüber helfen können, es sei denn, sie wolle Deinen Liebeskummer mit inniger Zuneigung heilen.

5 Ich, Venus, will ihr all das verleiden, was durch Liebe ent-standen ist, gewährt sie Dir nicht ihre Gunst.« »Ach, sollte man sie so um ihre Lebensfreude bringen, wollte ich eher auf der Stelle sterben, obwohl sie mich tief betrübt hat.« »Willst Du Dich an ihr rächen lassen, ich veranlasse, daß ihr sämtli-che Wege ins Glück verschlossen sind.« »Ihre zarte Gestalt

> könnte das nicht ertragen, laßt lieber mich sterben und sie (in
> Ruhe) weiterleben.«

Der abgedruckte Text ist Carl von Kraus' verdienstvollem
Sammelwerk *Deutsche Liederdichter des 13. Jahrhunderts*
entnommen.[1] Das läßt sich – bei aller Kritik an dessen Editions-
praxis – methodisch insofern rechtfertigen, als im vorliegenden Fall die Überlieferungslage relativ unproblematisch ist. Denn Lied II Herzog Heinrichs von Breslau findet
sich vollständig mit allen fünf Strophen in den Handschriften
C (Große Heidelberger oder Manessische Liederhandschrift,
entstanden Anfang des 14. Jahrhunderts in der Schweiz, vermutlich in Zürich) und F (Weimarer Liederhandschrift, entstanden in der 2. Hälfte des 15. Jahrhunderts in Nürnberg),
beide Male in gleicher Strophenfolge und mit nur geringfügi-
gen Abweichungen voneinander. Hinzu kommt die Handschrift m (die Möserschen Bruchstücke, entstanden Ende des
14. oder Anfang des 15. Jahrhunderts im niederdeutschen
Raum), deren Text zwar erst mitten in V. 10 der 1. Strophe
einsetzt (*mynen*), danach aber die Strophen 2–5 in der
Reihenfolge von C und F enthält, so daß einerseits die fehlenden Zeilen als mechanischer Überlieferungsverlust zu
bewerten sind, andererseits Anzahl und Reihenfolge der
Strophen als durch d r e i Handschriften gesichert zu gelten
haben. Carl von Kraus hat sich bei seinem Textabdruck weitgehend an C orientiert, zumal damit im allgemeinen auch
F übereinstimmt. Nur in einem einzigen Falle hat er scheinbar willkürlich gegen den Wortlaut der Leithandschrift
eingegriffen und einer Variante der sonst meist vernachläs-
sigten Handschrift m den Vorzug gegeben. So schreibt er in
V. 3,9–11:

> ûf mich, und wil si halten *mir*.
> nu sî *von uns ir* widerseit, der guoten:
>   sus muoz si sîn genaedic *dir*,

während C und F den folgenden Text bieten:

> uf mich, (F: und) wil si halten *dir*
> nu *si uns von ir* (F: *sey ir von uns*) widerseit
> (F: wieder saget), der guoten
> sus muoz si sin genaedic *mir* (F: sie denn gnaden mir).

In der Handschrift m lautet diese Stelle (Transkription nach Carl von Kraus[2]):

> vph mich vñ wil se hauen myr.
> sus syr ir wider saghet van vns beyden
> se en muote syn gnedich dir.

Auf den ersten Blick scheint dies eine jener Passagen zu sein, in denen Carl von Kraus (offenbar im Anschluß an Karl Bartsch[3]) seinen ›eigenen‹ Text produziert, kongenial dem mhd. Autor und notfalls in Opposition zu allen Überlieferungszeugen, zumal das Personalpronomen *dir* (V. 3,9) in C und F (die Heide will die Dame für den Sänger festhalten) durchaus Sinn gibt. Allerdings ist Carl von Kraus zuzugestehen, daß zumindest der Wortlaut in C nicht über jeden Zweifel erhaben ist, weil in V. 3,10 ganz offensichtlich die Akteure verwechselt wurden. Denn das Verb *widersagen* bezeichnet neben seiner Grundbedeutung ›das Gegenteil von etwas sagen, widersprechen, -rufen, verneinen‹ im juristischen Kontext – und ein solcher liegt hier angesichts der fiktiven Gerichtsverhandlung über das Verhalten der Geliebten dem Sänger gegenüber vor – ›frieden und freundschaft auf-, fehde und krieg ankündigen, feind werden‹.[4] Dieses Vorgehen, im mittelalterlichen Prozeßrecht verankert, ist einseitiger Natur und gibt dem vermeintlich oder tatsächlich Geschädigten die Möglichkeit, die Öffentlichkeit über das ihm widerfahrene Unrecht zu informieren und sich an sei-

2 KLD II, S. 189.
3 Bartsch, S. 323.
4 Lexer, *Mhd. Handwörterbuch*, Bd. 3, Sp. 851.

nem Kontrahenten schadlos zu halten, wobei Verwandte und Lehensleute, aber auch diejenigen, die sich seinen Rechtsstandpunkt zu eigen gemacht haben, zur Mithilfe verpflichtet sind.[5] Immer ist es dabei die klageführende Partei, die der einer Untat bezichtigten den Frieden aufkündigt, was im vorliegenden Falle bedeutet, daß nur der Kläger (also der Sänger) und seine Helfershelfer (hier konkret Heide und Sommerfreude) der beschuldigten Dame Fehde ansagen können. Der Wortlaut von C ist somit ganz sicher falsch, und mit Recht hat Carl von Kraus hier ändernd eingegriffen, zumal auch F offensichtlich das Richtige bewahrt hat.

Die Umstellung der Personalpronomina *dir* (3,11) und *mir* (3,9) ist jedoch bei weitem nicht so eindeutig, denn daß die als Unterstützerin des Klägers auftretende Heide die Dame als Ursache seines Leides gefangensetzen und ihm ausliefern will, paßt in den Argumentationsgang des Textes, während umgekehrt das von Carl von Kraus favorisierte *mir* nur als eine Art dativus commodi zur Verstärkung des Subjekts dient, eine Ausdrucksform, die »mehr volkstümlicher Redeweise anzugehören« scheint.[6] In V. 3,11 ist die Zuordnung des Personalpronomens hingegen eindeutig: *genâde* erweisen heißt im Minnesang-Kontext stets, daß die Dame (in welcher Weise auch immer) den Wünschen des Mannes nachkommt.[7] Daher bezieht sich das *dir* (oder nach C und F *mir*) zweifelsfrei auf den Sänger, was in der Lesart der Handschriften einen Sprecherwechsel in der letzten Zeile der Strophe voraussetzt. Das ist möglich, da diese Formulierung weder inhaltlich noch sprachlich ein Problem bietet, aber es gibt zu denken, daß dies in einem Text, der konsequent auf Parallelität aufgebaut ist und diese auch argumentativ be-

---

5 Vgl. dazu etwa Richard Schröder / Eberhard Freiherr von Künßberg, *Lehrbuch der deutschen Rechtsgeschichte*, Berlin/Leipzig ⁷1932, S. 81 bis 89 und S. 836; Heinrich Mitteis / Heinz Lieberich, *Deutsche Rechtsgeschichte. Ein Studienbuch*, 16., erg. Aufl., München 1981, S. 21 und S. 35.
6 So Paul / Wiehl / Grosse, *Mhd. Grammatik*, S. 351.
7 Die Belege dazu sind Legion. Vgl. Lexer, *Mhd. Handwörterbuch*, Bd. 1, Sp. 850.

nötigt, der einzige Fall einer solchen Inkongruenz wäre. Die Lesart der *Liederdichter* behält das Stilmittel bei, ohne dafür (abgesehen von dem sprachlich saloppen *mir*) zusätzliche Probleme in Kauf nehmen zu müssen. Wie es scheint, hat Carl von Kraus – wieder einmal – mit sicherem Griff eine vertretbare Entscheidung getroffen, ohne sie freilich zu begründen oder gar zu rechtfertigen. Es muß daher offenbleiben, welche Lösung die ›richtige‹ ist, zumal sich Carl von Kraus ja auch noch auf den Wortlaut der Handschrift m berufen kann; interpretatorisch ist seine Version indes die stimmigere.

*

Der Autor gehört in den Kreis jener hochadeligen Landesherren, die sich zu ihrem Vergnügen, aber nicht weniger kompetent als ihre beruflich mit Dichtkunst befaßten Kollegen mit dem Minnesang beschäftigten. Es handelt sich dabei aller Wahrscheinlichkeit nach um Herzog Heinrich IV. von Breslau. Schon am Hof seines Vaters (Heinrich III.) scheint Dichtung ihren Stellenwert gehabt zu haben, denn im sechsten Leich Tannhäusers wird jener politisch eher unbedeutende Angehörige der schlesischen Piastendynastie als großer Kunstmäzen gerühmt (V. 74–85).[8] Sein Sohn, geboren in der Mitte der fünfziger Jahre des 13. Jahrhunderts, war beim Tod des Vaters (1266) noch minderjährig; er regierte von 1270 (ab 1273 selbständig) bis 1290.[9] Aufgewachsen unter der Vormundschaft des böhmischen Königs Přemysl Ottokars II. gehörte er auch im Krieg zu dessen zuverlässigsten Bundesgenossen: sowohl im Kampf gegen die Ungarn (1273) als auch gegen Rudolf von Habsburg (1276 und 1278) stand er jeweils auf böhmischer Seite. Da er mit Mathilde, einer Tochter Markgraf Ottos V. von Brandenburg, verheiratet

8 Dazu Bumke, S. 203–206.
9 Zur Biographie vgl. Bartsch, S. LXXXVI f.; KLD II, S. 188; Bumke, S. 203 und S. 206; Worstbrock (1981).

war, der nach Ottokars Tod in der Marchfeldschlacht (1278)
die Vormundschaft über den noch minderjährigen přemysli-
dischen Thronfolger Wenzel II. übertragen bekommen hatte,
profitierte auch Heinrich vom Niedergang der ottokari-
schen Herrschaft: war Schlesien vorher durch Erbteilungen
und interne Auseinandersetzungen in zahlreiche autonome
Kleinstaaten aufgespalten, von denen jeder einzelne mehr
oder weniger ein Satellit der böhmischen Krone war, so vermochte Heinrich IV. kurzfristig noch einmal mehrere Teil-
herzogtümer zu einem größeren Herrschaftsgebilde zu vereinigen. Er erhob sogar Ansprüche auf den kleineren Teil des
ebenfalls geteilten Königreiches Polen mit der Hauptstadt
Krakau (Kleinpolen-Krakau), bevor sein früher Tod am 23.
Juni 1290 seinen Machtbereich zur wohlfeilen Beute des
inzwischen wieder zu Kräften gekommenen böhmischen
Nachbarn machte, zumal Heinrich 1287 einen eigentlich
gegen dessen König gerichteten Erbvertrag mit dem unter-
dessen enthaupteten Führer der antipřemyslidischen Adels-
partei, Zawisch von Falkenstein, geschlossen hatte, womit
nun seinerseits Wenzel II. seine Annexionspolitik legitimier-
te.[10]

Vor allem in der älteren Forschung war Heinrichs Autor-
schaft nicht immer unstrittig,[11] während heute ihre Anerken-

---

10 Zu den geschichtlichen Hintergründen vgl. Fritz Gräbner, »Böhmische
    Politik vom Tode Ottokars II. bis zum Aussterben der Přemysliden«,
    in: *Mitteilungen des Vereins für Geschichte der Deutschen in Böhmen*
    41 (1903) S. 313–344 und S. 580–605; 42 (1904) S. 1–43 und S. 117–184;
    Hermann Aubin (Hrsg.), *Geschichte Schlesiens*, Bd. 1: *Von der Urzeit
    bis zum Jahre 1526*, Breslau ²1938; Gotthold Rhode, *Kleine Geschichte
    Polens*, Darmstadt 1965, S. 60; Otfrid Pustejovsky, *Schlesiens Über-
    gang an die böhmische Krone. Machtpolitik Böhmens im Zeichen von
    Herrschaft und Frieden*, Köln / Wien 1975; Hans-Joachim Behr, *Litera-
    tur als Machtlegitimation. Studien zur Funktion der deutschsprachigen
    Dichtung am böhmischen Königshof im 13. Jahrhundert*, München
    1989, S. 46.
11 So z. B. Konrad Wuttke, »Der Minnesänger Herzog Heinrich von
    Pressela in der bisherigen Beurteilung«, in: *Zeitschrift des Vereins für
    Geschichte Schlesiens* 56 (1922) S. 1–32.

nung überwiegt,[12] obwohl »keiner der Herzöge [gemeint sind Heinrich IV. und sein Vater Heinrich III.] selbst als Minnesänger bezeugt«[13] ist. Das gilt jedoch nur für urkundliche Belege, und auf diesem Gebiet ist die mediävistische Literatur erfahrungsgemäß nicht eben reich gesegnet. Während in der Handschrift F Lied II anonym überliefert ist und in m der Anfang und somit auch eine mögliche Verfasserangabe fehlen, scheint es für Schreiber und Maler der Großen Heidelberger Liederhandschrift jedenfalls keine Zweifel gegeben zu haben: die beiden dort verzeichneten Texte (und mehr sind insgesamt nicht bekannt) befinden sich in der – mutatis mutandis – nach Standeshierarchien gegliederten Handschrift auf Blatt 12^r zwischen König Wenzel II. von Böhmen und Markgraf Otto IV. von Brandenburg (mit dem Pfeil); auf der Miniatur auf Blatt 11^v, die überschrieben ist mit *herzoge heinrich võ pressela* und die Hauptfigur als strahlenden Sieger in einem Turnier darstellt, der soeben von zwei Damen den Siegeskranz erhält, trägt der Held mit einem schwarzen Adler mit liegendem weißen Halbmond auf goldenem Feld eindeutig das Wappen der schlesischen Piasten.

Nun ist bekanntlich auch das keine Garantie für Authentizität, denn zu oft haben sich die Maler von C bei der Wiedergabe von Wappen geirrt oder waren auf eigene Erfindung angewiesen.[14] Dennoch sind diejenigen heraldischen Zeichen, die wenigstens einigermaßen mit den tatsächlichen übereinstimmen, um so höher zu bewerten. Hinzu kommt, daß Heinrich IV. wie schon sein Vater als Kunstmäzen ausdrücklich bezeugt ist: dieser im 6. Leich Tannhäusers, jener bei Frauenlob in Spruch V,14,9–12 und einem kurzen Nachruf in Spruch V,81,12–18.[15] Aber auch die Texte selbst enthal-

---

12 So etwa Bumke, S. 279.
13 Worstbrock, Sp. 704.
14 Dazu Joachim Bumke, *Ministerialität und Ritterdichtung. Umrisse der Forschung*, München 1976.
15 Vgl. Frauenlob (Heinrich von Meißen), *Leichs, Sangsprüche, Lieder*,

ten nichts, was gegen ihre Zuordnung in C spricht, um so
weniger, wenn man berücksichtigt, daß in der 2. Hälfte des
13. Jahrhunderts in den mehrheitlich slawisch besiedelten
Ostteilen des Reiches für die (deutschsprachige) Führungs-
elite Minnesang offenbar eine besondere Ausstrahlung besaß: neben dem eine Generation älteren Grafen Heinrich I.
von Anhalt haben sich auch Markgraf Heinrich III. von Meißen (der Erlauchte), der schon erwähnte Otto IV. von Brandenburg (mit dem Pfeil) und nicht zuletzt König Wenzel II.
von Böhmen lyrisch betätigt, so daß der mit allen genannten
Fürsten dynastisch verbundene Heinrich IV. von Breslau
recht gut in diesen Kreis paßt.
Lied II wählt als Form der Darstellung eine fingierte
Gerichtsverhandlung. Zugrunde liegt die ›klassische‹ Konzeption der hohen Minne, in der der Mann einer Dame
Dienst leistet, wohl wissend, daß seine Anstrengung niemals
belohnt werden wird, er nichtsdestoweniger die Hoffnung
auf Erhörung durch sie nicht aufgibt und währenddessen
ihre Hartherzigkeit beklagt. Diese Konfiguration wird vom
Sänger im allgemeinen als gesellschaftliche Isolation empfunden, weil die Stereotypie des immer wieder von neuem erlebten Leides ihn vom adeligen Gemeinschaftsgefühl der *vröide*
ausschließt, um ihm gleichzeitig – eine der Paradoxien im
Minnesang – innerhalb seiner Standesgenossen Profil zu ver-
leihen. Dabei erscheint – eine weitere Paradoxie – der Kummer des Einzelnen stellvertretend als Ausdruck einer stan-
desspezifischen Lebenshaltung, die ihrerseits positiv konnotiert ist, wie sich das etwa bei Heinrich von Morungen oder
Reinmar (von Hagenau) findet.
In Lied II Heinrichs von Breslau ist die Vereinzelung des
Sängers dadurch unterlaufen, daß er seine Klage nicht zur
Betonung seiner Sonderstellung in der Gesellschaft einsetzt,
sondern sie gewissermaßen institutionalisiert, indem er sie

aufgrund der Vorarb. von Helmuth Thomas hrsg. von Karl Stackmann
und Karl Bertau, T. 1: *Einleitungen, Texte*, Göttingen 1981, S. 397 und
S. 437.

dort vorbringt, wo ihr gesellschaftlich legitimierter Platz ist: vor Gericht. Vor einer Versammlung, in der Venus den Vorsitz zu führen scheint und Mai, Sommerfreude, Heide, Klee, Wald und Sonne als Schöffen fungieren, erhebt das Sänger-Ich Anklage gegen die offenbar abwesende Geliebte. In sieben völlig gleichlautenden Formulierungen werden Richterin und Urteilsfinder einzeln und namentlich angesprochen: vor ihnen wird Klage erhoben (1,1–5) und damit das Unrecht (1,6) an die Öffentlichkeit gebracht. Solchermaßen zum Handeln aufgefordert (1,7–11), bittet das Gericht um Erläuterung, um in seinem Urteilsspruch der Beschuldigten nicht Unrecht zu tun (2,1–3). Daraufhin erfolgt die Begründung (2,4–11), und sie entspricht exakt den Vorgaben der hohen Minne: der Sänger dient der Geliebten *in liebem wâne* (2,4) und rechnet sich innerhalb dieser Projektionswelt Chancen bei ihr aus (2,4), denen zu entsprechen die Frau indes in der Realität nicht gewillt ist (2,5 f.). Damit verhält sie sich nicht weniger als normen- und rollenkonform, und ihre Aussage, den Sänger zu Lebzeiten nicht erhören zu wollen, findet sich so auch schon bei Friedrich von Hausen (I,1,1–5):

> Ich muoz von schulden sîn unvrô,
> sît sî jach, dô ich bî ir was,
> ich mohte heizen Enêas
> und solte aber des wol sicher sîn,
> si wurde niemer mîn Tidô.[16]

> Ich habe Grund, unglücklich zu sein, da sie sagte, als ich bei ihr war, ich könnte Äneas heißen, aber sollte dessen völlig sicher sein, daß sie niemals meine Dido würde.

Ebenfalls schon bei Friedrich von Hausen hält der Mann dieses Verhalten für ungerecht und sittenwidrig (z. B. V,4,1–5), und mag er von ihr auch nicht im Unfrieden scheiden (V,4,3), so ist ihre *unmilte* doch Grund genug zur Klage und zur kritischen Distanz zu dem bisherigen Dienstverhältnis (V,4,10). Beides, das Beharren des Mannes auf Lohn und die Weige-

16 Zit. nach: MFMT, S. 73.

82 *Die Minnekanzone und ihre historischen Wandlungen*

rung der Frau, diesen zu gewähren, sind konstitutive Bestandteile des Modells der hohen Minne. Indem bei Heinrich von Breslau das Gericht der Klage des Sängers folgt, macht es sich einseitig dessen Standpunkt zu eigen. Schuldzuweisung und Urteilsfindung resultieren daraus ganz zwangsläufig, die Urteilsverkündung, basierend auf der Addition sich steigernder Teilurteile, geschieht in der Reihenfolge der vom Kläger angerufenen Schöffen. Im Endeffekt bewirken sie den Ausschluß der Frau von den Freuden des Sommers: Blumen (3,1–3) und Vogelgezwitscher (3,5 f.) soll es für sie nicht mehr geben, mithin auch nicht die Möglichkeit, Blumen in freier Natur zu pflücken (3,7 f.), ebensowenig den Anblick belaubter Bäume (4,4). Das sind typische Sommerlied-Requisiten, durch die der Anbruch der schönsten Monate im Jahr und somit die Zeit der Liebe indiziert werden. Indem die Frau davon gewaltsam ausgeschlossen wird, ist für sie die Winterlied-Konstellation restituiert: der Winter ist die Jahreszeit der Klage, weil Liebe jetzt nicht mehr stattfindet, sofern man nicht das Glück hat, sich gemeinsam der langen Winternächte zu erfreuen (frühester Beleg: Dietmar von Aist VII,1,5 f.[17]).

Aber nicht nur mit Liebesentzug wird die Dame bestraft – es ist auch möglich, Sommer-Attribute ins Negative zu übersteigern. Das geschieht, indem an sich positiv besetzte Elemente, der Glanz blühenden Klees (4,1–3) und die Wärme der Sonne (4,7–9), auf die Spitze getrieben und ins Extrem überführt werden. Dadurch entsteht eine neue Qualität der Bestrafung, denn während der Entzug der Sommerlied-Requisiten ›nur‹ den Verzicht auf Freude bewirkte, verursachen nun blendender Glanz und Hitze körperlichen Schmerz. Venus als Richterin übersteigert die einzelnen Teilurteile erneut und bringt sie damit gleichzeitig auf den Punkt, schließt sie doch die Frau gänzlich aus der Welt der Liebe aus (5,13). Damit ist die Konstellation der hohen

17 MFMT, S. 61.

Minne in ihr Gegenteil verkehrt: nicht der Mann ist durch seine Liebe gesellschaftlich isoliert, sondern die Frau durch ihre Liebesverweigerung. Aber das Urteil erlangt keine Rechtskraft, denn der Sänger zieht de facto seine Klage zurück. Er will sich lieber in sein Unglück schicken als die Geliebte in dieser Weise bestraft sehen (5,4–6 und 5,10 f.) – obwohl Venus ihn noch einmal mit der Aussicht, die Frau mit Repressalien ihm gefügig machen zu können, zu ködern versucht (5,7–9).

Ein Blick in die einschlägige rechtshistorische Literatur zeigt, daß der Argumentationsgang des Liedes ziemlich genau dem Verlauf des mittelalterlichen Strafprozesses angeglichen wird,[18] sieht man einmal davon ab, daß in Abwesenheit der Beschuldigten überhaupt nicht hätte verhandelt werden dürfen bzw. sie bei mehrmaligem Nichterscheinen vor Gericht automatisch mit Einzug ihres Vermögens oder gar mit Friedlosigkeit (Acht) bestraft worden wäre. Sonst jedoch ist die Prozeßordnung strikt eingehalten. Der vermeintlich oder tatsächlich Geschädigte erhebt Anklage und bringt dadurch das Verfahren in Gang; ein öffentliches Interesse der Gesellschaft oder des Staates an der Verfolgung von Straftaten besteht unabhängig von der Klageerhebung nicht. Ist der Beschuldigte anwesend, hat der Kläger – auf Aufforderung durch den Richter, der die Verhandlung leitet und schließlich den Vollzug des Urteils anordnet und überwacht, an der Urteilsfindung jedoch selbst nicht beteiligt ist – die einzelnen Klagepunkte vorzubringen und zu begründen; der Beschul-

---

18 Aus der Fülle der Literatur vgl. August Moritz von Bethmann-Hollweg, *Der germanisch-romanische Civilprozeß im Mittelalter*, Bd. 6, Bonn 1874; Johann Wilhelm Planck, *Das deutsche Gerichtsverfahren im Mittelalter*, 2 Bde., Braunschweig 1878/79; Schröder-Künßberg (Anm. 5); Hermann Conrad, *Deutsche Rechtsgeschichte*, Bd. 1: *Frühzeit und Mittelalter. Ein Lehrbuch*, Karlsruhe 1954; Mitteis-Lieberich (Anm. 5); Gerhard Buchda, »Gerichtsverfahren«, in: *Handwörterbuch zur deutschen Rechtsgeschichte (HRG)*, hrsg. von A. Erler und E. Kaufmann, mitbegr. von W. Stammler, Bd. 1, Berlin 1971, Sp. 1551–63; Stefan Holenstein und Jürgen Weitzel, »Gerichtsverfahren«, in: *Lexikon des Mittelalters*, Bd. 4, München/Zürich 1989, Sp. 1330–35.

digte muß dazu Punkt für Punkt Stellung nehmen, da nicht
erfolgte Widerrede als Schuldeingeständnis gilt. Eine solche
Entgegnung unterbleibt im vorliegenden Text, da die Beschuldigte nicht anwesend ist. So erfolgt denn sogleich das
Urteil, das unabhängig vom Beweisverfahren gefällt wird:
dieses findet im allgemeinen außergerichtlich statt, und von
seinem Ausgang hängt es ab, ob das bereits vorher fest-
gesetzte Urteil vollstreckt wird oder nicht. Jeder einzelne
Schöffe – und nur diese entscheiden – kann dabei um seine
Meinung gebeten werden, die sich dann mit den Auffassun-
gen der anderen zu einem Gesamturteil addiert. Dieses zu
verkünden obliegt dem Richter, der es als der oftmals einzige
Rechtskundige aller Prozeßbeteiligten innerhalb des durch
den Schöffenspruch gegebenen Rahmens unter Umständen
noch einmal modifiziert hat. Die unterlegene Partei hat
gegen die Entscheidung des Gerichts Einspruchsrecht in
Form der sogenannten ›Urteilsschelte‹: sie bedeutet eine
Berufung an die nächsthöhere Instanz, die dann entweder
das Urteil bestätigt oder verwirft.
Bei Heinrich von Breslau sind alle wesentlichen Elemente
des mittelalterlichen Prozeßverfahrens vertreten, sogar die
Urteilsschelte, nur daß sie wegen der Abwesenheit der
Beschuldigten vom Kläger selbst artikuliert wird. Die Analogien erstrecken sich dabei auch auf die gewählten Sprach-
muster, denn der dem Rechtswesen inhärente Formalismus –
so konnte ein Prozeß allein wegen Nichtbeachtung der Form
in der Sache verloren werden[19] – findet seinen Niederschlag
in der siebenmaligen anaphorischen Klageerhebung und der
in gleicher Reihenfolge und ebenfalls paralleler Struktur
(Personalpronomen »ich« und Nomen) erfolgenden Antwort. Das ist auch der Grund, weshalb die von Karl Bartsch
und Carl von Kraus vorgeschlagene Korrektur des überlieferten Textes in V. 3,9–11 den Vorzug gegenüber den
Lesarten der Handschriften C und F verdient: der dort vor-

---

19 Vgl. Mitteis / Lieberich (Anm. 5) S. 41–43.

genommene Sprecherwechsel stört empfindlich den sonst so strikt beibehaltenen und aus der Sache selbst abgeleiteten, d. h. juristische Formalismen widerspiegelnden Parallelismus.

Daß sich der Minnesang nach 1200 durch größere inhaltliche und formale Vielfalt auszeichnet als zu Zeiten eines Friedrich von Hausen oder Heinrich von Morungen, gilt inzwischen als literaturgeschichtlich gesicherte Erkenntnis.[20] Daher kann im letzten Viertel des 13. Jahrhunderts Heinrich von Breslau (und mit ihm zahlreiche andere Autoren) seiner Dichtung eine Konzeption zugrunde legen, als habe es Walther von der Vogelweide, Neidhart oder Tannhäuser nie gegeben. Trotzdem imitiert er nicht einfach ältere Vorbilder: er stilisiert die Klage, die traditionelle Ausdrucksform der hohen Minne, zur Anklage vor Gericht und einer daraus resultierenden Aburteilung der Geliebten um. Dieser Einfall liegt an sich nahe, zumal im Bereich der Minnerede juristische Disputationen durchaus üblich sind,[21] ist aber dennoch im Minnesang selten: lediglich der etwa eine Generation ältere Hugo von Werbenwag war ansatzweise auf dieselbe Idee gekommen (Lied I),[22] ohne jedoch die Gerichtsverhandlung selbst zum Gegenstand seiner Darstellung zu machen.

---

20 Grundlegend dazu noch immer Hugo Kuhn, *Minnesangs Wende*, 2., verm. Aufl., Tübingen 1967.

21 Dazu Ingeborg Glier, *Artes amandi. Untersuchungen zu Geschichte, Überlieferung und Typologie der deutschen Minnereden*, München 1971, S. 68–70 und Reg.

22 KLD I, S. 181 f.

Literaturhinweise

Ausgaben

Karl Bartsch: Deutsche Liederdichter des 12. bis 14. Jahrhunderts. Eine Auswahl. 4. Aufl., besorgt von Wolfgang Golther. 2., unveränd. Neudr. Berlin 1910. [Zit. als: Bartsch.]

Deutsche Liederdichter des 13. Jahrhunderts. Hrsg. von Carl von Kraus. Bd. 1: Texte. 2. Aufl., durchges. von Gisela Kornrumpf. Tübingen 1978.

Forschungsliteratur

Bumke, Joachim: Mäzene im Mittelalter. Die Gönner und Auftraggeber der höfischen Literatur in Deutschland. 1150–1300. München 1979.

Kraus, Carl von: Deutsche Liederdichter des 13. Jahrhunderts. Bd. 2: Kommentar, besorgt von Hugo Kuhn. 2. Aufl., durchges. von Gisela Kornrumpf. Tübingen 1978.

Worstbrock, Franz Josef: Heinrich von Breslau. In: VL² 3 (1981) Sp. 704–706.

Das mystische Liebeslied

»Verus amor«. Hadewijchs Lied
Ay, in welken soe verbaert die tijt

Von Wolfgang Beutin

Für Wolfgang Bachofer
mit Dank und in Verbundenheit

1 Ay, in welken soe verbaert die tijt,
En es in al die werelt wijt
Dat mi gheven mach delijt,
   Dan: verus amor.
5 Ay minne, op trouwe (want ghi al sijt
Miere zielen joye, miere herten vlijt),
Ontfaermt der noet: siet ane den strijt;
   Hort: cordis clamor!

2 Ay, wat ic mijn wee roepe ende claghe,
10 Die minne doe met mi hare behaghe;
Ic wille hare gheven alle mine daghe
   Laus et honor.
Ay, minne, ocht trouwe u oghe ansaghe!
Want mi maect coene dat ics ghewaghe;
15 Want mi ierst op uwe hoghe staghe
   Uwe traxit odor.

3 Ay, minne, ja ghi die nie en loghet:
Want ghi mi tonet inder joghet
Daer ic na quele, (want ghijt vermoghet),
20   Sijt medicina.
Ay ja, minne, ghi die als zijt voghet,
Gheeft mi om minne dies mi meest hoghet;
Want ghi sijt moeder alre doghet,
   Vrouwe ende regina.

4 Ay, weerde minne, fine puere,
26 Wan siedi ane wie ic gheduere,
Ende sijt in minen betteren suere
    Condimentum!
Ay, ic dole te swaer in davontuere.
30 Mi sijn alle andere saken suere;
Volghevet mi, minne, u hoghe natuere
    Sacramentum.

5 Ay, benic in vrome ocht in scade,
Si al, minne, bi uwen rade:
35 U slaghe sijn mi ghenoech ghenade
    Redemptori.
Ay, wadic ghewat, clemme ic op grade,
Benic in honghere ochte in sade,
Dat ic u, minne, genoech voldade,
40   Unde mori. Amen, Amen.[1]

1 Ach, lockt immer die Jahreszeit / mit ihrer irdischen Erscheinungen Pracht, / keine darunter schenkt mir wirklichen Genuß, nur: / Minne, die echte. / [5] »Ach bitte, Minne, erbarmt Euch der Qual – / seid einzig doch Ihr meiner Seele Lust, meines Wünschens Ziel –, / seht an, wie ich kämpfe, hört: den / Schrei meines Innern.«

2 Ach, was schrei ich mein Leid denn hinaus, was klag ich? / [10] Bestimme die Minne über mich, wie's ihr gefällt! / All meine Lebtage werde ich ihr widmen / Andacht, Verehrung. / »Ach, Minne, gälte in Euren Augen meine Beständigkeit! / Es auszudrücken, erfüllt mich mit Mut; / [15] denn auf Eure Höhe hinan lockte nur mich euer / zaubrischer Duft.

3 Ach, Minne, Ihr täuschet niemals, / bereitet schon in der Jugend mir, / wonach ich mich verzehre – es ist in Eurer Macht –, / [20] seid: meine Arznei. / Ach, Minne, Schicksalsmacht mir, / schenkt mir aus Liebe, was mein größtes Glück ist, / mütterliche Spenderin aller inneren Größe, / Herrin und Herrscherin.

1 Text nach: Str. Ged., S. 308–310 (Lied 45).

4 [25] Ach, Minne, aller Reinheit Inbegriff, mein Ideal, / betrachtet meine Standhaftigkeit, / seid in meinen bitteren Schmerzen / lindernde Süße! / Ach, zu Schweres erlegte mein Schicksal mir auf. / [30] Nichts außer Euch gibt es, was mir Genuß bereiten könnte. / Erschließt mir, Minne, Eures edlen Wesens / heilendes Geheimnis.

5 Ach, Minne, wird mir Glück geschenkt oder Unglück aufgeladen, / Eurem Ratschluß sei alles anheimgegeben. / [35] Eure Schläge selbst sind Gnadenmittel, zu erlangen / liebend Erlösung. / Ach, in Elends Untiefen watend oder aufwärts klimmend, / vom Hunger gepeinigt oder satt, ich verlange nur eins: / indem ich Euer Gebot, Minne, vollkommen erfülle, / [40] beseligt zu sterben.«

Das abgedruckte Lied Hadewijchs ist mit 40 Versen das kürzeste ihrer insgesamt 45 ›strophischen Gedichte‹ (entstanden wohl vor der Mitte des 13. Jahrhunderts oder, neueren Vermutungen zufolge, um 1300): nach Meinung eines der besten älteren Kenner, van Mierlo, Poesie der reinsten, höchsten Art, bewegt von einer mächtigen dramatischen Seelenstimmung, reich, nobel, ausdrucksvoll (VM 1,283). Es vermittelt den Eindruck eines mit großer Besonnenheit gefertigten Gewebes aus Wörtern, so als sei es die verblüffende Bestätigung einer viel jüngeren Maxime Mallarmés, an die Gottfried Benn 1951 in seinem Vortrag »Probleme der Lyrik« erinnerte: »ein Gedicht entsteht nicht aus Gefühlen, sondern aus Worten«.[2] Zwei Lexeme strukturieren es durchgehend, eine Interjektion: *Ay* und, als Hauptbedeutungsträger, das Substantiv *minne*. Das *Ay* steht meistens im unmittelbaren Nexus mit *minne*, oder wenn nicht dies, so zieht es den Begriff in einigem Abstand nach sich; dann bilden beide Wörter eine Klammer, die zwei oder drei Zeilen zusammenzwingt. So erscheint als die lexische Basis des Lieds die Wiederholung eines Grundvorrats von nicht mehr als zwei Wörtern, mit Variationen: *Ay minne; Ay ja, minne; Ay, weerde*

2 *Gesammelte Werke in acht Bänden*, hrsg. von Dieter Wellershoff, Wiesbaden 1968, Bd. 4, S. 1073.

minne, wobei die Strophen 2, 4 und 5 jedes der Wörter zweimal haben, Strophe 3 *minne* sogar dreimal (einmal davon in abweichender Bedeutung: *om minne*, ›aus Liebe‹) und lediglich Strophe 1 *minne* einmal (bei zweimal *Ay*), jedoch ein Äquivalent in V. 4: *amor*.

Die Formel *Ay minne*, die den Gesamttext strukturiert, ist wie ein immer wieder aufklingender Ruf, semantisch überwiegend doch in Moll, Weheruf, Klageschrei. Damit stellt sich die Erinnerung an eine ältere Tradition ein, die der griechischen Lyrik, die den formelhaften Weheruf als Klage um Adonis, Aphrodites getöteten Geliebten, kennt, eine feststehende Wortfolge, die als 4. Zeile der sapphischen Strophe diese abschließt (Bezeichnung: Adonius). Liebesklage ist das formelhafte *Ay minne* ebensowohl, wenngleich niemals als Schlußvers einer Strophe, sondern fast regelmäßig den jeweils ersten und fünften Versen der achtzeiligen Strophen zugeteilt, falls nicht über zwei oder drei Verse auseinandergerissen. Mit der sapphischen Strophe[3] teilt das Lied außerdem eine formale Besonderheit: Jede 4. Zeile ist nach dem Muster der 4. Zeile der sapphischen Strophe eingerichtet, obzwar einwandfrei als Adonius nur in V. 4, 8 und 20 (XxxXx), sonst abgewandelt (4 oder 6 Silben), doch allemal zweitaktig. Die jeweils voranstehenden Verse (1–3, 5–7 usw.) sind Vierheber (mit ein-, gelegentlich zweisilbigem Auftakt

---

3 Van Mierlo rühmte den feierlichen, von weit heranwogenden Rhythmus der sapphischen Strophe mit dem sechsmal wiederholten vollen Reim und dem mysteriösen Widerhall des lateinischen »Ausdünung« (VM 1,283; aus der Beobachtung des Meeres gewonnene Bildlichkeit). In seinem Brief vom 1. August 1991 an den Verfasser dieser Interpretation warf der Herausgeber des vorliegenden Bandes die Frage auf, ob »ein bewußter Rückgriff auf griechisch/lat. Formtraditionen vorliege oder eine ›zufällige‹, »weil aus der seelischen Grunddisposition des Sprechenden sich ergebende Parallele«. Der Interpretierende gerät hiermit zugegeben in Beweisnot. Identische Grunddisposition von Verfassern und Verfasserinnen brachte in der Lyrik gewiß immer neu analoge Metren und Rhythmen hervor; so z. B. in J. Heermanns Kirchenlied: *Herzliebster Jesu, was hast du verbrochen* (1630; vgl. etwa: *Evangelisches Kirchengesangbuch für die Evangelisch-lutherischen Landeskirchen Schles-*

und ein- bis dreisilbigen Senkungen), im Unterschied zur sapphischen Odenstrophe (Z. 1–3 hierin stets fünffüßig). Eine vollständige Strophe des 45. Lieds umfaßt zwei Blöcke von 4 Versen und ist damit, einer älteren Forschungsmeinung entgegen, achtzeilig, mit lediglich zwei Reimen pro Strophe (a4 a4 a4 b2 / a4 a4 a4 b2, wobei a stets einer Folge mittelniederländischer (zukünftig: mndl.) Wörter entspricht, b ausschließlich lateinischen.

Unterscheiden die Vierhebigkeit und Reimverwendung eine jede Halbstrophe des Lieds von der sapphischen Strophe, so zeugen für die Ähnlichkeit die wiederholte Liebesklage und der (allenfalls mäßig deformierte) Adonius. Im Vergleich zur sapphischen Ode gibt es also sowohl Übereinstimmung als auch Nichtübereinstimmung: Das formale Element des Adonius ist ebenso zugegen wie die Liebesklage, doch ist diese im Unterschied zur sapphischen Strophe gerade nicht dem Adonius zugeteilt, vielmehr über die jeweils übrigen Verse verstreut. Den zweitaktigen Vers füllte Hadewijch mit Worten in anderer als Klagebedeutung, überwiegend lateinischen. Damit liegt ein Mischtext vor: ausschließlich Latein in V. 12, 28, 32, 36, sonst in Verbindung mit mndl. Wörtern. Lateinisch-volkssprachliche Mischtexte finden sich in der Dichtung des Mittelalters nicht selten, z. B. in der Vagantenlyrik. Eine lateinisch-mndl. Sprachmischung weist auch

---

wig-Holstein-Lauenburg [. . .], [10]1958, Nr. 60, S. 59 ff.), wo es die Klage um den Gekreuzigten ist, die im Adonius ausgedrückt ist. Den Hinweis auf Heermann bringt Heusler, hier: T. 5, § 956, S. 103. Daß im Mittelalter doch auch der bewußte Rückgriff auf die Tradition vorkam, belegte Heusler (ebd.) mit dem Hinweis auf einen Versuch des Mönchs von Salzburg (etwa ein Jahrhundert nach Hadewijch, kurz vor 1400). Es war also im Mittelalter nicht nur der zweitaktige fünfsilbige Vers im Gebrauch (nicht unbedingt schon als Adonius, z. B. *Carmina Burana*, Nr. 151: *Virent prata hiemata*, sowie Walther, L 51,13 ff.: *Muget ir schouwen waz dem meien*), sondern auch der Adonius als Bestandteil der sapphischen Strophe. Daß die Dichter wie der Mönch von Salzburg nicht unmittelbar an die Antike (Horaz!) anknüpften, scheint sicher; das Zwischenglied bildeten die Lateiner des 12. Jahrhunderts (Heusler, ebd.).

Hadewijchs Lied 1 auf (Indiz für den Zyklus-Charakter der Sammlung?).[4]

Über die *Ay minne*-Formel hinaus determinieren eine Anzahl lexischer Elemente die Struktur des Lieds, darunter bevorzugt solche, die eine Verbindung mit der Minnethematik belegen. Zu nennen sind die Sinnbezirke Freude / Glück / Erfolg (*delijt, joye, coene, vrome*), Kampf / Unglück / Klage (*noet, strijt, clamor, wee, roepe, claghe, quele, betteren suere, te swaer, scade, slaghe*), Höhe / Aufwärtsstreben (V. 15, 22, 31, 37), Geschenk / Gabe (denn mndl. *gheven* bedeutet auch ›schenken‹, V. 3, 11, 22, 31; *tonet*, V. 18). Die Bezeichnung ›Schlüsselwort‹ gebührt in Lied 45 indes einem einzigen: *minne.*

Es ist dasselbe wie in den Liedern 1–44. So liegt es nahe, sie alle der Minnelyrik zuzurechnen. Die Forschung hält aber zumeist die Auskunft bereit, es seien Lieder der ›geistlichen‹, der ›mystischen‹ Minne. Diese Aussage wird durch das übrige schriftstellerische Werk Hadewijchs nahegelegt: ihre Briefe, 31 in Prosa, 16 gereimt (die sog. ›Mengeldichten‹, ›vermischte Gedichte‹), und Visionen (14, nach anderer Zählung 11). In ihnen dominiert dasselbe Motiv der geistlichen Minne. Müßte der geistliche Charakter der Lieder verborgen bleiben, wenn das übrige Werk sich nicht als Interpretationshilfe anböte, oder wäre er doch aus ihnen selber zu erheben? Zunächst einmal bestätigt die Analyse des Wortbestands in Lied 45, daß es im Schnittpunkt disparater literarischer Traditionen liegt: Mit der Lexik der Minnelyrik teilt es das Grundlexem und andere Termini, auf das kulturelle System Religion / Kirche / Theologie verweisen auffällig u. a. die lateinischen Einsprengsel. So erklärt sich, daß ein Teil der Forschung Hadewijchs Gedichte der europäischen Minnelyrik eingliedert, ein anderer sie, wie das übrige Werk der

4 Doch ist im Unterschied zum Lied 45 im ersten die 9. und 11. Zeile jeder Strophe lateinisch, bei vorangesetzter Interjektion in der 9.: *Ay,* mit unverkennbarem Refraincharakter. Es sind jeweils identisch die neunten ebenso wie alle elften Verse.

Autorin, zur Frauenmystik rechnet, falls man der Dichterin nicht eine mittlere Position einräumt und sie – wie erwähnt – zur Schöpferin der mystischen Minne(lyrik) erhebt. Mit der Feststellung, daß die Lieder wirklich Spuren beider Traditionen in sich tragen, bereitet man sich allerdings die Schwierigkeit, bei der Interpretation zwei Begriffe verwenden zu müssen (Minne, Mystik), deren Klärung bis zur Gegenwart nicht völlig gelang.

Daneben wurde die Frage nach dem künstlerischen Wert der Lieder aufgeworfen. Fügte die Dichterin hier heterogenes Material zusammen, und blieb die Zusammenfügung äußerlich, eine bloße Summation; war das Ganze daher »Formkünstelei«[5], oder gelang die Verschmelzung, eine innere Unifizierung? Dann würden Bewertungen von Autoren bestätigt, die Hadewijchs Poesie unter die höchsten dichterischen Leistungen zu zählen pflegen (fast alle ndl. Forscher). Um die Eigenart von Hadewijchs Formwillen zu ermitteln, arbeitete man allgemein mit einer Vermutung, die man als Kontrafaktur-Hypothese bezeichnen darf: Das Liedcorpus wäre danach eine geistliche Umdichtung einer weltlichen lyrischen Tradition: des Minnesangs; Hadewijch hätte diesen »in das geistliche Leben transponiert«[6]. Verrät sich hier aber nicht ein mechanistisches Dichtungsverständnis: eine literarische Tradition fungiert als Apparat, mit dessen Elementen eine fremde Materie bearbeitet werden kann? So schrieb Bouman, daß Hadewijch einen »in hohem grade weltlichen apparat« benutzte, »um die göttliche minne zu verherrlichen«[7]. De Paepe hingegen meldete Zweifel an: Entkräftete man nicht eine mystisch-poetische Botschaft, wenn die Liebe zu Gott durch profanes Bildgut, vermöge der Charakteristika irdischer, nämlich »höfischer Liebe« ausgedrückt würde?[8]

5 Frings / Schieb, S. 238.
6 Cranenburgh, S. 163.
7 Bouman, S. 278.
8 De Paepe, S. 31.

Am ehesten aussichtsreich erschien es, die Eigenart der angeblich auf dem Wege der Transposition zustande gekommenen Minnelyrik Hadewijchs anhand ihrer in den Texten enthaltenen Minnekonzeption zu beschreiben. So entwarfen unterschiedliche Autoren Register, wodurch die Umrisse des gesuchten Phänomens unterschiedlich, manchmal gegensätzlich gezeichnet wurden, aber die Bedeutungsvielfalt des Begriffs Minne in Hadewijchs Liedern (und im übrigen Werk) hervortrat. So findet man z. B. als Merkmale ihrer Minnekonzeption herausgearbeitet: Minne sei »das Umfassende zwischen Gott und Mensch«, »Gott selbst«, das »Sein Gottes«, Jesus (nach Str. Ged. 29, worin der Gottessohn als *die minne* beschrieben ist) usw.[9] »Im alten Gewand (!) erscheint die neue Aussage um so aggressiver«, erläutert Breuer.[10] Als aggressiv beschreibt er dabei die Anweisung der Dichterin, nicht der Mann mehr, sondern die Frau selber solle in den Minnedienst treten, und nicht der Mensch mehr, sondern die Minne, Gott selber, sei das Ziel der Minnenden.[11] Damit warf er die Frage auf, inwieweit das lyrische Ich im Text selber als feminin erscheine, oder ob das Wissen: eine Frau verfaßte den Text, nur von außerhalb herangeholt werden kann.

Hinzu kommt eine dritte Problematik: ob Hadewijchs Poesie als »Erlebnis«lyrik interpretiert werden dürfe oder nicht. War noch van Mierlo davon ausgegangen, Hadewijchs Poesie sei »persönliche Lyrik«, »keine didaktische« (VM 2,92), hat sich inzwischen die konträre Ansicht etabliert, im Einklang mit der »gegenwärtig herrschenden Tendenz«, mystische Texte als »paränetische ›Schreibtischprodukte‹« auszugeben.[12] 1988 schrieb Willaert, die Lieder müßten »nicht als das Bekenntnis eines durch Minnebegierde gequälten Individuums, sondern als eine Art mystischer *ars amandi*, eine Art

---

9 Heszler, S. 102 f.
10 Breuer, S. 112.
11 Ebd., S. 114.
12 Dinzelbacher, S. 7.

mystischer Pädagogik betrachtet werden«.[13] Nun gibt es in
der europäischen Literaturgeschichte zweifellos Lehrdich-
tung nicht zu knapp, darunter manches kaltsinnig – mit
Berechnung – angefertigte Produkt, worüber mit Schiller
geurteilt werden dürfte: »nur ein Werk der Besonnenheit«;
aber: »Das Bewußtlose mit dem Besonnenen vereinigt macht
den poetischen Künstler aus.« Dieser fange stets »mit dem
Bewußtlosen an«, habe z. B. eine »erste dunkle Total-Idee«
und endige wieder im Bewußtlosen.[14] Entsprechend könnte
man in bezug auf das Lied 45 die Frage nach dem Vorhandensein einer »Total-Idee« stellen, ihrem Ursprung aus dem
Unbewußten, ihrer dichterischen Überformung durch die
Besonnenheit. Gibt es Spuren einer »Total-Idee«?

Das Lied 45 zeigt: Die Gestaltwerdung der Minne, ihre
durch lexische Mittel sich verwirklichende Personifikation
geschieht im Anreden, in der Anrufung, von der im Lied
ausgiebig Gebrauch gemacht wird: mit Ausnahme von
V. 1–4 und 9–12 ist alles Apostrophe. Es sind Worte einer
einzigen großen Ansprache an die Minne. Kein Gespräch
findet statt, kein Dialog, zumindest nicht mit einer Person
außerhalb des lyrischen Ich, doch ein Wechsel: der von Selbstreflexion V. 1–4 und 9–12 (worin das Ich deshalb über die
Minne und über *verus amor* spricht) und Anrufung, in welcher die Minne als die Angesprochene verbal-konkret konstituiert und als Daseiende angesprochen wird. Was gar nicht
vorhanden ist, nicht einmal als Phantasma, spricht man nicht
an. Kein innerer Monolog daher; wohl eine gewisse Polyphonie, nur nicht als Stimmenvielfalt von Personen der
Außenwelt, sondern aus der Tiefe des redenden Ich, entsprechend unterschiedlichen Regungen einer einzigen Seele. In
der ersten Selbstreflexion bekennt sich das Ich zu der Quelle
wirklichen Genusses, unter sorgfältiger Abtrennung von
allem, was die Welt jenseits dieses Genusses zu bieten hat. In

13 Willaert (1988) S. 120.
14 Schiller / Goethe: *Der Briefwechsel*, 3 Bde., Leipzig 1912, Bd. 2, S. 367 f.
(27. März 1801).

der überwiegenden Menge der Lieder Hadewijchs steht am
Beginn, wo das 45. mit der Selbstreflexion einsetzt, der in der
Forschung vielbesprochene ›Natureingang‹, eine formale
Eigentümlichkeit, die der Minnesang ebenso kennt (bei-
spielshalber Heinrich von Veldeke).[15] Die Selbstreflexion ist
das Resümee, sehr komprimiert, aus aller Naturbetrachtung
in den vorangegangenen Liedern der Dichterin, abstrakte
Formulierung der Erkenntnis: Natur, weltliches Lob der
Natur (wie im Minnesang) und irdische Erscheinung wiegt
alles nichts, und nichts weniger als alles wiegt: *verus amor,*
einzige Genußquelle. Der Terminus *delijt* (wie auch *joye*)
gehört der provenzalisch-französischen Minnelyrik an und
ist nächst *blide* samt Ableitungen und Zusammensetzungen
der in den Str. Ged. meist belegte für ›Freude, Glück,
Genuß‹[16], und gerade er dient dazu, die Wirkung des *verus
amor* auszudrücken. Was aber ist *verus amor*? Das Adjektiv
denunziert mittelbar alle weltliche Minne als die ›falsche,
unechte‹; die lateinische Wortf o r m, die Formulierung in der
sakralen Sprache, verweist eigens auf den geistlichen Charakter der »wahren Liebe«.

Nun ist die Bewertung der geistlichen Liebe als der wahren
keine individuelle Leistung Hadewijchs. Ein bekannter Verfasser (überwiegend) weltlicher Lyrik, Walther von der
Vogelweide, berichtet, wie seine Seele *des lîbes minne,* die
weltlich-sinnliche, als Lüge verwirft und unversehrbare
Beständigkeit nur der *wâren minne* zuerkennt (L 67,24

---

15 Frings / Schieb, S. 251 u. ö.; grundlegend: Schottmann (1971).
16 Willaert (1984) S. 148. Im deutschen Minnesang nimmt ein Begriff,
durchaus schon mit dem Sinn: ›irdisches (Liebes-)Glück‹, diese Bedeutungen und Bedeutungsnuancen auf: *vröide*; vgl. etwa Heinrich von
Morungen: *In sô hôher swebender wunne,* wo neben *wunne* durchaus
dies (*vröide*) das Schlüsselwort ist, welches in jeder Strophe wieder-
kehrt (Nr. IV, MFMT, S. 242 f.). Mit Verwendungen wie diesen beginnt
die Karriere des Lexems in der deutschen Sprache, den im 18. Jahrhundert zum Kult der Freude führte (Hagedorn, Uz, Schiller, Beethoven
u. a.; dazu vgl.: Wolfgang Beutin, *Das Weiterleben alter Wortbedeutungen in der neueren deutschen Literatur bis gegen 1800,* Hamburg 1972,
S. 322 f.).

und 26). Hadewijchs Latein besagt, daß *verus amor* wirklich das geistliche Gegenstück zur weltlichen Minne darstelle: Sprachform ist mehr als Form, ist semantisch bedeutsam zugleich. Indem der Begriff am Beginn des 45. und letzten Lieds steht, bildet er sozusagen ein Siegel auf die Beschwörungen der Minne in den Liedern, die voranstehen, als sollte darauf gepocht sein: So und nicht anders war alles gemeint. Und als Schlußwort des ersten Quartetts des Lieds ist der Terminus wie ein Zeichen, wohinter alles Folgende quasi in die Klammer gesetzt erscheint, eine Lesevorschrift: Minne nie anders als geistlich aufzufassen! Mit V. 5 ff. hebt die Anrufung an, welche die wahre Minne erstmals als Gegenüber erstehen läßt. Ihr Erbarmen wird erfleht; sie soll den (Minne-)Kampf der redenden Person »ansehen« (im Sinne von: berücksichtigen). Ansehen aber ist Tun der Gottheit, wie es die biblischen Bücher beschreiben, vor allem die im Christentum beliebten Verse des Magnificats (Lk. 1,48). Die weitere Bitte: den Schrei des Innern zu hören, will ebenfalls ein Zurkenntnisnehmen vermittels eines Sinns, des Gehörs, von seiten der angeredeten Minne erwirken und setzt wiederum diese als Personifikation voraus.

Die Verse 9–12 bedeuten ein Innehalten vor dem großen Ausbruch (ab V. 13), sind wie eine Beschwichtigung des klagenden Ich durch es selbst. Wenn die Versicherung folgt, die redende Person werde ihr ganzes Leben *Laus et honor* der Minne darbringen, so könnte dies (vielleicht in Verbindung mit V. 14) ein Hinweis sein auf die dichterische Verpflichtung, die das sprechende Ich als seine Bestimmung erkannt hat (lat. *laus* bedeutet im Pl. ›Lobgesang‹). Mit V. 13 bricht dann die Anrufung als einzig übrigbleibender sprachlicher Gestus durch, der bis zum Schluß des Gedichts anhält und erst mit dem ernsten *mori* seinen Abschluß findet. In V. 13 klingt es zunächst wie ein Seufzer auf, eine leise Frage, ob nicht *trouwe* (Beständigkeit)[17] durch Erhörung zu belohnen

17 Vgl. Wolframs Konfrontation der falschen Minne (*Parz.* 291,19–292,4)

sei. Ihr folgt die schon trotziger klingende Erinnerung, die
Hingabe an die Minne sei von dieser selber verursacht,
Minne die Urheberin des Hinanstrebens der Redenden zur
Höhe: durch ihren Duft (*odor*). Hohe Minne, so Walther,
bewirkt, daß der Mensch nach Kräften sich zu *hoher wurde*
(hohem Wert) aufschwinge (*úf swinget*; L 47,8 ff.), ein Streben, das im Lied 45 als durch den Duft der Minne hervorgebracht bezeichnet wird. Die Anlockung durch den Duft der
oder des Geliebten gehört zur Vorstellungswelt der Mystik
und ist bereits im Hohenlied erwähnt (1,3; VM 1,285).
Handelte Strophe 1 vom (Minne-)Streit, verstanden als
Kampf um die Erhörung durch die Minne, so verweist V. 19
abermals darauf und fügt die Erkenntnis hinzu, Minne habe
niemals getäuscht – im (abermals unausgesprochenen) Gegensatz offenbar zur täuschenden weltlichen Minne, den
betrügerischen Minneherrinnen und Göttinnen. Weiß das
redende Ich von einer Erfüllung seiner Sehnsucht schon in
der Jugend, so liegt vermutlich eine lebensgeschichtliche
Reminiszenz der Dichterin vor: in ihrem 11. Prosabrief, der
nach Ansicht van Mierlos Autobiographisches ausbreitet,[18]
gibt sie an, seit ihrem zehnten Jahr von »herteleker minnen«
bezwungen gewesen zu sein (Br. 1,93). Jedenfalls weiß das
lyrische Ich aus Erfahrung, daß Minne zu gewähren vermag,
worauf die Bitten zielen, und daß die Angeredete sich selber
als Medizin darreichen kann. Im Minnesang ist es zuweilen
die Minneherrin, die das Minnesiechtum des Liebenden kraft
dargereichter Minne heilt;[19] im Unterschied dazu soll Minne
in Hadewijchs Lied selber das Heilmittel sein, die Arznei.
Minne also könnte die Ärztin sein, die jene zumißt, und

und der wahren, die eo ipso Treue sei: *reht minne ist wâriu triuwe*
(532,10).
18 Van Mierlo, in: Br. 1,92. Topos im Mythos, im Evangelium, in der Heiligenlegende (vgl. Theodor Wolpers, *Die englische Heiligenlegende des
Mittelalters. Eine Formgeschichte des Legendenerzählens von der spät-
antiken lateinischen Tradition bis zur Mitte des 16. Jahrhunderts*,
Tübingen 1964, S. 34) sowie im Minnesang.
19 Vgl. etwa: Burggraf von Regensburg, Nr. II,1,4 (MFMT, S. 32).

gleichzeitig das Zugemessene, die Medizin (*medicus, medicina* gehören indoeuropäisch zu einer Wurzel mit der Bedeutung: ›messen, zumessen‹). Auch weltliche Minneherrinnen in der höfischen Epik können als Ärztinnen heilen (z. B. Isolde in der Tristan-Dichtung). Minne als Ärztin ist Schicksalsmacht über das Leben, und daher erscheinen nicht zufällig Lexeme benachbart, die auf die Funktion der Minne als Schicksalsmacht verweisen (*vermoghet, voghet*). Die Repetition der Bitte um Gewährung (V. 22) fällt mit der Versicherung zusammen, daß die Gewährung für das Ich höchstes Glück bedeute, innere Größe (*doghet*), deren *moeder* die Angeredete sei, die *vrouwe und regina*. Wiederum ein Amalgam von Elementen aus Minnekonzeption und Mystik? Als »Königin der Tugenden« konnte die höfische Liebe erscheinen;[20] *vrouwe* bezeichnete auch die Minneherrin der höfischen Lyrik.

Die Epitheta der Minne in V. 25 sind nochmals Zuschreibungen, womit in der Theorie und Dichtung der weltlichen Minne diese oder eine ihrer Formen charakterisiert werden kann. Mit V. 26 steht die Dichterin erneut beim Thema der Ausdauer im (Minne-)Kampf, kehrt sie zur Anfrage zurück, wann die Minne jene *ansehen* und sich selber als Gegenmittel gegen die beißenden Qualen (doublierte Geschmacksmetapher: *betteren suere*) darreichen werde, als *condimentum*. Das lateinische Wort wäre buchstäblich mit ›Gewürz‹ zu übertragen. Hier legt es aber durch seine Lokalisierung in der Antithese das Äquivalent ›Süße‹ nahe, zumal Süße, Honigsüße in der Sprache der Mystik häufige Metaphern sind. In V. 29 ist der Leidensweg des lyrischen Ich mit der Queste des herumziehenden Ritters verglichen. Doch da *avontuere* (wie die mhd. Entsprechung) ebenfalls die Bedeutung von ›Los, Schicksal‹ zeigt, enthält das Wort eine weitere Anspielung auf das Schicksalhafte des schweren (Minne-)Wegs. Hiernach wirkt V. 30 wie eine kürzere Paraphrase von V. 1–4, der sich

20 Bumke, S. 522, verweist auf das Diktum des Strickers: *da von ist die minne der tugende kuniginne.*

die Bitte der Sprecherin anschließt, Minne möge ihr ihres edlen Wesens heilendes Geheimnis erschließen. Ein allgemeineres Ergebnis der Forschung, wonach in den Liedern die christliche Begrifflichkeit so gut wie gänzlich fehlt, wird durch die Feststellung nicht entwertet, daß die Dichterin in V. 32 einen überaus relevanten, einen Grundbegriff des kulturellen Systems Religion / Kirche / Theologie benutzt: *sacramentum*. Der Hinweis auf die Seltenheit in Hadewijchs Poesie ist wichtig. Nur ihretwegen kann der Begriff im Lied auffällig wirken wie ein erratischer Block; und wegen seines Umfelds scheint seine exakte Bedeutung verwischt, so daß er semantisch die unschärfere des Lexems ›Geheimnis‹ annimmt, rückt er doch z. B. in eine Reihe mit *condimentum* und sogar noch *medicina*, alles übrigens Bezeichnungen oral einzunehmender Substanzen.

In der 5. Strophe ist vermöge einer Dreizahl von Antithesen (V. 33,37 f.) die Unwichtigkeit des persönlichen Geschicks der redenden Person betont, dazu abermals die Unterwerfung unter die Schicksalsmacht Minne; ausgesagt wird ferner die Notwendigkeit, das Leben an die vollkommene Erfüllung der Forderungen der Minne zu setzen. Sogar die Schicksalsschläge wertet das Ich als Gnadenmittel auf dem Weg zur liebenden Erlösung. Wörtliche Bedeutung wäre: ›dem Erlöser (entgegen)‹. Doch würde plötzlich eine im Maskulinum auftretende göttliche Person in die Vorstellungswelt des Lieds eingeführt, so daß in der Übertragung eine Abstraktion im Femininum vorzuziehen war, die sich dem Gesamttenor als angepaßt erweist. Das letzte Wort der Strophe – wie des Lieds, wie des Liederzyklus – lautet: sterben (*mori*). Während die jüngeren Ausgaben der Lieder der Handschrift C folgen, haben A und B hier: *Bene mori*, durchaus sinnvoll, übersetzt: ›beseligt zu sterben‹. Es ist ein Tod gemeint, der in eins fällt mit einem Tun: der Erfüllung des Minnegebots, wenn auch nicht schon ein Tod in Erfüllung der Wünsche des minnenden Ich, wie sie in den mehrfachen Bitten ausgedrückt sind. Letztmalig ein Wort, welches es gestattet, unterschiedliche Bedeutungsschichten zu unterscheiden, weltliche wiederum und zugleich geistliche. Weltlich wäre: Minne verursacht den Tod der liebenden Person, die Minneherrin erweist sich als Gestalt der Todesgöttin, ist die Töterin – Vorstellungen aus dem weltlichen Minnesang.[21] Doch ist die Liebestod-Vorstellung der Minnelyrik sozusagen bloß eine Oberflächen-Bedeutung, wie die Vorstellung eines jeden Liebestods aus weltlichem Motiv, die hier angeknüpft werden könnte, und wie überhaupt die Vorstellung des natürlichen (physiologischen) Tods. Am Grunde findet sich der *Mors mystica*-Gedanke, der in sich selber nochmals gestuft erscheint. Gemeint sein kann die Vorstufe des mystischen Tods: Aufgabe des Eigenwillens, wie von der Dichterin in ihrem Lied ja nicht nur einmal bekundet, und ferner: ›das Ersterben der Seele und des Geistes mit allen ihren Kräften in der Liebesvereinigung mit Gott‹ (dann: *terminus technicus* für die Unio mystica).[22] *Mori* steht für *mors mystica*, und wahrscheinlich in dem einen wie dem andern Sinn, in der Bedeutung des höchsten Ziels mystischen Strebens, welches zum Beschluß des 45. Lieds ebenso aufscheint wie zum Beschluß des Zyklus der 45 Lieder Hadewijchs.

Der Vorwurf der Künstelei läßt sich gerade an Lied 45 gut überprüfen. In diesem erscheinen auf dem verhältnismäßig schmalen Raum der 40 Verse: Elemente antiker Lyrik (Liebesklage, Adonius), solche der mndl. Volkssprache, verbunden mit – z. T. sakralen – Lexemen aus dem Latein, Ausschnitte aus der Terminologie zweier zeitgenössischer literarischer Traditionen: Minnesang und Mystik. Eine Mixtur von Heterogenem, Kunststück statt Kunstwerk? Wohl

---

21 Vgl. Heinrich von Morungen: *vil süeziu senftiu toeterinne*, Nr. XXXIV (MFMT, S. 282); vermittelt erscheint diese Vorstellung in desselben Dichters Lied VIII: *Sach ieman die vrouwen* (zugleich Rachephantasie). Angesichts der ebenfalls von Morungen gebrauchten Identitätsvermutung: Minneherrin – Venus (wie in Nr. XXII,3,1, MFMT, S. 267) wäre daran zu erinnern, daß in der Antike der Göttin Aphrodite/Venus auch der Aspekt einer Todesgöttin zukam.

22 Mohr, S. 364.

nicht, wenn sich im Text ein organisierendes Zentrum ausmachen ließe, das die Bestandteile integriert, sie zu einer Einheit verschmelzend: eine Total-Idee. Es bietet sich an zu fragen, ob diese in dem Schlüsselwort *minne* (*amor*) gefunden
werden könnte. Das müßte nicht gleich eine Bestätigung der
Kontrafaktur-Hypothese sein, war doch (geistliche) Liebe
(*caritas* bzw. *charitas, dilectio, amor*) damals in mehr als einer
geistlichen Tradition beheimatet: u. a. in der christlichen
Katechetik, in der Marienverehrung, in der Mystik. Hadewijch selber schaute in einer ihrer Visionen einmal die Minne
in Gestalt einer kostbar ausgeschmückten Königin (Vis.,
162 f.). Zu Recht warnte Reynaert davor, eine Metaphorik
wie diese als Herübernahme aus der Minnelyrik zu qualifi-
zieren, belegten doch Funde aus Werken religiöser Autoren,
so z. B. von Richard von St. Victor, daß diese in der *charitas*
die *mater* (*omnium*) *virtutum* erblickten.[23] Mit der Organi-
sation des lexisch-gedanklichen Materials vermöge des Minnebegriffs, der Subordination aller Elemente unter ihn,
müßte der Text jedoch noch nicht den Status eines rheto-
risch-didaktischen Stücks Gedankenlyrik hinter sich lassen.
Anders als in mystischen Visionsberichten fehlt im Lied ja
die Beschreibung mystischer Ekstase, die Bilderwelt etwa
der nuptialen Thematik wie Umarmung, Kuß und Minne-
bett, die konkret vorgestellte Vereinigung der liebenden
Seele mit dem himmlischen Bräutigam. Beschränkte Hadewijch sich also auf die Transfiguration eines bloßen Begriffs
von Minne, mit Entfaltung von dessen Bedeutungsfülle, und
daher nicht doch auf den didaktisch gemeinten Katalog der
Anweisungen zum richtigen Umgang mit dem Begriff, höchstens noch zum Umgang mit der durch diesen bezeichneten
Sache? Und fehlt also nicht Unabdingbares, wodurch Mystik
(und eo ipso mystische Kunst) erst zustande käme: der
Affekt?
In Wahrheit lieferte die Dichterin mehr als die verbale Ver-

23 Reynaert, S. 358.

klärung eines Begriffs, mehr auch als die bloße Chiffre für die mystische Vereinigung. Ist es die Eigentümlichkeit aller Liebe, daß in ihr die Vorstellung einer Person, eines Objekts mit Liebesenergie ›besetzt‹ wird, so ist es in der nuptialen Mystik meist eine Person der Trinität, auch Maria, eine Heilige usw. Dahingegen nahm Hadewijch in ihrem Lied eine Änderung vor: Sie sparte das im Visionsbericht gegenwärtige Figurenensemble ein zugunsten eines einzigen verbleibenden Liebesobjekts, das imaginiert wird: des Begriffs der *minne*. Ihm gilt aller Affekt (der ausdrücklich als von jeder irdischen Erscheinung abgelöst erklärt wird); als Ersatz der mystischen Ekstase, der Einung von Seele und Bräutigam bietet der Text die emotionale Beschwörung des Lexems, die quasi-ekstatische Einung des lexisch-gedanklichen Materials unter dem Primat des Minnebegriffs.

Im Wechsel von Selbstreflexion des lyrischen Ich und Anrufung konstituieren sich das lyrische Ich selber ebenso wie die personifizierte Minne. Das Ich: bittend und drängend, wofür das frequente Verb *sijn* samt seinen Formen bezeichnend ist (V. 5, 20, 23, 27, 30, 33 ff., 38); es verweist auf die Bemühung des minnenden Ich, die Minne in bestimmter Weise zu fixieren, durch Identifikation ihrer Eigenschaften überhaupt erst zur Erscheinung zu bringen und sie zu Leistungen zu bewegen, die dem Ich zugute kämen. Temporär sich wieder zurücknehmend, ist das Ich ausgezeichnet durch Treue (Beständigkeit) und darauf bauende Lohnerwartung oder Hoffnung, gehört zu werden, durch Verehrung, die sich im Gesang Ausdruck verschafft, Ergebenheit, Duldertum, Unterwerfung bis hin zu kindlicher Unterwürfigkeit, kurzum: es ist eingespannt zwischen Glücksahnung (Erfüllung der geistlichen Sehnsucht) und Liebesklage, der durch die Vergewisserung abgeholfen wird: Minne täuschte niemals. Minne scheint auf als einzigartig in ihrer Idealität, als Inbegriff alles Hohen, heilende Kraft, Tugendspenderin, Erlöserin, einzige Glücksquelle, geheimnisvolles Wesen, das sich aufschließen könnte, herrscherliche und Schicksalsmacht, alles in allem: sie ist Gegenstand der Werbung des Ich, das Geschenk, das sich selber schenkt, Heil- und Linderungsmittel, einnehmbare Speise, als Schicksalsmacht auch Wegweiserin zum Erlöser.

Doch Hadewijch bleibt selbst dabei nicht stehen, daß in ihrem Lied der Minnebegriff emotional-ekstatisch ›besetzt‹ erscheint, sondern es ist, als löse sich im lexischen Procedere, in der Entfaltung des Gedichts, aus dem Begriff die geliebte Gestalt konkret. Wäre das noch eine »Total-Idee«? Hier ist das Mißverständnis abzuweisen, als hätte Schiller dabei nur etwas Gedankliches im Sinne gehabt, etwa einen hochaggregierten Begriff. Vielmehr meinte er ein aus den Tiefen aufsteigendes Phänomen, eine Gesamtschau. Total-Idee in diesem Sinne ist Phantasie-Erlebnis, war es in der Dichtung aller Zeiten; Heraufbeschwörung der Total-Idee ist dichterischem Erleben gleich, welches das Nach-Erleben in der Phantasie für den Rezipienten erst möglich macht (die Antwort auf die Frage nach dem ›Erlebnis‹charakter von Dichtung). Jenes Urbild aber kann in frühesten Zeiten des dichtenden Individuums (wie der Rezipienten) lebensgeschichtliche Realität gewesen sein. So füllt sich in Hadewijchs Lied der Begriff sinnlich auf, geht durch Konkretion über in ein Urbild, welches unverkennbar weibliche Züge trägt, Herrin und Königin, Mutter (der Tugenden), temporäre Wiederkehr der Mutter-Imago. Die dominierende Sprechhandlung des Ich, jenes drängende Werben, ist ganz auf sie bezogen, ist Evokation. Drängendes Werben gehört bekanntlich zum Minnesang auch. Doch die Umworbene kann hier täuschen, kann trügen als irdische Minneherrin, als heidnische Gottheit (Venus, Fortuna) oder Frau Welt. Tiefenpsychologisch ist sie das Liebesobjekt als Wiedergängerin der Mutter-Imago in einer verlockenden, doch gefährlichen Gestalt.[24] Der verlockende Aspekt kommt Hadewijchs Minne-Figur

---

24 Vgl. dazu: Wolfgang Beutin, »*Diu werlt bin geheizen ich.* Zur Deutung einer Dichtung Konrads von Würzburg (›Der Welt Lohn‹)«, in: *Jb. der Oswald von Wolkenstein Gesellschaft* (1988/89) S. 215–225.

auch zu, doch ist die Gefährlichkeit dementiert; der beruhigende Aspekt überwiegt. In der Beziehung zu ihr treten auffällige orale Züge hervor (einzunehmende Mittel, Geschmack, Duft, vgl. V. 16, 20, 27 f., 30, 32, 38), dazu ein sadomasochistisches Element (Schläge), wie denn die Beruhigung durch Regression erkauft ist, eine sichtliche Infantilisierung des Ich mit sich führt.

Hier liegt das Spezifikum der mystischen Liebe, wie dies Lied Hadewijchs sie ausdrückt, im Unterschied zur nuptialen Mystik: Während in der Brautmystik geistliches Liebeshandeln mit der geliebten Person auf der Stufe der reifen Erotik angesiedelt erscheint, ist solche in Hadewijchs Lied auffällig ersetzt durch Momente überwiegend aus dem oralen Bereich (einmal aus dem analen). Und auch insofern erhebt sich hinter der glutvoll beschworenen Minne-Figur erkennbar die Mutter-Imago, als diese mit unerhörter Schicksalsmacht ausgestattet vorgestellt ist (*wee* ›leidvolles Geschick‹?; *behaghe*; ferner V. 21, 29, 34 f.); ›das Schicksal‹ aber wurde als abstraktere Dublette von Eltern und Elternmacht erkannt, Nachfolge auch mütterlicher Allgewalt. Der Schicksalsmacht Minne entsprechen die ›infantilen‹ Züge des lyrischen Ich vollkommen. Zu dessen Kindlichkeit gehört endlich noch eine gewisse Geschlechtslosigkeit, so daß man ihm, genau betrachtet, keine femininen Züge, geschweige denn maskuline zugestehen möchte.

Indem der Dichterin in ihrem Lied die Zugänglichmachung von sonst dem Erwachsenen-Bewußtsein schwerlich verfügbaren Bereichen gelingt, bleibt es gerade keineswegs bar einer »Total-Idee«, im Gegenteil, es ruft nichts anderes in die Vorstellung als gerade sie. Somit erfüllt es eine Grundbedingung der Poesie, auch der geistlichen, in deren Tradition es gehört, als ein künstlerisch hervorragendes Beispiel mystischer Liebeslyrik, einer Sonderform mystischer Literatur.

Literaturhinweise

Ausgaben

Hadewijch: Strofische Gedichten. Hrsg. von E. Rombauts und N. de Paepe. Zwolle 1961. [Zit. als: Str. Ged.]

Strophische Gedichten. Hrsg. von J. van Mierlo. 2 Bde. Antwerpen [u. a.] 1942. [Zit. als: VM.]

Brieven. Hrsg. von J. van Mierlo. 2 Bde. Antwerpen [u. a.] 1947. [Zit. als: Br.]

Het Visioenenboek. Hrsg. von H. W. J. Vekeman. Nimwegen [u. a.] 1980. [Zit. als: Vis.]

Forschungsliteratur

Bouman, C.: Die litterarische Stellung der Dichterin Hadewijch. In: Neophilologus 8 (1923) S. 270–279.

Breuer, Wilhelm: Mystik als alternative Lebensform. Das 37. strophische Gedicht der Suster Hadewijch. In: ZfdPh. 103 (1984) S. 103 bis 115.

Bumke, Joachim: Höfische Kultur. Literatur und Gesellschaft im Mittelalter. München ⁵1990.

Cranenburgh, H. van: Hadewychs zwölfte Vision und neuntes strophisches Gedicht. Versuch einer Textdeutung. In: Altdeutsche und altniederländische Mystik. Hrsg. von K. Ruh. Darmstadt 1964. S. 152–174.

Dinzelbacher, Peter: Zur Interpretation erlebnismystischer Texte des Mittelalters. In: ZfdA 117 (1988) S. 1–23.

Frings, Theodor / Schieb, Gabriele: Veldeke und Hadewijch. In: PBB (Halle) 69 (1947) S. 237–271.

Paepe, N. de: Hadewijch. Strofische Gedichten. Gent [u. a.] 1972.

Heszler, Esther: Stufen der Minne bei Hadewijch. In: Frauenmystik im Mittelalter. Hrsg. von P. Dinzelbacher und D. R. Bauer. Ostfildern 1985. S. 99–122.

Heusler, Andreas: Deutsche Versgeschichte. Bd. 3. Tl. 4 und 5. Berlin [u. a.] 1925.

Mohr, Rudolf: Mors mystica. In: Wörterbuch der Mystik. Hrsg. von P. Dinzelbacher. Stuttgart 1989. S. 364 f.

Reynaert, J.: De Beeldspraak van Hadewijch. Tielt/Bussum 1981.

Schottmann, Hans: Der Natureingang in den Liedern Hadewijchs. In: PBB (Tüb.) 93 (1971) S. 213–227.

Willaert, Frank: Hadewijch. In: Mein Herz schmilzt wie Eis am Feuer. Die religiöse Frauenbewegung des Mittelalters in Porträts. Hrsg. von J. Thiele. Stuttgart 1988. S. 110–124.

– De poëtica van Hadewijch in de Strofische Gedichten. Utrecht 1984.

Der engere Hof der Minnekanzone

Das Frauenlied

Reinmar: *Lieber bote, nu wirp alsô*

Von Ingrid Kasten

1 Lieber bote, nu wirp alsô,
  sich in schiere und sage ime daz:
  vert er wol und ist er vrô,
  ich lebe iemer deste baz.
5 Sage ime durch den willen mîn,
  daz er iemer solhes iht getuo,
  dâ von wir gescheiden sîn.

2 Vrâge er, wie ich mich gehabe,
  gich, daz ich mit vröuden lebe.
  swâ du mügest, dâ leit in abe,
  daz er mich der rede begebe.
5 Ich bin im von herzen holt
  und saehe in gerner denne den liehten tac:
  daz aber dû verswîgen solt.

3 Ê daz du iemer ime verjehest,
  daz ich ime holdez herze trage,
  sô sich, daz dû alrêst besehest,
  und vernim, waz ich dir sage:
5 Mein er wol mit triuwen mich,
  swaz ime danne muge zer vröiden komen,
  daz mîn êre sî, daz sprich.

4 Spreche er, daz er welle her,
  – daz ichs iemer lône dir –
  sô bit in, daz ers verber
  die rede, dier jungest sprach zuo mir,

5 Ê daz ich in an gesehe.
wê, wes wil er dâ mit beswaeren mich,
daz niemer doch an mir geschehe?

5 Des er gert, daz ist der tôt
und verderbet manigen lîp;
bleich und eteswenne rôt,
alse verwet ez diu wîp.
5 Minne heizent ez die man
únde mohte baz unminne sîn.
wê ime, ders alrêst began.

6 Daz ich alsô vil dâ von
gerédetè, daz ist mir leit,
wande ich was vil ungewon
sô getâner árbéit,
5 Als ich tougenlîchen trage –
dûn sólt im niemer niht verjehen
alles, des ich dir gesage.[1]

1 Lieber Bote, nun tu folgendes, / eile zu ihm und sage ihm
dies: / Wenn es ihm gutgeht und er froh ist, / so sei mir das
Leben um so lieber. / [5] Sage ihm auf meinen Wunsch, / er
solle niemals etwas tun, / wodurch wir getrennt würden.

2 Wenn er fragt, wie es mir ergeht, / dann sage, daß ich fröhlich bin. / Wo immer du kannst, da bringe ihn dazu, / mich
mit diesem Thema zu verschonen. / [5] Ich bin ihm von
Herzen zugetan / und würde ihn lieber sehen als den hellen
Tag. / Das aber sollst du verschweigen.

3 Bevor du ihm jemals sagst, / daß ich ihm von Herzen zugetan bin, / schau und vergewissere dich / und höre, was ich dir
sage: / [5] Wenn er wirklich treu an mich denkt – / was immer
ihn erfreuen kann / und was meine Ehre erlaubt, das sage
dann.

1 Text nach: MFMT XXVIII = 178,1.

4 Wenn er sagt, er wolle kommen / – ich werde es dir immer lohnen –, / dann bitte ihn, jene Worte nicht zu wiederholen, / die er kürzlich zu mir sagte, / [5] bevor ich ihn sehe. / Ach, warum will er mich mit etwas quälen, / das sich doch niemals an mir erfüllen darf.

5 Was er begehrt, das ist der Tod / und stürzt manchen ins Verderben; / bleich und bisweilen rot / werden die Frauen davon. / [5] Minne nennen es die Männer, / aber es sollte besser Unminne heißen! / Weh ihm, der zuerst damit angefangen hat.

6 Daß ich derart viel davon / geredet habe, ist mir leid, / denn vorher kannte ich / eine solche Qual überhaupt nicht, / [5] wie ich sie heimlich erdulde. / Du sollst ihm niemals etwas / von all dem verraten, was ich dir gesagt habe.

1. *Zur Überlieferung.* Strophen des Lieds sind in insgesamt vier mittelalterlichen Handschriften überliefert, vollständig erhalten sind sie jedoch in keiner von ihnen. Auch die Strophenfolge variiert:

   1 – 5 – 2 (b)
   1 – 5 – 3 – 4 (C)
   1 – 2 – 4 – 5 – 6 (E)
   1 – 2 – 4 – 6 – 5 (m)

Die Strophen in den Handschriften C und E werden Reinmar zugeschrieben, einem Minnesänger, der um 1200 wirkte. Die Strophen in b sind ohne Überschrift, die in m unter dem Namen *van Nyphen* überliefert, mit dem vermutlich der Minnesänger Gottfried von Neifen gemeint ist. Die Verfasserschaft Reinmars wird aufgrund dieser Zuschreibung jedoch nicht in Frage gestellt. Die Auffassung Konrad Burdachs, der das Lied für ›unecht‹ erklärte, hat andere Gründe. Burdach konstatierte in ihm »Widersprüche und überflüssige Wiederholungen«,[2] die er Reinmar nicht zutraute.

2 Burdach, S. 218.

Burdach erörterte auch die Frage nach der Strophenfolge und dem Liedzusammenhang. Er deutete die bC-Überlieferung als erste Fassung, die Em-Überlieferung als eine Mischung aus dieser und einer zweiten, verlorenen Fassung.[3] Die Herausgeber folgen bei der Wiedergabe des Textes in der Regel der Überlieferung von E, in die sie die nur in bC tradierte Strophe an dritter Stelle einfügen.[4] Aber auch die von Schweikle vorgenommene, an der bC-Überlieferung orientierte Reihung der Strophen erweist sich als plausibel (1–5–3–4–2–6).[5] Die verschiedenen Möglichkeiten der Strophenfolge deuten auf eine eher lockere Fügung des in ihnen entfalteten gedanklichen Zusammenhangs hin.

2. *Thema, lyrisches Ich und Sprechsituation.* Das Thema dieses Lieds ist der Konflikt einer Frau zwischen *minne* und *êre*, zwischen persönlicher Neigung und den Normen der Gesellschaft, welche die Verwirklichung ihrer Liebe nicht gestatten.

Das lyrische Ich ist also das Ich einer Frau, einer Liebenden. Obwohl nur sie spricht, hat ihre Rede eine dialogische Dimension, weil sie sich an einen Dritten wendet, an einen Boten. Motiviert wird die Rede der Frau durch die Abwesenheit eines Mannes, den sie liebt und dem sie durch den Boten eine Mitteilung zukommen lassen möchte. Die Sprechsituation, die das Lied setzt, wird somit bestimmt durch eine triadische Beziehung: durch die Sprecherin, einen abwesenden Mann und einen Boten, der als Vertrauter und Mittler fungiert. Er repräsentiert eine Distanz zwischen Mann und Frau sowie die Möglichkeit ihrer Überwindung.

Die Sprecherin möchte, daß der Mann erfährt, wie sehr ihr an seinem Wohlbefinden liegt, wie wichtig es für sie ist, ihn glücklich zu wissen. Auf keinen Fall wünscht sie ein Ende der Beziehung; deshalb läßt sie ihm ausrichten, daß er nichts

3 Ebd., S. 219.
4 Vgl. die Ausgaben von MF bis zur letzten (38.) Auflage; Reinmar, Lied XXVIII (MF 178,1).
5 Reinmar, Ausgabe nach Schweikle, Lied XXVIII.

tun möge, was zu einem Bruch führen könnte. Worauf die Frau mit diesen Worten anspielt, wird nicht genauer gesagt. Der Kontext läßt jedoch darauf schließen, daß es sich dabei um eine *rede* des Mannes handelt, um eine sprachliche Äußerung, deren Wiederholung die Frau ausschließen möchte: um die Bitte, auf seine Werbung einzugehen, seine Liebe zu erwidern. Dies darf nach Meinung der Frau unter keinen Umständen geschehen, obwohl sie dem Mann durchaus ein Zeichen ihrer Zuneigung geben möchte.

Wie sehr sie zwischen ihrer Liebe und der Rücksicht auf ihr gesellschaftliches Ansehen schwankt, zeigt der ständige Wechsel ihrer Positionen. Auch die vielerlei Einschränkungen, Vorbehalte und Rücknahmen, die ihre Aussagen charakterisieren, machen dieses Schwanken deutlich. So erklärt sie zwar, daß sie sich über einen Besuch des Mannes freuen würde, und sie bekennt sich offen zu ihrer Liebe, aber sie verpflichtet ihren stummen ›Gesprächspartner‹ sogleich dazu, über das Gesagte Stillschweigen zu bewahren. Andererseits verwünscht sie die *minne*, die in ihren Augen für Frauen bedrohlich und verderbenbringend ist, weil sie nicht in Einklang steht mit den Forderungen der *êre*. Daß sich nach ihrer Einschätzung die Sache aus der Perspektive von Männern anders darstellt, wird ausdrücklich gesagt.[6]

Die Mängel, die Burdach dem Lied vorhielt, die Widersprüche und Wiederholungen, erweisen sich dabei als literarische Mittel der indirekten Charakterisierung der Frau, deren innerer Konflikt in »contrastive pattern«[7] einen adäquaten

---

6 Vgl. vor allem Str. 5, in welcher der geschlechtsspezifische Aspekt bei der Bewertung der Liebe zur Sprache kommt. Reinmar greift, um die Wirkung der Liebe auf Frauen zu veranschaulichen, auf den Topos des Rot- und Blaßwerdens zurück, der aus ovidianischer Tradition stammt. Der letzte Vers der Strophe ist vermutlich als Anspielung auf den Sündenfall zu verstehen.

7 Zu dieser Einschätzung gelangt bereits Frederic C. Tubach, »Feudal Ritual and Personal Interplay. Observations on the Variety of Expressive Modes in Minnesang«, in: *From Symbol to Mimesis*, hrsg. von F. H. Bäuml, Göppingen 1984, S. 190–207, hier S. 203 f.

Ausdruck findet. Sie stehen für die konkurrierenden Impulse, von denen die Frau bewegt wird, von dem Wunsch, sich mitzuteilen, und dem Wunsch, lieber zu schweigen, von dem Konflikt zwischen Sagen-Wollen und Versagen-Müssen. Wie souverän Reinmar die Mittel der indirekten Charakterisierung beherrscht, zeigt sich auch darin, daß er bisweilen nur andeutet, was sich in der Frau abspielt. So läßt er sie nur ihre Sorge äußern und ihre Bitte, der Mann möge die *rede* nicht wiederholen; den Rezipienten aber bleibt es überlassen zu folgern, daß sie dies tut, weil sie fürchtet, sie werde dieser Bitte womöglich nicht widerstehen können.

Die ›Lösung‹ des Konflikts besteht in diesem Lied darin, daß die Frau dem Boten untersagt, irgend etwas von dem, was sie gesprochen hat, weiterzugeben. Das Lied führt also vor, wie die Absicht einer liebenden Frau, mit dem geliebten Mann zu kommunizieren, scheitert. Die Mitteilung, die sie ihm zukommen lassen will, wird zwar ausgesprochen, aber sie wird im gleichen Augenblick annulliert und damit förmlich negiert. Diese Negation hat den Charakter eines Widerrufs, einer *revocatio*, einer in der höfischen Lyrik insgesamt häufiger auftretenden Stilfigur.[8]

Der Konflikt der Frau macht deutlich, daß die Liebesbeziehung, von der in diesem Lied die Rede ist, außerhalb der gesellschaftlich sanktionierten Bahnen gedacht ist, und das heißt: außerhalb der Ehe. Zweifellos hat dieser Konflikt Anschlußmöglichkeiten an den lebensweltlichen Horizont der höfischen Gesellschaft geboten, für die Reinmar seine Lieder dichtete. Insbesondere Frauen dürften sich angesprochen gefühlt haben, weil sie strikteren Moralregeln unterworfen waren als ihre männlichen Standesgenossen und in der Regel nicht die Möglichkeit hatten, über ihre Sexualität selbst zu verfügen und ›freie‹ Liebesbeziehungen zu unterhalten. Daß im Blick auf die Liebe für Männer und Frauen andere Normen gelten, wird auch in dem Lied gesagt.

8 Vgl. Heinrich Sieckhaus, »Revocatio. Studie zu einer Gestaltungsform des Minnesangs«, in: DVjs. 45 (1971) S. 237–251.

Für die Interpretation des Lieds ist jedoch vor allem das literarische Verweisungspotential von Bedeutung, das es enthält
und das es zu entschlüsseln gilt. Hierzu gehört zum einen die
Frage nach der Gattung, der das Lied zuzuordnen ist, die
Frage nach der Gattung des Frauenlieds und dem Typus, den
Reinmars Lied repräsentiert. Zum anderen ist zu ermitteln,
welchen Stellenwert die Gattung in der höfischen Lyrik insgesamt und im Œuvre Reinmars im besonderen innehat.

3. *Die Gattung des Frauenlieds in der mittelalterlichen Lyrik.*
In der Forschung hat es sich eingebürgert, Lieder des Mittelalters, in denen das lyrische Ich als ein weibliches ausgewiesen ist, als Frauenlieder zu bezeichnen.[9] Da es zunächst nur
ein formales und folglich unspezifisches Moment ist – die
Rede einer Frau –, welches für die Gattung des Frauenlieds
konstitutiv ist, fragt es sich, ob es nicht angemessener sei, von
einer Aussageform zu reden, die erst in Verbindung mit
einem bestimmten Thema oder im Rahmen einer bestimmten Sprechsituation Gattungscharakter erlangt.
Frauenlieder gehören zu den ältesten Zeugnissen der volks-
sprachlichen Lyrik, welche die Überlieferung bewahrt hat.
Sie zeichnen sich, weil es sich um Liebesklagen handelt,
im allgemeinen durch einen elegischen Ton aus. Die Frau
erscheint in der Regel als eine Liebende, deren Sprechen
motiviert wird durch die Abwesenheit des Mannes, den sie
liebt. Die Darstellung der Liebe läßt sich demnach als ein von
der Frau gehaltener »Diskurs der Abwesenheit«[10] charakterisieren, der verschiedene Entfaltungsmöglichkeiten zuläßt:
Klagen der Frau über den Schmerz der Trennung und über
äußere Hindernisse, welche der Verbindung mit dem geliebten Mann entgegenstehen, Äußerungen der Sorge, er werde
sich einer anderen Frau zuwenden, Erinnerungen an vergan-

9 Zur Begriffsbildung in der Forschungsgeschichte vgl. die Einleitung zu
  Romanische Frauenlieder.
10 Der Begriff stammt von Roland Barthes, *Fragmente einer Sprache der
  Liebe,* Frankfurt a. M. 1988, S. 27.

genes Liebesglück, Liebesbeteuerungen und Treuebekundungen, die Beschwörung der trotz der Trennung bestehenden Gemeinsamkeit.

Soweit die Verfasser von Frauenliedern bekannt sind, handelt es sich fast ausnahmslos um Männer. Nur in Frankreich, im Wirkungsbereich der Trobadors, sind Frauen als Autorinnen von Frauenliedern bezeugt, die sogenannten *trobairitz*, deren literarische Produktion quantitativ allerdings nicht ins Gewicht fällt.[11] Da die Verfasser meist Männer waren, werden die Frauenlieder vielfach als ›Rollenlieder‹ qualifiziert. Auf diese Weise soll die Differenz herausgestellt werden, die zwischen dem lyrischen Ich und dem Autor-Ich besteht. Dadurch kann allerdings die Annahme nahegelegt werden, daß diese Differenz für andere Gattungen der höfischen Lyrik, insbesondere für das an die Perspektive eines Mannes gebundene höfische Werbe- oder Minnelied,[12] nicht besteht. Demgegenüber ist jedoch zu betonen, daß auch die Männerlieder der höfischen Lyrik Rollenlieder sind,[13] zumal ältere, von einem biographischen Verstehensansatz geprägte Interpretationen nach wie vor zu Fehleinschätzungen verleiten können.

Die Frauenlieder der mittelalterlichen Lyrik haben das Interesse der Interpreten insgesamt nur in begrenztem Maße angezogen. Im Mittelpunkt der wissenschaftlichen Bemühungen standen stets die von der romanischen Lyrik beeinflußten Männerlieder, die mit ihrem Diskurs über die hohe Minne erklärungsbedürftiger erschienen als die eher schlich-

---

11 Vgl. Oskar Schultz (Hrsg.), *Die provenzalischen Dichterinnen*, Leipzig 1888. Inzwischen liegt eine Neuedition vor: Angelica Rieger, *Trobairitz. Der Beitrag der Frau in der altokzitanischen höfischen Lyrik*, Tübingen 1991.

12 Der Einfachheit halber wird hier wie im folgenden für das unter dem Einfluß des romanischen Frauendienst-Konzepts entwickelte Männerlied der Terminus ›Werbelied‹ verwendet, der dem Charakter des *grand chant courtois*, so unterschiedlich seine Ausprägungen im einzelnen auch sind, am ehesten gerecht wird.

13 Vgl. bereits Schweikle, S. 38.

ten Äußerungen über die Liebe in den Frauenliedern. Lediglich in der Diskussion über die ›Ursprünge‹ des Minnesangs spielte die Gattung des Frauenlieds eine wichtige Rolle, weil einige Gelehrte in den ältesten Zeugnissen dieser Gattung die angeblich ›volkstümlichen‹ Grundlagen der höfischen Lyrik fassen zu können meinten.[14] Die Debatte verstummte jedoch, nachdem sich die ›Volksliedtheorie‹ in ihrem Kern als romantischer Mythos erwiesen hatte.[15]

Die Gattung des Frauenlieds verdient indessen allein in ihrer spezifischen Historizität, in ihren gesellschaftlichen und literarischen Konstitutionsvoraussetzungen sowie in ihrer Entwicklung mehr Aufmerksamkeit als ihr im allgemeinen zuteil wird. Schon ein Blick auf den deutschen Minnesang zeigt, wie ungewöhnlich produktiv die Frauenrede in ihrer Offenheit für vielfältige thematische Besetzungen und Anbindungen an verschiedene Sprechsituationen und Gattungskonventionen ist. So tritt die Frauenrede in dialogisierten Formen wie dem ›Wechsel‹ und dem ›Dialoglied‹, außerdem im ›Tagelied‹, in der ›Pastourelle‹ und im ›Kreuzlied‹ auf, aber auch in Liedformen, die vorrangig durch eine besondere Gebrauchssituation bestimmt sind, wie in ›Tanzliedern‹.

Wie groß die Vielfalt der Typenbildung ist, welche Möglichkeiten der Ausdifferenzierung mit der Frauenrede verbunden sind, wird noch deutlicher, wenn überdies die Ausprägungen der Gattung in anderen europäischen Literaturen des Mittelalters in den Blick kommen.[16]

Im Vergleich erweist sich jedoch auch, wie unterschiedlich

---

14 Der prominenteste Vertreter dieser Theorie in der Germanistik war Theodor Frings; vgl. dazu beispielsweise seine Abhandlung: *Die Anfänge der europäischen Liebesdichtung im 11. und 12. Jahrhundert*, München 1960.

15 Die zuletzt in diesem Zusammenhang erörterte These, daß es sich bei den aus dem spanischen Kulturbereich stammenden Frauenstrophen, den Ḥargas, um ›volkstümliche‹ Poesie handelt, ist überzeugend widerlegt worden von Klaus Heger, *Die bisher unveröffentlichten Hargas und ihre Deutungen*, Tübingen 1960.

16 Vgl. dazu die Anthologie *Frauenlieder des Mittelalters* (mit einer Einleitung und Literaturhinweisen).

die Entwicklung der Gattung in den einzelnen Literaturen
verläuft. Im deutschen Bereich ist das Frauenlied integraler
Bestandteil der höfischen Lyrik, im Repertoire der im Süden
Frankreichs wirkenden Trobadors spielt es dagegen so gut
wie keine Rolle. Die bereits erwähnten *trobairitz* haben
einen Sonderstatus inne und bilden ohnehin nur eine margi-
nale Erscheinung. Im Norden Frankreichs wiederum entwickelt sich eine besondere Vielfalt an Gattungstypen von
chansons de femme, unter denen sich die balladenhaften
chansons d'histoire, die – vermutlich bei der Arbeit, beim
Spinnen und Weben gesungen – *chansons de toile*, dann die
den deutschen Frauenklagen durchaus entsprechenden *chansons d'ami* und schließlich die *chansons de malmariée*, die
Klagen einer unglücklich verheirateten Frau, finden, wobei
es zwischen diesen Typen Motivüberschneidungen gibt.
In der französischen Lyrik insgesamt lassen sich, wie die
Untersuchungen von Pierre Bec zeigen, zwei verschiedene
soziopoetische Register unterscheiden, zum einen das *registre aristocratisant*, das überwiegend von Autoren mit
gelehrter Bildung getragen wurde, die an den Höfen wirkten
und ihre Lieder ›signierten‹, zum anderen das *registre popu-
larisant*, dessen Träger im wesentlichen anonym und für ein
breiteres, über die Höfe hinausgehendes Publikum wirkende
Spielleute waren. Im Zentrum des ›aristokratisierenden‹
Registers‹ steht für Bec der *grand chant courtois*, das höfische
Werbe- und Minnelied, im Zentrum des ›popularisierenden‹
Registers‹ das Frauenlied in allen seinen verschiedenen Er-
scheinungsformen, wobei Bec Interferenzen zwischen beiden Registern durchaus nicht ausschließt.[17]
Die Untersuchungen Becs machen in aller Schärfe deutlich,
daß die beiden zentralen Gattungen der mittelalterlichen
Lyrik, das Frauenlied und das höfische Werbelied des Mannes, im Grunde zwei verschiedenen Registern angehören, die
sich als verschiedene Diskurse über die Liebe erweisen kön-

17 Bec (1977–78).

nen. Tatsächlich verbinden sich mit beiden Gattungen poetische Konzepte, die in Gegensatz zueinander stehen und die deshalb mitunter in ein spannungsvolles Verhältnis zueinander treten. Besonders klar wird dies an dem unterschiedlichen Bild der Frau: Im Frauenlied erscheint die Frau als eine von Sehnsucht nach dem Mann erfüllte Liebende, im höfischen Werbelied hingegen erscheint sie, dem von den Trobadors entwickelten Konzept des Frauendienstes – der hohen Minne – entsprechend, in der Rolle einer Minnedame, welche der Werbung des Mannes gegenüber gleichgültig bleibt. Denn Voraussetzung des Sprechens im *grand chant courtois*, so verschieden er im einzelnen gestaltet sein kann, ist stets die Situation eines Mannes, dessen Liebe nicht erwidert wird.

4. *Das Frauenlied im deutschen Minnesang und in der Lyrik Reinmars.* Daß die Gattung des Frauenlieds und das höfische Werbelied, das auf dem Konzept des Frauendienstes basiert, eigentlich zwei verschiedenen Registern angehören, zeigt auch die Entwicklung des deutschen Minnesangs. In der frühen Lyrik, im ›donauländischen Minnesang‹ (um 1160), ist das Frauenlied noch eine bevorzugte lyrische Aussageform, für die nicht selten die alten Langzeilen gewählt werden. Mit der Adaption des romanischen Frauendienst-Konzepts verliert die Gattung jedoch merklich an Bedeutung, während gleichzeitig das höfische Werbelied zum beherrschenden lyrischen Paradigma wird. Signifikant für diese Entwicklung ist es, daß sich unter den Liedern einiger Minnesänger dieser Zeit, etwa bei Rudolf von Fenis und Bernger von Horheim, Frauenlieder überhaupt nicht mehr finden.

Im ›klassischen‹ Minnesang (um 1200) gewinnt die Gattung allerdings wieder an Bedeutung, und es ist bemerkenswert, daß gerade Reinmar, ein exemplarischer Vertreter des Hohen Sangs, besonders häufig auf die traditionelle Aussageform des Frauenlieds zurückgreift,[18] für die nun jedoch die neue

18 Dies zeigt namentlich die Studie von Jackson (1981).

Kanzonenstrophe verwendet wird. In einigen Fällen stehen seine Frauenstrophen dem hergebrachten Typus inhaltlich nahe, erscheint die Frau als Liebende, die über ihre Zuneigung zu einem abwesenden Mann spricht. In anderen Fällen aber versucht Reinmar, die Aussagemöglichkeiten des Frauenlieds mit dem Diskurs über die hohe Minne zu verbinden. Im Zentrum der Lieder dieser Art, zu denen auch die Komposition *Lieber bote, nu wirp alsô* zu rechnen ist, steht der Konflikt der Frau zwischen *minne* und *êre*.

Reinmar ist nicht der erste Minnesänger, der diesen Konflikt gestaltet. Das Thema ist vorgeprägt bei einigen älteren Liedautoren, bei Heinrich von Veldeke, Friedrich von Hausen und Hartmann von Aue.[19] Auch in der romanischen Lyrik wird das Thema behandelt. Vor allem die Comtessa de Dia versucht, ähnlich wie Reinmar, Frauenlied und Frauendienst in Bezug zueinander zu setzen.[20]

Reinmar hat an diesem Thema offensichtlich ein besonderes Interesse gehabt. So steht das Lied *Lieber bote, nu wirp alsô* nicht allein, sondern neben anderen Frauenliedern dieses Typus. Die Forschung hat ermitteln können, daß es in engem Zusammenhang mit drei weiteren Liedern steht, die inhaltlich explizit aufeinander verweisen. Kennzeichnend für sie ist nicht nur das gleiche Thema, der Konflikt zwischen *minne* und *êre*, sondern auch die Wiederaufnahme eines signifikanten Motivs, des Motivs des Rede- bzw. Singverbots. Sie sind als eine Art Sequenz konzipiert.

Funktion und Bedeutung des Liedes *Lieber bote, nu wirp alsô* werden in nicht geringem Maße durch die Zugehörigkeit zu dieser Liederfolge bestimmt, durch die übrigens auch die Verfasserschaft Reinmars gegen etwaige Zweifel bestätigt

19 Vgl. MF 57,10; MF 54,1; MF 216,1.
20 Vgl. Pierre Bec, »'Trobairitz' et chansons de femme«, in: CCM 22 (1979) S. 235–262, sowie Ingrid Kasten, »Weibliches Rollenverständnis in den Frauenliedern Reinmars und der Comtessa de Dia«, in: GRM N.F. 37 (1987) S. 131–146. An die in diesem Aufsatz entwickelten Überlegungen knüpfen die folgenden Darlegungen an.

wird. Dies zeigt bereits das erste Lied der Sequenz, das ihm in der Handschrift C unmittelbar vorausgeht, die Komposition *Sage, daz ich dirs iemer lône* (Reinmar XXVII).

Auch hier hat die Frau einen Ansprechpartner, der zwar nicht ausdrücklich als Bote bezeichnet wird, aber in der botentypischen Rolle eines Vertrauten und Mittlers zwischen Mann und Frau auftritt. Er bleibt jedoch nicht stumm, sondern ergreift noch selbst das Wort. Die Frauenrede ist also, wie es für die Gattung typisch ist, mit anderen Elementen kombiniert, wobei Reinmar mit der Botenrede auf ein traditionell mit der Frauenrede verbundenes Element zurückgreift.

Schon in diesem Lied steht das Schwanken der Frau zwischen ihrer Liebe und den Forderungen der gesellschaftlichen Moral im Vordergrund. Auch das Motiv der *rede* spielt bereits eine wichtige Rolle. So zeigt die Frau einerseits ihre Anteilnahme, indem sie sich bei dem Boten nach dem Befinden eines *vil lieben mannes* erkundigt, andererseits aber läßt sie den Mann auch wissen, sie erwarte von ihm, daß er ein bestimmtes Thema nicht mehr zur Sprache bringe (Str. 2,2 *lâze eht eine rede, sô tuot er wol*).

Für den hier verfolgten Zusammenhang ist es besonders wichtig, daß Reinmar in diesem Lied unmißverständlich klarstellt, daß der *vil liebe man*, von dem die Frau spricht, mit dem lyrischen Ich seiner Männerlieder identisch ist. Dies geschieht, indem er explizite Referenzen zu einem Lied herstellt, in dem der Sänger erklärt hatte, er werde niemals mehr singen, wenn die Minnedame ihn nicht ausdrücklich darum bitte (Reinmar XIII, Str. 6, V. 8 f.). Auf diese Äußerung nimmt die Sprecherin des Frauenlieds Bezug, indem sie den Boten fragt, ob der Mann dies wirklich gesagt habe. Auch der Bote bezieht sich wörtlich auf das zitierte Männerlied, er erklärt, der Mann tröste sich mit dem Gedanken, daß er das Schicksal ohnehin nicht beeinflussen könne (XXVII, Str. 2, V. 6).

Die Referenzen machen indessen deutlich, daß nicht nur der

vil liebe man mit dem Sänger, sondern auch die Sprecherin des Frauenlieds mit der Minnedame identifiziert werden soll, um deren Liebe der Sänger in seinen Liedern wirbt. Daraus folgt weiter, daß die *rede*, deren Wiederholung die Frau nicht wünscht, über den nicht formalisierten Sprechakt des Werbens hinausgreift und speziell das Werbe- und Minnelied des Sängers avisiert.

Schon diese spezifische Wendung deutet darauf hin, daß es Reinmar nicht nur und jedenfalls nicht vorrangig darum geht, eine besondere Problemsituation von Frauen zu thematisieren. Zwar benutzt er die Frauenrede, um die Liebe aus der Sicht der Minnedame zu perspektivieren, aber dabei ist ihm vor allem darum zu tun, die Wirkung seiner Kunst möglichst eindrucksvoll zu veranschaulichen. Das zeigt sich besonders in der Gestaltung des Motivs des *rede*-Verbots, das im Zusammenhang mit der Weigerung des Sängers steht, ohne besondere Aufforderung von seiten der Minnedame weiterhin zu singen: Mit der Furcht der Frau, sie werde den Unwillen der Gesellschaft erregen, wenn sie der Forderung des Sängers nicht nachkomme, sucht Reinmar indirekt die Bedeutung seiner Liedkunst für die Gesellschaft zu unterstreichen; andererseits gibt er zu verstehen, daß auch die Minnedame selbst, die dem Sänger scheinbar so gleichgültig gegenübersteht, ›in Wirklichkeit‹ stark von ihm und seiner Kunst affiziert ist, gerade weil sie fürchtet, durch seine *rede*, durch seinen Sang, zu Schaden zu kommen.

Mit diesem Lied wird ein Verstehenshorizont etabliert, der für die Komposition *Lieber bote, nu wirp alsô* vorauszusetzen ist. Der Konflikt, der darin wieder aufgegriffen und weiter entwickelt wird, ist folglich nicht der irgendeiner Frau, sondern der Konflikt der Minnedame der Männerlieder Reinmars. Die Frau hat zwar mit dem Boten immer noch einen Ansprechpartner, aber er ergreift selbst nicht mehr das Wort; die Darstellung konzentriert sich ganz auf das Innere der Frau.

In den beiden anderen Liedern, die noch zu dieser Sequenz

gehören, spitzt sich der Konflikt mehr und mehr zu. In dem Lied *Ungenâde und swaz ie danne sorge was* (Reinmar XXXII) ist der Bote aus der Sprechsituation ganz verschwunden. Die Frau redet zu sich selbst, und wieder reflektiert sie über die Liebe aus der Sicht der Minnedame. Sie sagt ausdrücklich, daß sie den Sänger nicht aus mangelnder Liebe abweise, sondern aus Rücksicht auf die *êre*; und sie bedauert, dem Mann das *rede*-Verbot erteilt zu haben, dem er sich stumm und ergeben gefügt hat. Seine Reaktion hat ihre Wirkung auf sie nicht verfehlt. Sie ist geneigt, das Singverbot aufzuheben, zumal sie sich jetzt stark genug fühlt, der betörenden Wirkung seiner Worte zu widerstehen. Reinmar läßt allerdings in subtiler Weise durchblicken, daß sie in Wahrheit mehr denn je gefährdet ist, weil sich in ihren Abwehr- und Selbstbehauptungsversuchen die Liebe nur allzu deutlich verrät.

In dem letzten Lied der Sequenz, in *Dêst ein nôt, daz mich ein man* (Reinmar LXIV), erreicht der innere Konflikt der Frau ein weiteres Stadium. Das Singverbot ist aufgehoben, und die Frau sieht sich der Macht des Sanges hilflos ausgeliefert. Sie fühlt sich außerstande, die Bewegung zu kontrollieren, welche der öffentliche Vortrag des Sängers in ihr auslöst. In ihrer Not wendet sie sich sogar an die traditionelle Instanz, welche über die Moral der Frauen wacht, an die *huote*, und bittet sie um Beistand. Sie muß sich eingestehen, daß sie, ohne es zu wollen, den Sänger liebt. So trägt die *minne* den Sieg über die *êre* davon, triumphiert – ohne daß der Sänger davon ›weiß‹ – die Liebende über die Minnedame. Dabei versäumt es Reinmar auch in diesem Lied nicht, die Rede der Frau noch einmal als Mittel der Selbstdarstellung und Selbstwerbung zu instrumentalisieren: Wie könnte sich, läßt er die Sprecherin sagen, eine Frau einem Mann versagen, der so schön zu reden versteht und so vorbildlich lebt (Str. 3, V. 5 ff.)?

Das Lied *Lieber bote, nu wirp alsô* hat seinen Platz in einer Reihe von Frauenliedern, die wiederum in Zusammenhang mit den Männerliedern Reinmars stehen. Es ist Teil eines Spiels, das Reinmar mit Elementen der von ihm selbst geschaffenen, fiktiven poetischen Welt betreibt und das Züge einer kleinen dramatischen Inszenierung annimmt, bei der das Publikum über die Empfindungen der Hauptakteure auf dem laufenden gehalten wird, während diese selbst von dem Wissen um die Gefühle des anderen ausgeschlossen sind. Allein durch dieses Spiel mit verschiedenen Positionen des Wissens und Nichtwissens erhalten die Frauenlieder Reinmars einen besonderen Reiz.

Ihre Funktion erschöpft sich indessen nicht im Spiel mit der Fiktion. Sie dienen auch der artistischen Selbstwerbung und erfüllen darüber hinaus eine poetologische Funktion. Denn viele Männerlieder Reinmars sind einem differenzierten ästhetischen Programm verpflichtet, das sich als ›Poetik des *trûrens*‹ kennzeichnen läßt.[21] Im Mittelpunkt steht dabei der ethisch begründete Verzicht auf die Verwirklichung der Liebe und das Leid, das aus dem – mit der Rücksicht auf das Ansehen der Minnedame begründeten – Verzicht resultiert. Die entsagungsvolle Haltung, die der Sänger im Minnesang Reinmars vielfach zur Schau trägt, ist offenbar dem Verdacht der Unglaubwürdigkeit ausgesetzt gewesen. Jedenfalls verwahrt sich Reinmar mehrfach gegen die Unterstellung, die Liebe, von der er singe, sei nicht ›echt‹. Im Blick auf diesen Vorwurf der Unwahrheit erfüllen die Frauenlieder eine wichtige Funktion, weil sie zeigen, wie es ›in Wirklichkeit‹ im Innern der Minnedame aussieht und warum sie die Liebe des Sängers nicht offen erwidert.

Wie sehr die Konzeption der Frauenlieder Reinmars mit der Position verknüpft ist, die er im Diskurs über die hohe Minne vertritt, zeigt ein Vergleich mit der Thematisierung des Konflikts in den Liedern anderer Autoren. Weder Hartmann von Aue noch die Comtessa de Dia räumen der *êre* der Frau eine so große Bedeutung ein, wie Reinmar dies in seinen

21 Vgl. Näheres dazu bei Kasten, S. 310–319.

Frauenliedern tut, und so erscheint bei beiden die Liebe aus
der Sicht der Minnedame auch keineswegs als etwas so
Bedrohliches und Verderbenbringendes, sondern als etwas
durchaus Positives, das Vorrang gegenüber den Normen der
Gesellschaft beanspruchen kann. Besonders in den Liedern
der Comtessa de Dia ist die Liebe der eindeutig höhere Wert,
und entsprechend scheitert sie auch nicht an den Grenzen,
die ihr von der Moral gesetzt werden, sondern an der
Untreue des Mannes.[22]

Die komplementäre Funktion, welche der hier besprochene
Frauenlieder-Typus im Blick auf die Männerlieder Reinmars
erfüllt, zeigt sich besonders deutlich in dem Lied *Lieber bote,
nu wirp alsô*, in dem das Moment der artistischen Selbstdarstellung im Unterschied zu den anderen Liedern der Sequenz
nicht in besonderer Weise ausgeprägt ist. Denn in dem hier
gezeichneten Schwanken der Frau zwischen Reden und
Schweigen, zwischen Sagen und Versagen, vollzieht sich eine
Bewegung, die auch für viele Männerlieder Reinmars charakteristisch ist, in denen ein Entschluß oder eine Aussage am
Ende des Liedes in einer *revocatio* wieder zurückgenommen
wird. Stärker als in den anderen Frauenliedern dieses Typs
wird das Selbstwertgefühl der Frau hier durch das Maß
bestimmt, indem sie mit den Normen der Gesellschaft, mit
ihrer Rolle als Minnedame, übereinstimmt, deren Wertschätzung nach der von Reinmar vertretenen Liebesauffassung
nicht zuletzt darin besteht, daß sie den Verlockungen einer
›freien‹ Liebesbeziehung zu widerstehen vermag.[23] So macht
Reinmar deutlich, daß die hohe Minne nicht nur an den
Mann, sondern auch an die Minnedame hohe Anforderungen stellt. Das Lied *Lieber bote, nu wirp alsô* erweist sich so,
indem es die innere Bewegung, die vom ›Sagen‹ zum ›Versagen‹ führt, in der Minnedame aufzeigt, als ein Pendant zum
höfischen Werbelied Reinmarscher Prägung.

22 *Frauenlieder des Mittelalters*, Nr. LV.
23 Vgl. besonders das Lied Reinmar XIV (MF 165,10).

Literaturhinweise

Ausgaben

Des Minnesangs Frühling. Unter Benutzung der Ausg. von Karl Lachmann und Moriz Haupt, Friedrich Vogt und Carl von Kraus bearb. von Hugo Moser und Helmut Tervooren. Bd. 1: Texte. 38., erneut rev. Aufl. mit einem neuen Anh. Stuttgart 1988.

Frauenlieder des Mittelalters. Zweispr. Übers. und hrsg. von Ingrid Kasten. Stuttgart 1990. [Zit. als: Frauenlieder des Mittelalters.]

Reinmar: Lieder. Nach der Weingartner Liederhandschrift (B) hrsg., übers. und komm. von Günther Schweikle, Stuttgart 1986. [Zit. als: Schweikle.]

Romanische Frauenlieder. Hrsg. von Ulrich Mölk. München 1989. [Zit. als: Romanische Frauenlieder.]

Forschungsliteratur

Bec, Pierre: La lyrique française au moyen âge (XIIe – XIIIe siècles). 2 Bde. Paris 1977-78.

Burdach, Konrad: Reinmar der Alte und Walther von der Vogelweide. Halle (Saale) ²1928.

Jackson, William E.: Reinmar's Women. A Study of the Woman's Song. Amsterdam 1981.

Kasten, Ingrid: Frauendienst bei Trobadors und Minnesängern. Heidelberg 1986.

Das ›Mädchenlied‹

Walther von der Vogelweide: *Under der linden*

Von Heike Sievert

1 'Under der linden
  an der heide,
  dâ unser zweier bette was,
  dâ mugt ir vinden
5 schône beide
  gebrochen bluomen unde gras.
  vor dem walde in einem tal
  tandaradei,
  schône sanc diu nahtegal.

2 Ich kam gegangen
  zuo der ouwe:
  dô was mîn friedel komen ê.
  dâ wart ich enpfangen,
5 hêre frowe,
  daz ich bin saelic iemer mê.
  kust er mich? wol tusentstunt,
  tandaradei,
  seht wie rôt ist mir der munt.'

3 Dô het er gemachet
  alsô rîche
  von bluomen eine bettestat.
  des wirt noch gelachet
5 inneclîche,
  kumt iemen an das selbe pfat.
  bî den rôsen er wol mac
  tandaradei,
  merken wâ mirz houbet lac.

4 Daz er bî mir laege,
  wessez iemen
  nu enwelle got! sô schamt ich mich.
  wes er mit mir pflaege,
5 niemer niemen
  bevinde daz, wan er unt ich,
  und ein kleinez vogellîn:
  tandaradei,
  daz mac wol getriuwe sîn.[1]

1 Unter der Linde / auf der Heide, / wo unser beider Lager war, / da könnt ihr entdecken / [5] gleichmäßig gebrochen / Blumen und Gras, / vor dem Wald in einem Tal / tandaradei – / schön sang die Nachtigall.

2 Ich kam gegangen / zu der Wiese, / da war mein Liebster schon vor mir dort. / Da wurde ich so begrüßt / [5] – heilige Jungfrau –, / daß ich für immer glücklich sein werde. / Ob er mich küßte? Wohl tausendmal! / tandaradei – / seht, wie rot mein Mund ist.

3 Er hatte schon vorbereitet / so wunderschön / aus Blumen eine Lagerstatt. / Darüber freut sich noch / [5] von Herzen / wer dort vorüberkommt. / Bei den Rosen kann er / tandaradei – / sehen, wo mein Kopf lag.

4 Daß er mit mir schlief, / wüßte es jemand, / das verhüte Gott! so schäme ich mich. / Was er mit mir tat, / [5] soll niemals jemand / wissen außer ihm und mir / und dem kleinen Vöglein / tandaradei – / das wird sicher verschwiegen sein.

Eine Frau erinnert sich an die Begegnung mit ihrem Geliebten. Vor ihren Augen werden Bilder und Szenen dieses Treffens lebendig, die sich nach und nach ineinanderfügen. Vor den Zuhörern entsteht eine Frühlingslandschaft mit einer Linde, der Heide, Blumen, Gras, Wald, einem Tal. Wie nebenbei wird in diese Umgebung das Liebeslager, das

1 Text nach: L 39,11 (Ausg. Lachmann/Kraus/Kuhn).

eigentliche Thema des Textes, eingelassen: dâ unser zweier bette was. In der Erinnerung werden die Konturen dieser Landschaft und des Liebesortes klar und ganz gegenwärtig. Der Hinweis auf die noch sichtbaren Spuren des gemeinsamen Lagers wird dann als Anrede oder Aufforderung formuliert, ist aber doch eher die verwundert-glückliche Selbst-Versicherung, daß ›alles‹ wirklich wahr gewesen sei. Wie ein Abgleiten in Nebensächliches erscheint es, wenn sich der Blick dann wieder raumgreifend der Landschaft zuwendet. Aber das ist nur scheinbar, denn diese Landschaft und das Blumenbett sind in der Erinnerung nicht voneinander zu trennen. Die Natur im Stropheneingang und am Strophenende nimmt dieses Blumenbett praktisch in sich auf und ist selbst ein Teil von ihm. Das *tandaradei* fügt möglicherweise als nachempfundener Nachtigallengesang dem visuellen Eindruck noch den akustischen hinzu und haucht dem Bild Leben ein. Aus diesen ganz wenigen Versen erfährt man erstaunlich viel: daß es in der nahen Vergangenheit ein ungestörtes Beisammensein zweier Liebender in der freien Natur gegeben hat, an das sich nun die Frau zurückerinnert. Die Art, wie in den Gedanken diese Landschaft wiederersteht, wie sie in die Gegenwart hereingeholt wird, strahlt Geborgenheit und Friedlichkeit aus.

Das Naturbild wird in der zweiten Strophe von der bewegten Szene der Begrüßung der Liebenden abgelöst. Erst in dieser Strophe wird wirklich einsichtig, daß es die Frau ist, die sich zurückdenkt. Sie sieht sich erneut zur Aue kommen, wo ihr Geliebter bereits auf sie wartet. Noch einmal erlebt sie die Begrüßung, die ihr das Glück ihrer Liebe wieder so stark ins Bewußtsein ruft, daß sie voller Freude verkündet: *daz ich bin saelic iemer mê.*

Die Vergangenheit wird durch die intensive Erinnerung wieder Gegenwart und bestimmt auch die Zukunft. In dieser Glückseligkeit der Frau scheinen alle drei Zeitebenen kunstvoll miteinander zu verschmelzen. In den fröhlich-überströmenden Redefluß gehört auch die rhetorische Frage *kust er mich?*, die nur gestellt wird, um sie jubelnd bejahen zu können. Das sich anschließende *tandaradei* verweist wieder auf die Naturszenerie, aber es ist auch eine Atempause für ein Nachsinnen oder eine kurze Träumerei, für (erotische) Phantasie.[2] Der Hinweis auf den roten Mund ist expressives Zeichen dieser nach-geträumten Erotik. Der rote Mund gilt in der mhd. Literatur als hervorstechendster erotischer Reiz. In diesem Lied wird der Mund der Frau durch die Küsse des Geliebten rot, sie wird also durch seine Liebe schön (oder noch schöner).

Sie empfindet das als außerordentliches Glück und scheint an der Freude darüber alle teilhaben lassen zu wollen.

Auch die dritte Strophe befindet sich wie die vorangegangenen in einem Schwebezustand aus detaillierter Erinnerung und dem Ausdruck ganz gegenwärtiger Glücksempfindung. Das vom Mann vorbereitete Blumenbett ist in der Gegenwart der Frau immer noch ein Anlaß freudigen Lachens für jemanden, der dort vorbeikommt. Vielleicht ist dieser *iemen* auch der Liebende, der sich beim Anblick der Spuren im Gras an die Begegnung erinnert und dabei noch einmal *innecliche lachen* kann.[3]

Wieder folgt eine scheinbare Nebensächlichkeit. Bei den Rosen kann man *merken wâ mirz houbet lac*. Auch das ist eine plauderhafte (Selbst-)Bestätigung der Wahrhaftigkeit des traumhaft Schönen und Versinken in Erinnerung, eingeleitet durch das *tandaradei*. In dieser Zeile steckt noch dieser *er*, der diesen Platz vielleicht finden kann, aber es ist auch schon das Sich-Zurückdenken der Frau in das Liebeslager, das dann in den Beginn der vierten Strophe einfließt: *daz er bî mir laege*.

Der folgende Gedanke aber, es könne jemand davon erfahren, holt sie wieder in die Gegenwart zurück und läßt sie erschrocken Gott anrufen, um dann hinzuzufügen: *sô scham ich mich*. Parallel zum ersten Stollen setzt der zweite ein

2 Classen, S. 360 f.; Ehrismann (1987) S. 37.
3 Willson, S. 227–229.

daz er bî mir laege : wes er mit mir pflaege. Die Gemeinsamkeit, durch den Gedanken an andere gestört, wird nach kurzer innerer Sammlung wieder aufgenommen. Es folgt die strikte Ablehnung dessen, was sie so erschreckt hatte: *niemer niemen / bevinde daz, wan er unt ich.* Die Trotzigkeit des Satzes wird unterstrichen durch die starke Hervorhebung der Verneinung, die zudem das Verb in den Hintergrund treten läßt. Der Anschluß des Satzes *wan er unt ich* erscheint so als Gegenstück zur Negation. Der zweimalige harte Stimmeinsatz verleiht dem besonderen Nachdruck. Die Aufzählung dieser beiden Personalpronomina beinhaltet durch diese Exponiertheit sehr viel. Es ist eine demonstrative Abwehr gegen alle, die sich in diese Beziehung einmischen könnten. Es spiegelt uneingeschränkte Sicherheit und ein unerschütterliches Zusammengehörigkeitsgefühl der Frau mit ihrem Geliebten wider. Aber noch etwas steckt darin. Außer dem *unser* in der ersten Strophe gibt es kein weiteres ›wir‹ oder ›uns‹ im Lied. Die Frau spricht entweder von ihm oder von sich selbst. Das ›er‹ und ›ich‹ stehen in unlösbarer Bezüglichkeit zueinander, doch noch nebeneinander, als Symbol der Zueinandergehörigkeit einerseits und der räumlichen Trennung andererseits.[4] Der Ernst dieser Zeilen löst sich in der Leichtigkeit des Abgesangs und in der schelmischen Pointe, daß es doch noch einen dritten Eingeweihten gäbe – das *vogellîn*, auf dessen Verschwiegenheit aber Verlaß sei. Das Lied ist ohne wesentliche Unterschiede in zwei Handschriften überliefert, so daß es am Wortlaut und an der Strophenfolge keine Zweifel gibt. Das ist in der mhd. Lyrik schon ein außerordentlicher Glücksumstand, der wohl vor allem auf den leicht zu verstehenden äußeren Sinnzusammenhang der Verse zurückzuführen ist, der auch zur Zeit der Entstehung der Handschriften keine Mühe bereitet haben dürfte.

Das *Lindenlied* ist ein Lied von Liebe, Zärtlichkeit, Erotik

4 Schaefer, S. 28.

und Glück. Die Frau spricht in verhaltenem und überströmendem Jubel vom Erlebnis mit dem geliebten Mann. Der Gestus ist nicht frivol oder verschämt, sondern lächelnd-liebevoll, selbstsicher und schelmisch-naiv. Auffällig ist die Art der Darstellung. Das Geschehen wird nicht direkt benannt und es wird auch nicht darüber reflektiert. Es wird auch nicht im eigentlichen Sinne ›erzählt‹, sondern vielmehr über intensive Vergegenwärtigung empfindend geschildert. Emotionen werden indirekt über die Gedankenführung und Bildabfolge realisiert.[5]

Natur ist der innere und äußere Rahmen des Liedes. Im Natureingang der ersten Strophe öffnet sich eine bezaubernde Landschaft, die durch den Kunstgriff, dies der Frau in den Mund zu legen, bereits Teil der Erinnerung ist. Schon die Einzelheiten des Bildes, die Linde, die Blumen, die Nachtigall, sind Metaphern für Liebe und Sinnlichkeit. Dies wird so miteinander verbunden, daß die Natur auch als eigenständiger Raum vorstellbar wird.

Die Geborgenheit in der Natur wird bereits in der ersten Strophe durch die ›Einbettung‹ des Liebeslagers in die Landschaft deutlich und setzt sich bis zum Motiv des verschwiegenen Liebesvogels fort. Das Blumenmotiv offenbart und verhüllt die erotischen Züge des Liedes.[6] Der Topos des *locus amoenus* wird im *Lindenlied* dahingehend modifiziert, daß diesem traditionellen Liebesort durch die apostrophierten Hinweise auf die noch sichtbaren Spuren im Gras ›reale‹ Züge verliehen werden.[7] So wird dieser eigentlich verborgene Ort geöffnet und zur Öffentlichkeit in Beziehung gesetzt. Auch die erhoffte Verschwiegenheit der Nachtigall nimmt diese Öffnung nicht zurück. Die Funktion der Gesellschaft realisiert sich nicht auf der Textebene, in Gestalt der *huote* oder der *merker*, sondern in der Vortragssituation, in der sie die Rolle des Kommunikationspartners über diese

5 Bennewitz (1989) S. 244.
6 Ebd., S. 245.
7 Stamer, S. 68 f.

Idee von Geschlechterliebe annimmt. So löst sich auch das Paradoxon der verschwiegenen Mitteilsamkeit: an dieser Stelle durchdringen sich die Rollen der Frau und des Sängers mit der Idee des Dichters. Das Lied erscheint als poetische Realisierung gegenseitiger und erfüllter Liebe. Ein solches Verständnis liegt auch der bis heute anhaltenden Rezeption des Liedes in nichtgermanistischen Kreisen zugrunde.[8] Im Kontext der mhd. Lyrik ist *Under der linden* ein Sonderfall, was sich sinnfällig in der wissenschaftlichen Diskussion niedergeschlagen hat: Es ist als Mädchenbeichte und Frauenmonolog, Tagelied und Pastourelle, Lied der niederen und ebenen Minne und der ›Reinmar‹-Fehde bezeichnet worden. Es ist als ›volkstümlich‹ in die Nähe des Volksliedes gerückt und als ›höfisch‹ zum Bestandteil exklusiver adliger Hofkultur erklärt worden. Die Einschätzung reichte von ›einfach‹ bis ›paradox‹, und diese Spannbreite macht deutlich, worin die Schwierigkeit besteht: einerseits entzieht sich das Lied jeder eindeutigen Gattungszuweisung und andererseits ist eine Positionsbestimmung entscheidend vom jeweiligen Verständnis der Minnekonzeption Walthers abhängig. Jede Entscheidung hinsichtlich dieser beiden Problemfelder hat weitreichende Folgen. Das beginnt bei der bis heute umstrittenen metrischen Form des Liedes, deren Bestimmung bereits Interpretationsergebnis und nicht deren Grundlage ist,[9] was ohne sichere Kenntnis der Melodie auch so bleiben wird.[10]

Folgen hat die Gattungs- und Minnediskussion aber auch für die soziale und individuelle Charakterisierung der sprechenden Frau des Liedes und damit für das Verständnis des Textes überhaupt. Aufgrund der vielfältigen Berührungspunkte des *Lindenliedes* mit zeitgenössischen Liebesliedern anderer Dichter bietet sich ein Vergleich an, der die Besonderheiten des Walther-Textes verdeutlicht.

Frauenmonologe, in denen über erfüllte Liebe reflektiert

8 Müller (1983).
9 Ehrismann (1989) S. 410 f.
10 Trotz Kippenberg, S. 28 f.

wird, gibt es bereits in der ›donauländischen‹ Lyrik. Der
grundlegende Unterschied besteht darin, daß die Frau bei
Walther mit ungebrochener Freude über ihr Erlebnis spricht.
Es gibt kein Anzeichen von Trauer über die Trennung, die als
solche nicht einmal erwähnt wird. Die Frauen in den Strophen des Kürenbergers leben in unstillbarer Sehnsucht nach
dem Geliebten oder sie trauern um seinen Verlust. Erfüllte
und noch glückliche Liebe gibt es nicht. Trennung und nachfolgende Einsamkeit werden durch äußere Zwänge, durch
die *merker* bewirkt. So etwas scheint für die Frau in Walthers
Lied keine Rolle zu spielen. Sie ist nicht die Zurückgeblie-
bene, Trauernde. Ihre Liebe zeigt sich nicht seelenzerstörend
oder leidvoll, sondern über die unmittelbare Begegnung hinaus glückbringend.

Die Begegnung von Frau und Mann in der freien Natur ist
wie im *Lindenlied* auch in der Pastourellendichtung bzw.
in mehreren Liedern der *Carmina Burana* konstituieren-
des Element. Die Ähnlichkeiten gehen hier sogar bis ins
Detail:

> Eine wunnechliche stat
> het er mir bescheiden:
> da die blumen unde gras
> studen grune beide,
> dar chom ih, als er mih pat.
> da geschah mir leide.
> lodircundeie! lodircundeie!
>
> (CB 163a)[11]

> Einen wonnevollen Ort / hat er mir gezeigt / wo Blumen
> und Gras / grün standen / dorthin kam ich, wie er es mich
> gebeten hatte / da wurde mir Leid zugefügt / lodircun-
> deie ...

Das Thema ist in diesem Text jedoch, wenn auch verkürzt,
ein anderes. Sexualität meint hier nicht Erotik, sondern Ver-
führung, Vergewaltigung, nachfolgendes Leid. Das alles ist in

---

11 Sayce (S. 248 f.) hält diesen Text für eine Parodie des *Lindenliedes*.

Walthers Lied ausgespart. Was geschah, wollten offensichtlich Frau und Mann: nichts davon wird in Frage gestellt und die Hingabe der Frau an den Mann auch nicht problematisiert.

Interessant sind diese Beziehungen zu anderen Texten auch hinsichtlich der möglichen Rezeption durch ein mittelalterliches Publikum. Setzt man die Vagantenlyrik oder die romanische Pastourellendichtung als Erwartungshorizont voraus, können die Assoziationen ganz andere gewesen sein, als z. B. vor der Folie des hohen Minnesangs. Im ersteren Fall erschiene das *Lindenlied* als Glättung, Verharmlosung der gattungstypischen sexuellen Nötigung und sozialen Distanz der Beteiligten, im anderen Fall als eine bis an die Grenzen des (vermuteten) Tabus gehende Darstellung von Erotik. Der Text weicht einer exakten Zuordnung aus – was als Dichterintention durchaus ernst genommen werden sollte. Insofern ist es auch unzulässig, vermeintliche Leerstellen beim Verständnis des Textes, so etwa den sozialen Status der Frau oder des Mannes, mit Hilfe einer Gattungstypologie besetzen zu wollen. So eindeutig diese Frage für die Pastourelle, für den hohen Minnesang oder für vergleichbare Lieder Neidharts (z. B. Lied 30 der Hs. c) zu beantworten ist, das *Lindenlied* gibt darüber keine Auskunft.[12] Auch nicht das dafür so oft herangezogene *hêre frowe*.

Für diese beiden Worte gibt es mehrere Interpretationsvorschläge, von denen sich zwei als dauerhaft erwiesen haben. Sie sind verstanden worden als:

a) Ausruf der Frau und Anruf der heiligen Jungfrau, was sich problemlos in die Strophe einfügen läßt: überwältigende Freude bei der Vergegenwärtigung des Erlebten und naives Glücksempfinden. Daß es keinen weiteren Beleg für so einen Ausruf gibt, widerlegt nicht zwingend die Möglichkeit einer solchen Deutung.

b) Anrede der Frau durch den Mann bei der Begrüßung. Die

12 Tervooren, S.182.

Freude der Frau über diese Anrede wurde dann interpretiert als das Glück des ›einfachen Mädchens‹ über die so erfahrene soziale Aufwertung zur *frowe*. (Wird das kombiniert mit einer Bestimmung des Liedes als Pastourelle, ist die Charakterisierung der Frau als »foolish empty-headed goose«,[13] die auf die verlogene Verführungstaktik eines Ritters hereinfällt, nur folgerichtig.) Das setzt aber voraus, daß eine ›wirkliche frowe‹ über diese Anrede nicht erfreut sein könnte, was so nicht zutreffen muß. Schließlich spräche daraus nur die Anerkennung ihrer Integrität, die durch die Hingabe an den Mann nicht verletzt wird. Auch bei so einem Verständnis des Textes ist sie letztlich in allen Ständen denkbar.

Bei allen Überlegungen kommt hinzu, daß es noch weniger einen Hinweis auf den sozialen Status des Mannes gibt.

Es ist zweifelhaft, ob sich der soziale Gehalt des Liedes auf die ständische Einordnung der Frau reduzieren läßt. Auch hier ist die Offenheit des Textes doch wohl programmatisch zu verstehen. Vorgeführt wird eine Idee von Liebe, die sich von der Gesellschaft distanziert und sich als Kommunikationsangebot für sie öffnet. Distanzierung erfolgt nicht als vordergründige Überwindung von Standesgrenzen (Ritter liebt Bauernmädchen), sondern durch die fiktive Einmaligkeit des Erlebnisses, das jenseits einer sozialen Fixierung geradezu utopische Züge trägt. Irreführend ist in diesem Zusammenhang der Begriff des ›Mädchenliedes‹, der, in der Forschung in abweichenden Bedeutungen gebraucht,[14] falsche Assoziationen hervorruft. Mit dieser Bezeichnung wird das Bild der Frau in diesem und anderen Liedern Walthers auf das des ganz jungen, unschuldigen, unerfahrenen Mädchens eingegrenzt und damit ganz unzulässig verniedlicht. Im Text steht nichts dergleichen und vielleicht sollte auch das als beabsichtigt akzeptiert werden, denn genau dieser Offenheit bedarf es, dem Text ein breites Identifikationsspektrum zu sichern.

13 Jackson, S. 167.
14 Bennewitz (1989) S. 245.

Nicht vergessen werden darf, wie bereits angedeutet, daß dieses Lied vor allem in der Aufführung lebte. Das relativiert in bestimmtem Umfang jegliche Aussage über die Stimmung, den Gestus, den Charakter des Liedes. Jede neue Aktualisierung vor anderem Publikum oder in anderer Rezeptionssituation – und damit ist bei Walther in jedem Falle zu rechnen – kann Nuancierungen oder Änderungen bewirkt haben. So ist auch nicht auszuschließen, daß es zwischen dem Text und der Art des Vortrages Brüche gegeben haben mag, z. B. in Form einer Ironisierung. Das ist gerade bei einem wahrscheinlich ja männlichen Sänger leicht vorstellbar.[15] Im Text selbst, dem einzig sicheren Zeugen, läßt sich solche implizite Wertung nicht feststellen. Eine Beurteilung hängt wiederum entscheidend vom Verständnis mittelalterlicher Liedkunst ab und von der Bereitschaft, das *Lindenlied* in seinem unbestreitbaren Anderssein als einen Beitrag zum Minnediskurs ernst zu nehmen. Wie die Vortragssituation aber auch ausgesehen haben mag, eine gewisse Relativierung ergibt sich aus der Tatsache, daß dieses Lied von einem Mann gedichtet wurde, dessen Intention es nicht war, eine ›authentische‹ Rede wiederzugeben. Nicht: eine Frau erzählt ein Liebeserlebnis, sondern: das von einem Mann erdachte, erhoffte, erträumte Empfinden einer Frau wird nachgezeichnet. Warum in diesem Lied eine Frau spricht und warum es in der mhd. Lyrik keine vergleichbaren Lieder mit männlicher Rollenbesetzung gibt, ist eine Frage, die einer befriedigenden Lösung noch harrt. Eine Antwort müßte über die Konstatierung von Gattungstraditionen des Frauenliedes hinaus deren grundlegende Bedingtheiten aufdecken. Offenbleiben muß aufgrund der fehlenden Quellen auch, inwieweit sich dieses Frauenbild von dem unterscheidet, das eine Frau erdacht hätte. Ebensowenig läßt sich etwas darüber sagen, wie dieser Text von einem weiblichen Publikum angenommen wurde.[16] Entworfen

15 Mertens, S. 169 f.
16 I. Kasten (*Frauenlieder des Mittelalters*, S. 131) stellt die Frage, »ob die

wird, und das ist auch der Unterschied zu den Frauenmonologen des frühen und hohen Minnesangs bzw. der Vagantenlyrik, das Bild einer Liebesbeziehung, die losgelöst aus allen zeitlichen und räumlichen Konkreta auch nach der Trennung nicht in Leid umschlägt. Im Kontext hoher Minne bedeutet das die Aufhebung des merkwürdigen Widerspruchs zwischen dem ungehört werbenden Mann in den Männerstrophen und der sehnsüchtig, aber ebenso unerfüllt Liebenden in den Frauenstrophen. Diese Fremdheit der Geschlechter, die sich mit unterschiedlicher Motivation durch alle genannten Liedformen zieht, scheint in *Under der linden* zumindest für den Augenblick außer Kraft gesetzt zu sein.[17]

Welches Gewicht Walther diesem Lied beimaß oder ob es für sein Publikum wirklich aus der Reihe seiner Lieder herausragte, ist unbekannt. In der Forschungsgeschichte hat es jedenfalls einen wesentlichen Anteil an der literarischen Einordnung der Dichtung Walthers gehabt. Zusammen mit einigen anderen Liedern (49,25; 74,20) wurde es zum eigentlichen Programm des Dichters erklärt. Aber auch hier entzieht er sich einer eindeutigen Festlegung. Alle für sein ›Ausbrechen‹ aus Konventionen herangezogenen Texte stehen in seinem Œuvre einzig da, und es ist längst nicht mehr unumstrit-

Dichter die in ihrer christlichen Anthropologie verankerte Anschauung über die ›natürliche‹ Ungleichwertigkeit von Mann und Frau in Frage stellen und weibliche Leitbilder entwerfen, die Frauen in ihrem Selbstwertgefühl bestätigen und sie zu einem selbstbewußten Handeln auffordern konnten«. Dies ist für das Lindenlied nicht leicht zu beantworten, auch wenn man zu spontaner Bejahung gern bereit ist. I. Bennewitz z. B. (1989, S. 246) geht davon aus, daß »durch die Wahl eines weiblichen Ich [. . .] die im Hohen Minnesang zumindest problematische Einforderung sexueller Erfüllung durch das männliche Ich ausgelagert [wird], was [. . .] der literarischen Suggestion dient, daß es ja eigentlich die Frau sei, deren Wunsch damit erfüllt werde«.

17 Überlegt wird in der Forschung auch, ob diese Besonderheiten des Textes auf mögliche Interferenzen mit religiösen Traditionen zurückgehen. Das stellt das Lied in weltanschauliche Zusammenhänge, die weit über den höfischen Kulturbetrieb hinausgehen (Mertens, S. 172; Tervooren, unveröff. Manuskript).

ten, daß ein Verstoß gegen die Regel überhaupt stattfindet.[18]
Bei genauerem Hinsehen erscheint es ebenso zweifelhaft, ob
sich die überlieferten Texte wirklich als ausgefeilter Entwurf
einer Minnekonzeption definieren lassen, setzen doch die in
der (vorwiegend älteren) Forschungsgeschichte herausgear-
beiteten Konzepte generell die Verabsolutierung einzelner
Lieder oder Liedgruppen und die Annahme einer linearen
Entwicklung von ›Minneauffassungen‹ voraus. Die Vielfäl-
tigkeit der Lieder Walthers und die äußeren Bedingungen
seines Schaffens stehen solchen Überlegungen eher entgegen,
die letztlich auch nur den Blick für die Lebendigkeit dieser
Kunst verstellen.

18 Bes. Ranawake, S. 109–142.

Literaturhinweise

Ausgaben

Die Gedichte Walthers von der Vogelweide. Hrsg. von Karl Lachmann. 15., aufgrund der von Carl von Kraus bearb. 10. Ausg. neu
hrsg. von Hugo Kuhn. Berlin 1965.

Walther von der Vogelweide: Sämtliche Lieder. Mhd. und in nhd.
Prosa. Mit einer Einf. in die Liedkunst Walthers hrsg. und übertr.
von Friedrich Maurer. München 1972.

Walther von der Vogelweide: Frau Welt ich hab von dir getrunken.
Hrsg. und übertr. von Hubert Witt. Berlin 1984.

Carmina burana. Die Lieder der Benediktbeurer Hs. Zweispr. Ausg.
Vollst. Ausg. des Originaltextes nach der von B. Bischoff abge-
schlossenen krit. Ausg. von A. Hilka und O. Schumann, Heidelberg 1930–1970. Übers. der lat. Texte von C. Fischer, der mhd.
Texte von H. Kuhn. Zürich / München 1974.

Die Berliner Neithart-Hs. c (mgf 779). Transkription der Texte und
Melodien von I. Bennewitz unter Mitw. von U. Müller. Göppingen
1981.

Frauenlieder des Mittelalters. Zweispr. Übers. und hrsg. von I.
    Kasten. Stuttgart 1990. [Zit. als: Frauenlieder des Mittelalters.]
Des Minnesangs Frühling. Unter Benutzung der Ausg. von Karl
    Lachmann und Moriz Haupt, Friedrich Vogt und Carl von Kraus
    bearb. von Hugo Moser und Helmut Tervooren. Bd. 1: Texte. 38.,
    erneut rev. Aufl. mit einem neuen Anh. Stuttgart 1988.

Forschungsliteratur

Bennewitz, Ingrid: »vrouwe / maget«. Überlegungen zur Interpreta-
    tion der sog. Mädchenlieder im Kontext von Walthers Minnesang-
    Konzeption. In: Walther von der Vogelweide. Beiträge zu Leben
    und Werk. Hrsg. von H.-D. Mück. Stuttgart 1989. S. 237–252.
Classen, Albrecht: Onomapoesie in der Lyrik. In: ZfdPh. 108 (1989)
    S. 357–377.
Ehlert, Trude: Konvention – Variation – Innovation: ein struktureller
    Vergleich von Liedern aus »Des Minnesangs Frühling« und von
    Walther von der Vogelweide. Berlin 1980.
Ehrismann, Otfried: »Tandaradei«, »hêre vrouwe« und die »Schwelle
    des Allerheiligsten«. Frau und Tabu. In: Sprache und Literatur 18
    (1987) S. 36–54.
– Tandaradei – Zivilisation und Volkstümlichkeit in Walthers ›Under
    der linden‹. In: Festschrift für R. Große. Hrsg. von S. Heimann, G.
    Lerchner [u. a.]. Stuttgart 1989. S. 397–414.
Hahn, Gerhard: Walther von der Vogelweide. Eine Einführung.
    München 1986.
Helm, Karl: Tandaradei. In: Beitr. (Tüb.) 77 (1955) S. 252 f.
Herrmann, Herbert: Walther ›Under der linden‹ (39,11) – ein Lied
    der niederen Minne? In: ZfdPh. 96 (1977) S. 348–370.
Jackson, W. H. T.: The medieval Pastourelle as a satirical genre. In:
    Philological Quarterly 31 (1952) S. 158–170.
Kippenberg, Burkhard: Der Rhythmus im Minnesang. München
    1962.
Mertens, Volker: Reinmars Gegensang zu Walthers Lindenlied. In:
    ZfdA 112 (1983) S. 161–177.
Müller, Ulrich: ›Drunter und drüber der Linde‹ oder die Rezeption
    eines mhd. Liedes (L 39,11) bei Liedermachern der Gegenwart. In:
    Minnesang in Österreich. Hrsg. von H. Birkhan. Wien 1983. S. 77
    bis 108.

Ranawake, Silvia: Walthers Lieder der »Herzeliebe« und die höfische Minnedoktrin. In: Minnesang in Österreich. Hrsg. von H. Birkhan. Wien 1983. S. 109–152.

Sayce, Olive: The medieval German Lyric 1150–1300. Oxford 1982.

Schaefer, Joerg: Walther von der Vogelweide und Frauenlob. Tübingen 1966.

Stamer, Uwe: Ebene Minne bei Walther von der Vogelweide. Göppingen 1976.

Tervooren, Helmut: Schönheitsbeschreibung und Gattungsethik in der mhd. Lyrik. In: Schöne Frauen – schöne Männer. Hrsg. von Th. Stemmler. Tübingen 1988. S. 171–199.

Willson, H. Bernhard: Innerlîche lachen: W 40,4–5. In: MLR 58 (1963) S. 227–229.

Diese Interpretation geht zurück auf die Dissertation der Verfasserin: *Studien zur Liebeslyrik Walthers von der Vogelweide*, Göppingen 1990. Für wichtige und hilfreiche Hinweise bedanke ich mich bei K. Herrmann, I. Kasten, A. Klare und E. Hesse, die mir freundlicherweise ihre Magisterarbeit (*Die Minne- und Dichtungskonzeption in Walthers Liebesliedern*, Berlin 1989) zur Verfügung stellte.

Das Tagelied

Wolfram von Eschenbach: *Sîne klâwen*

Von Jürgen Kühnel

1 "Sîne klâwen
    durch die wolken sint geslagen,
      er stîget ûf mit grôzer kraft;
  ich sich in grâwen
5   tegelîch, als er wil tagen:
      den tac, der im geselleschaft
        Erwenden wil, dem werden man,
          den ich mit sorgen în [ ] verliez.
        ich bringe in hinnen, ob ich kan.
10   sîn vil mánigiu tugent mich daz leisten hiez."

2 'Wahtaer, du singest,
    daz mir manige vreude nimt
      unde mêret mîn klage.
  maer du bringest,
5   der mich leider niht gezimt, ,
      immer morgens gegen dem tage.
        Diu solt du mir verswîgen gar.
          daz gebiut ich den triuwen dîn.
        des lôn ich dir, als ich getar,
10   sô belíbet híe dér geselle mîn.'

3 "Er muoz et hinnen
    balde und ân sûmen sich.
      nu gip im urloup, süezez wîp.
  lâze in minnen
5   her nâch sô verholn dich,
      daz er behalte êre unde den lîp.

Er gap sich mîner triuwen alsô,
   daz ich in braehte ouch wider dan.
ez ist nu tac. naht was ez, dô
10   mit drücken an [ ] brúst dîn kus mir in an
          gewan."

4 'Swaz dir gevalle,
  wahtaer, sinc und lâ den hie,
   der minne brâht und minne enpfienc.
von dînem schalle
5 ist er und ich erschrocken ie,
   sô nínder der mórgenstern úf gienc
    Ûf in, der her nâch minne ist komen,
    noch ninder lûhte tages lieht.
   du hâst in dicke mir benomen
10   von blanken armen, und ûz herzen niht.'

5 Von den blicken,
  die der tac tet durch diu glas,
   und dô wahtaere warnen sanc,
si muose erschricken
5 durch den, der dâ bî ir was.
   ir brüstlîn an brust si dwanc.
    Der rîter ellens niht vergaz;
    des wold in wenden wahtaers dôn:
   urloup nâh und nâher baz
10   mit kusse und anders gap in minne lôn.[1]

1 »Seine Klauen / sind durch die Wolken geschlagen. / Er steigt herauf mit großer Kraft. / Ich sehe ihn grauen, / [5] täglich, so wie er jetzt tagen wird, / den Tag, der ihn um das Zusammensein mit der Geliebten / bringen will, den edlen Mann, / den ich voll Sorge eingelassen habe. / Ich bringe ihn wieder fort, wenn ich kann. / [10] Seine hervorragenden Eigenschaften haben mich dazu bestimmt, dieser Pflicht nachzukommen.«

1 Text nach: MFMT II = L 4,8.

2 ›Wächter, du singst etwas, / das mir viel Freuden nimmt / und meinen Schmerz vergrößert. / Neuigkeiten bringst du mir, / [5] die mir leider nicht gefallen, / immer morgens, wenn der Tag anbricht. / Von denen sollst du mir gänzlich schweigen. / Das befehle ich dir bei deiner Pflicht zur Treue. / Dafür belohne ich dich, wie ich es kann. / [10] So bleibt mein Geliebter hier.‹

3 »Er muß nun einmal fort, / sogleich und ohne zu säumen. / Verabschiede ihn nun, schöne Frau. / Laß ihn dich später / [5] so im Verborgenen lieben, / daß er sein Ansehen und sein Leben behalten kann. / Er hat sich meiner Treue anvertraut, / so daß ich ihn auch wieder sicher von hier wegbringen sollte. / Es ist jetzt Tag. Nacht war es, / [10] als in inniger Umarmung dein Kuß ihn von mir trennte.«

4 ›Was auch immer dir gefällt, / Wächter, das singe, aber laß den hier, / der Liebe schenkte und Liebe empfing. / Von deinem Gesang / [5] sind er und ich stets aufgeschreckt worden, / zu einem Zeitpunkt, da noch lange nicht der Morgenstern aufgegangen war / über ihm, der um der Liebe willen hergekommen ist, / und das Licht des Tages noch nicht leuchtete. / Du hast ihn mir immer wieder / [10] aus den hellschimmernden Armen gerissen, aber nicht aus dem Herzen.‹

5 Von den Blicken, / die der Tag durch die Scheiben warf / und als der Wächter sein Warnlied sang, / erschrak sie unwillkürlich / [5] um seinetwillen, der dort bei ihr war. / Ihre zarten Brüste drückte sie an seine Brust. / Der Ritter erinnerte sich seiner Männlichkeit; / davon wollte ihn das Lied des Wächters abbringen; / Der Abschied, nah und immer näher, / [10] gab ihnen im Kuß – und auch sonst – den Lohn der Liebe.

1. Der folgende Versuch, Wolframs von Eschenbach Taglied MF II in einem gattungsgeschichtlichen Kontext zu interpretieren, weist eine mehrfache Problematik auf.[2] ›Gattungen‹ in

2 Zur Gattungsproblematik vgl. die wegweisenden Aufsätze von Kuhn und Ruh: Hugo Kuhn, »Gattungsprobleme in der mhd. Literatur«, zuletzt in: H. K., *Dichtung und Welt im Mittelalter*, Stuttgart 1959, S. 41–61; Kurt Ruh, »Neidharts Lieder. Eine Beschreibung des Typus«, in: *Studien zur deutschen Sprache und Literatur des Mittelalters. Fest-*

den volkssprachigen Literaturen des Mittelalters lassen sich weder im Sinne einer normativen Poetik als verbindliche Muster beschreiben, an denen das einzelne Werk gemessen wird, noch im Sinne der neuzeitlichen Gattungstrias des Epischen, Lyrischen und Dramatischen als letztlich unverbindlichen Horizont betrachten, vor dem lediglich der individuelle Kontur des einzelnen Textes sichtbar wird. Kurt Ruh hat als wichtigstes Merkmal eines den mittelalterlichen Literaturen in der Volkssprache adäquaten Gattungsbegriffes vielmehr dessen »prozeßhaften Charakter« hervorgehoben[3] – literarische Gattungen als Prozesse, die aus der Spannung traditioneller und innovativer Elemente resultieren, die sich, konkret, als Typus und fortschreitende Variation beschreiben lassen. Dem Gattungshistoriker stellt sich damit die doppelte Aufgabe einer Deskription des Typus, der Bestimmung und Korrelation seiner konstitutiven Merkmale einerseits, der Analyse der Einzeltexte und in diesem Zusammenhang der Herausarbeitung spezifischer Variationen dieser konstituierenden Merkmale andererseits.

Das Problem freilich ist komplexer. Abgesehen von den grundsätzlichen hermeneutischen Schwierigkeiten bei der Bestimmung dessen, was der jeweilige Typus sei, zeigt die Beschäftigung mit der höfischen Literatur des deutschen Mittelalters, daß der Typus selbst eine Größe ist, die sich erst im Verlaufe des gattungsgeschichtlichen Prozesses herausbildet. Dies wird besonders deutlich beim Minnesang: die typische ›Minnekanzone‹, das typische Taglied, die typische Pastorelle etc. finden sich erst in der Literatur des 13. Jahrhunderts. Und selbst bei diesen ›typischen‹ Texten des 13. Jahrhunderts bleibt eine Differenz zum Typus. Dieser läßt sich recht eigentlich nur als ›Idee‹ umreißen, als Vorstel-

schrift Hugo Moser, Berlin 1974, S. 151–168. – Vgl. weiter die einleitenden Bemerkungen bei Jürgen Kühnel, »Zu den Tagliedern Ulrichs von Liechtenstein«, in: *Jb. der Oswald von Wolkenstein Gesellschaft* 1 (1980/1981) S. 99–106.

3 Ruh (Anm. 2) S. 152.

lungskomplex im Bewußtsein der Autoren wie des Publikums, auf den die einzelnen Texte bezogen sind, ohne ihn je zur Gänze sichtbar zu machen. Vielleicht ist es das, was Hugo Kuhn mit seinem Begriff der Gattung als eines >entelechialen< Prozesses gemeint hat.[4] Und ein Weiteres kommt hinzu. Keiner der literarischen Typen in den volkssprachigen Literaturen des Mittelalters steht für sich. Sie ordnen sich vielmehr zu >Gattungssystemen<, insofern sie durch bestimmte Korrespondenzen und Oppositionen aufeinander bezogen, durch Transformationen auseinander ableitbar sind. In diesem Sinne gibt es ein Gattungssystem des Minnesangs, das seinerseits wieder als Subsystem des größeren Gattungssystems der höfischen Literatur beschrieben werden kann. Freilich, auch diese Gattungssysteme bilden sich erst im 13. Jahrhundert, und auch da nur tendenziell, heraus.

Trotz dieser grundsätzlichen Problematik läßt sich der folgende Versuch der Interpretation eines Wolframschen Tagliedes im gattungsgeschichtlichen Kontext rechtfertigen. Denn Wolframs insgesamt fünf Taglieder stellen nicht nur einen ganz wesentlichen Beitrag zur Konstituierung eines Typus >Taglied< in der deutschen Literatur dar – die mit einiger Sicherheit älteren Taglieder Dietmars von Aist (MF 38,18 ff.) und Heinrichs von Morungen (MF 143,22 ff.) weisen durchweg extreme Differenzen gegenüber dem Typus auf –, sie schöpfen zugleich in ihrem Nebeneinander bis zu einem gewissen Grade das Spektrum der Variationsmöglichkeiten bei diesem Typus aus; und Wolfram hat insofern mit seinen Tagliedern den literarhistorischen Prozeß, in dessen Verlauf sich das Gattungssystem des Minnesangs herausbildet, entscheidend vorangetrieben.

2. Wichtigstes, für den Typus >Taglied<[5] konstitutives Element ist die >Tagliedsituation<, der Abschied zweier Lie-

4 Dazu Kuhn (Anm. 2).
5 Zu dieser Beschreibung des Typus vgl. Ulrich Knoop, *Das mhd. Tage-*

bender nach einer gemeinsam verbrachten Nacht, wobei –
auch das ist konstitutiv – das nächtliche Zusammensein der
Liebenden einen Verstoß gegen gesellschaftliche Normen
bedeutet, mithin ›illegitim‹ ist. Diese Situation wird konkretisiert: in den personalen Konstituenten der drei Rollen der
Dame, des Ritters – die Liebenden – und des Wächters; in
den temporalen Konstituenten von Tag und Nacht – die Tagliedsituation ist an der Grenze von Tag und Nacht angesiedelt; in den lokalen Konstituenten von Innen und Außen –
die Liebenden befinden sich in einem geschlossenen Raum,
der Wächter außerhalb; sowie in bestimmten konstitutiven
Handlungselementen: Tagesanbruch, Weckruf, gesteigerte
Gefahr, Klage über die bevorstehende Trennung, letzte Hingabe der Liebenden und Abschied. Wobei es bestimmte
Relationen gibt zwischen den genannten Konstituenten und
den konstitutiven Handlungselementen: der Tagesanbruch
wird durch den Weckruf des Wächters den Liebenden von
›außen‹ nach ›innen‹ vermittelt; er bedeutet – vor dem Hintergrund des Normbruchs, den das nächtliche Zusammensein der Liebenden darstellt – für den Ritter eine Situation
gesteigerter Gefahr; er muß aufbrechen, aus der Nacht in den
Tag; die Dame reagiert auf den Weckruf mit Klage; sie gibt
sich dem Ritter ein letztes Mal hin; dann trennen sich die beiden. Formaler Ausdruck dieser Relation schließlich ist der
Wechsel erzählender und dialogischer Partien.
Eine erste, oberflächliche Lektüre des Wolframschen Tagliedes MF II ergibt, daß dieser Text tatsächlich alle genannten, für den Typus Taglied konstitutiven Elemente aufweist; sie müssen hier nicht im einzelnen verifiziert werden.
Eine differenzierte Betrachtung allerdings macht deutlich,
daß Wolfram den Typus in einer ihm ganz eigenen Weise
variiert.

lied. Inhaltsanalyse und literaturhistorische Untersuchung, Marburg
1976, S. 164/165, sowie Kühnel (Anm. 2) S. 103–105.

3. Wolframs Taglied MF II besteht aus fünf Strophen. In den Strophen 1–4 sprechen abwechselnd der Wächter (Str. 1 und 3) und die Dame (Str. 2 und 4), ohne daß es dabei freilich zu einem regelrechten Dialog kommt – dazu später mehr. Die abschließende Strophe 5 hat demgegenüber erzählenden Charakter. Die Strophenform weist den für den deutschen Minnesang charakteristischen stolligen Bau auf; auf zwei dreizeilige Stollen (Reimschema *abc/abc*: Aufgesang) folgt ein vierzeiliger Abgesang (Reimschema *dede*). Die inhaltliche und syntaktische Gliederung der einzelnen Strophen korrespondiert mit dieser Bauform; die Interpretation wird es zeigen.

3.1. Zu den personalen Konstituenten:

Schon die Disposition der fünf Strophen – in zwei Strophen spricht der Wächter, in zwei weiteren die Dame, dazu kommt eine erzählende Strophe – macht deutlich, daß Wolfram in seinem Lied MF II die drei Taglied-Rollen in atypischer Weise behandelt. Tatsächlich ist die Relation zwischen diesen drei Rollen gegenüber dem Typus – auf der einen Seite die Liebenden, auf der anderen Seite der Wächter – in eigentümlicher Weise verschoben.

Der Ritter (die Rollenbezeichnung *rîter* in 5,7) erscheint in vier der fünf Strophen nur in der Perspektive des Wächters und der Dame. Wächter und Dame sehen ihn dabei in sehr unterschiedlicher Weise. Die Perspektive des Wächters auf den Ritter wird von gesellschaftlichen Normen bestimmt. Für ihn verkörpert der Ritter – auch wenn dies nur stichwortartig angedeutet ist (*dem werden man* 1,7; *sîn vil mánigiu tugent* 1,10) – in idealer Weise die Werte der höfischen Gesellschaft. Das nächtliche Zusammensein mit der Dame bedeutet demgegenüber einen Verstoß gegen den gesellschaftlichen Normen-Kodex – Konkretes erfahren wir hier nicht, nicht einmal, ob es sich um eine Ehebruchsituation handelt – und damit eine Gefährdung nicht nur des gesellschaftlichen Ansehens des Ritters (*êre* 3,6), sondern auch seiner physischen Existenz (*lîp* 3,6). Die Dame dagegen sieht den Ritter unter dem Aspekt der *minne*. Für sie ist er nicht der *werde man*, sondern der *geselle* (2,10), der *her nâch minne ist komen* (4,7), der *minne brâht und minne enpfienc* (4,3).

Andererseits werden die Rollen des Wächters und der Dame in den vier ›Dialog‹-Strophen nur im Hinblick auf den Ritter definiert; und das gleiche gilt für das wechselseitige Verhältnis von Wächter und Dame. Wenig Konkretes auch hier. Der Wächter wird zwar dreimal mit diesem Rollennamen benannt (2,1; 4,2; 5,3); dennoch bleibt auch seine Rolle mehr oder weniger abstrakt. Sein Verhältnis zu dem Ritter (und zu der Dame?) ist bestimmt durch *triuwe* (3,7; auch 2,8). *Triuwe* ist ein Begriff des feudalen Rechts; und entsprechend interpretiert die Dame diesen Terminus: sie erwartet von der *triuwe* des Wächters (2,8), befiehlt ihm bei seiner *triuwe*, daß er den Tagesanbruch verschweige, sich zurücknehme und damit ihre *geselleschaft* mit dem Geliebten nicht weiter störe; dafür verspricht sie ihm *lôn* (2,9). Das impliziert, zumindest in der Sicht der Dame, ein feudalrechtliches Abhängigkeitsverhältnis des Wächters – ob vom Ritter oder von der Dame, bleibt, wie fast alle Details in diesem Lied, offen. Der Wächter sieht es anders: für ihn tritt der rechtliche Aspekt der *triuwe* hinter ihrer ethischen Bedeutung zurück. Nichts deutet darauf hin, daß er sich in seinem Verhalten gegenüber dem Ritter durch ein Verhältnis gesellschaftlicher Abhängigkeit bestimmt sieht. Die spätere Diskussion der Wächterrolle bei Ulrich von Liechtenstein (*Frauendienst*, Str. 1623[6]) wird hier bei Wolfram nicht nur indirekt vorweggenommen, sondern, was das theoretische Niveau der Reflexion betrifft, bei weitem überboten. Es ist die *tugent* des Ritters (1,10), durch die der Wächter sich zur *triuwe* diesem gegenüber verpflichtet fühlt. Der Ritter hat sich der *triuwe* des Wächters anvertraut (3,7), und seine *triuwe* gebietet es dem Wächter, über *êre* und

6 Vgl. dazu Kühnel (Anm. 2) S. 126–128.

Leben des Ritters zu wachen (3,6). Er hat dem Ritter nächtens Einlaß verschafft bei seiner Dame – wenn auch *mit sorgen* im Hinblick auf die damit verbundene Gefahr (1,8) –; seine Pflicht ist es nun, ihn sicher, ohne Schaden an *êre* und Leben, wieder fortzubringen (1,9; 3,8). Er muß so das Gebot der Dame, zu schweigen, zurückweisen und seinerseits von ihr verlangen, daß sie den Ritter mit dem anbrechenden Tag ziehen läßt, ihm *urloup* gibt (3,3).

Die Dame wird als solche expressis verbis nicht genannt; das Stichwort *vrouwe* fehlt; doch ergibt sich ihr gesellschaftlich hoher Rang aus dem herrischen Auftreten gegenüber dem Wächter (2,8 f.). Ihre Identität gewinnt sie aber allein im Zeichen der *minne*. Die *geselleschaft* des Geliebten bedeutet ihr *vreude* (2,2), die Notwendigkeit der Trennung *leit* (*leider* 2,5) und *klage* (2,3). Während der Wächter seine Aufgabe darin sieht, über *êre* und Leben des Ritters zu wachen, und damit auch den Gültigkeitsanspruch der gesellschaftlichen Normen vertritt, behauptet die Dame gegenüber den Normen der Gesellschaft den Anspruch der *minne*. Während der Wächter die Grenzen betont, die der *geselleschaft* der Liebenden gesetzt sind – ihnen gehört die begrenzte Zeit zwischen Nacht und Tag (3,9 f.), ihre Liebe ist nur in der Verborgenheit möglich (3,5) –, vertritt die Dame, über die Grenzen von Zeit und Raum hinweg, den Absolutheitsanspruch der *minne*: der Wächter kann den Geliebten aus ihren Armen reißen, nicht aber aus ihrem Herzen (4,10).

Das Bild, das Wächter und Dame wechselseitig voneinander entwerfen, entspricht dem. Für den Wächter bedeutet die Dame Verkörperung der *minne*; er apostrophiert sie als *süezez wîp* (3,3), deren Umarmungen und Küssen er den Ritter überlassen mußte (3,10). Für die Dame dagegen ist der Wächter Verkörperung jener gesellschaftlichen Normen, die mit dem Anbruch des Tages störend in ihre *minne*-Gemeinschaft mit dem geliebten Mann eingreifen.

Fazit: Wolfram diskutiert und interpretiert in den vier ›Dialog‹-Strophen seines Liedes Funktion und Bedeutung der drei Rollen des Taglied-Typus, wobei die zentrale Rolle, auf die die beiden anderen bezogen sind, von der her sie ihre Identität beziehen, die des Ritters ist. Dadurch bedingt ist die eingangs konstatierte atypische Rollen-Konstellation. Das Ergebnis deckt sich im Detail mit Hartmut Kokotts Befund, wonach die Dreier-Konstellation von Ritter, Wächter und Dame in Wolframs Tagliedern in eine Analogie zu den Freudianischen Kategorien von ›Ich‹, ›Über-Ich‹ und ›Es‹ gerückt werden kann:[7] der Wächter, der den Anspruch der Gesellschaft, ihrer Werte und Normen vertritt, als Repräsentation des ›Über-Ich‹, die Dame, die den Anspruch der *minne* behauptet, als Repräsentation des ›Es‹, zwischen beiden der Ritter entsprechend dem Freudianischen ›Ich‹. Freilich handelt es sich nicht um mehr als eine Analogie.

3.2. Zu den temporalen Konstituenten:

Zeitlich angesiedelt ist Wolframs Lied – in Kongruenz mit dem Typus – an der Grenze zwischen Nacht und Tag. Der Tagesanbruch – als konstitutives Handlungselement – wird über weite Strecken zum eigentlichen ›Thema‹ des Liedes. Wolfram diskutiert dabei – entsprechend seinem Umgang mit den Taglied-Rollen – Funktion und Bedeutung der temporalen Konstituenten des Taglied-Typus und des konstitutiven Handlungselements Tagesanbruch unter unterschiedlichen Aspekten und Perspektiven; wobei die unterschiedlichen Perspektiven wiederum die des Wächters und der Dame sind. Im folgenden ein kurzer ›Gang‹ durch das Lied unter dem Aspekt der Zeit-Thematik.

Strophe 1 zeigt die Perspektive des Wächters, der den nahenden Anbruch des Tages konstatiert. Die Strophe beginnt mit einem großartigen Bild: gleichsam ein riesiger Raubvogel, hat der Tag, von Wolfram hier personifiziert, seine Klauen durch das Gewölk geschlagen; er steigt auf, kraftvoll, unauf-

7 Kokott (1983).

haltsam, bedrohlich (1,1–3). Das Bedrohliche der Situation wird dabei inhaltlich vorerst nicht konkretisiert. Das Bild vom Tagesanbruch füllt den 1. Stollen der Strophe. Der 2. Stollen faßt den Gedanken des Tagesanbruchs zunächst noch einmal prägnant zusammen in dem Stichwort *grâwen* (1,4), das objektiv die Morgendämmerung andeutet, und in dem doch wiederum auch das Bedrohliche der Situation konnotiert wird; er gibt diesem Gedanken dann aber eine neue Wendung: *tegelîch, als er wil tagen* (1,5). Die Stelle ist sprachlich nicht eindeutig; mhd. *tegelîch* kann mit ›täglich‹, *cottidie*, übersetzt werden, kann aber auch ›nach Art des Tages‹, *more diei*, heißen. Für letztere Bedeutung haben sich die meisten neueren Interpreten entschieden;[8] doch ist dies nicht zwingend. Nach der hier vorgeschlagenen Übersetzung, ›täglich, so wie er jetzt tagen wird‹,[9] verleiht das Stichwort *tegelîch* dem Gedanken des Tagesanbruchs eine neue Dimension. Es geht nicht um ein einmaliges, individuelles Geschehen. Was der Wächter konstatiert, ereignet sich vielmehr immer wieder, ›täglich‹, ›Tag für Tag‹. Dem Tagesanbruch haftet etwas Gesetzmäßiges, Schicksalhaftes an – eine Vorstellung, die freilich auch bei der Übersetzung *tegelîch* ›nach Art des Tages‹ mitschwingt. Erst jetzt übrigens, in der 3. Zeile des 2. Stollens, fällt das Stichwort *tac*. Im 1. Stollen der Strophe ist der Tag zunächst nur im Possessivum (*Sîne klâwen* 1,1), dann im Nominativ des entsprechenden Personalpronomens (*er* 1,3) sprachlich präsent; im 2. Stollen wird das Personalpronomen im Akkusativ wiederholt (*in* 1,4); dann, mit der Wendung des individuellen Geschehens ins Allgemeine, erschei-

---

8 So u. a. Peter Wapnewski, *Die Lyrik Wolframs von Eschenbach. Edition – Kommentar – Interpretation*, München 1972, S. 102. – Ebenso MFMT in den Übersetzungshilfen zu Wolframs Lied MF II (S. 439). Bei Wapnewski außerdem eine Zusammenstellung der unterschiedlichen Positionen.

9 Das eingefügte ›jetzt‹ nach dem Vorgang Brackerts, der *tegelîch* allerdings mit ›taghaft‹ (›nach Art des Tages‹) übersetzt: *Minnesang. Mhd. Texte mit Übertragung und Anmerkungen*, hrsg. von Helmut Brackert, Frankfurt a. M. 1983, S. 163.

nen, in einer *figura etymologica*, das Adverb *tegelîch* und das Verbum *tagen* (1,5); und erst danach wird der *tac* selbst genannt (1,6) – eine kunstvolle Verzögerung in Form einer *epilepsis*, die nicht nur wachsende Spannung erzeugt, sondern in der das Heraufziehen des Tages, in seiner Bedrohlichkeit, in seiner Gesetzmäßigkeit und Schicksalhaftigkeit, sprachliche Gestalt annimmt.

Jetzt, nachdem das Stichwort *tac* gefallen ist, wird – nächster Schritt im Gedankengang der Strophe – auch das Bedrohliche des Tagesanbruchs, wenigstens teilweise, inhaltlich konkretisiert. Der heraufziehende Tag will den Ritter (1,7) der *geselleschaft* (1,6) seiner Geliebten berauben. Das ist ein Aspekt seiner Bedeutung. Auch für diesen Gedanken hat Wolfram eine sprachlich prägnante Form gefunden: noch einmal die Stilfigur der *epilepsis* – auch der *werde man* wird zunächst nur im Pronomen genannt; der Relativsatz *der im gesellschaft / Erwenden wil, dem werden man* (1,6 f.) spannt sich in einem auffallenden Enjambement über den Einschnitt zwischen den beiden Stollen der Strophe und ihrem Abgesang, gibt dem *Erwenden* damit bildlichen Ausdruck. Im übrigen bringt erst ein weiterer Relativsatz, der an das Substantiv *man* anknüpft (1,8), den mit 1,1 begonnenen Satz zum Abschluß. Die Zeilen 1,1–8 bilden einen sich über mehrere Stufen steigernden syntaktischen Spannungsbogen – adäquate sprachliche Umsetzung des gedanklichen Ablaufs der Strophe.

Das Heraufziehen des Tages ist bedrohlich für den Ritter jedoch nicht nur, weil damit, notwendigerweise, seine *geselleschaft* mit der Geliebten enden muß. Mit dem zweiten Relativsatz *den ich mit sorgen în verliez* (1,8) – wir befinden uns jetzt im Abgesang der Strophe – hebt der Wächter einen weiteren Aspekt des Tagesanbruchs hervor. Er hat am Abend vorher[10] dem Ritter Einlaß verschafft bei seiner Geliebten,

---

10 In der Wolfram-Handschrift G, in der das Taglied MF II ausschließlich überliefert ist, hat die Zeile 1,8 den Wortlaut: *den ih mit sorgen in bi naht virliez*. Die Herausgeber haben *bi naht* aus metrischen Gründen

durchaus im Bewußtsein der damit verbundenen Gefahr (*mit sorgen* 1,8). Und das impliziert, ohne daß es expressis verbis festgehalten wäre: das Zusammensein der Liebenden verstößt gegen die Normen der Gesellschaft. Der Tagesanbruch bedeutet damit für den Ritter eine gesteigerte Gefahr. Für den Wächter aber bedeutet er eine Verpflichtung: er sieht sich verantwortlich für die Sicherheit des Ritters, der für ihn die Werte der Gesellschaft in idealer Weise verkörpert (1,10), sieht sich verantwortlich dafür, daß der Ritter auch wieder sicher von dannen kommt (1,9).

Für sich betrachtet kann Strophe 1 des Liedes als Monolog des Wächters verstanden werden, als Selbstgespräch, in dem der Wächter das Heraufziehen des Tages konstatiert und über die Bedeutung dieses Ereignisses reflektiert. Für die Dame, die in Strophe 2 spricht, hat die erste Wächter-Strophe dagegen die Funktion des Weckliedes (2,1) – Signal des Tagesanbruchs und der daraus resultierenden Notwendigkeit der Trennung. Für sie bedeutet das den Verlust ihrer *vreude* (2,2) und Anlaß zur *klage* (2,3) – 1. Stollen. Im 2. Stollen folgt, wie schon an entsprechender Stelle in Strophe 1, die Betonung des Gesetzmäßigen und damit Schicksalhaften dieser Situation. Die bevorstehende Trennung und der Verlust der Freude, die ihr das ›Lied‹ des Wächters signalisiert haben (2,4 f.), sind auch in ihrer Perspektive nichts Einmaliges, sondern etwas, was jeden Tag von neuem geschieht (*immer morgens gegen dem tage* 2,6). Und wieder folgt im Abgesang die Konsequenz: während aber für den Wächter (Str. 1) der Tagesanbruch die Verpflichtung bedeutet, den *werden man* aus den Armen seiner Geliebten zu lösen und ihn sicher von dannen zu bringen, fordert die Dame den Wächter auf zu schweigen (2,7). Ihr Geliebter soll bleiben (2,10). Die Dame ist nicht bereit, das Gesetz der Zeit, das mit jedem Tag von neuem den Schmerz der Trennung bringt, zu

getilgt. Dieses Verfahren soll hier nicht weiter diskutiert werden; doch sei immerhin festgehalten, daß der überlieferte Text an dieser Stelle inhaltlich präziser ist als der ›kritische‹ Text.

akzeptieren. Sie will die Zeit festhalten, will, daß die *geselle-schaft* des Geliebten andaure.

Strophe 3 bringt wieder einen Wechsel der Perspektive. Der Wächter kann, darf die Sicht der Dame nicht teilen. Die Zeit läßt sich nicht festhalten, der Tag zieht herauf; der Ritter muß *balde und ân sûmen sich* (3,2) aufbrechen (3,1), die Dame muß ihm *urloup* geben (3,3) – 1. Stollen. Im folgenden 2. Stollen bringt der Wächter, an seine Reflexionen in Strophe 1 anknüpfend, expressis verbis den Aspekt des Tagesanbruchs zur Geltung, der die Argumentation in Strophe 1 implizit bestimmte: der Tagesanbruch vor dem Hintergrund des Normbruchs, den die *geselleschaft* der Liebenden bedeutet, als Augenblick gesteigerter Gefahr für *êre* und Leben des Ritters (3,6). Der Wächter appelliert an die Dame, angesichts dieser Gefahr nicht auf dem Anspruch der *minne* zu beharren. Nicht jetzt und nicht im Lichte des Tages, der alle Geheimnisse offenlegt, sondern *her nâch* und *verholn* (3,5) mag die *minne* ihr Recht behaupten; doch im Augenblick des Tagesanbruchs haben *êre* und Leben des Ritters Vorrang.

An dieser Stelle wird im übrigen deutlich, daß der Gegensatz zwischen den gesellschaftlichen Normen auf der einen Seite und der *minne* auf der anderen Seite, der Wolframs Taglied MF II inhaltlich prägt, nicht im Sinne neuzeitlicher, bürgerlicher Moral interpretiert werden darf. Es geht nicht um gesellschaftlich sanktionierte Moralbegriffe und eine amoralische Liebe; es geht nicht um Fragen des Gewissens. Vielmehr geht es um zwei Prinzipien, die beide Gültigkeit beanspruchen und dabei nicht moralisch bewertet werden. Allerdings gibt es die Notwendigkeit einer Differenzierung ihres Anspruchs. Kriterium ihrer Differenzierung ist ihr unterschiedlicher Öffentlichkeitscharakter. Zu der Gesellschaft, deren Normen und Werte in Frage stehen, gehört entscheidend die Öffentlichkeit des Hofes. Die Gültigkeit der gesellschaftlichen Normen und Werte ist an diese Öffentlichkeit gebunden. Der Tag – das ist ein weiterer Aspekt dieser Tag-lied-Konstituente – ist auch Symbol der Öffentlichkeit. Was sich außerhalb dieser Öffentlichkeit vollzieht, *her nâch* (und d. h. in der folgenden Nacht) und *verholn*, bleibt davon unberührt. Die Grenze allerdings zwischen diesen beiden Geltungsbereichen muß gewahrt werden. Der Tagesanbruch ist Signal dieser Grenze; mit ihm erlischt der Gültigkeitsanspruch der *minne*, er setzt die gesellschaftlichen Normen in Kraft. Das Verhältnis zwischen *minne* und Gesellschaft stellt sich also im Taglied prinzipiell anders dar als in der Minne-Kanzone, wo es, in der Idee der ›höfischen Liebe‹ und ihrem ›Liebesparadoxon‹, zu einer Kongruenz zwischen beiden Werte-Systemen kommt.

Der Abgesang der 3. Strophe faßt die Argumentation des Wächters noch einmal knapp und formelhaft zusammen. Der Ritter – wir kennen es bereits – hat sich der *triuwe* des Wächters anvertraut (3,7); daraus resultiert dessen Pflicht, den Ritter unbeschadet an *êre* und Leben aus den Armen der Geliebten zu entführen (3,8). Jetzt gilt das Gesetz des Tages (3,9). Ein anderes ist das Gesetz der Nacht – da durfte der Wächter den Ritter den Umarmungen und Küssen der Dame überlassen (3,9 f.). Wieder auffallend die sprachliche Prägnanz: die Leitwörter *tac* und *naht* prallen in 3,9 unmittelbar aufeinander; das Leitwort *tac* verbindet sich dabei mit dem Präsens *ist* und dem Zeitadverb *nu* (›hier und jetzt‹), das Leitwort *naht* mit dem Präteritum *was* und einem in die Vergangenheit weisenden, durch *dô* eingeleiteten Temporalsatz (*ez ist nu tac. naht was ez, dô* ...). Die Position des Wächters bleibt unverrückt.

In Strophe 4 noch einmal, ein letztes Mal, die Perspektive der Dame. Auch sie behauptet ihren Standpunkt. Der Wächter mag singen, was er wolle (4,1 f. – wieder die Interpretation der Wächterstrophe als Wecklied), sie ist nicht bereit, den Geliebten, aus dessen *minne* sie allein ihre Identität gewinnt, ziehen zu lassen (4,2 f.) – 1. Stollen. Mit dem 2. Stollen wird der Gedankengang wieder, wie schon an entsprechender Stelle in den Strophen 1 und 2, vom individuellen und einmaligen Geschehen dieses Morgens hingelenkt auf einen allge-

meinen Aspekt. Immer schon (*ie* 4,5[11]) hat der Gesang des
Wächters (*schal* 4,4) die Liebenden aufgeschreckt (4,5), und
immer zur Unzeit – auch hier wieder die fehlende Bereitschaft der Dame, die Zeit in ihrem gesetzmäßigen Ablauf zu
akzeptieren. Stets hat der Weckruf des Wächters – so will sie
es sehen – die Liebenden aufgestört, ehe der Morgenstern
aufgegangen sei über dem Geliebten, ehe das Licht des Tages
zu leuchten begonnen habe (4,6–8). Wieder, wie schon in
Strophe 1, ein markantes Enjambement über die Grenze von
Aufgesang und Abgesang hinweg, prägnanter Ausdruck für
das Bild des Morgensterns, der über dem Geliebten aufgeht
(*ûf gienc / Ûf in* 4,6 f.). Auch die Dame beschließt ihre zweite
Strophe mit einer knappen und formelhaften Wendung, die
zugleich noch einmal einen neuen Gedanken in die Diskussion der Zeitthematik bringt. Mag auch die Zeit nicht aufzu-
halten sein, mag auch der Wächter den Geliebten immer
wieder den *blanken armen* der Dame entrissen haben –
ihrem Herzen kann er ihn nicht entwenden (4,9 f.). Im
Herzen der Dame – das *herze* in der Metaphorik des Minnesangs als Herrschaftsbereich der *minne* – gilt das Gesetz des
Tages nicht. Die *blanken arme* der Dame sind dabei möglicherweise eine zitathafte Anspielung auf Heinrichs von
Morungen Taglied-Wechsel MF 143,22 ff.: hier (Str. 4) sind
die im Mondlicht weiß schimmernden Arme der Dame Inbegriff ihrer berückenden Schönheit.
Damit ist die eigentliche ›Diskussion‹ nicht nur der Zeitthematik, sondern, wie bereits deutlich wurde, auch der Taglied-
Rollen vorüber. Was in Strophe 5 folgt, ist eine knappe
Erzählung. Referiert wird, Punkt für Punkt, ein in seiner
Konsequenz unaufhaltsam abrollendes Geschehen. Ausgelöst wird die Kette der Ereignisse durch den Tagesanbruch,
der jetzt nicht mehr ›Diskussionspunkt‹, sondern Faktum
ist. Der Tag dringt durch die Scheiben der Fenster (*glas* 5,2)

---

11 Die Handschrift überliefert an dieser Stelle *hie*; die Konjektur ergibt
   sich jedoch sowohl aus einer Inhaltsanalyse der Strophe wie aus der
   Analyse der Reimfolge (das Reimwort *hie* bereits in 4,2).

in den ›Innenraum‹, in dem die Liebenden sich befinden
(5,1 f.); der Text wird hier konkreter als sonst. Der Wächter
singt sein Warnlied (5,3) – 1. Stollen. Die Dame schrickt
empor (5,4 – das Stichwort aus Str. 4,5 wird hier aufgegriffen), sie drückt den Geliebten noch einmal an sich; wieder ein
in der *figura etymologica* auch sprachlich dichtes Bild: *ir
brüstlîn an brust si dwanc* (5,6) – 2. Stollen. Jetzt wird auch
der Ritter aktiv – die einzige Stelle in dem ganzen Lied, an
dem der Vertreter dieser zentralen Rolle als Handelnder
erscheint: *Der rîter ellens niht vergaz* (5,7). Er ›erinnert sich
seiner Männlichkeit‹ – Wolfram bedient sich hier der Stilfigur der *litotes* –; der Einspruch des Wächters ändert daran
nichts (5,8). Prägnant und formelhaft, wie schon in den vor-
ausgehenden Strophen, wieder die Schlußzeilen. Das Stichwort *urloup* aus Strophe 3,3 wird aufgegriffen, jetzt aber in
veränderter, in doppelter Bedeutung: ›Hingabe‹ und ›Abschied‹ zugleich bezeichnend. Ein letztes Mal, im Augenblick
des Abschieds, der unausweichlich ist (*nâh und nâher baz*
5,9), geben sich die Liebenden einander hin; ein Motiv, das
sich auch sonst in Wolframs Tagliedern findet, ein zentrales
Motiv seiner Taglieder darstellt (vgl. MF I, Str. 3,1; MF V,
Str. 3,15; MF VII, Str. 4,3). Der *urloup* in dieser doppelten
Bedeutung ist Symbol für einen letzten Aspekt des Tagesanbruchs, den Wolfram in seinem Taglied MF II – und in seinen
Tagliedern überhaupt – zur Diskussion stellt; er bezeichnet
als Leitwort den einen Augenblick, in dem, an der Grenze
zwischen Nacht und Tag, der Anspruch der *minne* noch, der
Anspruch der Gesellschaft schon gilt – Abschied der Liebenden voneinander. Der *urloup* ist damit auch der Augenblick,
in dem der Standpunkt des Wächters, wie er ihn am Schluß
von Strophe 3 formulierte (3,9 f.), und der gegensätzliche
Standpunkt der Dame am Ende von Strophe 4 (4,9 f.) – wenn
auch eben nur für einen Augenblick – zu einer Synthese finden.

Fazit: Wolfram diskutiert in seinem Lied wie die personalen so auch die temporalen Konstituenten des Taglied-Typus, rückt die Zeitthematik in immer neue Perspektiven, gewinnt ihr immer neue Aspekte ab: der Tagesanbruch als einmaliges und individuelles Ereignis und als Ereignis, in dem das Gesetz der Zeit sichtbar wird; die Unaufhaltsamkeit der Zeit und der Wunsch, das Gesetz der Zeit aufzuheben, die Zeit stillstehen zu lassen; das Bild des Tagesungeheuers, das mit seinen Klauen die schützende Wolkendecke zerreißt und die Liebenden aus ihrer Intimität aufschreckt; das Bild des Morgensterns, der über dem Geliebten aufsteigt und in die Verborgenheit der Liebesnacht das Licht des Tages eindringen läßt; der Tag als zeitlicher Bereich, in dem die Normen der Gesellschaft ihren Anspruch auf Gültigkeit behaupten, als Symbol der Öffentlichkeit des Hofes, in der diese Normen gelten – im Gegensatz zur Nacht, in deren Verborgenheit der Anspruch der *minne* gilt; der Tagesanbruch als Augenblick des *urloups*, in dem, zwischen Nacht und Tag, der Anspruch der *minne* sich noch, der Anspruch der Gesellschaft sich schon behauptet.

3.3. Zu den lokalen Konstituenten:

Sie spielen, im Gegensatz zu den personalen und temporalen Konstituenten, in Wolframs Taglied MF II nur eine sekundäre Rolle. Es gibt, wie der Typus es erwarten läßt, ein ›Außen‹ und ein ›Innen‹ – ›außen‹ der Wächter, ›innen‹ die Liebenden. Der Wächter hat dem Ritter Zutritt nach ›innen‹ verschafft (*în* 1,8); er wird ihn sicher wieder fortbringen. Das *hinnen* (1,9 und 3,1) und das *wider dan* (3,8), mit denen der Wächter diesen Gedanken formuliert, setzen ein dem *în* entsprechendes *ûz* voraus, das allerdings expressis verbis nicht erscheint. Das alles bleibt recht abstrakt – wie auch sonst vieles in diesem Lied (es fiel schon bei der Diskussion der personalen Konstituenten auf). Und es muß abstrakt bleiben im Hinblick auf den ›Dialog‹ zwischen Wächter und Dame in den Strophen 1–4: Ist der Wächter »auf der Zinne stehend gedacht und singt [er] in die Kemenate der Dame hinüber und schallt die Antwort der Frau zurück bis auf die Zinne? Oder ist der Wächter in die Kemenate getreten und unterhält sich dort mit der Dame (während der Ritter schläft?)?« Joachim Bumke konstatiert hier eine »Ungereimtheit«, einen »Bruch mit der vorgestellten Wirklichkeit«.[12] Man kann es freilich auch anders sehen. Es ist eben nicht die konkrete ›vorgestellte (= fiktionale) Wirklichkeit‹ der Tagliedsituation, die Wolfram interessiert; ihm geht es vielmehr um Grundsätzliches, um die konstitutiven Elemente des Taglied-Typus in ihrer Funktion und Bedeutung; sie stehen zur Diskussion; ihnen gilt der ›Dialog‹ zwischen Wächter und Dame. Konkret wird das Lied gleichwohl an einer Stelle. Zu Beginn von Strophe 5 ist die Rede *von den blicken, / die der tac tet durch diu glas* (5,1 f.). Aber auch hier darf nicht weiter gefragt werden – *diu glas* haben symbolische Bedeutung, markieren die Grenze zwischen ›außen‹ und ›innen‹, die Scheidewand, die von den *blicken* des Tages durchbrochen wird.

Implizit diskutiert Wolfram in seinem Lied II freilich auch die lokalen Konstituenten; denn zwischen ›außen‹ und ›innen‹ einerseits und den Taglied-Rollen und den temporalen Konstituenten ›Tag‹ und ›Nacht‹ andererseits werden bestimmte Relationen hergestellt. Das ›Außen‹ ist der Bereich, in dem der Wächter agiert, ist der Geltungsbereich der gesellschaftlichen Normen, ist der Bereich des Tages und der Öffentlichkeit; das ›Innen‹ ist der Bereich der Dame, der Bereich der *minne*, der Nacht, des Nicht-Öffentlichen. Auch hier ist, im Anschluß an Kokott, eine Interpretation in Kategorien der Freudianischen Psychoanalyse möglich, wobei es freilich naheliegt, den Gegensatz von ›Über-Ich‹ und ›Es‹ hier durch den von ›Realitätsprinzip‹ und ›Lustprinzip‹ zu ersetzen.[13] Es ist die Dame, die dem ›Lustprinzip‹ uneinge-

---

12 Bumke, S. 41.
13 Mit diessen Kategorien arbeitet, erfolgreich, auch Gertraud Steiner in ihren Untersuchungen zu Hartmanns *Erec: Das Abenteuer der Regres-*

schränkt Gültigkeit verschaffen will; sie will, daß die Zeit stillsteht, sie will den Tag, das ›Außen‹, die gesellschaftlichen Normen, den Anspruch der Gesellschaft an den Ritter aus ihrer ›inneren‹ Wirklichkeit verdrängen. Ihr gegenüber behauptet der Wächter eben diese ›äußere‹ Realität. Die innere Struktur des Wolframschen Liedes (und seiner Taglieder überhaupt) wird damit durch die folgenden Korrespondenzen und Oppositionen bestimmt:

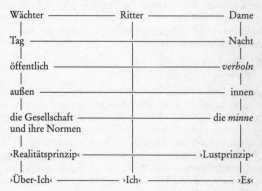

Ein letzter Aspekt der lokalen Konstituenten, der hier angesprochen werden muß, ist das *herze* der Dame (4,10). Das *herze* der Dame ist der ›Innenraum‹, in dem die *minne* absolute Gültigkeit beanspruchen kann. Hier haben die Grenzen der ›äußeren‹ Realität ihre Bedeutung verloren.

3.4. Zu den konstitutiven Handlungselementen:

Auch unter diesem Aspekt läßt sich nichts prinzipiell Neues konstatieren. Die vier ›Dialog‹-Strophen diskutieren die einzelnen konstitutiven Handlungselemente des Taglied-

sion. Eine Untersuchung zur phantasmagorischen Wiederkehr der ›verlorenen Zeit‹ im »Erec« Hartmanns von Aue, Göppingen 1983.

Typus – den Tagesanbruch (Str. 1–4 passim) und den Weckruf des Wächters (für die Dame haben die Reflexionen und
Argumentationen des Wächters die Funktion eines Weckbe-
des; 2,1–3; 4,1 f.; 4,4), die gesteigerte Gefahr für den Ritter
(1,8; 3,6), die Klage der Dame (2,1–6; 4,5) – und die Relation
zwischen diesen Handlungselementen und den personalen,
temporalen und lokalen Konstituenten des Typus. Die epische Strophe 5 rekapituliert diese Elemente noch einmal in
aller Kürze (5,1–4), um dann das Taglied-Geschehen mit den
Handlungselementen ›letzte Hingabe der Liebenden‹ und
›Abschied‹ – vereinigt im symbolischen Motiv des *urloups* –
zum Abschluß zu bringen.

3.5 Schließlich zum Wechsel erzählender und dialogischer
    Partien:

Auch zu diesem Punkt wurde Wesentliches bereits festgehalten. Die Strophen 1–4 stellen einen ›Dialog‹ dar zwischen
dem Wächter und der Dame, in regelmäßiger Alternation; es
folgt eine abschließende erzählende Strophe. Diese Relation
entspricht dem Charakter des Textes. Wolframs Taglied MF
II ist kein Lied, das, wie viele spätere Taglieder, etwa auch
die des bereits erwähnten Ulrich von Liechtenstein,[14] quasi
anekdotisch ein individuelles Taglied-Geschehen erzählt.
Vielmehr werden hier der Typus und die Konstituenten, die
ihn bestimmen, in wechselnder Perspektive zur Diskussion
gestellt.
Und ein Zweites fällt auf. Es handelt sich bei den vier ›Dialog‹-Strophen des Liedes nicht um einen ›echten‹ Dialog
(daher die distanzierenden Anführungszeichen). Wächter
und Dame tragen ihre Standpunkte nur abwechselnd vor,
und ihre Reden sind dialogisch aufeinander bezogen. Mag
Strophe 1 auch noch als Monolog des Wächters verstanden
werden; die Strophen 2–4 sind unmittelbar an den jeweiligen
Dialogpartner gerichtet – man beachte die Dominanz der
Verbformen in der 2. Person und der entsprechenden Prono-

14 Vgl. Kühnel (Anm. 2).

mina in diesen Strophen und ebenso die drei Vokative (*wah-taer* 2,1 und 4,2; *süezez wîp* 3,3). Dennoch darf den konkreten Bedingungen dieses ›Dialogs‹ nicht nachgefragt werden. Joachim Bumke konstatiert hier – es wurde bereits zitiert – eine »Ungereimtheit« (vgl. Anm. 12), Wolfgang Mohr spricht in seiner einfühlsamen Interpretation des Liedes von einem ›irrealen Wechseldialog‹.[15] In der Tat nähert sich der ›Dialog‹ in Wolframs Lied MF II der altertümlichen Form des Wechsels, bei dem ein ›Thema‹ abwechselnd durch verschiedene Sprecher beleuchtet wird, ohne daß es sich dabei um einen eigentlichen Dialog handelte. In dieser Hinsicht berührt sich Wolframs Lied mit dem bereits zitierten Taglied-Wechsel Heinrichs von Morungen MF 143,22 ff., bei dem Mann und Frau, getrennt und abwechselnd, über ihre Taglied-*minne* reflektieren. Daß Wolframs Lied diesen Morungen-Text voraussetzt, wurde ja bereits im Zusammenhang mit dem Stichwort der *blanken arme* diskutiert (4,10).

4. Wolframs Taglied MF II weist alle für den Typus Taglied konstitutiven Elemente auf und bleibt dabei dennoch atypisch. Der Typus wird vielmehr diskutiert; dies gilt für seine einzelnen Konstituenten wie für ihre Relationen untereinander. Der Text spürt der Bedeutung dieser Konstituenten nach; dabei wechseln Perspektiven und Aspekte. Dies alles gilt nicht nur für das Lied MF II, sondern auch für die anderen Taglieder Wolframs – MF I, IV, V und VII –, wobei diese weiteren Lieder andere und neue Aspekte und Perspektiven ins Spiel bringen. Eben dies ist die Wolfram eigentümliche Art der Gattungs-Variation. Die Forschung hat in diesem Zusammenhang immer wieder die Frage gestellt nach einer zyklischen (und damit auch chronologischen) Ordnung der fünf Wolframschen Taglieder; und sie hat diese Frage in sehr unterschiedlicher Weise beantwortet.[16] Dies kann hier eben-

15 Mohr, S. 284.
16 Eine Übersicht über die wichtigsten Positionen bei Bumke, S. 42.

sowenig erörtert werden wie die Frage, ob Wolfram mit seinen Tagliedern den Wächter als dritte Rolle in das deutsche
Taglied überhaupt erst eingeführt habe.[17] Daß die Versuche,
einen Wolframschen Taglied-Zyklus zu konstruieren, als
eine Form des spielerisch-kreativen Umgangs mit den mittelalterlichen Liedtexten nicht ganz ohne Erkenntniswert ist,
sei – bei aller Problematik solcher Versuche – immerhin nicht
ganz in Abrede gestellt.

Wie dem auch sei, Wolframs Diskussion des Taglied-Typus
und seiner Konstituenten in seinen fünf Tagliedern ist sein
Beitrag zur Herausbildung eben dieses Typus in der Literatur des 13. Jahrhunderts im Sinne des eingangs thematisier-
ten prozessualen Gattungsbegriffs. Er hat damit zugleich
einen ganz entscheidenden Beitrag geleistet zur Herausbildung eines Gattungssystems des Minnesangs insgesamt;
denn die Profilierung des einen Typus Taglied bedeutet
zugleich eine Präzisierung anderer Typen wie der Minnekanzone oder der Pastorelle.

Gegen alle Versuche dieser Art spricht, ganz prinzipiell, die Überlieferungslage; vgl. auch dazu Bumke, S. 43.

17 Vgl. Bumke, S. 39.

Literaturhinweise

Ausgaben

Des Minnesangs Frühling. Unter Benutzung der Ausg. von Karl
  Lachmann und Moriz Haupt, Friedrich Vogt und Carl von Kraus
  bearb. von Hugo Moser und Helmut Tervooren. Bd. 1: Texte. 38.,
  erneut rev. Aufl. mit einem neuen Anh. Stuttgart 1988.
Wolfram von Eschenbach. Hrsg. von Karl Lachmann. 6. Ausg. bes.
  von Eduard Hartl. Berlin/Leipzig 1926. Nachdr. Berlin 1962.

Forschungsliteratur

Bibliographie zu Wolframs Tagliedern und zur Gattung des Taglieds:

Bumke, Joachim: Wolfram von Eschenbach. Stuttgart ⁶1991. S. 44–46.
  (SM 36.)

Borck, Karl Heinz: *Urloup er nam – nu merket wie!* Wolframs Tage-
  lieder im komparatistischen Urteil Alois Wolfs. Eine kritische
  Nachbetrachtung. In: Spuren. Festschrift für Th. Schumacher.
  Stuttgart 1986.
Johnson, Leslie P.: *Sîne klâwen*. An Interpretation. In: Approaches to
  Wolfram von Eschenbach. Five Essays. Hrsg. von D. H. Green und
  L. P. Johnson. Bern 1978. S. 295–336.
Kokott, Hartmut: Zu den Wächter-Tageliedern Wolframs von
  Eschenbach. In: Acta Germanica 16 (1983) S. 25–41.
Kratz, Henry: A View of Wolfram's Lyrics. In: Semasia 2 (1975)
  S. 167–186.
Mertens, Volker: Dienstminne, Tageliederotik und Eheliebe in den
  Liedern Wolframs von Eschenbach. In: Euph. 77 (1983) S. 233 bis
  246.
Mohr, Wolfgang: Wolframs Tagelieder. In: Festschrift für P. Kluck-
  hohn und H. Schneider. Tübingen 1948. S. 148–165. Wiederabgedr.
  in: W. M.: Gesammelte Aufsätze. Bd. 2: Lyrik. Göppingen 1983.
  S. 275–294. [Mit einem Nachw. S. 296–333.]
Reusner, Ernst von: Wolfram von Eschenbach über individuelles Ver-
  mögen (*lêre*) und gesellschaftliche Bindung (*minne*). Eine Untersuchung über seine Tagelieder. In: ZfdA 109 (1980) S. 298–316.

Sayce, Olive: Die Syntax der Lieder Wolframs. In: Studien zu Wolfram von Eschenbach. Festschrift für W. Schröder. Tübingen 1989. S. 535–548.

Thomas, Helmuth: Wolframs Tageliedzyklus. In: ZfdA 87 (1956/57) S. 45–58. Wiederabgedr. in: Wolfram von Eschenbach. Hrsg. von H. Rupp. Darmstadt 1966. S. 585–601. (WdF 57.)

Vorderstemann, Jürgen: Antiästhetische Poesie als Moment gesellschaftlicher Wirklichkeit. Die Lyrik Wolframs von Eschenbach in der Sicht von Karl Bertau. In: Neophilologus 59 (1975) S. 254 bis 261.

Wack, Mary F.: Wolfram's Dawn Song »Sîne klâwen«. In: Traditio 40 (1984) S. 234–249.

Wapnewski, Peter: Die Lyrik Wolframs von Eschenbach. Edition – Kommentar – Interpretation. München 1972.

Wölfel, Barbara: *wahtaere* und *urloup*. Untersuchungen zu binären Motiven in den Tageliedern Wolframs von Eschenbach. In: Spuren. Festschrift für Th. Schumacher. Stuttgart 1986. S. 107–120.

Wynn, Marianne: Wolfram's Dawnsongs. In: Spuren. Festschrift für Th. Schumacher. Stuttgart 1986. S. 549–558.

Das Kreuzlied

Minne und Kreuzfahrt
Albrecht von Johansdorf: *Guote liute, holt die gâbe*

Von Christa Ortmann und Hedda Ragotzky

Wir skizzieren zunächst den literarhistorischen Befund, von dem wir bei unserer Interpretation ausgehen. Die Möglichkeit, Minne- und Kreuzzugsthematik zu verbinden, ist in der Gattung Minnesang bereits in den beiden letzten Jahrzehnten des 12. Jahrhunderts präsent. Es ist eine Themenverbindung, die in der höfischen Liedkunst der Romania vorgegeben ist und mit deren Rezeption in Deutschland übernommen wird.[1] Angespielt wird entweder auf die Situation der Kreuznahme, die die Entscheidung, mit dem Heer der Kreuzfahrer ins Heilige Land aufzubrechen, impliziert und den Abschied von Freunden und Verwandten, auch von der Minnedame, zur Folge hat, und/oder auf die Situation des Getrenntseins während der Kreuzfahrt. Insbesondere die Abschiedsituation ist durch das Moment der Kreuznahme dazu angetan, mit programmatischem Gedankengut angereichert zu werden, wie wir es vorrangig aus einer anderen Sorte von Quellen, aus Aufrufen zur Kreuzfahrt oder aus Kreuzzugspredigten kennen. Meist sind diese Bezüge auf Kreuzzugsrealität jedoch so allgemein, daß die Zuordnung der Lieder zu bestimmten Kreuzzügen und damit eine präzise Datierung schwierig ist.

Die Frage nach Bedeutung und Funktion dieser Themenverbindung ist für das Verständnis des Typus ›Kreuzlied‹ (oder

---

1 Vgl. dazu Susanne Schöber, *Die altfranzösische Kreuzzugslyrik des 12. Jahrhunderts*, Wien 1976; zur lateinischen Tradition s. Goswin Spreckelmeyer, *Das Kreuzzugslied des lateinischen Mittelalters*, München 1974.

›Kreuzzugslied‹) grundlegend. Auch unsere Interpretation ist an dieser Fragestellung orientiert; wir erläutern, wodurch beide Themen prinzipiell zu einer Verbindung prädestiniert sind.[2]

Die Teilnahme am Kreuzzug wird im Kreuzlied als Gottesdienst verstanden. Der Dienst als das entscheidende ritterliche Bewährungsmuster der höfischen Literatur bestimmt das Minnelied nicht nur thematisch, sondern er strukturiert es auch. Kreuzfahrt und Minnewerbung können miteinander verbunden werden, weil beide Dienst sind. Wir skizzieren kurz die thematischen und strukturellen Analogien, die sich daraus ergeben: Im Lied der hohen Minne zeigt sich der Ritter, der von der Minne betroffen ist und sich in der Ich-Form darüber äußert, absolut an die Dame gebunden. Sie ist als vollkommene Verkörperung aller höfischen Werte das Zentrum, auf das sich ritterliches Leben ausrichtet. Diese Ausrichtung wird Minne genannt und als erotische Beziehung definiert. Die allgewaltige Minne zwingt das Ich, aus allen gesellschaftlichen Bindungen, die seine Identität gewährleisten, herauszutreten und sich allein an der Dame als *summum bonum* der höfischen Gesellschaft und der Schöpfung zu orientieren. Das Ich wirbt um die Dame in der spezifisch ritterlichen Weise des Dienens. Der Lohn ist die Dame selbst, die erotische Erfüllung, die *wünne*. Er setzt voraus, daß der Werbende/Dienende durch ethische Vervollkommnung der Dame würdig geworden ist. Insofern ist der Lohn auch das Heilsziel des ritterlichen Lebens überhaupt (*saelde*). Die Lohnwürdigkeit zu beurteilen und den Lohn zu gewähren, steht allein der Dame zu. Im Minnelied präsentiert sich das Ich im Gestus preisender Werbung zum Zeitpunkt noch nicht erfüllter Minne, also klagend vor allem über die ablehnende Haltung der Dame, in der sich deren prinzipielle Unerreichbarkeit manifestiert. Das Ich ist also ebenso absolut an die Dame gebunden, wie es – unter den zeitlichen

---

2 Siehe dazu auch Hahn (1991).

Bedingungen des Dienens – absolut aussichtslos um sie wirbt.

Es leuchtet ein, daß Gottesdienst als Bewährungsform der Gottesminne, zu dem der Kreuzzugsappell auffordert, das von der Frauenminne bestimmte Ich in eine äußerste Zerreißprobe zwingen muß. Der Absolutheitsanspruch dieser Minnebindung, Gott selbst als *summum bonum* allen Seins, der Dienst der Kreuzfahrt als ganz konkret geforderte Leistung des Ritters hier auf Erden, das Heraustreten aus allen gewohnten Bindungen, die Todesdrohung, aber auch das Ziel dieses Dienstes, der Gotteslohn, die *gnâde / saelde* ewigen Lebens – all dies macht die analogen Strukturen sichtbar, mit deren Hilfe der Konflikt zwischen Minnedienst und Gottesdienst als ein Konflikt zwischen laikal ritterlichem und klerikal geistlichem Dienstkonzept gestaltet werden kann. Zwei Definitions- und Normbereiche ritterlichen Lebens prallen aufeinander, beide absolut in ihrem Geltungsanspruch, und das Erstaunliche ist, daß die laikal definierte ritterliche Minne überhaupt in eine solche Konfrontation führen kann; denn natürlich sind die Überlegenheit der Gottesminne und die höhere Verbindlichkeit des Gottesdienstes der Kreuzfahrt über allen Zweifel erhaben, und – darin zeigt sich noch einmal die Determination des Kreuzlieds durch die Minneliedstruktur – auch diese Überlegenheit wird minnesangspezifisch begründet: Die Gottesminne als Urbild aller Minne ist überlegen, weil sie dem im Minnelied vergeblich eingeklagten Gegenseitigkeitsprinzip entspricht. Gott hat mit Christi Kreuzestod eine ›Vorleistung‹ der Minne erbracht und fordert zu Recht den Dienst der Kreuzfahrt als ›Antwort‹. Diese Vorleistung ist zugleich die Garantie dafür, daß er – im Gegensatz zur Dame – sein Lohnversprechen einhalten wird. Dieser Vorrang ist im Kreuzlied in der Weise zur Geltung gebracht, daß die Entscheidung für die Fahrt nicht in Frage gestellt wird. Im Gegenteil, sie ist gefallen, und dies muß auf eine Konfrontation der Frauenminne mit der Vorbildlichkeit der Gottesminne hinauslaufen.

Die Funktion der strukturell begründeten Verknüpfung der Themen von Kreuzfahrt und Minnedienst stellt aus der Perspektive der Forschung ein ungelöstes Problem dar. Die Differenzen beginnen bei der Frage, welches von den beiden Themen dominant ist. Zwei Thesen sollen vereinfacht und überspitzt die Spannweite des Meinungsspektrums deutlich machen. Die erste These läßt sich dadurch charakterisieren, daß die Lieder als Kreuzzugspropaganda verstanden werden. Die Minnethematik hat aus dieser Sicht lediglich strategische Bedeutung; als wichtigstes Moment höfisch-ritterlichen Selbstverständnisses wird sie agitatorisch genutzt, um zur Teilnahme am Kreuzzug zu mobilisieren. Bei der zweiten These wird die Minnethematik auch im Hinblick auf die Intention der Lieder ernstgenommen. Die Situation der Kreuznahme oder des Getrenntseins während der Kreuzfahrt dient dann dazu, literarisch einen Konflikt auf persönlicher Ebene darzustellen. Minne als ein Phänomen, das von der Realität abstrahiert, öffnet sich auf diese Weise ins Persönliche, Private.[3]

Die Minnesänger, deren Œuvre den Typus Kreuzlied enthält, unterscheiden sich bei der Diskussion des Verhältnisses von Frauen- und Gottesdienst durch deutlich differierende Akzentsetzungen. Wir gehen davon aus, daß die jeweilige Akzentuierung im Zusammenhang zu sehen ist mit dem für den betreffenden Autor charakteristischen Minneverständnis, und folgern daraus, daß die Frage nach der Funktion der Themenverbindung nur auf der Grundlage autorspezifischer Untersuchungen zu beantworten ist.

---

3 Indem die bisher verfügbaren Versuche, den Typus Kreuzlied zu definieren, an der Frage ansetzen, was unter ›Kreuzzug‹ zu verstehen ist, verlagern sie das Problem in den Bereich der Geschichtswissenschaft; vgl. dazu Hölzle (1980). Da wir uns hier nicht mit einzelnen Beiträgen zur Kreuzlied-Forschung auseinandersetzen können, verweisen wir – stellvertretend für die ungelöste Problematik, die sich auch in anderen Arbeiten nachweisen läßt – auf den Aufsatz von Walter Raitz, der die beiden genannten Thesen – ungeachtet dessen, daß sie literaturtheoretisch gesehen Konträres behaupten – bei der Interpretation ein und desselben Liedes benutzt.

Das Kreuzlied, das wir für eine exemplarische Analyse des Typus ausgewählt haben, stammt von Albrecht von Johansdorf.[4] Der Autor ist als historische Person nicht eindeutig zu identifizieren, es wird angenommen, daß er aus einem Ministerialengeschlecht stammt, das im Dienste der Bischöfe von Passau stand und zwischen 1185 und 1206 urkundlich bezeugt ist. Albrechts Lieder könnten dann Ende des 12., Anfang des 13. Jahrhunderts entstanden sein. Gattungsgeschichtlich kommt diesem Autor eine Sonderstellung zu. Die zeitgenössisch beherrschende Konzeption hoher Minne ist ihm vertraut, steht aber in seinen Liedern nicht im Mittelpunkt. Vielmehr geht es ihm um eine Minnebeziehung, die als *herzeliebe* bezeichnet wird und für die Gegenseitigkeit konstitutiv ist. Zu den erklärungsbedürftigen Aspekten dieser Sonderstellung gehört auch die ungewöhnliche Dominanz des Typus ›Kreuzlied‹ im Œuvre: fünf der dreizehn überlieferten Lieder argumentieren mit der Kreuzzugsthematik; zwei weitere Lieder stehen ihnen nahe, weil sie mit dem Motiv der räumlichen Entfernung des Ritters von der Dame, die ihn die Unauflösbarkeit der Bindung nur um so intensiver erfahren läßt, operieren.[5] Der Typus Kreuzlied scheint also für Albrecht besonders wichtig gewesen zu sein; gemäß der zuvor genannten Prämisse muß das mit seinem Minneverständnis zusammenhängen, eine befriedigende Deutung dieses Tatbestandes gibt es bisher nicht.

Im Zentrum unserer Untersuchung steht das Kreuzlied MF XIII (94,15 ff.). Weil dieses Lied sowohl den Aufruf zum Kreuzzug als auch die Minneklage einer Frau angesichts der Trennung von ihrem Geliebten enthält, ist es als Medium von Kreuzzugspropaganda, aber auch als Ausdruck »subjektiver Erfahrung«, die angeblich als neues Moment in der Minne-

4 Vgl. Karl-Heinz Schirmer, »Albrecht von Johannsdorf«, in: VL² 1 (1978) Sp. 191–195.
5 Kreuzlieder: MF I (86,1 ff.), II (87,5 ff.), IIIa/IIIb (87,29 ff.), V (89,21 ff.), XIII (94,15 ff.); Lieder mit dem Ferne-Motiv X (92,7 ff.), XI (92,14 ff.).

thematik Kontur gewinnt, gewertet worden; daher eignet
sich das Lied ebenfalls für eine Diskussion des eingangs cha-
rakterisierten Forschungsproblems.[6]

1 Guote liute, holt
   die gâbe, die got, unser herre, selbe gît,
     der al der welte hât gewalt.
  dienent sînen solt,
5   der den vil saeldehaften dort behalten lît
     mit vröiden iemer manecvalt.
       Lîdet eine wîle willeclîchen nôt
       vür den iemermêre wernden tôt
         got hât iu beide sêle und lîp gegeben.
10   gebt ime des lîbes tôt, daz wirt deme lîbe ein
                     iemer leben.

2 Minne, lâ mich vrî!
   du solt mich eine wîle sunder liebe lân.
     du hâst mir gar den sin benomen.
  kumst du wider bî,
5   swenne ich die reinen gotes vart volendet hân,
     sô wis mir aber willekomen.
       Wilt aber dû ûz mînem herzen scheiden niht
       – daz vil lîhte unwendic doch beschiht –,
         vüere ich dich danne mit mir in gotes lant.
10   sô sî er der guoten dort umb halben lôn
                     gemant.

3 'Ôwê', sprach ein wîp,
   'wie vil mir doch von liebe leides ist beschert!
     waz mir diu liebe leides tuot!
  vröidelôser lîp,
5   wie wil du dich gebâren, swenne er hinnen vert,
     dur den du waere ie hôchgemuot?
       Wie sol ich der werlde und mîner klage geleben?
       dâ bedorft ich râtes zuo gegeben.

6 Raitz, S. 184.

kund ich mich beidenthalben nû bewarn,
des wart mir nie sô nôt. ez nâhet, er wil hinnen
varn.'

4 Wol si, saelic wîp,
diu mit ir wîbes güete gemachen kan,
daz man si vüeret über sê.
ir vil guoten lîp
den sol er loben, swer ie herzeliep gewan,
wande ir heime tuot alsô wê,
Swenne sî gedénkèt an sîne nôt.
'lebt mîn herzeliep oder ist er tôt,'
sprichet sî, 'sô müezè sîn pflegen,
dur den er süezer lîp sich dirre welte hât
bewegen.'[7]
(MF XIII = 94,15 ff.)

1 Edle Angehörige des Hofs, holt / die Gabe, die Gott, unser
Herr, selbst gibt, / der die Herrschaftsgewalt über die ganze
Welt hat. / Erwerbt mit Dienst seinen Sold, / [5] der den zu
höchster Glückseligkeit Bestimmten dort bereit liegt / als
ewige, vielfältige Freude. / Leidet eine Weile willig bedrän-
gende Not / als Mittel gegen den immerwährenden Tod. /
Gott hat euch Seele und Leib gegeben. / [10] Gebt ihm den
Tod des Leibes, das gereicht dem Leib zum ewigen Leben.

2 Minne, laß mich frei, / du sollst mich eine Zeitlang ohne
Liebesbindung (leben) lassen. / Du hast mir den Verstand
ganz und gar genommen. / Kommst du wieder zu mir, /
[5] wenn ich die lautere Gottesfahrt vollendet habe, / so sei
mir abermals willkommen. / Willst du dich aber nicht aus
meinem Herzen wegbewegen, / – was vielleicht doch unab-
wendbar geschieht – / (und) führe ich dich dann mit mir in
Gottes Land, / [10] dann sei er (d. i. Gott) dort an den halben
Lohn für die Vollkommene (d. i. die Dame) gemahnt.

3 »Ach«, sprach eine Frau, / »wieviel Leid ist mir doch durch
die Liebe beschert! / Was mir Liebe an Leid antut! / Freud-
lose, / [5] wie willst du dich verhalten, wenn er sich wegbe-

7 Text nach: MFMT XIII.

gibt, / (er), durch den du immer hochgestimmt warst? / Wie soll ich für die Gesellschaft und für meine Liebesklage gleichzeitig leben? / Dazu bedürfte ich des Rates: / Daß ich in beiderlei Hinsicht meine Pflicht erfüllen könnte, / [10] das war noch niemals so bedrängend notwendig für mich. Es naht der Augenblick, da er wegziehen will!«

4 Gesegnet sei sie, die glückselige Frau, / die durch ihre Vollkommenheit bewirken kann, / daß man sie mit auf Kreuzfahrt führt; / ihre absolut vollkommene Person, / [5] die soll der rühmen, der jemals Herzensneigung erfahren hat, / denn ihr, die daheim zurückbleibt, tut so weh, / wenn sie an seine Bedrängnis denkt. / »Lebt mein von Herzen Geliebter, oder ist er tot?«, sagt sie, »dann möge sich der seiner annehmen, / [10] um dessentwillen er, der Geliebte, diese Welt aufgegeben hat.«

Die erste Strophe des Lieds hat Appellcharakter, sie ruft zur Kreuzfahrt auf, genauer zur Wahrnehmung der Heilschance, die mit dem Unternehmen Kreuzzug verbunden ist. Die *gâbe*, die Gott selbst gibt, ist die ewige Seligkeit, die im Kampf für die Befreiung des Heiligen Landes verdient werden kann. Der Aufruf argumentiert also mit dem Kerngedanken, durch den die Kreuzzugsidee für den schwerttragenden Adel so faszinierend war, der »konkreten Utopie vom gelingenden Leben«[8].

Die Personengruppe, an die der Appell gerichtet ist, zeichnet sich dadurch aus, daß geburtsständischer Rang und ethische Qualität in idealer Weise zur Deckung gebracht sind, angesprochen sind *guote liute*. Durch den Aufruf zur Kreuzfahrt werden sie vor die Entscheidung gestellt, ihre adelig-herrscherliche Identität freiwillig mit der eines ›Söldners‹ Gottes zu vertauschen. Kreuzzug wird verstanden als Dienst an Gott, der den *guoten liuten* hier auf Erden die Chance gibt, dort im Jenseits zu den *vil saeldehaften* zu gehören: Wer sich entschließt, eine Zeitlang freiwillig zu leiden, entgeht dafür dem immerwährenden Tod.

8 Arno Borst, *Lebensformen im Mittelalter*, Frankfurt a. M. 1973, S. 322.

Während sich der Aufruf zunächst das für die Kreuzzugsbewegung charakteristische Leitbild des Gottesstreiters, des *miles christianus*, zunutze macht, rechtfertigen die beiden letzten Verse der ersten Strophe den Entschluß zur Kreuzfahrt als eine Leistung, die Gott zusteht; weil Leib und Seele seine Gaben sind, hat Gott Anspruch auf diesen Dienst. Das Verhältnis zwischen Gott und Mensch erscheint auf diese Weise als eine grundsätzlich auf Gegenseitigkeit hin angelegte Beziehung: Die Bereitschaft, in der Schlacht gegen die Heiden den Tod zu finden, ist die adäquate Gegenleistung für die Auferstehung des Fleisches beim Jüngsten Gericht.

Die Kreuzzugsprogrammatik, die die erste Strophe enthält, besteht aus Leitvorstellungen und Argumenten, die aus päpstlichen Kreuzzugsaufrufen und aus Predigten bekannt sind; es ist der Zeit vertrautes Gedankengut. Der normative Gehalt dieser Vorstellungen wird rhetorisch wirkungsvoll zur Geltung gebracht durch eine Reihe von Antithesen: *nôt* / *saelde*, *vröide*; *eine wîle* / *iemermêre*; *sêle* / *lîp*; *tôt* / *leben*. Der Sprecher, der diesen Aufruf vorträgt, gewinnt jedoch kaum Kontur; er verschwindet hinter der Normativität der Forderung und ihrer Begründung und kann sich jederzeit in ein kollektives ›wir‹ (vgl. 1,2) auflösen.

Um so deutlicher hebt sich davon der Beginn der zweiten Strophe ab, der durch einen Wechsel des Sprechers gekennzeichnet ist. Es ist jetzt ein Ritter, der in einer Minnebindung steht und sich schemagemäß in der Ich-Form äußert, ein Minne-Ich, das von dem Aufruf zum Kreuzzug in der ersten Strophe betroffen ist. Dieses Ich wendet sich zunächst mit der bekannten Bitte an die Minne, sie möge ihn aus ihrer Herrschaftsgewalt entlassen. Ungewöhnlich ist die Wendung, mit der das Minne-Ich diesen Wunsch gleich darauf wieder einschränkt: Nur für einige Zeit, für die Dauer der Kreuzfahrt, möge die Minne ihn freigeben; danach solle sie ihre Herrschaft erneut antreten, sie werde dann sogar wieder *willekomen* sein. Die Minne hat den Ritter – wie er selbst bekennt – zuvor total beherrscht. In Kreuzliedern anderer

Autoren signalisiert eine solche Aussage eine neue, veränderte Sicht auf die Vergangenheit. Die Entscheidung für die Kreuzfahrt ist bereits getroffen; sie läßt die Verstrickung in die Minnebindung, von der das Selbstverständnis des Ritters zuvor ausschließlich abhängig war, als Torheit erkennen (vgl. Friedrich von Hausen MF V 3 = 46,19 ff.). Das Schema der *conversio* ist damit angesagt, eine geistlich geprägte Perspektive, die das Minnegeschick von außen betrachtet und als Verkennen von Gottes Anspruch wertet, kommt nun zum Tragen. Aus dieser Sicht erscheint das konfliktfreie zeitliche Nacheinander von Minne- und Kreuzzugsverpflichtung, von dem hier ausgegangen wird und das ein problemloses Nebeneinander beider Ansprüche impliziert, unmöglich. Spielt der Autor hier nur lakonisch mit dem traditionellen Muster, und was könnte er damit bezwecken?

Da die Minne im *herzen*, also im Zentrum der Person ihren Sitz hat, wird sie vielleicht – so vermutet der Ritter – der neuen Verpflichtung gar nicht weichen wollen, und das hätte zur Folge, daß sie an der Kreuzfahrt teilnehmen müßte. Mit der Minne, die zu Beginn der zweiten Strophe als Instanz angesprochen wird, ist zugleich die Minnepartnerin gemeint; sie ist es, die der Ritter mit sich führen will ins Heilige Land. Damit ist eine Einheit beider Personen in der Minnebindung vorgestellt, die so intensiv ist, daß sie Untrennbarkeit bedeutet. Auch Gott muß diese Einheit zur Kenntnis nehmen, wenn er den Lohn für die Bewährung auf der Kreuzfahrt zuspricht. Er muß anerkennen, daß der Ritter durch die Untrennbarkeit von seiner Geliebten gewissermaßen eine Doppelperson ist; in diesem Sinne ist die zunächst geradezu absurd anmutende Schlußfolgerung, mit der die Strophe endet, zu verstehen: Gott möge die Hälfte des Lohns – und dabei handelt es sich immerhin um den himmlischen Lohn – dem Ritter, die andere Hälfte aber der Dame zukommen lassen.

Das Spiel mit dem *conversio*-Schema zu Beginn der Strophe läßt sich damit rückblickend als indirekter Verweis auf die

Andersartigkeit der hier vorgetragenen Lösung deuten: Ausgehend von einer Minnebindung, deren einheitsstiftende Wirkung so total ist, daß Ritter und Dame eine Person werden, können Minne- und Kreuzzugsverpflichtung nicht mehr in Konkurrenz geraten. Das heißt aber zugleich, daß dieser Ritter, der sich gemäß der Normativität des Aufrufs in der ersten Strophe zur Kreuzfahrt entschieden hat, ein Minne-Ich ist und bleibt. Das ist die Identität dieses ›Söldners‹ Gottes, und so muß Gott ihn akzeptieren. Aus der Perspektive des Ritters ist das Problem damit gelöst. Wie aber sieht die Dame aus, die Minneeinheit in dieser Weise möglich macht? Wie verhält sie sich angesichts der bevorstehenden Trennung, ist eine Trennung der beiden als Einheit gedachten Personen überhaupt möglich?

Die dritte Strophe ist der Dame gewidmet, es ist eine Frauenstrophe. Der Autor nutzt diese in der literarischen Tradition vorgegebene Möglichkeit, um die Dame auf die vom Ritter in der vorhergehenden Strophe postulierte Minneeinheit positiv zu beziehen; die Dame selbst wird in Szene gesetzt in der durch den frühen Minnesang vordefinierten Rolle des *seneden wîbes*. Gegenstand einer Frauenstrophe ist in der Regel die Klage über das Leid, das aus der Abwesenheit des Geliebten resultiert. Die Situation des Sprechens ist gekennzeichnet durch die Spannung, einerseits den Anforderungen der Gesellschaft (*werlde*) genügen zu müssen, die die Dame auf ihre Rolle, Mittelpunkt höfischer *vröide* zu sein, verpflichten, und andererseits ihrer Minneidentität gemäß zu leben, die sich angesichts der Ferne des Partners als Schmerz artikuliert (*klage*). In der Frauenstrophe, um die es hier geht, ist die Trennung noch nicht geschehen, der Abschied steht bevor. Die Situation ähnelt damit der des Tagelieds, die Rolle der klagenden Frau entspricht der der Minnedame im Tagelied. Auch in diesem Liedtypus geht es um die Frage, wie die Liebenden den Abschied bewältigen können, da Trennung doch angesichts der Untrennbarkeit ihrer Minneeinheit unmöglich ist. Anklänge an das Tagelied in dieser Strophe

hat im Anschluß an Wolfgang Mohr bereits Alois Wolf herausgearbeitet. Er hat darauf hingewiesen, daß hier die »Lie-
besintensität«, die der Tagelied-Situation eigen ist, für die
»Abschiedssituation des Kreuzritters nutzbar gemacht« und
damit die enge Verbindung, die erotischer und religiöser
Anspruch eingehen können, unterstrichen wird.[9] Wir greifen
diese Beobachtung auf und versuchen, sie im Zusammenhang mit dem Ende der zweiten Strophe zu präzisieren: Die
Tagelied-Assoziationen in der dritten Strophe dienen als
Folie, um die hier in diesem Kreuzlied anders begründete
Minneeinheit zu verdeutlichen. Im Gegensatz zum Tagelied
unterstellt der Aufbruch zur Kreuzfahrt die Einheit, die Ritter und Dame unter der Minneperspektive verkörpern, Gott;
er ist es, der diese Einheit – als Grundlage, auf der die Ent-
scheidung des Kreuzfahrers, dem Appell zur Kreuzfahrt
Folge zu leisten, geschieht – akzeptieren muß. Damit sind
die Spannungen zwischen irdischem Bereich und Jenseits
aufgehoben, eine Minne wird vorgestellt, die nicht nur
Glückseligkeit, sondern Heil verspricht.
Die vierte Strophe ist eine Frauenpreisstrophe, sie gilt der
Dame, die zuvor als Minnepartnerin imaginiert worden ist.
Durch ihr Verhalten bei der Trennung und während der
Trennung – ihre Klage, ihr Gedenken und ihr Gebet um das
Wohlergehen des Geliebten – beweist sie *wibes güete* und
wird daher als *saelic wip* gepriesen. Sie lebt die Paradoxie der
Trennung so, daß sie teilnimmt an der Kreuzfahrt, und die
Hälfte des Lohns steht ihr – wie der Ritter am Ende der
zweiten Strophe fordert – zu Recht zu. Eine Minnebindung,
die dazu führt, daß Ritter und Dame solchermaßen zu einer
Person werden, wird in dieser Strophe als *herzeliebe* bezeichnet. Sie ist die Grundlage, auf der sich die normativen
Motivationen zur Kreuzfahrt, wie sie die erste Strophe propagiert, verwirklichen, und daher ist Gott selbst für diese
herzeliebe verantwortlich. Es entspricht der hier transzen-

9 Wolf, S. 58.

dental begründeten Minneeinheit, wenn die Dame, die in einem anderen Kreuzlied von Albrecht von Johansdorf begrifflich genau als *herzevrowe* (MF II 3,1 = 87,21) apostrophiert wird, in dem Gebet am Schluß der Strophe Gott bittet, er möge ihr *herzeliep* beschützen.

Diese Bitte der Minnedame wird berichtend wiedergegeben; es ist die Form distanzierten Sprechens, die sich aus dem generalisierenden Sprachduktus, der für die vierte Strophe insgesamt kennzeichnend ist, erklärt. Der Sprecher des Frauenpreises ist – wie der Sprecher der Aufforderung zur Kreuzfahrt in der ersten Strophe – nur indirekt greifbar; die Sprecherrolle ist objektiviert, sie entspricht dem programmatischen Charakter, den das Lob hat. Was der Frauenpreis formuliert, ist die Quintessenz dessen, was in der Strophenfolge dieses Kreuzlieds für die Konzeption der *herzeliebe* erarbeitet wird. *herzeliebe* ist eine Minne, in der sich Gegenseitigkeit in der intensivsten Form, die denkbar ist, als Einheit der Minnepartner realisiert. Die Situation des Abschieds, bedingt durch den Aufruf zum Kreuzzug, funktioniert in diesem Lied gewissermaßen als Formulierungshilfe; sie dient dazu, die Heilsdimension, die *herzeliebe* immanent ist, bzw. *herzeliebe* als Basis des Heilsgewinns zu verdeutlichen.

Wir setzen das Ergebnis unserer Interpretation gemäß der eingangs formulierten Prämisse, daß die Funktion der Verbindung von Minne- und Kreuzzugsthematik nur durch den Rekurs auf das für den jeweiligen Autor charakteristische Minneverständnis zu klären ist, mit zwei anderen Liedern Albrechts von Johansdorf in Beziehung; beide Texte, ein Wechsel (MF VIII = 91,22 ff.)[10] und eine Strophe aus einem anderen Kreuzlied (MF IIIb 2 = 88,33 ff.), haben für die Bedeutung von *herzeliebe* definitorischen Wert.

10 Ob die vier Strophen als ein Lied zu verstehen sind, ist umstritten, auch die Identifikation der ersten Strophe als Frauenstrophe; wir folgen dem Text, den Moser/Tervooren in MFMT bieten, und machen ihn zur Basis unserer Interpretation.

1 'Wie sich minne hebt, daz weiz ich wol;
       wie si ende nimt, des weiz ich niht.
    íst daz íchs ínne werden sol,
       wie dem herzen herzeliep beschiht,
5   Sô bewar mich vor dem scheiden got,
          daz waen bitter ist.
       disen kumber vürhte ich âne spot.

2 Swâ zwei herzeliep gevriundent sich,
       und ir beider minne ein triuwe wirt,
    die sol niemen scheiden, dunket mich,
       al die wîle unz sî der tôt verbirt.
5   Waer diu rede mîn, ich taete alsô:
          verliure ich mînen vriunt,
       seht, sô wurde ich niemer mêre vrô.

3 Dâ gehoeret manic stunde zuo,
       ê daz sich gesamne ir zweier muot.
    dâ daz énde únsánfte tuo,
       ích wáene wol, daz sî niht guot.
5   Lángè sî ez mir unbekant.
          und werde ich iemen liep,
       der sî sîner triuwe an mir gemant.'

4 Der ich diene und iemer dienen wil,
       diu sol mîne rede vil wol verstân.
    spraeche ich mêre, des wurde alze vil.
       ich wil ez allez an ir güete lân.
5   Ír gnáden der bedarf ich wol.
          und wil sì, ich bin vrô;
       und wil sî, sô ist mîn herze leides vol.
                    (MF VIII = 91,22 ff.)

1 »Wie Minne entsteht, das weiß ich gut; / wie sie ein Ende
findet, das weiß ich nicht. / Wenn es mir beschieden sein
sollte zu erfahren, / wie dem Herzen Herzensneigung wider-
fährt, / [5] dann möge mich Gott vor der Trennung bewah-

ren, / die, glaube ich, bitter ist. / Diesen Schmerz fürchte ich wahrhaftig.

2 Wo immer zwei durch Herzensneigung Verbundene miteinander vertraut werden, / so daß ihrer beider Minne zu einem einheitsstiftenden Treuebündnis wird, / da soll niemand sie trennen, meine ich, / solange wie der Tod sie verschont./ [5] Wäre es an mir zu urteilen, dann spräche ich folgendermaßen: / Verlöre ich meinen Geliebten, / seht, so würde ich niemals mehr froh.

3 Dazu ist viel Zeit notwendig, / bevor sich ihrer beider Lebensorientierung vereint. / Wenn das Ende schmerzlich sein soll, / dann glaube ich allerdings, daß das nicht gut ist. / [5] Lange möge dies mir unbekannt sein. / Wenn aber jemand mich liebgewinnt, / dann sei der an seine Treueverpflichtung mir gegenüber gemahnt.«

4 Der ich diene und immer dienen will, / die soll meine Worte genau verstehen. / Spräche ich mehr, dann würde das viel zuviel. / Ich will alles ihrer Vollkommenheit überlassen. / [5] Ihrer Huld bedarf ich sehr. / Wenn sie will, bin ich froh, / wenn sie will, dann ist mein Herz voller Leid.

Das Lied hat die vor allem im frühen Minnesang häufige Form des Wechsels. Frau und Mann äußern sich, meist von Strophe zu Strophe wechselnd, nur mittelbar und rollenspezifisch aufeinander Bezug nehmend zur Minne. Die Frau trägt von ihrer Position aus in drei aufeinanderfolgenden Strophen reflektierend und vorsichtig theoretisch erwägend in konjunktivischen Wendungen und konditionalen Fügungen, hinter denen ihre eigene Betroffenheit unsichtbar bleibt, vor, was sie unter Minne versteht. Das entscheidende perspektivische Element ihrer Reflexion ist *scheiden* bzw. *ende*, das Bindungsrisiko der Minne und seine Folgen also. Auch dies ist traditionell vorgegeben. In diesem Lied bleibt allerdings in der Schwebe, wodurch die Trennung (*scheiden*) ausgelöst wird und was *ende* bedeutet. Trennung ganz allgemein, gleichgültig ob durch Abschied, Bruch oder Feindseligkeit der Außenwelt veranlaßt, ist das Kriterium, an dem sich die spezifische Qualität der von *herzeliebe* geprägten Minnebindung – und das ist ihre Untrennbarkeit aufgrund unauflösbarer Einheit – zeigen und bewähren kann. Wir entwerfen in Stichworten eine Interpretationsskizze.

Ausgangspunkt ist das traditionelle und doppeldeutige Minneverständnis. Minne hört nicht auf: ein Ende (*ende*) kann nicht gedacht werden, aber auch: das Ziel (*ende*) der (hohen) Minne ist dem Erkennen und Urteilen entzogen, ist nicht verfügbar; Minne erscheint als bindende und bedrohende Macht. Die Herzensneigung (*herzeliebe*) aber, die als schicksalhaftes Ereignis das Innerste trifft – wieder bleibt unklar, was dies bedeutet: Minneschicksal des Einzelnen, Erfahrung für beide, erfüllte Minne? –, gibt der Minne eine neue Qualität, die zunächst als gesteigerte Bedrohlichkeit gesehen wird. Soll diese Bindung getrennt werden? Da sei Gott vor! *scheiden* im Unterschied zu *ende* hat eindeutig negative Bedeutung: Trennung der Minnebindung, die die Herzensneigung stiftet.

Die zweite Strophe enthält die entscheidende programmatische Definition in der Form eines Rechtsgrundsatzes: *scheiden* bedeutet nicht nur äußerste Bedrohung, weil es *herzeliebe*-Bindung trennt, sondern auch Unrecht, weil es *triuwe*-Einheit zerstört, denn: Wenn zwei von Herzensneigung gelenkte Liebende sich *gevriunden*, sich gleichrangig, gegenseitig, rechtsverbindlich und erotisch aneinander binden, dann wird aus ihrer beider Minne ein untrennbares Bündnis, und so – aus der gelebten Herzensneigung, nicht aus der Bewährung im Dienst – verwirklichen sie *triuwe* als zentrale und umfassende Minnequalität. Minne, als Bindung der Herzensneigung verstanden und gelebt, ist (*wariu*) *triuwe*. Die personale Einheit, in der das Kreuzlied die Liebenden angesichts der konkreten Situation des *scheidens* erscheinen läßt, wird hier als *triuwe*-Einheit ausformuliert. Sie zu trennen, darf auch Gott nicht zulassen, ohne die umfassende Geltung der *triuwe* in Frage zu stellen. Die Dame erklärt sich bereit,

würde sie im Rahmen der gesellschaftlichen Verständigung
über die Frage *waz ist minne?* (Walther) zu einer Erklärung
aufgefordert, die Geltung dieses Rechtsgrundsatzes mit ihrer
eigenen Minnehaltung als *herzevrowe* zu beglaubigen.

Die lebenspraktische Dimension dieser *herzeliebe*-Minne
kündigt sich in der dritten Strophe an durch Zeitsignale
(*manic stunde, lange*) und durch die Einbeziehung des *muot*
als Sitz der richtigen Lebensnorm. Eine neue Ebene der
Reflexion ist damit bezeichnet. Wie, wenn diesem Minne-
leben ein schmerzliches Ende/Ziel droht? Die Konfrontation mit dem lebenspraktischen Konzept des Dienstes in
einem Verhältnis hoher Minne ist angesagt – und seine Ablehnung: *daz sî niht guot*. Das Risiko des Scheiterns aber
bleibt auch hier. Ihm kann nur begegnet werden in der Weise
mahnender Erinnerung des Partners an die Rechtsverbind-
lichkeit der *triuwe*-Einheit.

Mit diesen drei Strophen ist die Minnedame als *herzevrowe*
entworfen: Sie ist berührt von der *herzeliebe*, orientiert am
Wert dieser Minne und bereit, diesen Wert zu leben. Ihr ordnet sich der Mann in der letzten Strophe in der traditionellen
Rolle des Minnedieners mit einem schlichten Dienstgelöbnis
zu. Dies und sonst nichts soll die Dame in der richtigen
Weise verstehen. Alles soll ihrer Vollkommenheit anheimge-
stellt sein. Die klassische Aussage, mit der sich der Mann
rückhaltlos der Dame überantwortet, ist dieser Dame gegenüber keine Unterwerfung, die auch Vernichtung bedeuten
kann, sondern die Bedingung dafür, daß die *güete* der *herzevrowe* wirksam werden, d. h. daß die Herzensneigung sich
ereignet und die Minne zur *triuwe*-Einheit führen kann. Die
beiden Schlußverse sind aus dieser Einheit heraus gesprochen: Ich will sein, was sie aus mir macht.

Das Lied verharrt – und die Form des Wechsels ist das geeig-
nete Mittel dafür – in der statischen Zuordnung oszillieren-
der Minnerollen. Die traditionelle ›Naivität‹ der Frauenrolle
in der Frauenstrophe wird höchst artistisch in Szene gesetzt.
Das Bild der Dame, ihre gerade im Kontrast von verdeckter

persönlicher Betroffenheit und souveräner Minnekompe-
tenz stilisierte erotische Faszination wird gleichsam in der
Schwebe gehalten. Minne als gegenseitige Herzensneigung,
als untrennbarer Minnebund ist möglich, nicht nur als utopische Vision. Das Kreuzlied bringt das statische Bild in Bewegung. Es setzt die konkrete Situation des *scheidens* mit ihren
eigenen programmatischen Implikationen. In dieser Situation agieren die Rollen so, daß nicht nur die ethische Qualität, sondern auch die transzendentale Reichweite dieses Min-
neverständnisses sichtbar werden. Trennung wird, weil Gott
selbst diese Minne schützt, so vollzogen, daß sie Einheit
bedeutet. Die Kreuzfahrt wird zur Bewährungsform dieser
Einheit. Ihr Heilsziel (*ende*) ist dem der Minne anverwandelt.
Es gibt eine Strophe, die diese Leistung des Kreuzlieds auf
eine sentenzartig lehrhafte Form bringt, die eine Minnelehre
präsentiert, die sich einerseits von der Rollengebundenheit
des Sprechens deutlich löst, andererseits die Expertenrolle
des Sprechers im Kontext des Kreuzliedes sichtbar macht.

> Swer minne minneclîche treit
> > gar âne valschen muot,
> des sünde wirt vor gote niht geseit.
> > si tiuret und ist guot.
> 5   wan sol mîden boesen kranc
> > und minnen reiniu wîp.
> > tuot erz mit trîuwèn, sô habe danc
> > sîn tugentlîcher lîp.
> > > Kunden sî ze rehte beidiu sich bewarn,
> 10   für die wil ich ze helle varn.
> > > > díe áber mit listen wellent sîn,
> > > > für die wil ich niht vallen.
> > > > > ich meine, die dâ minnent âne gallen,
> > > > > als ich mit triuwen tuon die lieben vrowen
> > > > > > > mîn.

(MF IIIb 2 = 88,33 ff.)

Wer Minne auf Minne-gemäße Weise verwirklicht / ganz
ohne falsche Gesinnung, / dessen Sünde wird vor Gott nicht
angeklagt, / sie adelt und ist vollkommen. / [5] Man soll sich
von geringwertig Unvollkommenem fernhalten / und makellose Frauen minnen. / Wenn jemand das mit unverbrüchlicher Treue tut, so sei ihm, dem mit allen Vorzügen Ausgestat-
teten, gedankt. / Wenn sie beide (d. s. die Liebenden) sich der
rechten Lebensregel (d. h. der Minne) gemäß vorsehen könnten, / [10] dann will ich für sie zur Hölle fahren. / Für diejenigen aber, die mit betrügerischer List zu Werke gehen wollen, / für die will ich nicht (auf dem Kreuzzug) sterben. / Ich
habe die im Sinn, die da ohne Falschheit minnen, / so wie ich
meine geliebte Herrin mit unverbrüchlicher Treue minne.

In höchst abstrakt allgemeingültiger und zeitloser Formulierung wird hier das Minneprogramm der Kreuzlieder zusammengefaßt. Die Strophe ist – entsprechend ihrem Bau als
Kanzone – auch inhaltlich dreigeteilt. Die dem richtigen Verständnis der *herzeliebe* gemäße Minne wird an ihrer sünden-
vergebenden Kraft erkannt (1–4). Der traditionelle Gedanke, daß Minne adelt und vollkommen macht, wird neu
gefüllt: Minne adelt vor Gott, ihre vervollkommnende Wirkung umgreift auch den Bereich geistlich definierter Vollkommenheit. Sie tut dies nicht über die Bewährung im
Dienst, sondern ›nur‹ dadurch, daß jemand sie zu seiner
Lebensregel macht. Weil sie *triuwe* ist, macht sie vollkommen, wenn jemand sie als *triuwe* ohne Nebengedanken lebt.
In dieser spezifischen Form ihrer Wirkung ist sie also dem
Werk der Kreuzfahrt gleichgestaltet. Der durch die Minne
Geadelte, vollkommen Gemachte ist geheiligt – er ist ein
Minneheiliger.
Der zweite Stollen (5–8) setzt diese Definition in eine didak-
tische Anweisung um: Man soll nur *reiniu wîp* (im Sinn der
herzevrowe und ihrer *wîbes güete*) in dieser Weise minnen.
Der so Minnende soll von der Gesellschaft anerkannt sein.
Noch einmal wird der Dienst als gesellschaftliche Bewäh-
rung programmatisch ausgespart.

Im Abgesang (9–14) etabliert sich das sprechende Ich in der zum Programm gehörenden Rolle des Kreuzfahrers, aber in einem neuen kollektiven Bezug, in der Rolle des Stellvertreters, der für die auf rechte Weise Minnenden (die Idealgesellschaft) sein Leben aufs Spiel setzen will. Aus dieser durch den Gedanken der christlichen Stellvertretung erweiterten Minneexpertenrolle heraus hat er die Möglichkeit der Unterscheidung rechter und falscher Minne und Minnegesellschaft. Mit seiner Bereitschaft zu stellvertretender Kreuzfahrt wird diese Unterscheidung als Gesellschaftskritik wirksam: Für die exemplarisch falsch Minnenden ist das Ich nicht bereit, sein Leben einzusetzen. Sein Tod wäre wertlos, denn diese Minnenden sind vor Gott verworfen. Für die exemplarisch richtig Minnenden aber wäre dieser Kreuzfahrer bereit, auf sein Seelenheil zu verzichten, denn ihre Minne gewährleistet das Heil vor Gott in jedem Fall. Ein ungeheurer, blasphemisch anmutender Überbietungstopos, der auf die Behauptung hinausläuft, daß das Heil der Minne das Seelenheil ›ersetzt‹, weil es das Seelenheil mit umfaßt.[11] Die letzte Zeile ist insofern die entscheidende, als in diesem ›Rückzug‹ des Sprechers auf die traditionelle Minnerolle die Intention der Strophe, aber auch der programmatischen Arbeit Albrechts mit dem Kreuzlied sichtbar wird. Das Ich präsentiert sich als Beispiel und Garant für die rechte Minne in bezug zu seiner geliebten Herrin (*vrowe*), in der klassischen Beziehung hoher Minne also. Das Resultat der Kreuzliedargumentation kommt dem Minnesang zugute. Das Kreuzlied – so darf man vielleicht überspitzt sagen, und das würde die Dominanz dieses Typs im Œuvre erklären – ist Albrechts hohes Minnelied und als solches sein autorspezifischer Beitrag zur Minnediskussion.

Abschließend noch ein kurzes Fazit im Hinblick auf die beiden anfangs referierten gegensätzlichen Forschungsthesen: Aus der Sicht des Ergebnisses unserer Untersuchung ist

11 Ähnlich auch in zwei anderen Kreuzliedern Albrechts von Johansdorf: MF II 1,5 f. (87,9 f.) und IIIb 1,7 f. (87,35 f.).

Albrechts von Johansdorf Kreuzlied MF XIII weder als Medium handfester Kreuzzugspropaganda noch als Öffnung der Minnethematik für die Artikulation persönlicher Erfahrung zu verstehen. Während die erste These an der Dominanz von *herzeliebe* als dem eigentlichen Gegenstand des Lieds vorbeizielt, verliert die zweite These die konzeptionelle Ausrichtung von *herzeliebe*, ihren Bezug zum gattungsbeherrschenden Thema, was unter Minne zu verstehen ist, aus dem Auge. Im Zentrum des Kreuzlieds steht vielmehr die Frage nach dem Heil, das über Minne als den zentralen Wert höfisch-ritterlichen Selbstverständnisses zu erreichen ist, und das ist für das Kreuzlied als Typ konstitutiv. Albrecht von Johansdorf beantwortet diese Frage seinem Verständnis von Minne entsprechend, aber auch umgekehrt: er definiert Minne im Rahmen des Kreuzlieds. Das macht seine Sonderstellung aus.

Literaturhinweise

Ausgabe

Des Minnesangs Frühling. Unter Benutzung der Ausg. von Karl Lachmann und Moriz Haupt, Friedrich Vogt und Carl von Kraus bearb. von Hugo Moser und Helmut Tervooren. Bd. 1: Texte. 38., erneut rev. Aufl. mit einem neuen Anh. Stuttgart 1988.

Forschungsliteratur

Böhmer, Maria: Untersuchungen zur mittelhochdeutschen Kreuzugslyrik. Rom 1968.

Fülleborn, Ulrich: Die Motive Kreuzzug und Minne und das Gestaltungsprinzip in den Liedern Albrechts von Johansdorf. In: Euphorion 58 (1964) S. 337–374.

Hahn, Gerhard: Habemus ad Dominam? Das Herz der Minnesänger zwischen Frauen- und Gottesdienst. In: Sursum Corda. Festschrift für Ph. Harnoncourt. Hrsg. von E. Renhart und A. Schnider. Graz 1991. S. 31–38.

Haubrichs, Wolfgang: *Reiner muot* und *kiusche site*. Argumentationsmuster und situative Differenzen in der staufischen Kreuzzugslyrik zwischen 1188/89 und 1227/28. In: Stauferzeit. Geschichte, Literatur, Kunst. Hrsg. von R. Krohn [u. a.]. Stuttgart 1978. S. 295–324.

Hölzle, Peter: Die Kreuzzüge in der okzitanischen und deutschen Lyrik des 12. Jahrhunderts. Das Gattungsproblem ›Kreuzlied‹ im historischen Kontext. 2 Bde. Göppingen 1980.

Räkel, Hans-Herbert S.: Drei Lieder zum dritten Kreuzzug. In: DVjs 47 (1973) S. 508–550.

Raitz, Walter: Über die gesellschaftliche Funktion von Kreuzzugslyrik und Minnesang zur Zeit der Kreuzzüge Friedrichs I. und Heinrichs VI. In: Mittelalterliche Texte im Unterricht. Tl. 2. Hrsg. von H. Brackert [u. a.]. München 1976. S. 170–215.

Schnell, Rüdiger: Kreuzzugslyrik. Variation der Argumentation. In: Spuren. Festschrift für Th. Schumacher. Hrsg. von H. Colberg und D. Petersen. Stuttgart 1986. S. 21–58.

Sudermann, David P.: The Minnelieder of Albrecht von Johansdorf. Edition, commentary, interpretation. Göppingen 1976.

Wisniewski, Roswitha: Kreuzzugsdichtung. Idealität in der Wirklichkeit. Darmstadt 1984.

Wolf, Alois: Variation und Integration. Beobachtungen zu hochmittelalterlichen Tageliedern. Darmstadt 1979.

Absage an den Minnesang

Neidhart: *Sumers und des winders beider vîentschaft*

Von Jutta Goheen

1 Sumers und des winders beider vîentschaft
  kan ze disen zîten niemen understân.
  winder der ist aber hiwer mit sînen vriunden komen:
  er ist hie mit einer ungevüegen kraft;
5 erne hât dem walde loubes niht verlân
  und der heide ir bluomen unde ir liehten schîn
                benomen.
  sîn unsenftikeit
  ist ze schaden uns bereit.
  sît in iuwer huote! er hât uns allen widerseit.

2 Alsô hân ich mîner vrouwen widersagt:
  sî endarf mîn niht ze dienestmanne jehen;
  ich gediene ir williclîchen nimmer einen tac,
  sît si guoten vriunt in vîndes stricke jagt.
5 ich wil mir ein lange wernde vrône spehen,
  diu mich hin ze gotes hulde wol gebringen mac.
  die verliust sî mir:
  deste wirs getrouwe ich ir.
  sî sol wizzen, daz ich ir ze vrouwen wol enbir.

3 Ist daz niht ein wandel an der vrouwen mîn?
  swer ir dienet, dem ist kranker lôn beschert.
  sî verleitet manegen, daz er in dem drûhe lît;
  des muoz leider liebes lônes âne sîn,
5 der ouch in ir dienste hin ze helle vert.
  er ist saelic, swer sich von ir verret bî der zît,
  daz er ze mittem tage
  sînen phenninc hie bejage,
  den er um die vesperzît verdienet mit im trage.

4 Swaz ich nû gesinge, daz sint klageliet:
   dâ envreut sich lützel leider iemen von.
   ê dô sang ich, daz den guoten liuten wol gezam.
   sît daz mich daz alter von der jugende schiet,
5 muoz ich dulden, des ich ê was ungewon.
   niemen sich verzîhe, im geschehe vil lîhte alsam!
   wirt er als ich grâ,
   sô ist missebieten dâ.
   sô der wolf inz alter kumt, sô rîtet in diu krâ.

5 Ê dô kômen uns sô vreuden rîchiu jâr,
   dô die hôchgemuoten wâren lobesam:
   nu ist in allen landen niht wan trûren unde klagen,
   sît der ungevüege dörper Engelmâr
5 der vil lieben Vriderûne ir spiegel nam.
   dô begunde trûren vreude ûz al den landen jagen,
   daz si gar verswant.
   mit der vreude wart versant
   zuht und êre; disiu driu sît leider niemen vant.

6 Der mir hie bevor in mînen anger wuot
   und dar inne rôsen zeinem kranze brach
   unde in hôher wîse sîniu wineliedel sanc,
   der beswârte nie sô sêre mir den muot
5 als ein dinc, daz ich von Willekinde sach.
   do'r den krumben reien an ir wîzen hende spranc,
   dô swanc er den vuoz,
   des mîn vreude swinden muoz.
   er und Gätzeman gewinnet nimmer mînen gruoz.

7 Er spranc winsterthalben an ir wîzen hant:
   houbet unde hals gie im vil vaste entwer,
   dem gelîche, als der des lîbes niht gewalten mac.
   dô wart mir der oede krage alrest bekant.
5 wê, wer brâhte in ie von Atzenbrucke her?
   dâ hât er gesungen vor vil manegen vîretac:

des tuot er wol schîn.
er wil alsô tiuwer sîn,
als der durch daz röckel trat der lieben vrouwen mîn.

7a Saelde diu ist verre bezzer danne golt.
   swem si guotes willen wil genaedic sîn,
   dâ gewinnet slâfen aller guoter dinge vil:
   sô gît ungelücke bitterlîchen solt.
5 daz ist an mir selben leider worden schîn:
   mîne sinne sint ân saelde mir ein gogelspil,
   des mir manger giht.
   hât ein man der saelden niht,
   swaz er denne gedienet, sô ist al sîn sin ein wiht.

8 Minne, wer gap dir sô rehte süezen namen,
   daz er dir dâ bî niht guoter witze gap?
   Minne, hôhe sinne solten dîn geleite sîn.
   ich muoz mich ze manegen stunden vür dich schamen:
5 dû verliusest dicke dînen riutelstap.
   daz dû swachen vriunden gîst dîn haerîn vingerlîn,
   dêst dîn êre kranc.
   daz dû, vrouwe, habest undanc!
   in dîn haerîn vingerlîn ein kneht den vinger dranc.

9 Daz siz niht dem ritter an den vinger stiez,
   dô iz in der niuwe und in der wirde was!
   dannoch hete siz dem knehte wol vür vol gegeben.
   ich weiz rehte niht, war umbe sî daz liez.
5 lîhte was der kneht ir ougen spiegelglas.
   Minne ist sô gewaltic, dâ si hin beginnet streben,
   Minne ist sô gemuot,
   der mit werke ir willen tuot,
   daz si dâ hin minnet, dâ ir êre ist unbehuot.

9a Her Nîthart, ê was iuwer sanc gemeine gar:
   nû welt ir in um die ritter eine hân.
   tugenthafte knehte iu nimmer solten werden holt.

ob ein kneht eins vingerlînes naeme war,
5 dar um soltet ir in ungeniten lân.
ritter solten tragen billîch sîden unde golt;
haerîn vingerlîn
solten wol gemaeze sîn
einem knehte, daz er sînen vinger stieze drîn.

9b Genuoge frâgent in dem lande über al,
wer er müge sîn, der alsô schône sanc
von den tumben gouchen, der vil in der werlte sint.
sô wil ich in nennen: der von Riuwental.
5 saelic sîn, die mir sîn alles sagen danc!
den singe ich niuwe freude, daz in trûren wirt ein wint.
alle werde man,
seht, die suln ir trûren lân!
mich müet sêre an Metzen, wil diu Kuonzen für mich
hân.

9c Sît nu Kuonze an Metzen hât mir vür gerant,
sô fürhtet er mich niht, wie kleine ist umbe ein hâr.
sîne friunde er bittet, daz si mir unwaege sîn.
wer die sîn, daz tuon ich iu nu wol bekant:
5 daz ist Gumpe und Eppe, Gôze und Engelmâr.
die dünkent sich noch scherpfer dan diu wilden
eberswîn.
sî bestüenden wol
einen kezzel bônen vol.
sî sint freche helde, dâ man rüeben sieden sol.

9d Gumpe unde Gôze die sint mir niht trût,
daz si nement mir sô gar unrehten stîc:
dô sî mit ir gesellen zuo dem tanze wolten gân,
dô liefen sî mir beide durch mîn gartenkrût.
5 zwischen in gienc Künegunt und Hedewîc.
kein gewissez tor enmohte dô vor in bestân,

alde ez waere vlorn.
swert diu sluogen ûf ir sporn,
daz si lûte erklungen; daz tet mir ze den vil zorn.[1]

1 Zwischen Sommer und Winter / kann jetzt niemand Frieden stiften. / Der Winter ist wieder mit seinem Gefolge eingezogen, / er ist hier mit unbilliger Macht. / [5] Er hat den Wald entlaubt / und die einst leuchtend blühenden Fluren öde und düster gemacht. / Seine Rauheit / will uns allen schaden. / Seid auf der Hut! Er hat uns allen den Krieg angesagt.

2 So habe ich meiner Herrin den Dienst aufgekündigt. / Sie darf mich nicht mehr zu ihren Hörigen zählen, / nicht einen Tag länger bin ich ihr freiwillig zu Diensten, / denn sie jagt einen treuen Freund in die Fesseln des Feindes. / [5] Ich will mir einen beständigen Herrendienst suchen, / der mir die Gnade Gottes sichert. / Gerade die verwirkt mir diese Herrin: / Darum mißtraue ich ihr. / Sie muß wissen, daß ich gern auf ihre Gunst verzichte.

3 Ist das nicht ein Fehl meiner Herrin, / dem, der ihr dient, bösen Lohn zu bescheren? / Sie führt manchen in die Irre, bis er in der Falle liegt. / So bleibt auch leider der ohne guten Lohn, / [5] der in ihren Diensten zur Hölle fährt. / Selig ist der, der sich zur rechten Zeit von ihr lossagt, / so daß er bis zum Mittag / seinen Pfennig hier erwirbt, / den er als Verdienst zur Vesper bei sich tragen kann.

4 Was ich jetzt noch singe, das sind Klagelieder. / Daran freut sich leider kaum einer. / Früher habe ich gesungen, was guten Leuten geziemte. / Seit mich das Alter von der Jugend trennt, / [5] muß ich dulden, was mir früher erspart blieb. / Niemand schließe aus, daß ihm sehr leicht das gleiche geschähe. / Wird er wie ich grau und alt, / so stellt sich Unbill ein. / Wenn der Wolf in die Jahre kommt, reitet ihn die Krähe.

---

1 Text nach: Neidhart, S. 172–176 (WL 34). Die handschriftliche Überlieferung dieses Liedes ist sehr uneinheitlich. Der hier kommentierte Text ist aus Strophen von R, c und d zusammengesetzt. Zur Neidhartüberlieferung und zu Problemen der Edition Bennewitz-Behr / Müller.

5 Früher herrschte eine so freudenvolle Zeit, / als Zuversicht die Menschen löblich handeln ließ. / Jetzt gibt es überall nur Traurigkeit und Klage. / Als der grobe Dörfer Engelmar / [5] der geliebten Friderun den Spiegel wegnahm, / trieb Jammer die Freude aus der Welt, / so daß sie ganz und gar verschwand. / Mit der Freude verschwanden / Zucht und Ehre²; alle drei hat seither niemand gesehen.

6 Einer, der mir zuvor meine Wiese niedergetreten / und Rosen für einen Kranz gepflückt hat, / aber hat mir kein so großes Leid getan / [5] wie etwas, das ich Willekind tun sah, / als er an ihrer weißen Hand den krummen Reigen tanzte / und dabei den Fuß so schwang, / daß mir der Spaß verging. / Ihn und Gätzemann würdige ich keines Grußes mehr.

7 Er hopste links an ihrer weißen Hand: / Kopf und Kragen flogen hin und her, / als sei er seines Körpers nicht mehr mächtig: / Da habe ich zum ersten Mal Bekanntschaft mit dem dummen Tropf gemacht. / [5] O weh! Wer hat ihn nur von Atzenbruck hierher geholt? / Da hat er an manchem Feiertag vorgesungen: / darauf ist er stolz. / Er macht sich so beliebt / wie der, der meiner lieben Herrin beim Tanz das Röckchen zerriß.

7a Glückseligkeit ist viel wertvoller als Gold. / Wem sie mit Wohlwollen ihre Huld zuteil werden läßt, / dem bringt das Schlafen viel von allem Guten: / Dagegen bringt Unglück bitteren Sold. / [5] Das habe ich leider selbst erfahren: / Meine Sinne sind ein unglückseliges Gaukelspiel, / was mir mancher sagt. / Fehlt es dem Menschen an Glückseligkeit, / so ist alles, was er auch immer erwirbt, all sein Streben nichtig.

8 Minne, wer verlieh dir den so wohlklingenden Namen, / ohne dir dazu den rechten Verstand zu geben? / Minne, edle Gesinnung sollte dich begleiten. / Ich muß mich oft für dich schämen: / [5] Du verlierst oft deinen Reutel. / Daß du nied-

---

2 Der Übersetzung steht ein »caveat lector« voran. Siegfried Grosse, »Bedeutungsdifferenzierung als Möglichkeit der Interpretation in nhd. Übersetzungen der Lieder Walthers von der Vogelweide«, in: *Studien zur deutschen Literatur des Mittelalters*, hrsg. von R. Schützeichel, Bonn 1979, S. 195, hat 67 nhd. Entsprechungen für *êre* festgestellt.

rigen Freunden deinen Haarring schenkst, / das bringt dich
um deine Ehre. / Dafür seist du, Herrin, verwünscht. / In
deinen Haarring hat ein Knecht den Finger gezwängt.

9 Daß sie ihn nicht dem Ritter an den Finger steckte, / als er
neu und noch wertvoll war! / Außerdem hätte sie ihn dem
Knecht bestimmt mit vollem Wert gegeben. / Ich weiß so
recht nicht, warum sie das nicht tat. / [5] Vielleicht war der
Knecht ihrer Augen Spiegel. / Minne bringt in ihre Gewalt,
was sie auch erstrebt, / Minne ist so gesinnt, / daß man ihrem
Willen folgt, / daß sie auch dahin strebt, wo ihre Ehre verloren
ist.

9a Herr Neidhart, einst war Euer Lied für alle da: / Jetzt
wollt Ihr nur für die Ritter singen. / Wackere Knechte sollten
Euch nie mehr hold sein. / Wenn ein Knecht einen Ring
wahrnähme, / [5] so solltet Ihr ihn darum nicht beneiden. /
Rittern geziemen Seide und Gold; / Ein Haarring / sollte
gemäß sein / dem Knecht, damit er seinen Finger darein
stecke.

9b Viele fragen überall im Lande, / wer der wohl sei, der so
schön sang / von den törichten Narren, von denen es so viele
auf der Welt gibt. / Ich will ihn nennen: der von Reuental. /
[5] Wohl denen, die mir aller seiner Taten wegen dafür danken! /
Denen singe ich von neuer Freude, daß ihnen das Klagen
vergeht. / Alle guten Menschen / sollen das Klagen lassen! /
Mich betrübt sehr an Metze, wenn sie Kunz mir vorzieht.

9c Seit Kunz mir bei Metze zuvorgekommen ist, / fürchtet
er mich nicht, so wenig wie ein Haar. / Seine Freunde wiegelt
er gegen mich auf. / Wer die sind, das tue ich euch wohl
kund: / [5] Das sind Gumpe und Eppe, Goze und Engelmar. /
Sie dünken sich noch gefährlicher als Wildschweine. /
Sie hielten wohl / einem Kessel voller Bohnen stand. / Sie
sind dreiste Helden, wo man Rüben kochen soll.

9d Gumpe und Goze sind mir nicht freund, / denn sie nahmen
einen mir so schädlichen Weg, / als sie mit ihren Gefährten
zum Tanze gingen, / da liefen sie beide durch mein Kraut
im Garten. / [5] Zwischen ihnen gingen Künegund und Hedwig. /
Kein festes Tor konnte ihnen standhalten, / es wäre

> niedergebrochen worden. / Die Schwerter schlugen auf ihre
> Sporen, / daß sie laut tönten; das hat mich sehr zornig auf sie
> gemacht.

Das Lied, dessen Interpretation hier zur Debatte steht, ist ein
charakteristischer, wenn auch kein typischer Neidhart-Text.
Charakteristisch ist der explizite Stil, der Einzelheiten: die
Naturstrophe, *dörper*-Figur und Sängerrolle, prägt. Aber hier
richten sich die Imagination, Beobachtung und scharfe Zunge
des Dichters auf einen besonders komplexen Sinn der Mitteilung, der das Detail integriert. Dieses Winterlied gehört zu
den sogenannten *Werltsüeze*-Liedern, einer kleinen Gruppe
von Sommer- und Winterliedern, die ein moralisches Defi-
zit der zeitgenössischen Gesellschaft geißeln. Unter diesen
kennzeichnet es eine ungewöhnliche stilistische Kohärenz,
die Art der allegorischen Aussage, als Einzellied.[3]

Das gnomisch-geistliche Anliegen dieses Winterliedes, das
Bekenntnis der Reue über ein zu weltliches Leben, lenkt die
Aufmerksamkeit auf eine in der Neidhart-Diskussion relativ
unbeachtete, aber markante Komponente der Lieder. Die
generische Verwandtschaft mit der Spruchdichtung erklärt
einen literarischen Kontext der Lieder, den ein dominanter
Bezug auf den Minnesang als Norm mhd. Lyrik in der
Debatte um die literarhistorische Position des Dichters verdeckt.[4] Das soziale Spektrum gnomischer Dichtung, das Alt
und Jung, Tor und Weisen, Herrn und Knecht, Mann und
Frau als maßgebliche Gruppen einer sozialen Ordnung einschließt, bildet die Folie für Neidharts Typen weiblicher und

---

3 Zugunsten der Lesbarkeit und Konsistenz der Interpretation erörtern
und bestätigen überwiegend die Anmerkungen Forschungsergebnisse,
die für die vorgelegte Lesart dieses Textes wichtig sind. Zu Ausgaben,
Übersetzungen, Sekundärliteratur: Simon (1963); Schweikle (1990);
Bennewitz-Behr (S. 66 zur Gruppenbildung der Texte; S. 135–140 Interpretation von WL 34 = R 40); Ortmann / Ragotzky / Rischer (S. 28)
sehen die Zeitklagen die Trennung in SL und WL durchbrechen.

4 Der Typ des Liedes ist, wie die Dichtung Neidharts, hauptsächlich in der
Beziehung zum Minnesang gesehen. Elemente des ›Spruchhaften‹
erwähnen: Titzmann (bes. S. 496) und Schneider (bes. S. 233).

männlicher Figuren. Gnomische Stilzeichen mischen sich mit spielerischen lyrischen und frivol unterhaltsamen Tönen zu einer stilistischen Vielfalt, die sich mit der Dichotomie höfischen und unhöfischen Sprechens nicht beschreiben läßt. Am Stil Neidharts erweist sich die negative Alternative als besonders unzureichender Begriff, wie überhaupt diese Antithese zu undifferenziert und unpräzise für die Kennzeichnung des Stils mittelalterlicher Dichtung ist.

Die Interpretation des ausgewählten Winterliedes sucht die besondere Prägung des Liedtyps im Textstil auf. Die Betrachtung des Textstils richtet sich auf den gesellschaftlichen Bezug der ihn kennzeichnenden literarischen Formen und auf deren spezifische Funktionen als Mittler einer besonderen und eigentümlichen Fiktion.

Der gesellschaftliche Bezug literarischer Formen soll Ergebnisse sozialhistorischer Dokumentation ergänzen, die Neidharts Biographie aus Anspielungen in den Liedern erschlossen und eine geographisch-chronologische Gliederung des Liedkorpus nach zeitlichen und lokalen Beziehungen zu den Höfen der Herzöge Ludwig I. in Bayern und Friedrich II. in Österreich vorgeschlagen hat. Die *Werltsüeze*-Lieder werden um die Zeit von 1239, kurz vor dem Ende von Neidharts produktiver Schaffenszeit, datiert.[5]

Jonathan Culler sieht einen direkten Bezug zwischen Literatur und Gesellschaft in der Art, wie literarische Formen Bedeutung schaffen:

> The relationship between literature and society is not one of identity of content but of homology of form: it is the formal organization of literary works, the operations for the production of meaning at work in literature which relate directly to society, and what they relate to is not to the content of social life but the operations which produce social and cultu-

---

5 Horst Brunner, »Ahi, wie werdiclichen stat der hof in Peierlande!« Deutsche Literatur des 13. und 14. Jahrhunderts im Umkreis der Wittelsbacher«, in: *Wittelsbach und Bayern*, hrsg. von H. Glaser, München 1980, S. 496–511, bes. S. 497 f.

ral objects, the devices which create a world charged with meaning.[6]

Während die sozialhistorische Dokumentation sozialer Gruppen der Dichtung stets einer Brücke bedarf, die von historischen Belegen zu Figuren der literarischen Fiktion führt, verweisen signifikante literarische Formen direkt auf sprachlich manifeste Konventionen, nach denen Handlungen und Gegenständen Bedeutung verliehen wird, die als Teil eines Systems von Bedeutungen, der Kulturgeschichte, eine Interaktion von Literatur und Gesellschaft zeigen. Damit gelten Formeln, Topoi und Tropen als Zeugen eines interpretativen Diskurses der Periode mit einem kulturgeschichtlichen Stellenwert. Die Formel als gängige Münze hat in dieser Konzeption der Literaturgeschichte der Formen einen signifikanten kommunikativen Wert, während die ästhetisch wertende literarhistorische Interpretation sie als beliebig verfügbares Versatzstück lediglich registriert.

Die Bedeutung der Form deckt sich nicht mit der Form selbst. Die Bedeutung der Allegorie zeigt sich als komplexe Analogie zwischen zwei interpretierten Bedeutungsbereichen, die zur Interpretation des Sinns dieser Beziehung auffordert.[7] An der figuralen Bedeutung allegorischer Personifikation wird ein gesellschaftlicher Bezug wie beispielsweise die christliche Interpretation der antiken *mundus*-Figur deutlich.[8]

Im Textstil erscheinen literarische Formen stets in besonderer und eigentümlicher Prägung. Stil gilt hier als Form-Inhalt-Relation, die stilistische Zeichen schafft.[9] Als stilisti-

---

6 Jonathan Culler, »Literary History, Allegory, and Semiology«, in: *Literary History* 7 (1976) S. 259–270.

7 Gerhard Kurz, *Metapher, Allegorie, Symbol*, 2., verb. Aufl., Göttingen 1988, S. 57–60.

8 Wolfgang Stammler, *Frau Welt, eine mittelalterliche Allegorie*, Freiburg (Schweiz) 1959.

9 Zur näheren Bestimmung von Textstil: Jutta Goheen, »Die kommunikative Funktion des Stils im mhd. Text«, in: JbIG 18 (1986) bes. S. 78–83.

sche Zeichen[10] fungieren signifikante Elemente der Struktur und der Sprache des Textes. Im Mittelpunkt der sich anschließenden Interpretation stehen so die Art der allegorischen Aussage und die Mischung von Stilzeichen unterschiedlicher poetischer Gattungen, Lyrik, Gnomik und Dialog.

In diesem Absagelied Neidharts verbinden sich unterschiedliche Konventionen der Aufkündigung des Dienstes oder der Abkehr, die im Minnesang und in der Spruchdichtung begegnen. Je nach Adressat unterscheiden sich dort die Arten der Absage. Im Minnesang ist die Weigerung eines selbstbewußten Sängers, einer hartherzigen Geliebten treu zu bleiben, Ausdruck zorniger Enttäuschung, aber auch Bestätigung der Tugend der Dame. Walther von der Vogelweide schlägt im *sumerlaten*-Lied (L. 72,31) einen scharfen Ton der Anklage an. In gleich entrüsteter Weise lehnt die Dame in Liedern Ulrich von Winterstettens (XI, XXXVI) die Liebeserklärung des Sängers ab. Oswald von Wolkenstein steigert die Brisanz des literarischen Spiels mit dem Ständeunterschied der Dialogpartner (79; 82).[11] In gnomischer Dichtung gilt die Absage einer Welt schönen, aber nichtigen Scheins. Aus christlicher Sicht des Alters verlangt die Sorge um das Seelenheil ein kontemplatives und gottesfürchtiges Leben zur Vorbereitung auf den Tod. Walthers von der Vogelweide Spruchdichtung belegt drei Varianten dieser geistlichen Deutung der Welt. In der sogenannten Elegie sind Veränderungen in Natur und Gesellschaft als Zeichen einer unbeständigen und trügerischen Welt Gegenstand der Altersklage (L. 124,37 bis 38). Eine alte und häßliche Welt schmäht der Dichter im

---

10 Im Sinne von Johannes Anderegg, *Literaturwissenschaftliche Stiltheorie*, Göttingen 1977, bes. S. 51–67.

11 KLD II; *Die Lieder Oswalds von Wolkenstein*, unter Mitwirkung von Walter Weiß und Notburga Wolf hrsg. von Karl Kurt Klein. Musikanh. von Walter Salmen, 2., neubearb. und erw. Aufl. von Hans Moser, Norbert Richard Wolf und Notburga Wolf, Tübingen 1975. Hier geht es nur um den offensichtlichen generischen Unterschied, der den literarischen Hintergrund für das besprochene Winterlied Neidharts bildet.

Alterston (L. 67,32–35). Der Wiener Hofton beklagt das
Laster einer alten und bösen Welt, deren Geschichte von der
Schöpfung zum Jüngsten Gericht ständigen Verfall bedeutet
(L. 21,10–24).

Neidharts vehemente Dienstaufsage des Sängers an eine
Dame verknüpft die Minnesangsituation mit der gnomischen Weltkritik in einer allegorischen Konfrontation von
Sänger und Dame. Das Alter stellt die Kraft des Willens auf
die Probe, sich von den Freuden des Diesseits zugunsten des
Seelenheils loszusagen. Von der Furcht vor dem Tode zeugt
der Fluch auf die Fesseln, die den Menschen an das Sinnen-
leben ketten. Das Fazit des Lebens zieht die Einsicht in fundamentale Bedingungen des mittelalterlichen Daseins.

Die Struktur des Liedes bestimmt die Zeiterfahrung des Sängers. Zwei scheinbar abrupt einander folgende Teile entsprechen einander als korrespondierende Stadien der Jahres-/
Welt- und Lebenszeit des Sängers. In beiden Teilen vergegenwärtigt eine allegorische Figuration fundamentale Kon-
flikte polarer Kräfte im lyrischen Stil emotionaler Dynamik.
Die Antithese kennzeichnet das argumentative Element des
Stils. Beide Tonarten des Textstils gestalten einen bewegten
und bewußten Abschied von der Jugend.

Wie alle Lieder Neidharts wird auch dieses von einer
Beschreibung der Jahreszeit eingeleitet. Der Winter erscheint
als Herr einer Kriegerschar, die Dunkelheit verbreitet und
die Natur öde macht. *Ungevüege kraft* (1,4) und *unsenftikeit*
(1,7) werten den Winter nach Normen der Ordnung als maßlos und nach Normen der Sitte als Grobian. Als Negation
von Licht und Leben impliziert das allegorische Bild die
Endzeit, wie die negative Veränderung als Lauf der Zeit an
die mittelalterliche Geschichtsprophetie erinnert, die eine
Abfolge sich ständig verschlechternder Zeitalter bis zum
Untergang der Welt voraussieht.[12] Der Jahreszeittopos ver-

---

12 Karl Bertau, *Deutsche Literatur im europäischen Mittelalter*, Bd. 1,
   München 1972, S. 38; L 23,11–25.

anschaulicht mit der Bedrohung durch den Winter die Vergänglichkeit des Lebens: *er hât uns allen widerseit* (1,9).

Vergleich und Epipher (*widerseit/widersagt* 1,9/2,1) verknüpfen damit eine vehemente Dienstaufsage des Sängers an eine Herrin, die üblen Lohn für treue Dienste bietet, *in vîndes stricke jagt* (2,4). Die Fesseln des Bösen implizieren die *mundus*-Figur, die in christlicher Remythisierung[13] Welt und Teufel gleichsetzt. Das Handlungsbild steigert die sprichwörtliche Undankbarkeit der Welt zur Repräsentation des Triebs zum Bösen. Die Suche nach einem Dienst, der die Gnade Gottes sichert, stellt dem Bild des Opfers einer Jagd die bewußte Wahl gegenüber. Welt- und Gottesdienst schließen einander aus. Im antithetischen Bezug der Dienstallegorie sind Eros und Agape als Arten menschlicher Liebe unterschieden, die sich auf die Zeitlichkeit des menschlichen Lebens und die Ewigkeit Gottes beziehen.[14] Im Willen des einzelnen, den die *persona* des Sängers repräsentiert, ruht die Alternative zur kollektiven Bedrohung durch die Zeitlichkeit des Irdischen.

Im gnomischen Stil von Sentenz und Exemplum werden diese Einsichten des Sängers wiederholt, doch so, daß sich jeder angesprochen fühlt: *swer ir dienet, dem ist kranker lôn beschert* (3,2). Bilder des Bösen, Versuchung und Fall (*sî verleitet manegen, daz er in dem drûhe lît*; 3,3), die Fahrt zur Hölle als Ende eines unerwiderten Liebesdienstes (3,4 f.) illustrieren diese Sentenz. Gleich anschaulich stellt ein Exemplum rechter Vorbedacht, das die Formel der Bergpredigt einleitet (*er ist saelic, swer sich von ir verret bî der zît*; 3,6), die Möglichkeit bewußter Umkehr vor Augen. Ein frühzeitig erworbener Lohn (*phenninc*) erlaubt Ruhe am Abend, das heißt einen Tages- und Lebenslauf, der im Einklang mit dem

---

13 Hans Robert Jauss, »Allegorese, Remythisierung und neuer Mythos«, in: *Spiel und Terror*, hrsg. von M. Fuhrmann, München 1971, S. 187 bis 209, bes. S. 193–200.

14 Anders Nygren, *Agape and Eros*, transl. by Ph. S. Watson, New York/Evanston 1969, S. 482–495.

Gebot Gottes steht. In diesem Zusammenhang bezeichnet die Jagdmetapher als Gegensatz zur bösen Jägerin (2,4) die Handlung des weisen Menschen: *sînen phenninc hie bejage* (3,8). Die analoge Beziehung von Tageszeit, Lebensgang und Weltalter beschließt die implikative Dienstallegorie.

Neidharts *mundus*-Figur verflucht die erotische Beziehung des Mannes zur Frau als unheilvolle Macht des Sexualtriebs. Sinnenglück negiert den Seelenfrieden, Frauen- und Gottesdienst sind unvereinbare Alternativen. Im Unterschied zur Absage des Minneliedes ist diese allegorische Auflösung eines Dienstverhältnisses eine moralische Entscheidung für das Heil der Seele.

Eine antinomische Struktur gliedert auch die sich anschließende Reflexion des Sängers über die Beziehung seiner Kunst zum Leben, die physische und psychische Dichotomie von Jugend und Alter. Damit ändert sich die zeitliche Perspektive. Statt der Antizipation des Endes richtet die Retrospektive den Blick auf die Vergangenheit. Antithetische Zeitverweise (*nû – ê*) gliedern die Rückschau des Alters.

Der Sänger spricht als *persona* des Dichters.[15] Er kommentiert den biographischen Zusammenhang und die Wirkung seiner Lieder. Im Unterschied zu früher, als er imstande war, unter Hochgesinnten Freude zu stiften, singt er nun Klagelieder, die keinen erfreuen. Grund dafür sind die ungewohnten Mühen des Alters. Eine Sentenz, die davor warnt, daß jedem das gleiche droht, und ein Tierbild steigern die Klage. In gnomischer Dichte der Formulierung tritt der mehrfache Schrecken des Alters vor Augen: *sô der wolf inz alter kumt, sô rîtet in diu krâ* (4,9). Dieses Tierbild, deutlich von der

---

15 Diese Sängerrolle prägt diesen besonderen Liedtyp. Zu Varianten der Sängerrolle im Werk Neidharts: Ortmann / Ragotzky / Rischer, S. 1–5; Rischer (1979); Wenzel (1983); Klaus Grubmüller, »Ich als Rolle. ›Subjektivität‹ als höfische Kategorie im Minnesang«, in: *Höfische Literatur, Hofgesellschaft, höfische Lebensformen um 1200*, hrsg. von G. Kaiser und J.-D. Müller, Düsseldorf 1986, S. 387–406, bes. S. 406; Cormeau, bes. S. 53 f.; Herrmann, S. 103 f., stellt eine Beziehung zum Karnevalskönig her.

Fabel inspiriert, die in der gnomischen Dichtung des Mittelalters einen festen Platz hat, ist eine allegorische Interpretation des Alters. Es veranschaulicht Erniedrigung, Schwäche und Nähe des Todes. Dieses buchstäbliche Schwarzsehen ist Ausdruck eines Alterspessimismus, der keinen Trost für den Verlust der Kräfte weiß.

Die Retrospektive auf die Vergangenheit aber ist doppeldeutig. Statt der einfachen topischen Dichotomie des Lobs einer idealisierten Vergangenheit und Tadels einer ungeliebten Gegenwart vertieft Neidhart die Zeitklage, denn er rückt die Zeit von Anstand und Sitte vor einen Wendepunkt, mit dem die Sittenlosigkeit ihren Anfang nahm, in eine ferne Vergangenheit. Trauer und Klage datieren, *sît der ungevüege dörper Engelmâr / der vil lieben Vriderûne ir spiegel nam* (5,4 f.).

Die sinnbildliche Bedeutung des Spiegels, den Neidhart so oft erwähnt, und die Konnotation des Begriffs *dörper*, den der Dichter vom üblichen *gebûre* unterscheidet, sind gleich heftig umstritten. In diesem Lied jedoch lassen Kontext und Deutung des Ereignisses keinen Zweifel darüber, was gemeint ist. Die Macht des Eros, die der Sänger verflucht, spricht aus der Tat des *ungevüegen dörpers* Engelmar oder Engelmairs,[16] den das gleiche Attribut wie den räuberischen Winter kennzeichnet. Der Spiegelraub ist die Ursache einer Zeitenwende, die Herrschaft von Trübsal setzt dem Frohsinn ein Ende (*dô begunde trûren vreude ûz al den landen jagen*; 5,6), Zucht und Ehre verschwinden (5,8 f.). Die Handlung des *dörpers* gehört zur allegorischen Welt, die der Sänger verschmäht. Die Bezeichnung *dörper* (nhd. ›Dörfer/Dörfler‹) hält die Zugehörigkeit zur ländlichen Dorfgemeinschaft im Unterschied zum Städter und zu *gebûre* fest, der in der Trias der Funktionen (*pfaffe, ritter, gebûre*) den untersten Status, die Arbeit, vertritt. Attribut und Handlung bestimmen in diesem Lied eine negative Konnotation des Terminus, der

16 Zur unterschiedlichen Deutung der *dörper* in den WL: Goheen, bes. S. 375–378; Ruh, S. 166; Müller, S. 424–436; Gilroy-Hirtz, bes. S. 107 bis 128; Behr, bes. S. 9.

aber, wie Hans Georg Maak erläutert, nicht aus etymologischer Identität mit *Tölpel* herzuleiten ist.[17] Der Dorftanz, die Dorfgemeinschaft sind die *loci* der Handlungen, die das außereheliche Verhalten des Mannes zur Frau charakterisieren.

Aus der mariologischen Tradition der Spiegelsymbolik, die sich auf die weibliche Tugend, die Reinheit, und die Jungfräulichkeit (*speculum virginis*) bezieht, erklärt sich der Spiegelraub als sexueller Gewaltakt.[18] Materiell als kostbarer Besitz geschätzt, repräsentiert er sinnbildlich den Wert der Frau. So liefert Engelmar das Beispiel für die Zuchtlosigkeit des Mannes und Vriderun jenes für den Verlust der Ehre. Ein Reimpaar Freidanks formuliert als Sentenz, was Neidhart hier beklagt: *Betwungener magetuom / hat vor gote kleinen ruom* (107,20).[19]

Neidharts Neigung, variierend zu wiederholen, stützt diese Interpretation. Willekint, nach kindlicher Eigenwilligkeit als Tor benannt,[20] tanzt völlig unbeherrscht und macht verwegene obszöne Gesten gegen seine Partnerin. Dazu prahlt er, ein Sänger zu sein (Str. 6 f.). Aus diesen Figuren spricht Neidharts Verachtung des aggressiven und ehrgeizigen Bauern. Der *dörper* verkörpert die männliche *cupiditas*, unbeherrschte Sinnlichkeit. Sein Übermut verstößt gegen die Normen seiner Rolle in der Gemeinschaft, die ihn zur Unterordnung und

---

17 Hans-Georg Maak, »Mhd. Dörper – Nhd. Tölpel«, in: ZfdA 105 (1976) bes. S. 327.

18 Anselm Salzer, *Die Sinnbilder und Beiworte Mariens in der deutschen Literatur und lateinischen Hymnenpoesie des Mittelalters*, Seitenstetten 1894, Nachdr. Darmstadt 1967, S. 338 *virginale speculum, speculum virginitatis*. Mück (S. 179 f.) belegt den Spiegelraub als Zeichen der Vergewaltigung in den Liedern c117 und c124. Im Kontext der Welt- und Altersklage tritt der moralisch-gnomische Sinn dieses mehrdeutigen Motivs in den Vordergrund. Zu anderen Deutungen des Spiegelmotivs Naumann (1932); Goldin (1962); Kaiser (1981); Lienert (1989).

19 *Frîdankes Bescheidenheit*, hrsg. von Heinrich Ernst Bezzenberger, Halle (Saale) 1872.

20 Freidank (Anm. 19) 85,1 f.: *Sô der tôre wille für sich gât, / son tuont si niht wan missetât.*

zur Arbeit verpflichten. In diesem allegorischen Winterlied ist er Zeichen einer verkehrten Welt und Repräsentant männlicher Torheit. Das Weltbild des Sängers dagegen bezeugt Weisheit, so daß die Kontrahenten in diesem Lied Beispiele der polaren gnomischen Typen *wîse* und *tôre* sind.

Höhepunkt der Absage ist eine leidenschaftliche Minneschelte (Str. 8 f.). Die Apostrophe vergegenwärtigt die Adressatin der Schmähungen des Sängers. Der hält Gericht über die Doppelgängerin der *mundus*-Figur, die mittelalterliche Venus, die er des Mangels an Verstand und niedriger Gesinnung bezichtigt (8,1–4). Bildlich ist sie als Repräsentation weiblicher Sexualität gekennzeichnet. Der *riutelstap*, ein Stecken zum Reinigen des Pfluges, betont deren chthonisches Wesen, das doppeldeutige *haerîn vingerlîn*, ein Ring mit einem Haarknoten als Liebeszauber und die behaarte Rûnde weiblicher Scham, deren magische physische Anziehungskraft. Der Knecht als ihr Günstling signalisiert den niedrigen Status erotischer Triebhaftigkeit in der hierarchischen Gliederung der menschlichen Persönlichkeit (8,6–9). Ein ironisches Spiel mit dem Vorrang des Ritters steigert die Anklage der Zuchtlosigkeit und erklärt die Minne zur Hure (9,1–3).[21] Vor dem Hintergrund des mittelalterlichen Ideals der Frau, das *kiusche* und *reine* zu den wichtigsten weiblichen Tugenden macht, ist diese Minne der Inbegriff weiblichen Lasters. Die Obszönität des doppeldeutigen Bildes mildert, daß es in die Vergangenheit entrückt ist, aber sie verletzt das Tabu sexueller Diskretion. Der mittelalterliche Humor findet das Nennen sexueller Details komisch,[22] doch spricht

---

21 Zur Venus als Hure und Luxuria in der geistlichen Literatur und Bildtradition: Eckart Conrad Lutz, *Spiritualis fornicatio: Heinrich Wittenweiler, seine Welt und sein »Ring«*, Sigmaringen 1990, S. 274–295.

22 Zu Neidharts Komik, Satire und Parodie: Alewyn, bes. S. 66; Gaier, bes. S. 65–77; Herrmann, S. 22–45; Tervooren, bes. S. 139–143. Grundsätzlich zu diesem Stilzug in mittelalterlicher Literatur: Wolf-Dieter Stempel, »Mittelalterliche Obszönität als literarästhetisches Problem«, in: *Die nicht mehr schönen Künste*, hrsg. von H. R. Jauss, München 1968, S. 187–205.

aus dieser makabren Komik die Verachtung des Niedrigen. Statt einer zugleich schönen und häßlichen *Frouwe Werlt*, dem konventionellen Bildnis menschlicher Vergänglichkeit, entwirft Neidhart ein Schreckensbild weiblicher Sexualität, das eine Misogynie färbt, die in geistlicher Literatur ihren Ursprung hat.[23]

Die leidenschaftliche Karikatur der Minne kontrastiert mit dem nüchternen Urteil über den Wert der *saelde*. Das echte Glück eines reinen Gewissens allein macht das menschliche Leben sinnvoll. In Sentenzen wird das Ideal menschlichen Strebens aus der Ferne (7a,1–4) betrachtet. Kontrastive Stilzeichen reflektieren den Gegensatz von Vernunft und Sinnlichkeit.

In einer sogenannten Trutzstrophe[24] entgegnet ein Knecht der Anklage des Sängers. Wie vor Gericht kommt die Gegenpartei zu Gehör, *audiatur et altera pars*. Der *tugenthafte kneht* (9a,3) beansprucht das *haerîn vingerlîn* als sein Recht und nennt Gold und Seide als standesgemäße Insignien des Ritters. Diese Rechtfertigung stuft die erotische Sinnlichkeit von neuem als niedrigen Trieb ein. Als Gegenstimme zur Abkehr des Sängers verurteilt sich diese Rolle selbst. Gleichzeitig aber bestätigt sie Normen der Ordnung, die den Ritter zu Höherem bestimmt, jedoch als Mahnung, die Gegensätzliches impliziert: *ritter solten tragen billîch sîden unde golt* (9a,6). Auch diese Satire richtet sich auf beide Statusgruppen.

Der Stil der Absage Neidharts an Welt und Minne birgt ein Bekenntnis zu ihrer Macht. Anders als Walther von der Vogelweide, dessen Abschied an die *Fro Werlt* den Sänger ruhig und gelassen zeigt (*got gebe iu, frowe, guote naht: / ich wil ze hereberge varn*; L. 100,21 f.), spricht aus den dynamischen Bildern und der Schmähung die Leidenschaftlichkeit des Sängers, die sich auch in seiner Hinwendung zum Publikum mitteilt. Die Notwendigkeit der Umkehr bringt die

23 Stammler (Anm. 8) S. 35.
24 Zu den Trutzstrophen: Wachinger, S. 143–156.

Macht der Sinnlichkeit zur Sprache. Die Antinomie der Kräfte kennzeichnet im psychischen Bereich einen tiefen Körper-Geist/Seele-Konflikt, den ein vernünftiger Wille lösen kann und muß, im sozialen Bereich signalisiert die Anarchie der Toren die Bedrohung von Recht und Sitte. In diesem Lied zeigt sich der Sänger den *dörpern* deutlich überlegen, aber sie bleiben ein wirksames Zeichen irdischer menschlicher Unordnung.[25]

Die Leidenschaftlichkeit der Rede, besonders in der Form von Satire und Groteske, zeichnet Neidharts Absagelied aus. Er prägt die beiden Stilformen, die in gnomischer Dichtung unterhaltend belehren, durch Wortspiel und komisches Detail mit emotionaler Emphase, so daß sie belehrend unterhalten. Die Komik drastischer Karikatur der Welt als Hure befreit vom Schmerz des Abschieds von der Vitalität der Jugend und wirbt mit Hohngelächter um die Zustimmung des Publikums. Die Rolle des Sängers ist in diesem Lied sowohl Beispiel als auch Appell zur Nachahmung.

In der antithetischen Struktur des Liedes zeigt sich die argumentative Komponente des Stils. Sie verdeutlicht die gegenseitige Bedingtheit von Gut und Böse, eine gnomische Einsicht in das Wesen von Weisheit und Torheit.

In der Allegorie konvergieren die einzelnen Stilzeichen lyrischer und gnomischer Aussage, von Emotion und Intellekt. Als Figur des hohen Stils vermittelt und adressiert die Allegorie den Affekt. Die emphatische Beschwörung des Bösen bezeugt und zielt auf Katharsis. Im Einklang mit dem gnomischen Tenor dieser literarischen Form des Mittelalters bekundet die Allegorie fundamentale Glaubenswahrheiten christlicher Weltsicht. Sie interpretiert Natur und Mensch nach den Sinnbezügen der göttlichen Schöpfungsordnung: den Naturtopos als Ausdruck der Zeitlichkeit irdischen Lebens, die Sängerfigur als reuigen Sünder und Weisen, den *dörper* als unbeirrten Toren, die mythische Frauenfigur als

---

25 Eine andere Sicht der *dörper*-Thematik im Verhältnis zu den *Werlt-süeze*-Liedern vertritt Birkhan, bes. S. 50.

misogynistische Repräsentation weiblicher Sexualität. Die analogischen Bezüge zwischen den beiden Bereichen, die sie einander zuordnen, erklären sich aus geistlicher literarischer Konvention und sind keine willkürlichen Setzungen der Poesie. Die kulturelle Signifikation der Offenbarung eines tieferen und anderen Sinns kennzeichnet die Allegorie als mittelalterliche literarische Form in allen Gattungen der Literatur. Der besondere Stil schafft die Vielfalt ihrer Gestaltung, zu der die Mischung geistlicher und weltlicher Anliegen beiträgt.[26]

Der Textstil des besprochenen Winterliedes Neidharts ist ein Beispiel dafür. Die Leidenschaftlichkeit, Komik und Gewichtigkeit, die den Widerspruch zwischen Geist und Sinnlichkeit im Mann als Bekenntnis zu einem uralten dogmatischen Ordnungsglauben allegorisch gestaltet, ist *sui generis* für dieses Lied und charakteristisch für den Stil Neidharts, dem mit der einfachen Dichotomie höfischen und unhöfischen Sprechens nicht beizukommen ist. Bei aller Ungewißheit der Identität der Person[27] identifiziert der Stil die unverwechselbar eigene Stimme des Dichters für die Literaturgeschichte des Mittelalters.

26 Friedrich Ohly, »Vom geistigen Sinn des Wortes im Mittelalter«, in: *Schriften zur mittelalterlichen Bedeutungsforschung*, Darmstadt 1977, S. 13, kontrastiert die poetische Technik der Allegorie als willkürliche dichterische Veranschaulichung mit der christlichen Wortauslegung. Christel Meier, »Überlegungen zum gegenwärtigen Stand der Allegorie-Forschung«, in: *Frühmittelalterliche Studien* 10 (1976) S. 65, betont die Vielfalt und Vermischungen mittelalterlicher Allegorieformen.
27 Vgl. Beyschlag (1987).

Literaturhinweise

Ausgabe

Die Lieder Neidharts. Hrsg. von Edmund Wießner, fortgef. von Hanns Fischer, rev. von Paul Sappler. Tübingen ⁴1984. [Zit. als: Neidhart.]

Forschungsliteratur

Alewyn, Richard: Naturalismus bei Neidhart von Reuental. In: ZfdPh. 56 (1931) S. 37–69. Wiederabgedr. in: Neidhart. Hrsg. von H. Brunner. Darmstadt 1986. (WdF 556.) S. 37–76.

Behr, Hans-Joachim: *Ich gevrisch bî mînen jâren nie gebûren also geile* ... Neidharts Dörper-Feindlichkeit und das Problem sozialen Aufstiegs im Rahmen des Territorialisierungsprozesses in Bayern und Österreich. In: Neidhart von Reuental. Aspekte einer Neubewertung. Hrsg. von H. Birkhan. Wien 1986. S. 1–16.

Bennewitz-Behr, Ingrid / Müller, Ulrich: Grundsätzliches zur Überlieferung, Interpretation und Edition von Neidhart-Liedern. Beobachtungen, Überlegungen und Fragen, exemplifiziert an Neidharts Lied von der *Werltsüeze* (Hpt. 82,3 = WL 28). In: ZfdPh. 104 (1985) Sonderh. S. 52–79.

Bennewitz-Behr, Ingrid: Original und Rezeption. Funktions- und überlieferungsgeschichtliche Studien zur Neidhart-Sammlung R. Göppingen 1987.

Bertau, Karl: Stil und Klage beim späten Neidhart. In: DU 19,2 (1967) S. 76–97.

Beyschlag, Siegfried: Neidhart und Neidhartianer. In: VL² 6 (1987) Sp. 871–893.

Birkhan, Helmut: Zur Datierung, Deutung und Gliederung einiger Lieder Neidharts von Reuental. Wien [u. a.] 1971.

Cormeau, Christoph: Der Bauer als Negativfolie für andere Lebensweisen in der deutschen Literatur des Mittelalters. In: Der Bauer im Wandel der Zeit. Hrsg. von W. Hirdt. Bonn 1986. S. 49–61.

Fritsch, Bruno: Die erotischen Motive in den Liedern Neidharts. Göppingen 1976.

Gaier, Ulrich: Satire. Studien zu Neidhart, Wittenwiler, Brant und zur satirischen Schreibart. Tübingen 1967.

214 Absage an den Minnesang

Gilroy-Hirtz, Petra: Deformation des Minnesangs. Wandel literarischer Kommunikation und gesellschaftlicher Funktionsverlust in Neidharts Liedern. Heidelberg 1982.

Goheen, Jutta: Natur- und Menschenbild in der Lyrik Neidharts. In: PBB (Tüb.) 94 (1972) S. 348–378.

Goldin, Frederick: Friderun's Mirror and the Exclusion of the Knight in Neidhart von Reuental. In: Monatshefte 54 (1962) S. 354 bis 359.

Herrmann, Petra: Karnevaleske Strukturen in der Neidhart-Tradition. Göppingen 1984.

Kaiser, Gert: Narzißmotiv und Spiegelraub. Eine Skizze zu Heinrich von Morungen und Neidhart von Reuental. In: Interpretation und Edition deutscher Texte des Mittelalters. Festschrift für J. Asher. Hrsg. von K. Smits [u. a.]. Berlin 1981. S. 71–81.

Lienert, Elisabeth: Spiegelraub und rote Stiefel. Selbstzitate in Neidharts Liedern. In: ZfdA 118 (1989) S. 1–16.

Mück, Hans-Dieter: Ein ›Politisches Eroticon‹. Zur Funktion des ›Spiegelraubs‹ in Neidharts Liedern der Hs. c (mfg 779). In: *Minne ist ein swaerez spil*. Neue Untersuchungen zum Minnesang und zur Geschichte der Liebe im Mittelalter. Hrsg. von U. Müller. Göppingen 1986. S. 169–208.

Müller, Jan-Dirk: Strukturen gegenhöfischer Welt: Höfisches und nichthöfisches Sprechen bei Neidhart. In: Höfische Literatur, Hofgesellschaft, höfische Lebensformen um 1200. Hrsg. von G. Kaiser, J.-D. Müller. Düsseldorf 1986. S. 409–451.

Naumann, Hans: Frideruns Spiegel. In: ZfdA 69 (1932) S. 297–299.

Ortmann, Christa / Ragotzky, Hedda / Rischer, Christelrose: Literarisches Handeln als Medium kultureller Selbstdeutung am Beispiel von Neidharts Liedern. In: IASL 1 (1976) S. 1–29.

Rischer, Christelrose: Zum Verhältnis von literarischer und sozialer Rolle in den Liedern Neidharts. In: Deutsche Literatur im Mittelalter. Kontakte und Perspektiven. H. Kuhn zum Gedenken. Hrsg. von Ch. Cormeau. Stuttgart 1979. S. 184–210.

Ruh, Kurt: Neidharts Lieder. Eine Beschreibung des Typus. In: Studien zur deutschen Literatur und Sprache des Mittelalters. Festschrift für H. Moser. Hrsg. von W. Besch [u. a.]. Berlin 1974. S. 151 bis 168.

Schneider, Jürgen: Die Lieder Neidharts in *wort* und *wîse* im Spätmittelalter. Das Werden einer neuen Gattung, Reflex einer gesellschaftlichen Umstrukturierung? In: Lyrik des ausgehenden 14. und

15. Jahrhunderts. Hrsg. von F. V. Spechtler. Amsterdam 1984. S. 231–248.

Schweikle, Günther: Neidhart. Stuttgart 1990. (SM 253.)

Simon, Eckehard: Neidhart von Reuental. Geschichte der Forschung und Bibliographie. The Hague / Paris 1963.

Tervooren, Helmut: Das Spiel mit der höfischen Liebe. Minneparodien im 13. bis 15. Jahrhundert. In: ZfdPh. 104 (1985) Sonderh. S. 135–157.

Titzmann, Michael: Die Umstrukturierung des Minnesang-Sprachsystems zum »offenen« System bei Neidhart. In: DVjs. 45 (1971) S. 481–514.

Wachinger, Burghart: Die sog. Trutzstrophen zu den Liedern Neidharts. In: Formen mittelalterlicher Literatur. Festschrift für S. Beyschlag. Hrsg. von O. Werner und B. Naumann. Göppingen 1970. S. 99–108. Wiederabgedr. in: Neidhart. Hrsg. von H. Brunner. Darmstadt 1986. (WdF 556.) S. 143–156.

Wenzel, Horst: Neidhart. Der häßliche Sänger. Zur Ich-Darstellung in den Winterliedern 6 und 11. In: Typus und Individualität im Mittelalter. Hrsg. von H. Wenzel. München 1983. S. 45–75.

Reinhard von Westerburg:
Ob ich durch sie den hals zubreche

Von Horst Brunner

In der 1377/78 begonnenen *Limburger Chronik* des Tilemann Elhen von Wolfhagen[1] findet sich die folgende Anekdote:

Item da man schreip dusent druhundert unde siben unde vir-
zig jar da worden di von Cobelenze jemerlichen irslagen
unde nidergeworfen bi Grensauwe, unde bliben ir doit hundert unde zwene unde sibenzig man, unde worden ir auch
darzu vil gefangen, unde daz det Reinhart herre zu Westerburg. Unde der selbe Reinhart was gar ein kluger ritter von
libe, von sinne unde von gestalt, unde reit keiser Ludewigen
ser nach unde sang unde machte he dit lit:

> 'Ob ich durch si den hals zubreche,
> wer reche mir den schaiden dan?
> so enhette ich nimans, der mich reche;
> ich bin ein ungefrunter man.
>
> Darumb so muß ich selber warten,
> wi ez mir gelegen si.
> Ich enhan nit trostes von der zarten,
> si ist irs gemudes fri.
>
> Wel si min nit, di werde reine,
> so muß ich wol orlaup han.
> Uf ir genade achte ich kleine,
> sich daz laße ich si vurstan.'

Da der vurgenant keiser Ludewig daz lit gehorte, darumb so
strafte he den herren von Westerburg unde saide, he wolde ez

1 Vgl. Johanek (1980).

der frauwen gebeßert haben. Da nam der herre von Westerburg eine kurze zit unde saide, he wolde den frauwen beße-
ren, unde sang daz lit:

'In jamers noden ich gar vurdreven bin
durch ein wif so minnecliche' etc.

Da sprach keiser Ludewig: 'Westerburg, du hast uns nu wol
gebeßert'.[2]

Als man das Jahr 1347 schrieb, wurden die von Koblenz bei
Grenzau jämmerlich erschlagen und niedergeworfen, und es
blieben von ihnen 172 Mann tot, und dazu wurden viele von
ihnen gefangen, und das tat Reinhard, Herr von Westerburg.
Und dieser Reinhard war ein stattlicher Ritter an Wuchs, Verstand und Aussehen, und er ritt Kaiser Ludwig eifrig nach,
und er machte und sang das folgende Lied:

Bräche ich um ihretwillen den Hals, / wer würde mir diesen
Schaden rächen? / Ich hätte niemand, der mich rächen würde, / ich bin ein Mann ohne Freunde und Verwandte.

Deshalb muß ich selbst aufpassen, / wie es mir geht. / Bei der
Schönen habe ich nichts zu hoffen, / die tut, was sie will.

Will sie mich nicht, die edle Reine, / so muß ich Abschied
nehmen. / Um ihre Gnade kümmere ich mich nicht – / siehe,
das gebe ich ihr zu verstehen.

Als der vorgenannte Kaiser Ludwig dieses Lied hörte, tadelte
er den Herrn von Westerburg und sagte, er wolle es im Hinblick auf die Dame gebessert haben. Da nahm der Herr von
Westerburg sich ein wenig Zeit und sagte, er wolle es im Hinblick auf die Damen (andere Lesart: auf die Dame) bessern,
und er sang folgendes Lied:

In jammervoller Bedrängnis vergehe ich völlig / wegen einer
liebenswürdigen Frau etc.

Da sprach Kaiser Ludwig: »Westerburg, jetzt hast Du uns auf
gute Weise gebessert!«

2 Text nach: Die Limburger Chronik des Tilemann Elhen von Wolfhagen.

Der Dichter ist Reinhard von Westerburg, urkundlich bezeugt seit 1315, gestorben 1353, ein bedeutender adliger Herr aus dem Westerwald, der als Minnesinger nur an der zitierten Stelle belegt ist;[3] sein Zuhörer und Kritiker ist Kaiser Ludwig der Bayer, deutscher König seit 1314, Kaiser seit 1328, gestorben 1347;[4] die Situation, die die Anekdote wiedergibt, ist eine, die in der Literaturgeschichtsschreibung als typisch für den mittelalterlichen Minnesang, ja für die höfische Dichtung überhaupt angesehen wird, wenngleich ausdrückliche Zeugnisse der Art wie in der *Limburger Chronik* sonst kaum bekannt sind: Der Dichter tritt durch den Vortrag seines Liedes in unmittelbaren Kontakt mit dem Publikum, er wird kritisiert, und er reagiert mit der Erfindung eines neuen Liedes. Reinhard von Westerburg dichtete Minnesang wie zahlreiche seiner Standesgenossen, seit diese literarische Gattung um die Mitte des 12. Jahrhunderts in Deutschland aufgekommen war, seine Dichtung ist daher im doppelten Sinn Standespoesie: von einem Angehörigen der weltlichen Oberschicht selbst geschaffen, ist sie dazu da, dieser Schicht Unterhaltung zu bieten, vor allem aber, ihren auf bestimmten Handlungsmustern und ethischen Grundwerten basierenden Verhaltenscodex, ihr Selbstverständnis, zu formulieren und zu perpetuieren. Der Minnesang hatte die spezielle Aufgabe, das musterhafte Verhalten des höfisch gebildeten Mannes der höfischen Dame gegenüber darzustellen und zu vermitteln. Daher verwundert es nicht, daß die Kritik an Reinhards Liedchen sich nicht an dessen volksliedhaft-sorgloser Form – drei vierzeilige Strophen mit Kreuzreim abab – entzündet, sondern am Inhalt, der – quer zur überwiegenden Minnesangskonvention des männlichen Dienens und Leidens – die Absage an die hartherzige Minnedame ausdrückt.

Freilich handelt es sich bei Reinhards Absagelied nicht um eine neu erfundene, sonst unbekannte Thematik, vielmehr

---

3 Vgl. zuletzt Wachinger (1989).
4 Vgl. zu seinen (sonst geringen) literarischen Interessen Brunner (1980).

um einen Gegentyp zur üblichen Minneklage, die darauf gerichtet ist, dem Liebhaber-Sänger die Gunst der angebeteten Dame zu erringen. Zwar erscheint die Absage an die Geliebte im Minnesang relativ selten, sie findet sich unter den überlieferten Minneliedern aber doch einige Male. Um Reinhards Lied beurteilen zu können, empfiehlt es sich deshalb, unter den vergleichbaren Texten Umschau zu halten.

Unterscheiden muß man zunächst zwischen Absagemotiven in den Minneklagen und den eigentlichen Absageliedern. In der Minneklage dienen Absagemotive dazu, die Klage des nichterhörten Liebhabers zu verstärken, sie dringlich zu machen. Sie dürfen nicht völlig ernstgenommen werden, sondern sind allenfalls als Drohung zu verstehen: Wenn die Abwendung von der Geliebten als Denkmöglichkeit gegeben ist, erscheint die tatsächliche Abwendung nicht mehr völlig ausgeschlossen. Bei diesen Absagemotiven gibt es verschiedene Schattierungen. Zunächst – sozusagen als mildeste Form – findet sich die Klage über den zu lange ungelohnt gebliebenen Minnedienst und über die damit unwiederbringlich vertane Lebenszeit. Die Drohung der Aufkündigung wird in diesem Zusammenhang nicht explizit ausgesprochen, ist implizit freilich enthalten. Solche Stellen finden sich im ›klassischen‹ Minnesang der Zeit um 1200 etwa bei Heinrich von Morungen (MF VII; 128,15–24), bei Reinmar dem Alten (MF XL; 190,23–26), bei Hartmann von Aue (MF I; 205,5–9. – MF IV; 209,5–14) oder auch, etwas später, bei Neidhart (WL 32,II; 92,25–28). Bei Hartmann etwa heißt es (MF I):

> Wie lützel mir mîn staete liebes tuot!
> wan ich vil gar an ir versûmet hân
> die zît, den dienst, dar zuo den langen wân.
> ich wil ir anders ungevluochet lân
> wan alsô, si hât niht wol ze mir getân.

> Wie wenig Angenehmes habe ich doch von meinem treuen Minnedienst! Denn an sie habe ich meine Zeit, meinen Dienst, mein jahrelanges Hoffen restlos verschwendet.

Trotzdem will ich ihr nicht fluchen – nur das will ich sagen:
sie hat nicht gut an mir gehandelt.

Einen Schritt weiter gehen andere Minneklagen. In ihnen
wird der Wunsch oder die Drohung geäußert, der Liebhaber-
Sänger wolle oder werde den Minnedienst für die hartherzige Dame beenden – freilich wird die Drohung aber entweder sofort oder am Liedende widerrufen. Reinmar der Alte
beispielsweise schreibt am Schluß des Liedes MF XLV
(194,11–17):

> Wê, ich bin sô gar verzaget!
> dêswâr, ich solt erwinden.
> ich hân sô vil dâ her geklaget,
> daz ez versmâht den kinden.
> Nu mac ich dienen anderswâ! –
> nein, ich enwil. mîn vröide ist dâ.
> dâ sol ich si vinden.

> Wehe, ich bin völlig verzagt. Wahrhaftig, ich sollte aufhören.
> Ich habe schon soviel geklagt, daß selbst kleine Kinder die
> Nase darüber rümpfen. Nun: ich habe die Möglichkeit, auch
> an anderer Stelle zu dienen! – Nein, ich will nicht. Meine
> Freude liegt nur an diesem Ort. Da werde ich sie finden.

Weitere solche Drohungen und Revokationen finden sich bei
Hartmann von Aue (MF III; 207,11 ff.) und – in zugespitzter
Form – bei Walther von der Vogelweide (69,1–52,23).
Gelegentlich begegnet im Minnesang schließlich das Motiv,
der Sänger werde, erhöre die Geliebte ihn nicht, den Minne-
dienst überhaupt aufgeben. Im *Minneleich* Ulrichs von
Gutenburg etwa finden sich die Zeilen (76,28–33):

> Ich wil iu mînen willen sagen,
> mac ich der guoten minne
> mit mîme dienste niht bejagen,
> daz ich niemêr die sinne
> noch mînen lîp
> bekêre an dekein ander wîp.

Ich will euch meine Absicht sagen: ist es mir nicht möglich, durch meinen Dienst die Minne der Edlen zu erringen, so wende ich weder mein Herz noch meine Person je einer anderen Frau zu. (Vgl. auch Reinmar der Alte MF LVI; 201,26 bis 32.)

Von den Absagemotiven in den Minneklagen sind, wie schon gesagt, die eigentlichen Absagelieder zu unterscheiden, in denen der Bruch mit der bisherigen Geliebten nicht nur angedroht bzw. angedroht und gleich wieder zurückgenommen, sondern in denen er vollzogen wird. Das in der Poesie der provenzalischen Trobadors relativ häufige Thema der Trennung von der bisherigen und des Übergangs zu einer neuen Geliebten findet sich im deutschen Minnesang ziemlich selten, sind die deutschen Minnesinger doch meist daran interessiert, musterhaftes Verhalten zu demonstrieren – im Bereich des Minnesangs der hohen Minne ist das vor allem unentwegte Leidensfähigkeit auf seiten des Liebhabers –, nicht daran, den Skandal zu verbalisieren.[5]

Die Reihe der Absagelieder an die Geliebte, der der Sänger lange Zeit Minnedienst geleistet hat, beginnt mit Heinrichs von Morungen Lied MF XXVII (141,37), einem Lied, das vom Ernst anderer Absagelieder noch nichts zu wissen, das die Trennungssituation ein wenig spielerisch herbeizuführen scheint. Strophe 1 schildert die tiefe Verwundung des Lieb-

---

5 Nur am Rande erwähnen kann ich einige Sonderfälle von Absageliedern: 1. Kreuzlieder, in denen sich die Abwendung von der hartherzigen Geliebten oder vom Minnesang überhaupt im Zeichen der Zuwendung des Liebhaber-Sängers zur göttlichen Minne vollzieht, vgl. etwa Friedrich von Hausen MF VI (47,9); 2. Strophen Hartmanns von Aue (MF XV; 216,29) und Walthers von der Vogelweide (47,36), in denen nicht die Absage an eine ganz bestimmte Geliebte formuliert wird – jedenfalls ist eine bestimmte Dame nicht hinreichend deutlich –, sondern die Absage an den höfischen Frauentyp, verbunden mit der Hinwendung an einen anderen Typ von Frau; 3. Lieder Walthers (100,24) und Neidharts (WL 28; 82,3. – WL 30; 86,31), in denen die Absage an Frau »Werlt« oder an die »Werltsüeze« formuliert wird, der deutschen Personifikation des *mundus*, der der Sänger lebenslang gedient hat, deren Lohn aber im Angesicht der Ewigkeit nichts zählt.

habers durch die Minne; die Absage in Strophe 2 erfolgt
gleichsam aus Gründen des Selbstschutzes vor dem weiteren
Überwältigtsein. Im Zusammenhang der übrigen Lieder
Morungens handelt es sich wohl um keine wirkliche und
definitive Absage, sondern eher um den Versuch, das Liebes-
empfinden weiter zu sensibilisieren durch die Vorstellung,
der Liebhaber könne sich von der Geliebten lossagen.

An der Spitze der Absagelieder, in denen es wirklich ernst
wird, steht – sowohl was die zeitliche Einordnung als auch
die Deutlichkeit der Aussage angeht – das berühmt-berüch-
tigte *Sumerlaten-Lied* (72,31) Walthers von der Vogelweide.
In der ersten der fünf Strophen versichert der Sänger, er habe
sich vorgenommen, lange Zeit zu schweigen, doch nun wolle
er wieder singen – edle Leute hätten das veranlaßt. In Strophe 2 blendet er zurück: Hört, was mir geschehen ist! Eine
Frau will mich nicht einmal anschauen, obwohl ich sie durch
meinen Minnesang zu Ansehen gebracht habe. Sie weiß
nicht, was geschieht, wenn ich aufhöre zu singen – dann ist's
nämlich aus mit ihrem Ruhm. Wenn ich aufhöre zu singen, so
Strophe 3, dann wird sie verflucht. Durch ihre Gewogenheit,
die der Grund für meinen Gesang ist, werden zahllose Menschen frohgestimmt: an denen geht es hinaus, wenn sie mich
zugrunde gehen läßt. Dann Strophe 4: Früher schien es mir,
als sei sie von edler Gesinnung, und ich hatte die gleiche
Gesinnung. Raubt sie mir jetzt das Leben, so ist es auch um
sie geschehen. Schließlich Strophe 5: Wenn ich in ihrem
Dienst alt werde, so wird sie in dieser Zeit auch nicht jünger.
Will sie dann einen jungen Mann: mit Gottes Hilfe, junger
Herr, räch mich und geh ihr mit frischen Ruten an das alt-
gewordene Fell!

Zu Beginn des Liedes stellt Walther klar, daß sein Minnedienst nicht dazu da ist, einer einzelnen Dame Freude zu
bereiten, vielmehr hat der Sänger als eine gesellschaftliche
Instanz zu gelten: seine Aufgabe ist es, der Gesellschaft, vielen Menschen, durch sein Singen Freude zu bereiten. Nicht
der Sänger verdankt der Dame etwas, umgekehrt wäre die

Dame nichts, wenn der Sänger sie nicht durch seine Lobgesänge groß gemacht hätte – würde er aufhören zu singen, so wäre der Ruhm der Dame zu Ende. Die Existenz der Dame – jedenfalls als gesellschaftliches Wesen – ist geradezu von der des Sängers abhängig, nicht umgekehrt: *stirbe ab ich, so ist sie tot* (73,16). Dann der Schluß: die Dame solle nicht denken, sie fände einen jüngeren Liebhaber – falls sie sich einem solchen zuwende, solle der die Alte mit Ruten züchtigen, sie hätte es nicht anders verdient. Das Lied gehört in den Zusammenhang der sogenannten Reinmar-Fehde[6], es stellt Positionen des dem Dauerleid um seine Dame verpflichteten Sängers Reinmar auf den Kopf, oder eher: vom Kopf auf die Füße, indem es die von der Dame eingenommene Rolle gleichsam unterminiert und zeigt, daß es ihre Aufgabe allein ist, den Sänger durch freundliches Entgegenkommen zu inspirieren, daß sein Minnesang nicht ihr persönlicher Besitz ist, sondern in erster Linie dazu da ist, allen Edlen am Hof Freude zu bereiten. Von dieser Funktion hat sie freilich auch selber etwas: man kennt und schätzt sie gleichsam als Muse des Sängers. Vor allem aber profitiert davon die höfische Gesellschaft. Kommt die Dame jedoch ihrer Aufgabe – denn es ist wirklich eine Aufgabe! – nicht nach, so ist das nicht nur ihr eigenes Ende als gesellschaftliches Wesen, sondern auch das jeder höfischen Freude. Minnesangs Ende ist das Ende sinnvollen und werthaften höfischen Lebens.

Die Komplexität von Walthers *Sumerlaten-Lied* erreicht keines der späteren Droh- und Absagelieder. Zu nennen sind in diesem Zusammenhang Gottfrieds von Neifen Lied KLD IX, in dem der Sänger sein Leid vor der Kulisse der winterlichen Natur beklagt; das Lied SMS 6 des 1286 und 1301 in Zürich urkundlich belegten Magisters Heinrich Teschler[7], das ohne Walther von der Vogelweide nicht zu denken ist; ferner das Lied des steirischen Sängers Von Stadegge KLD

---

6 Vgl. dazu Gerhard Hahn, *Walther von der Vogelweide*, München / Zürich 1986, S. 44 f.
7 Vgl. zu ihm zuletzt Schiendorfer (1991).

III (Mitte des 13. Jahrhunderts), und das ein eigenes, geradezu infames Gepräge zeigende Spott- und Drohlied auf eine Frau, die den Sänger nicht erhört, das unter dem Namen Der von Buwenburc überliefert ist (SMS 4; vielleicht aus dem 14. Jahrhundert).

Eine weitere Gruppe von Absageliedern findet sich im umfangreichen, insgesamt 59 Texte umfassenden Lied-Œuvre des bedeutenden steirischen Ministerialen Ulrich von Lichtenstein, der urkundlich zwischen 1227 und 1274 nachgewiesen ist.[8] Ulrichs an Walther von der Vogelweide geschultes Liedwerk ragt nicht nur durch seinen Umfang hervor. Berühmtheit hat es vor allem erlangt, weil der Autor es in durchaus einzigartiger Weise in den Zusammenhang seiner Laufbahn als Minnesinger und Minneritter eingebettet hat. Von Ulrich haben wir nämlich so etwas wie eine Autobiographie, entstanden um 1250, in der er in 1850 Strophen sein Leben im Dienst der Minne erzählt, eingelegt hat er an den jeweils zutreffenden Stellen seine Liedtexte. Der Titel des Buches, *Frauendienst*, stammt von Ulrich selbst. Daß diese Autobiographie mit den *vidas* und *razos* der Trobadors Verwandtschaft aufweist, hat man schon immer gesehen: den Liedern der Trobadors wurden in den Handschriften nachträglich in Prosa abgefaßte kurze biographische Notizen, die *vidas*, bzw. Kommentare zu den Liedern, die *razos*, vorangestellt. Ulrich könnte derartige Texte durch oberitalienische Vermittlung kennengelernt haben, allerdings übertrifft sein *Frauendienst* sie sowohl im Umfang wie auch an Authentizität bei weitem.

Ulrich von Lichtenstein berichtet, daß er im Lauf seines Lebens zwei verschiedenen Damen Minnedienst geleistet

---

8 Vgl. zuletzt Jan-Dirk Müller, »Ulrich von Lichtenstein«, in: *Deutsche Dichter*, hrsg. von G. E. Grimm und F. R. Max, Bd. 1, Stuttgart 1989, S. 329–336. – Vgl. ferner: *Ulrich's von Liechtenstein Frauendienst*, hrsg. von Reinhold Bechstein, 2 Bde., Leipzig 1888; Ursula Peters, *Frauendienst. Untersuchungen zu Ulrich von Lichtenstein und zum Wirklichkeitsgehalt der Minnedichtung*, Göppingen 1971.

habe. Der langjährige Dienst für die erste Geliebte verlief ergebnislos trotz aller Anstrengungen als Ritter bei Turnieren und als Minnesinger, trotz der Operation seiner Hasenscharte, des Verlustes eines Fingers und weiterer Qualen, die der Minnediener auf sich nahm. Schließlich wandte sich Ulrich von der ersten Dame ab und nach einiger Zeit, in der er keinen Minnedienst leistete, einer neuen Dame zu. Der Grund für die Aufsage des Dienstverhältnisses, die im *Frauendienst* (Str. 1361 ff.) berichtet wird, ist eine nicht näher ausgeführte *missetat* (Str. 1364) bzw. *untat* (Str. 1365) der Geliebten, die den Zorn des Sängers erregt; da weitere Angaben fehlen, bleibt das Vergehen der Dame undeutlich. Die Passage des *Frauendienstes* scheint im übrigen eine Vorstellung davon zu geben, daß der Minnedienst nicht nur in Liedern stattfand, sondern mit konkreter sozialer Wirklichkeit verbunden war, zumindest verbunden sein konnte. In den Bereich der Absage an die erste Geliebte gehören die Liedtexte Nr. XXI bis XXVI, von denen Nr. XXV ein Leich ist. Ulrich beklagt seinen Verlust an Freude und Lebenszeit (XXI), die Geliebte sei falsch und verdiene nicht den Ehrennamen ›Frau‹ (XXII), ehrliche Aufrichtigkeit (*triuwe*) und Beständigkeit (*staete*) reichten als Tugenden für die wahre Minne aus, wer liebe, aber nicht geliebt werde, solle sich rasch von den Liebesbanden frei machen (XXIII); die drei weiteren Texte (XXIV bis XXVI) zeigen, daß die Absage an die bisherige Geliebte nicht die generelle Absage an die Frauen überhaupt einschließt. Vielmehr verbindet sich in ihnen die Absage mit der Suche nach einer neuen, freilich besseren Geliebten.

Bevor ich auf das Lied Reinhards von Westerburg zurückkomme, sei noch kurz auf das Liebeslied des späteren 14. und 15. Jahrhunderts eingegangen. In ihrem Buch »*Vyl wonders machet minne*«. *Das deutsche Liebeslied in der ersten Hälfte des 15. Jahrhunderts. Versuch einer Typologie*, Göppingen 1987, hat Doris Sittig auch die Absagelieder umfassend besprochen. Charakteristisch ist im späten 14. und im

15. Jahrhundert nicht mehr die hohe Minne, sondern eine Liebeskonzeption, die auf dem Einverständnis der beiden als gleich und gleichrangig dargestellten Partner basiert; die Eintracht kann meist nur von ›außen‹, durch die Aufpasser und Verleumder (die *Klaffer*) oder durch räumliche Trennung, beeinträchtigt werden. Allerdings kann es auch die Störung durch die Untreue eines der Partner – in den Liedern ist es immer die der Frau – geben, die dann zur Reaktion des anderen führt. Zusammenfassend schreibt Doris Sittig zu den acht von ihr untersuchten Absageliedern, die mit Ausnahme eines Liedes des Mönchs von Salzburg, des bedeutendsten deutschen Lieddichters des späten 14. Jahrhunderts, alle anonym überliefert sind: »Realiter gibt es verschiedene Möglichkeiten, auf Untreue des Partners zu reagieren: Zorn, Ärger, Beschimpfungen; Eifersucht; Trotz und Rache in Form von Absage und neuer Liebe; Trauer und Resignation; erst Trauer, dann Vergeltung mit den gleichen Mitteln; den Versuch, das Treueverhältnis wiederherzustellen; auch Gleichgültigkeit, wenn die Untreue als Teil des Charakters des Partners angesehen wird« (S. 259).

Reinhards von Westerburg formal und sprachlich wenig aufwendiges Liedchen scheint den Absageliedern des älteren Minnesangs ferner, den weit weniger diffizilen, weniger problemgeladenen, formal oft eher schlichten späteren Absageliedern näher zu stehen. Reinhard problematisiert das Verhalten der vergeblich geliebten Dame nicht, der Sänger macht sich auch kein Gewissen aus ihrer Verabschiedung, sondern er handelt nach dem schlichten Motto: »Wie du mir, so ich dir!« Der Eindruck, der Übergang von der alten Minnekonzeption der hohen Minne zu einer weniger problemgeladenen, mehr auf Gegenseitigkeit und Gleichrangigkeit der Partner ausgerichteten Liebeskonzeption vollziehe sich um die Mitte des 14. Jahrhunderts, also bald nach dem auf etwa 1330 zu datierenden Abschluß der Großen Heidelberger (Manessischen) Liederhandschrift (C), verfestigt sich, wenn man zwei anonyme, mehr oder weniger zufällig erhaltene

Lieder aus dieser Zeit einbezieht. Der erste Text ist ein dreistrophiges Liedchen mit Refrain, das in der Handschrift Cgm 717 (geschrieben 1348) der Bayerischen Staatsbibliothek München erhalten geblieben ist.[9] Darin wird eingangs die Zartheit und Schönheit der Dame gepriesen, im Kehrreim bittet der Sänger die Minne, ihm zur Geliebten zu verhelfen. Doch alle Anstrengungen bleiben umsonst, die Angebetete sagt zum Sänger: *du vahst niht einen grat* – »Du bekommst nicht einmal eine Gräte«. Das läßt ihn freudlos sein. Mit einer Drohung, noch nicht dem vollständigen Bruch endet der Text:

> Wil si also verderben mich,
> si verlivret sicherliche
> den getriwesten den sie hat
> in allen tûschen richen.
> (Refrain:) Minne dv hilfe vnde rât
> zû der vil minneclichen.

> Will sie mich zugrunde richten, so verliert sie gewiß den aufrichtigsten Menschen, den sie in allen deutschen Landen hat. Minne schenke mir Rat und Hilfe, damit ich zu der Geliebten komme.

Weit eindeutiger ist der zweite Text. Es handelt sich um eines von zwei Minneliedern, die, vermutlich im Jahr 1330, in ein Heft mit Reiserechnungen Friedrichs des Ernsten, Landgraf von Thüringen und Markgraf von Meißen, eingetragen wurden.[10] Das gleichfalls dreistrophige Lied beginnt mit der Beteuerung des Sänger-Ichs, es habe geglaubt, ständig in Freude leben zu können, als es sich der Geliebten zu eigen gab – das habe sich indes als Irrtum erwiesen, denn sie will ihm keine Freude gewähren. Könne er aber weder Liebe noch Zuversicht bei ihr gewinnen, so wolle er deshalb nicht zugrunde gehen, sie sei nicht die einzige Schönheit, die es gebe. Wenn ihr der Dienst des Sängers nicht behage, so möge

9 Vgl. Schröder (1898).
10 Lippert, S. 209 f.

er einer anderen Frau gefallen. Welche Art Frau damit gemeint ist, ergibt sich mit aller Deutlichkeit aus den abschließenden Worten: *werd ich nicht getrostit undir si-*
den, / so nem ichs in dem stro – »Erhalte ich keinen Trost
unter Seide, so nehme ich ihn mir im Stroh« – die vornehme
Dame wird demnach hier ohne viele Umstände gegen ein
einfaches Mädchen ausgespielt.

Ich versuche ein kurzes Fazit. Die Welt der höfischen Minne,
in der Literatur und Leben sich vielfach durchdringen, die in
der Regel kein lediglich innerliterarischer Bereich gewesen
ist, war eine artifizielle, fiktionale, von Anstrengung und
Verdrängung geprägte Welt, sowohl was die Literatur selbst
angeht als auch den Lebensraum, in den sie eingebettet war
und den sie durchdrang. Das Spiel der hohen Minne wurde
nicht nur in der Literatur gespielt, sondern es prägte auch
den Umgang der Menschen am Hof. Dem Ansturm der
Realität in ihrer ungeformten, unpolierten Brutalität konnte
es nicht immer standhalten. Bekannt ist die Stelle im *Nibe-*
lungenlied, aus der hervorgeht, daß Siegfried seine Gemahlin
Kriemhild, um die er ganz im Stil der höfischen Minne
geworben hatte und mit der er normalerweise entsprechend
diesem Stil umging, nach dem schwerwiegenden und folgen-
reichen Streit der Königinnen vor dem Portal des Wormser
Münsters verprügelt hatte:

> 'ouch hât er sô zerblouwen   dar umbe mînen lîp;
> daz ich iz ie geredete   daz beswârte ir den muot,
> daz hât vil wol errochen   der helt küene unde guot.'
> (Str. 894)

> Dazu hat er mich verprügelt; daß ich das je ausgesprochen
> habe, was sie (Brünhild) niederdrückte, das hat der kühne,
> edle Held tüchtig gerächt.

Die Absagelieder des Minnesangs scheinen ein Signal zu sein,
das die Brüchigkeit der Minnesituation und Minnekonzeption andeutete: der Umgang des Mannes mit der Frau konnte
auch anders vor sich gehen, als dies im Minnesang der hohen

Minne üblicherweise der Fall war, die Welt des wunderschönen Scheins konnte unter bestimmten Umständen zerbrechen, die kultivierte Sonnenseite konnte verdunkelt werden – dann war Minnesangs Ende gekommen.

Literaturhinweise

Ausgabe

Die Limburger Chronik des Tilemann Elhen von Wolfhagen. Hrsg. von Arthur Wyss. Hannover 1883. S. 28 f.

Forschungsliteratur

Brunner, Horst: *Ahi, wie werdeclichen stat der hof in Peierlande!* Deutsche Literatur des 13. und 14. Jahrhunderts im Umkreis der Wittelsbacher. In: Wittelsbach und Bayern. Hrsg. von H. Glaser. Bd. 1,1. München / Zürich 1980. S. 496–511.

Johanek, Peter: Elhen (Ehlen), Tilemann, von Wolfhagen. In: VL² 2 (1980) Sp. 474–478.

Lippert, W.: Zwei höfische Minnelieder des 14. Jahrhunderts. In: ZfdA 40 (1896) S. 206–211.

Schiendorfer, Max: Meister Heinrich Teschler. In: *Edele frouwen – schoene man.* Die Manessische Liederhandschrift in Zürich. [Ausstellungskatalog.] Hrsg. von C. Brinker und D. Flühler-Kreis. Zürich 1991. S. 99–106.

Schröder, Edward: Ein höfisches Minnelied des 14. Jahrhunderts. In: ZfdA 42 (1898) S. 161 f.

Wachinger, Burghart: Reinhart von Westerburg. In: VL² 7 (1989) Sp. 1179.

Minne und Kunst in konkreten Bezügen

Die *chanson de malmariée*

Burkhard von Hohenfels:
Ich wil mîn gemüete erjetten

Von Susanne Staar

1 'Ich wil mîn gemüete erjetten,
   daz niht sorgen drinne sî:
   trût gespil, nu hilf mir tretten.
   nu sint doch gedanke frî,
5 daz die nieman überwindet.
   ich hân funden mir ein spil:
   der mir mînen vinger bindet,
   sô wünsch ich doch swaz ich wil.

2 Des solt dû mich niht erlâzen,
   sô wil ich dir mêre sagen.
   al mîn trûren waer verwâzen,
   möhte ich einen man verjagen.
5 sich, der wil mich fröide noeten
   und doch sorge niht erlân:
   jô mües er mich niunstunt toeten,
   ê ich würde im undertân.'

3 'Liebe, des solt dû mir zeigen:
   lîhte vinde ich einen list
   daz wir in mit zuht gesweigen,
   als den rât der bezzer ist.
5 var fürdèr, betwungen minne!
   frîe liebe, gar verholn,
   diu erflöuget uns die sinne:
   süeze ist daz dâ wirt verstoln.

4 Swer mit leide wil ertwingen
   liep, der toeret sich vil gar:
   liep liebè, leit leide erringen
   kan; ich wil ze fröiden schar.
5 saelde und ir gesinde walter
   die mit fröiden sîn gemeit:
   froelich jugent blüejent alter
   gît und ander werdekeit.

5 Wol zimt allen guoten liuten
   tugenthafter hôher muot.
   herzeliep mit wünschen triuten
   deist für ungemüete guot.'
5 'nieman kan mich des erwenden,
   der mir tougenlîch ist holt,
   dem wil ich mîn herze senden:
   daz sî sîner minne solt.'[1]

1 »Ich will mein Herz von allen Sorgen befreien. Liebe
Freundin, jetzt hilf mir zu tanzen! Die Gedanken sind doch
so frei, daß niemand sie besiegen kann. Ich habe mir ein Spiel-
chen ausgedacht: auch wenn einer mir den Finger bindet,
dennoch wünsche ich (zu tun), was mir gefällt.

2 Davon kannst du mich nicht abhalten; ich will dir noch
mehr erzählen. All mein Kummer wäre vorüber, wenn ich
einen Mann loswerden könnte. Schau, der will mich zur
Freude zwingen, doch die Sorgen kann er nicht von mir nehmen. Ja, der müßte mich neunmal totschlagen, bevor ich ihm
gehörte!«

3 »Meine Liebe, das mußt du mir erklären. Vielleicht denke
ich mir einen Plan aus, wie wir ihn mit Anstand zum Schweigen bringen. Ich weiß noch einen besseren Rat: Fort mit dir,
erzwungene Liebe! Die frei gewählte Liebe, die ganz heim-
liche, die beflügelt unsere Sinne: süß ist, was da geheimge-
halten wird.

1 Text nach: KLD I, S. 47 f. (Burkart von Hohenvels, Nr. XV).

4 Wer mit Leid Liebe erzwingen will, macht sich wirklich selbst zu einem Toren: Liebe kann nur Liebe, und Leid nur Leid erzeugen; ich jedenfalls will zu denen gehören, die fröhlich sind. Das Glück und seine Helfershelfer begünstigen die Fröhlichen. Eine fröhliche Jugend verleiht ein blühendes Alter und andere Würden.

5 Eine tugendhafte Gesinnung steht allen vornehmen Menschen gut an. Den Herzensfreund in Gedanken zu lieben, ist gut gegen Trübsinn.« »Niemand kann mich von dem, der mir heimlich zugetan ist, trennen. Ihm will ich mein Herz schenken: das sei der Lohn für seine Liebe.«

Burkhard von Hohenfels[2], urkundlich bezeugt zwischen 1216 und 1228, war ein Ministerialer aus der Gegend von Überlingen am Bodensee. Wahrscheinlich stand die Familie in den Diensten der Staufer[3], denn in Urkunden wird Burkhard zusammen mit Friedrich II. und Heinrich VII. erwähnt.[4] Da sein dichterisches Wirken vermutlich eng mit diesem Hof verbunden war, wird er – gemeinsam mit Gottfried von Neifen (bezeugt 1234–55) und Ulrich von Winterstetten (bezeugt 1241–80) – zum schwäbischen Dichterkreis gezählt.[5]

Sein literarisches Werk, 18 in der Großen Heidelberger Liederhandschrift überlieferte Lieder, wurde von der Literaturwissenschaft bisher unterschiedlich bewertet. Die frühere Forschung sah in ihm keinen eigenständigen, auch keinen bedeutenden Dichter; Carl von Kraus zählt ihn »nicht zu denen, die das Dichten von Grund auf gelernt haben«[6]. Wegen seines scheinbaren Mangels an Originalität ist er oft in die Sparte der Epigonen eingereiht worden.[7] Dagegen

2 Hugo Kuhn, »Burkhard von Hohenfels«, in: VL² 1 (1978) Sp. 1135 f.
3 Joachim Bumke, *Ministerialität und Ritterdichtung*, München 1976, S. 63 und S. 234, Anm. 370.
4 Sämtliche Urkunden sind aufgeführt bei Fritz Grimme, *Geschichte der Minnesinger*, Paderborn 1897, S. 237 ff.
5 Kuhn, S. 3.
6 KLD II, S. 32.
7 Max Sydow (*Burkhard von Hohenfels und seine Lieder*, Berlin 1901)

steht aber das hohe Niveau seiner Formkunst. Es hat die neuere Forschung dazu veranlaßt, in ihm einen »Wegbereiter, ja ein erster Höhepunkt des geblümten Stils und der erkenntnistheoretisch aufgeputzten Minneallegorie«[8] zu sehen. Er muß deshalb als gelehrter Dichter gelten, denn er kannte die lateinischen Poetiken[9] und den französischen Minnesang[10].

Sein Œuvre zeigt viele Aspekte: Neben Liedern des hohen Stils stehen Tanz- und Szenenlieder. *Ich wil mîn gemüete erjetten* ist ein solches Szenenlied. Es wird zu den objektiven Gattungen, den sogenannten *genres objectifs*, gezählt, da nicht das monologisierende Sänger-Ich, sondern eine Gesprächsszene das Lied charakterisiert. In diesem Gespielinnengespräch tauschen sich zwei Frauen über Leiden und Freuden der Liebe aus. In den ersten beiden Strophen klagt eine junge Dame der Freundin über den Kummer, den ihre Verlobung[11] in ihr auslöst (2,3 f.). *sorgen* bedrücken sie (1,2), aber sie geht souverän damit um: sie will ihre mißliche Lage zumindest in Gedanken überwinden und zum Tanzen gehen[12] (1,3 f.). In den beiden folgenden Strophen erteilt eine Freundin ihr den Ratschlag, daß Liebe unter Zwang nicht zu

interpretiert Burkhard als Nachfolger Wolframs von Eschenbach und Gottfrieds von Straßburg. Erika Mergell (*Die Frauenrede im deutschen Minnesang*, Diss. Frankfurt a. M. 1940) ordnet Burkhard bereits im Inhaltsverzeichnis als Epigonen ein.

8 Kuhn, S. 40. Burkhards Formalismus und Klassizismus betont auch Hans-Herbert S. Räkel, *Der Deutsche Minnesang. Eine Einführung mit Texten und Materialien*, München 1986, S. 208–209.

9 Kuhn, S. 40.

10 Jürgen Vorderstemann, »Zu Burkart von Hohenfels, ›mich müet daz so maneger sprichet‹«, in: *Beiträge zur weltlichen und geistlichen Lyrik des 13.–15. Jahrhunderts*, hrsg. von K. Ruh und W. Schröder, Würzburg 1970, S. 52.

11 *vinger binden* (1,7) bedeutet soviel wie eine Verlobung unter Zwang, vgl. KLD II, S. 50.

12 *nu hilf mir tretten* (1,3) bezieht sich auf die Teilnahme am Tanz, KLD II, S. 48. Zur Tanzterminologie *tretten* vgl. Ann Harding, *An Investigation into the Use and Meaning of Medieval German Dancing Terms*, Göppingen 1973, S. 336–345.

akzeptieren sei (3,5). Nur die frei gewählte Liebe kann die Sinne beflügeln und Freude bringen (3,6–8). Sie möchte nicht nur einen Plan ausdenken, wie der ungeliebte Verlobte mundtot gemacht werden könne, sondern erklärt darüber hinaus auch, daß es gut sei, den Herzensfreund heimlich zu lieben (5,3 f.). Die unglückliche Freundin beschließt den Dialog, indem sie den Rat der Freundin aufgreift und ankündigt, daß sie ihrem heimlichen Verehrer als Lohn für dessen Liebe ihr Herz schenken wolle (5,3 f.).

Form, sprachlicher Ausdruck und Tanzaufforderung charakterisieren dieses Lied als nichthöfisch und volkstümlich.[13] Andererseits erscheint als Proprium des Dialoges eine ins Grundsätzliche gewendete Diskussion über die Liebe, besonders in den Worten der zweiten Gespielin. Sie scheint auf in den Antithesen *fröide–sorge, betwungen minne–frîe liebe* und *liebe–leit*.[14] Auch das Motiv der Gedankenfreiheit ist in die Rationalität des Liedes einzuordnen, das zudem den sozialen Aspekt einer alle gesellschaftlichen Gruppierungen betreffenden Gedankenfreiheit umfaßt.[15]

Diese Klassifikationen – volkstümliche Simplizität einerseits und hohes Niveau der Rationalität andererseits – passen nicht recht zusammen. Es erscheint zunächst schwierig, die unbeschwerte Tanzthematik mit einem logischen Diskurs zu verbinden. Man könnte dazu zwar die private Bindung der ersten Gespielin als Auslöser für die Minnetheorie, die in der zweiten Frauenrede dargelegt wird, betrachten;[16] die Beziehungsproblematik aber, die immerhin in den ersten beiden Strophen breit dargestellt wird, verlöre bei solcher Sicht ihre eigenständige Bedeutung. Eine Lösung des Problems bietet die Rede der ersten Gespielin, die bisher noch nicht genü-

13 KLD II. Vgl. auch H. de Boor / E. Newald, *Geschichte der deutschen Literatur*, Bd. 2, München ⁸1969, S. 349.
14 Kuhn, S. 31.
15 Vgl. Cramer (1983).
16 Vgl. Claudia Händl, *Rollen und pragmatische Einbindung. Analysen zur Wandlung des Minnesangs nach Walther von der Vogelweide*, Göppingen 1987, S. 241 ff.

238 *Minne und Kunst in konkreten Bezügen*

gend beachtet worden ist. Erika Mergell scheiterte schon an der Übersetzung, sie verstand *verjagen* als *erjagen*;[17] Helke Jährling unterschätzt das Gewicht der Rolle und weist der Ratsuchenden damit lediglich eine »Nebenrolle«[18] zu. Dagegen spricht aber schon die ausgewogene Verteilung der Sprecherrollen im Lied; beide Frauen sprechen über je zweieinhalb Strophen. Die erste Frau eröffnet dabei nicht nur den Dialog, sie beschließt ihn auch; von einer Nebenrolle kann daher nicht gesprochen werden.

Eine Interpretation, die den Gattungsaspekt des Liedes verdeutlicht, könnte dieses Problem lösen. KLD XV ist vor dem Hintergrund der französischen Gattung der *chanson de la malmariée* zu betrachten. Darauf verweisen einige thematische und formale Indizien, etwa die Einfachheit des Strophenbaus. Die Strophe ist aus Vierhebern gebaut, ihr Reimschema ist ababcdcd. Sie steht somit in der Nähe zur Tanzbegleitung des populären Liedes und nahe bei der nordfranzösischen Reienstrophe. Schon Silvia Ranawake hat darauf hingewiesen, daß sich diese Strophenform oft mit der *malmariée*-Thematik verbindet.[19]

malmariée heißt auf deutsch ›schlecht verheiratet‹, d. h., die schlecht verheirateten Frauen bestimmen das Bild dieser Gattung.[20] Verbreitet ist das Genre besonders im nordfranzösischen Raum. Von dort stammen die meisten überlieferten Texte. Auch aus der Provence sind einige dieser Lieder überliefert, ebenso aus der sizilianischen Dichterschule des 13. Jahrhunderts, die eigene volkssprachliche Lieder der *malmariée* hervorgebracht hat.[21] Daneben existiert auch ein mittellateinischer Vertreter, der allerdings singulär geblieben zu sein scheint.[22]

17 Mergell (Anm. 7) S. 97. Dazu auch KLD II, S. 49, Anm. 3.
18 Jährling, S. 32.
19 Ranawake, S. 294.
20 Literatur zur *chanson de la malmariée* vgl. Literaturverzeichnis.
21 Adolf Gaspary, *Die Sicilianische Dichterschule des Dreizehnten Jahrhunderts*, Berlin 1878, S. 116–120.
22 Henning Brinkmann, *Geschichte der lateinischen Liebesdichtung im*

Die Überlieferung ist in der Regel anonym, aber einige Dichter sind auch namentlich bekannt. Vermutlich entstanden die Lieder, deren Ursprung in den Maifesten Mittel- und Nordfrankreichs zu sehen ist,[23] in ihrer überlieferten Gestalt im Umkreis der nordfranzösischen *jongleurs*,[24] vielleicht auch in Arras, wo es eine Dichtergemeinschaft mit bürgerlichem Charakter gab, die sich vorwiegend für die populären Gattungen interessierte.[25] Da ein Frauenmonolog – möglicherweise entwachsen aus den ritualisierten Frauenreden der Maifeste – den Kern dieser Gattung bildet, gehören die *chansons* im weitesten Sinne zu den Frauenliedern.[26] Sie können verschiedenartigste rhythmisch-choreographische Formen annehmen und sind zu den popularisierenden Registern, zu denen auch Pastourelle und Tagelied gehören,[27] zu rechnen. Daraus ergeben sich Mischformen und Motivberührungen zwischen den einzelnen Genres. Besonders häufig sind Interaktionen von Pastourellen und *malmariée*.

Die *chanson de la malmariée* definiert sich als lyrisches Genre vor allem inhaltlich: ihr konstitutives Element besteht aus der Klage einer verheirateten Frau über ihre schlechte Heirat und Ehe. Einen Ausweg aus dem Ehegefängnis bietet für sie ein realer oder fiktiver Geliebter. Dieser Geliebte stellt in allen Bereichen das Gegenbild des mißliebigen Gatten dar: ist jener ein ungehobelter, gewalttätiger Haustyrann, so wird dieser als Inkarnation aller höfischen Tugenden vorgestellt. Aus den Mißverhältnissen der Typen Ehefrau, Ehemann und

Mittelalter, Halle 1925, S. 76. Vgl. auch: Maurice Delbouille, »Trois Poésies Latines Inédites. Tirées du Manuscrit Bibl. Aedilium Florentinae eccl. 197 de la Laurentienne«, in: *Mélanges Paul Thomas*, Bruges 1930, S. 174–186.

23 Joseph Bédier, »Les Fêtes de Mai et les Commencements de la Poésie Lyrique au Moyen Age«, in: *Revue des deux Mondes*, Nr. 135, 1. Mai 1896, S. 146–172.

24 Gaston Paris, »Les Origines de la Poésie Lyrique en France«, in: *Journal des Savants* (1891) S. 674–688 und 729–742.

25 Ranawake, S. 164.

26 Bec II, S. 68.

27 Ebd.

Liebhaber – der bekannten schwankhaften Dreieckskonstellation – entwickeln sich die verschiedensten Akzentuierun-
gen im jeweiligen Lied. Ein wenig stereotyp – und ebenfalls
an *fabel* und Schwank erinnernd – wirkt die Disqualifizierung des Gatten und die Bewertung der Ehefrau, in der je
nach typologischer Variation eine misogyne Tendenz mitan-
gedeutet ist. Hinter dem gegensätzlichen Eigenschaftskanon
der Beteiligten verbirgt sich, zumindest im 13. Jahrhundert,
der prinzipielle Kontrast von *courtoisie* und *vilainie*, von
höfischem Ritter und unhöfischem Bauern. Die Frau erscheint in der *chanson de la malmariée* als Bewertungsin-
stanz über die Männer: sie macht sich lustig über die Un-
fähigkeit ihres Gatten zu einem kultivierten Geschlechterverhalten. Zuweilen hat sie unter den Handgreiflichkeiten
ihres Mannes sehr zu leiden.[28]
Diese Aspekte, die die Gattung der *malmariée* konstituieren,
könnten auch als Folie für eine Interpretation von Burkhards
Lied KLD XV dienen. Eine Rezeption dieser Gattung in
Deutschland wäre allerdings die Voraussetzung für eine solche Interpretation. In dieser Frage hat sich die Mediävistik
weitgehend zurückgehalten, obwohl Rezeptionsvorgänge
für andere Genres, etwa Pastourelle und Tagelied, immer
wieder ins Blickfeld gerückt sind. Die Gründe dafür sind
vielfältig. Sie liegen vor allem in der unbestrittenen Autorität
des Romanisten Alfred Jeanroy, der eine deutsche *malmariée*
nicht für möglich hielt. Sie liegen auch in der allgemeinen
Bewertung des Rezeptionsvorgangs der romanischen Genres. Es wird angenommen, daß allein diejenigen Gattungen
ins Deutsche übernommen worden sind, die als repräsenta-
tive Selbstdarstellung des Adels geeignet waren und dessen
säkulares Ethos transportierten.[29] So sind die Hinweise auf
mögliche Verbindungen einiger mhd. Lieder zu den *chansons*

28 Vgl. *Por coi me bait mes maris, laisette* – »Warum schlägt mich mein
     Mann, ich Unglückliche«. Text bei Bec II, Nr. 144.
29 Bumke, S. 19.

de la malmariée unbeachtet geblieben oder einfach beseitigt worden.[30]

Tatsächlich gibt es für diese Liedgattung auch deutsche Vertreter, die wie in Frankreich vom 13. Jahrhundert bis in die Gegenwart reichen. Zahlenmäßig am stärksten vertreten ist die *malmariée* zwischen dem 15. und dem 19. Jahrhundert. Aber es gibt auch einige Texte des 13. und 14. Jahrhunderts, in denen die *malmariée*-Thematik aufscheint. Zu diesen Liedern gehört der Ehestreit *Went ir hoeren* (Reinmar, MF LXIV);[31] und Neidharts SL 25 *Vreude und wünne hebt sich aber wîten*.[32] In Neidhart SL 25 wird das Motiv der erzwungenen Mißheirat ebenfalls in ein Gespielinnengespräch situiert. *Wendelmuot* klagt über die Werbung eines *vriheistalt*[33], den sie allerdings zurückgewiesen habe. Sie[34] beschimpft ihn verächtlich als *gebûwer* (4,5); wesentlich lieber, als sich um

---

30 Vgl. die Äußerungen Friedrich Vogts in der Ausgabe von MF 1911, das Lied Nr. LXIV Reinmars gehöre »zu der in Frankreich beliebten, in Deutschland seltenen Gattung der chanson de la malmariée« (S. 418). Dieser Hinweis ist später von Carl von Kraus ersatzlos gestrichen worden. Vgl. Helmut Tervooren, »Brauchen wir ein neues Reinmar-Bild?«, in: GRM 36 (1986) S. 260.

31 MFMT, Reinmar Nr. LXIV. Dazu Tervooren (Anm. 30) S. 255 bis 266. Ebenso Helmut Tervooren, *Reinmar-Studien. Ein Kommentar zu den »unechten« Liedern Reinmars des Alten*, Stuttgart 1991, S. 130 bis 139.

32 *Die Lieder Neidharts*, hrsg. von Edmund Wießner, fortgef. von Hanns Fischer, Tübingen ⁴1984, SL 25. Die Nähe zur *malmariée* stellt I. Kasten dar. Ingrid Kasten, *Frauenlieder des Mittelalters*, Stuttgart 1990, S. 268 f. Ebenfalls Janssen, S. 97.

33 Die genaue Bedeutung dieses Wortes bleibt unsicher. Möglicherweise bedeutet es – als Kontraktion von *hagestalt* – Besitzer eines Grundstücks; es kann aber auch von *haistaldi* abgeleitet worden sein und den jüngeren Sohn eines lohnabhängigen Bauern meinen. Vgl. Ingrid Kasten (Anm. 32) S. 268.

34 Bruno Fritsch, *Die erotischen Motive in den Liedern Neidharts*, Göppingen 1976, S. 86, bezeichnet die Frau als ein Bauernmädchen, ebenso Günther Schweikle, *Neithart*, Stuttgart 1990 (SM 253), S. 125: »einfaches Mädchen«. Karl Credner, *Neidhartstudien I. Strophenbestand und Strophenfolge*, Diss. Leipzig 1897, S. 40, sieht in dem Mädchen eine »junge, von ihrem Gatten nicht befriedigte Frau«.

sînes dingelînes (5,1)[35] zu kümmern, würde sie sich mit dem *Riuwentaler*, dem eleganten Ritter und Sänger, vergnügen. Wenn auch die zentrale Schlagkraft des Liedes in seiner Bauernkritik liegt,[36] so sind doch Motivparallelen zu Burkhards Lied greifbar. Eine wichtige Rolle spielt auch bei Burkhard die Zurückweisung des ungeliebten Bewerbers, die in der empörten Weigerung des Mädchens, sich diesem Mann hinzugeben, zu sehen ist.[37] Der Ausdruck *fröide noeten* (2,5) beschreibt das Paradoxon des Zwanges zur Freude, der hier konkret als Zwang zur körperlichen Liebe verstanden werden kann. Der Verlobte wird bei Burkhard im Gegensatz zu Neidhart nicht ständisch qualifiziert, sein Verhalten allein reicht für das Mädchen aus, um sich von ihm zu distanzieren. Diese Zurückweisung ist Ausgangs- und Angelpunkt in Burkhards wie in Neidharts Lied. Das Unglück der jungen Frau über ihre zukünftige institutionelle Bindung, ihre ausdrückliche Verweigerung und die Flucht zum Freund – Motive, die sowohl bei Neidhart als auch Burkhard zu finden sind – berechtigen dazu, diese Lieder in den Horizont der *chanson de la malmariée* zu stellen.

Der Vergleich mit dem zu Burkhards Lied KLD XV baugleichen französischen Lied *Quant voi la prime florete*[38] verstärkt diesen Zusammenhang. Die Kombination von Tanzmotivik, Willen zu Liebesfreude und -freiheit sowie eine Diskussion über den passenden Partner ist hier in ein Gespielinnengespräch in pastourellenhaftem Ambiente eingebettet. Das nordfranzösische Lied stellt eine Mischform von Gespielengespräch, Pastourelle und *malmariée* dar. Die Gesprächspartnerinnen werden als Hirtinnen stilisiert: eine

---

35 Hier vermutlich in erotischer Bedeutung als Penis, vgl. Fritsch (Anm. 34) S. 86; Schweikle (Anm. 34) S. 109.
36 Kasten (Anm. 32) S. 269.
37 Joldersma, S. 208: »[. . .] the rejection of the unwelcome suitor by one of the maidens in song XV is no less masterful and only slightly less burlesque than a similar scene in Neidhart SL 25.«
38 Raynaud / Spanke Nr. 982 (vgl. Ranawake, S. 295); Text bei Bartsch, Nr. II, 24.

ältere, erfahrene spricht zu ihrer jungen Freundin. Die Ältere
erklärt, daß es nichts Schöneres gebe als die Liebesfreude.
Die Jüngere ist zunächst skeptisch, läßt sich jedoch schnell
von der Freundin überzeugen. Schließlich bekennt auch sie
sich zum offenen Liebesgenuß, der allerdings nur mit einem
als adäquat angesehenen Mann erreicht werden könne. Nur
in der Jugend sei der Genuß der Liebesfreude möglich
(V. 57–59), die Jungfräulichkeit dürfe auf gar keinen Fall
einem ungemäßen Bewerber geopfert werden, die Liebesfreude sei nicht an eine schlechte Heirat zu verschwenden
(V. 61–65). Wenn wir Burkhards Lied vor diesem Hintergrund betrachten, können wir den Motivkomplex von pro-
blematischer Liebesbindung der ersten Gespielin, dem daran
anschließenden Diskurs der Freundin und die Tanzthematik
als Reflex der Gattung der *chanson de la malmariée* beschreiben. Ebenso wie in der nordfranzösischen *chanson* erteilt die
Frau mit größerer Erfahrung der jüngeren Freundin einen
Rat; auch sie wendet die Sorgen der jüngeren zunächst in
einen allgemeinen Diskurs. Die jüngere appliziert die Einlas-
sung der älteren wiederum auf ihre konkrete Lebenssitua-
tion. Interessanterweise ist bei Burkhard ebenso der The-
menkomplex von freier, ungebundener Liebesfreude, die nur
der Jugend vorbehalten ist, vorhanden (Str. 4).
Burkhard arbeitet im Unterschied dazu die *fröide* stärker
heraus und interpretiert auch die *malmariée*-Thematik unter
diesem Aspekt. Die *fröide* stellt das Leitmotiv dar, um das
der ganze Dialog kreist. Der Verlobte ist ungemäß, weil er
keine *fröide* bringt, sondern im Gegenteil nur *sorgen* und
trûren erzeugt. Diese Abwesenheit von *fröide* wird von der
Gespielin als *leit* zusammengefaßt (4,3). Eine *betwungen
minne* ist eine Liebe, die ihrer Freiheit beraubt worden ist;
sie kann keine *fröide* bringen. Nur die *frîe liebe*, die frei
gewählte Liebe, kann dieses leisten. Sie bereitet den Menschen Sinnenglück (3,7), sie ist angenehm (3,8) und bedeutet
irdisches Glück (4,5). *fröide* ist der Jugend vorbehalten, wenn
aber die Jugend hoch gestimmt verbracht wird, so bedeutet

das auch Würde im Alter (4,7 f.). Diese *fröide* ist eine
Lebensfreude, die nur die rechte Liebe hervorbringen kann;
diese Liebe trägt drei positive Kennzeichen: Heimlichkeit,
tugendhafte Gesinnung, besonders aber Freiheit. Die *fröide*,
die hier als erstrebenswert dargestellt wird, ist sicher als persönliche Lebens- und Liebesfreude zu verstehen. Die Rede
der zweiten Gespielin gibt der subjektiven Freude aber auch
eine ethische Qualität, die Allgemeingültigkeit besitzt. Getragen werden soll sie von einer bestimmten Schicht, den
guoten liuten. Damit steht die Freude, die hier von Burkhard
dargestellt wird, in Berührung mit der sogenannten höfischen Freude und beschreibt somit einen ethischen Habitus,
der auch aus dem klassischen Minnelied bekannt ist.

Gegen diese Aspekte verstößt das Verhalten des Verlobten:
er mißachtet die Persönlichkeit seiner Verlobten; genauso
mißachtet er ein scheinbar allgemeines Gesetz, daß man mit
Zwang niemals Liebe erreichen kann, und gibt sich so der
Lächerlichkeit preis: *swer mit leide wil ertwingen / liep, der
toeret sich vil gar* (4,1 f.). Die Gespielinnen haben die Souve-
ränität und den Mut, als Frauen das Verhalten eines Mannes
abzuqualifizieren und sich ihm zu verweigern. Welche
Schande für den Mann. Aber damit nicht genug: es erscheint
legitim, aus der institutionell angelegten Bindung auszubre-
chen und sich einem Geliebten hinzugeben. Dieser zeigt
gerade die Haltungen, die von der Gespielin als ideal dargestellt worden sind. Er ist das *herzeliep*, das der Auserkorenen
tougenlîch holt ist (5,6). Offensichtlich hat das Mädchen –
angeregt durch den Rat der Freundin – den Mut gefunden,
sich ihrem Freund zuzuwenden. Entscheidend ist, daß der
Freund im Gegensatz zum Verlobten keinen Zwang anwen-
det, daß sich das Mädchen ihm selbständig und freiwillig
zuwendet. Der Motivkomplex, der eine Frau zwischen
ihrem rechtmäßigen Partner und dem Geliebten stehend darstellt, zeigt: eine in höfischem Sinne kultivierte und sexuell
befriedigende Geschlechterbeziehung ist nur mit dem illegitimen Freund möglich. Das darin angedeutete Mißverhältnis

von (rechtmäßig) Verlobtem und Geliebtem gehört zu den Konstituenten der *chanson de la malmariée*. Davon weist auch Burkhards Lied die wesentlichen Aspekte auf. Es erscheint mir daher berechtigt, das Lied gemeinsam mit Reinmar LXIV und Neidhart SL 25 als einen frühen Vertreter dieser Gattung in Deutschland aufzufassen.

Unterstrichen wird dies auch durch die Charakterisierung der Frau. Neben der Klage, die eher einer empörten Beschwerde denn einer resignativen Fügung in ihr Schicksal ähnelt, äußert sie trotzig ihren eigenen Willen: *sô wünsch ich doch swaz ich wil* (1,8). Im französischen Lied der *malmariée* sowie bei Reinmar LXIV ist häufig zu beobachten, daß die Frau ihren Mann direkt beschimpft;[39] dies ist bei Burkhard KLD XV nicht der Fall, die Dame geht hier zu ihrem Verlobten auf sprachliche Distanz. Sie nennt ihn lediglich *der* (1,7) und *einen man* (2,4) – er bleibt für sie ein Fremder. Ihre Verweigerung der körperlichen Liebe ist allerdings äußerst vehement: *jô mües er mich niunstunt toeten, / ê ich würde im undertân* (2,7 f.). Dieser trotzig-selbstbewußte Ton der Frauenrede ist durchaus vergleichbar mit den Beschimpfungen der jungen Frau in Reinmars Lied,[40] mit den Unmutsäußerungen *Wendelmuots* im Lied Neidharts, selbstverständlich auch mit der entsprechenden Diktion der französischen Texte.

Wenn die Frau auf den Liebhaber zu sprechen kommt, verändert sich die Lexik und wechselt in den Stil des ›klassischen‹ Minneliedes. Ihrem Herzensfreund will sie ihr *herze senden* als Lohn für seine *tougenliche minne* (5,5–8). Hier wird nicht nur sprachlich die Nähe der Dame zum Freund aufgebaut und mit der Ferne zum Verlobten kontrastiert; es werden auch Verhaltensweisen heraufbeschworen, die das Geschlechterverhalten mit den Werten der höfischen Ethik verbinden. Damit werden sicher auch die zunächst massiven und frivolen Äußerungen der Dame entschärft; bei der

39 Vgl. *vilains au fol visage*, Bec II, Nr. 5.
40 Vgl. *tumber gouch*, Reinmar LXIV, V. 7.

Gespielin ist ähnliches zu beobachten. Die ausdrückliche Verdammung der Liebe unter Zwang und der Preis der freien Liebe wird in der letzten Strophe (5,1–4) abgemildert. *herzeliep mit wünschen triuten* ist eine Haltung, die einer höfischen Dame angemessen ist.[41]

Die Ethisierung und Höfisierung einer ursprünglich unkonventionellen Frauenrede ist auch in Reinmars Lied zu beobachten.[42] Möglicherweise lief das frivole Bekenntnis einer *malmariée* den Interessen des deutschen Publikums an einer repräsentativen Adelsdichtung zuwider und wurde – um überhaupt gehört zu werden – deshalb nachträglich entschärft. Das könnte die äußerst spärlichen deutschen Textzeugen im 13. Jahrhundert erklären. Denn im späten Mittelalter und der frühen Neuzeit, als die Lieder für ein breiteres Publikum zugänglich und verfügbar geworden sind, fallen diese ethisierenden Zusätze weg.

Wurde Burkhard bei Lied XV von den französischen Liedern der *malmariée* direkt angeregt? Dafür spricht die Gebundenheit des Dichters an den Stauferhof; denn dieser Hof pflegte politische und kulturelle Beziehungen zum romanischen Raum. So hat etwa in der von Friedrich II. geförderten sizilianischen Dichterschule ein Austausch von romanischen und deutschen Dichtern stattgefunden.[43] Auch sind Frankreichaufenthalte von Dichtern aus dem Umkreis des Stauferhofes bekannt; für Burkhard selbst ist allerdings kein Aufenthalt urkundlich belegt. Der Stauferhof stellte also – besonders durch den zweisprachigen Friedrich II. – einen idealen Vermittlungsort von deutscher und romanischer Literatur dar. In diesen Zusammenhang könnte Lied

---

41 Erich Köhler, »Romanze«, in: GRLMA 2,1, Heidelberg 1979, S. 59: »Selbst der *malmaridada* wird das Bekenntnis ihres frustrierten Liebesbegehrens nur selten [. . .] gestattet, [. . .]. Die domna bleibt – und hat zu bleiben – in unerreichbarer Höhe. Für diese Höhe bezahlt sie mit dem Verzicht auf Leidenschaft.«

42 Vgl. Tervooren (Anm. 31) S. 136.

43 Joachim Schulze, »Die Sizilianer und der Minnesang«, in: GRM 39 (1989) S. 389.

XV einzuordnen sein. Das Interesse der Staufer könnte sich bei einer intensiven Beziehung zur Romania auch auf Genres ausgedehnt haben, die nicht überall gleichermaßen beliebt waren, wie etwa die *chanson de malmariée*. Wenn Burkhard tatsächlich die eingehende französische Bildung besaß, die Kuhn für ihn geltend macht,[44] erscheint eine bewußte Aufnahme dieser Liedform durch ihn im Rahmen des Wahrscheinlichen.

Wir haben gesehen, daß wesentliche gattungstypische Merkmale der *chanson de la malmariée* in Burkhards Lied eingeflossen sind. Sie betreffen vor allem die Erzählperspektive des *genres objectif*, die in einem Gespielinnengespräch Tanzthematik und Liebesdiskussion verbindet. Die Frau verhält sich ebenfalls gattungsgemäß, da sie zwar in einer Klage ihrer momentanen sorgenvollen Stimmung Ausdruck verleiht – Anlaß dafür bildet die bevorstehende Verlobung mit einem gewalttätigen und unkultivierten Mann –, gleichzeitig jedoch diese Lage überwindet und sich dem Freund zuwendet. Die Personen zeigen die für die *chanson de la malmariée* typische Dreieckskonstellation von Frau, legitimem Partner und Liebhaber. Burkhard hat diese Elemente aufgenommen und in seinem Lied spezifisch gestaltet, indem er die *malmariée*-Thematik unter dem Aspekt der *fröide* interpretierte und die Frauenrede mit dem höfischen Ethos verband. Damit erweist er sich als produktiver Rezipient des romanischen Genres, das außer durch ihn vermutlich allein über die Eigenleistungen der großen Dichterpersönlichkeiten wie Reinmar und Neidhart Eingang in die mhd. Lyrik gefunden hat.

Zuletzt ist auf einige Aspekte des Realitätsbezuges der Lieder der *malmariée* einzugehen. Die personale Liebe und damit verbunden die Liebesheirat ist eine Erfindung der Neuzeit,[45] und es erscheint fraglich, ob wir diesen Hinter-

44 Kuhn, S. 23.
45 Vgl. Edward Shorter, »Différences de classe et sentiment depuis 1750«, in: *Annales: Economies, sociétés, civilisations* 29 (1974) S. 1034 ff.

grund für die Lieder der *malmariée* überhaupt als ein positives Wertesystem annehmen dürfen. In der mittelalterlichen Eheschließungspraxis wurde in den seltensten Fällen Rücksicht auf die persönlichen Wünsche beider Partner genommen. Für den Adel stellt die Ehe ein Mittel des politischen Kalküls dar; die Ehe bildete für die junge Frau die Gewähr für eine gesicherte materielle Versorgung, der die persönliche Zuneigung untergeordnet wurde. Diese Aspekte der Eheschließungspraxis werden in den Liedern der *malmariée* gespiegelt; auch in unserem Lied geht eine gesicherte materielle Versorgung in der institutionellen Bindung auf Kosten der idealtypischen Geschlechterbeziehung. Ebenso wie in den historischen Quellen wird die Frau als ein Teil des männlichen Besitzes angesehen, über den er frei verfügen kann.

Der Ehebruch – in den Augen von Kirche und Gesellschaft ein schweres Verbrechen – wird in den Liedern der *malmariée* nicht problematisiert. Im Gegenteil: er erscheint sogar legitim, wenn die Dame mit einem ihr nicht gemäßen *vilain* verheiratet ist; eine Dame, die einen schlechten Ehemann hat, ist nicht zu tadeln, wenn sie sich einen Freund sucht.[46] Ein mit der Unwürdigkeit des Gatten legitimierter Ehebruch gehört in den Bereich der traditionellen literarischen Fiktion. Möglicherweise stellt die Figuration von verheirateter Frau und ledigem Ritter, die an der Realität des schlechten Ehemannes scheitert, eine Transformation der Minneliedkonstellation in die gesellschaftliche Realität dar. Diese ist allerdings problematisch, wie die Frauenklage deutlich zeigt. In Lied KLD XV wird der gesellschaftliche Zündstoff – die Zurückweisung des legitimen Bewerbers und die Proklamation der frei gewählten, jedoch illegitimen Liebe – zurückgenommen, indem diese Äußerungen als Gedankenexperiment, *spil* (1,4; 1,6), gekennzeichnet werden. In den Liedern der *malmariée*, die, wie wir gesehen haben, ohne das Bezugssystem des höfischen Ethos des *grand chant courtois* nicht

---

46 So der Refrain des französischen Liedes, Bec II, Nr. 13: *Dame qui a mal mari, s'el fet ami, n'en fet pas a blasmer.*

denkbar wären, kollidieren ideale Werte mit gesellschaftlichen Realitäten. Diese Kollision birgt erheblichen Sprengstoff: institutionelle Bindungen werden nicht – wie in den subjektiven Gattungen – ignoriert, sie werden durch die literarisch ausgestaltete *mésalliance* problematisiert. Höfisches Geschlechterverhalten wird in der Ehe ad absurdum geführt. Auch in diesem Sinne ist Burkhards Lied gattungskonform.

Literaturhinweise

Ausgaben

Des Minnesangs Frühling. Unter Benutzung der Ausg. von Karl Lachmann und Moriz Haupt, Friedrich Vogt und Carl von Kraus bearb. von Hugo Moser und Helmut Tervooren. Bd. 1: Texte. 38., erneut rev. Aufl. mit einem neuen Anh. Stuttgart 1988.

Deutsche Liederdichter des 13. Jahrhunderts. Hrsg. von Carl von Kraus. Bd. 1: Text. Tübingen 1952. Bd. 2: Kommentar. Bes. von Hugo Kuhn. Ebd. 1958. [Zit. als: KLD.]

La Lyrique française au moyen âge (XIIe–XIIIe siècles). Contribution à une typologie des genres poétiques médiévaux. Hrsg. von Pierre Bec. Bd. 2: Textes. Paris 1978. [Zit. als: Bec II.]

Romances et pastourelles françaises des XIIe et XIIIe siècles. Hrsg. von Karl Bartsch. Leipzig 1870. Nachdr. Darmstadt 1967. [Zit. als: Bartsch.]

Forschungsliteratur

Bec, Pierre: La Lyrique française au moyen âge (XIIe–XIIIe siècles). Contribution à une typologie des genres poétiques médiévaux. Bd. 1: Etudes. Paris 1977. [Zit. als: Bec I.]

Bumke, Joachim: Die Romanisch-deutschen Literaturbeziehungen im Mittelalter. Heidelberg 1967.

Cramer, Thomas: *So sint doch gedanke frî*. Zur Lieddichtung Burkharts von Hohenfels und Gottfrieds von Neifen. In: Liebe als Literatur. Hrsg. von R. Krohn. München 1983. S. 47–61.

Jährling, Helke: Die Gedichte Burkharts von Hohenfels. Diss. Hamburg 1970.

Janssen, Hildegard: Das sog. »Genre Objectif«. Zum Problem mittelalterlicher literarischer Gattungen, dargestellt an den Sommerliedern Neidharts. Göppingen 1980.

Jeanroy, Alfred: Les Origines de la poésie lyrique en france au moyen âge. Paris 1889.

Joldersma, Hermina: The Eavesdropping male. »Gespielinnengesprächslieder« from Neidhart to the Present. In: Euph. 78 (1984) S. 199–218.

Kuhn, Hugo: Minnesangs Wende. Tübingen ²1967.

Ranawake, Silvia: Höfische Strophenkunst. Vergleichende Untersuchungen zur Formentypologie von Minnesang und Trouvérelied an der Wende zum Spätmittelalter. München 1976.

Spanke, Hans: G. Raynauds Bibliographie des altfranzösischen Liedes. Bd. 1. Leiden 1955. [Zit. als: Raynaud/Spanke.]

Das ›konkretisierte‹ Minnelied

Inszenierter Minnesang
Johannes Hadlaub: *Ach, mir was lange*

Von Max Schiendorfer

1 Ach, mir was lange
  nach ir so wê gesîn,
  davon dâchte ich vil ange,
  daz ir daz wurde schîn.

5 Ich nam ir achte
  in gewande als ein pilgerîn,
  so ich heinlîchste machte,
  do sî gieng von mettîn.

    Dô hâte ich von sender klage
10 einen brief, daran ein angil was,
  den hieng ich an sî, daz was vor tage,
  daz sî nit wîzze daz.

2 Mich dûchte, si daechte:
  'ist daz ein tobig man?
  waz wolde er in die naehte,
  daz er mich grîffet an?'

5 Sî vorchte ir sêre,
  mîn frowe wolgitân,
  doch sweig si dur ir êre;
  vil balde si mir intran.

    Des was ich gegin ir so gaehe,
10 daz echt si balde kaeme hinîn,
  dur daz den brief nieman an ir gesaehe:
  si brâchte in tougin hin.

3 Wie si im do taete,
des wart mir nit geseit,
ob si in hinwurfe ald haete.
daz tuot mir sende leit.

5 Las si in mit sinne,
so vant si saeligheit,
tiefe rede von der minne,
waz nôt mîn herze treit.

Dem tet sî nie sît gilîche,
10   daz ir mîn nôt ie rechte wurde kunt.
ôwê, reine minnenklîche,
du tuost mich sêre wunt.

4 In getorste gisenden
nie keinen botten ir,
(wan sî nie wolde ginenden
ir trôst irzeigen mir)

5 Der ir kunt taete,
wie kûme ich sî verbir,
und si gnâden baete
nach mînes herzen gir.

Dâ vorchte ich ir ungedulde,
10   wan sî mir ist darumb gihaz,
daz ich sô gar gerne haete ir hulde.
warumbe tuot si daz?

5 Mîn herze sêre
si mir durbrochen hât,
wan sî da dur, diu hêre,
so giwalteklîche gât

5 Hin und her wider,
doch ez si gerne enpfât.
si lât sich drinne ouch nider
mit wunnen, die si hât.

Sî kan sô gefüege wesin,
10 swie sî mêr danne mîn herze sî,
swie si drinne gât, des mag ich ginesin:
arges ist sî so frî.

6 Mich dunket, man saehe
mîn frowen wolgetân,
der mir mîn brust ûf braehe,
in mînem herzen stân

5 Sô lieblîch reine,
gar wîblîch lobesan.
in wige ez doch nit kleine,
daz ich si sô mag hân.

Nû muoz sî mir doch des gunnen,
10 swie sêre sî sich frömdet mir.
doch gan sî mir nicht der rechten wunnen,
der ich ie muote zir.

7 Ôwê, diu Minne,
wie wil si mich nu lân,
und ich doch mîne sinne
an ir bihalten hân!

5 Daz noch mîn herze
nie trôst von ir gewan,
des wil mir sender smerze
von nôt gesigen an,

Sin kêre mirz dannoch ze guote,
10 daz sî die reinen twinge gegen mir ê,
daz si mir ze heile der leiden huote
dur triuwe gar engê.[1]

1 Ach, mir war lange / nach ihr so weh gewesen, / drum war
ich ängstlich bedacht, / daß ihr dies bekannt werde: / [5] Ich

1 Text nach: SMS (Ausg. Schiendorfer), S. 313–315.

beobachtete sie / im Gewand eines Pilgers, / so heimlich wie ich konnte, / als sie aus der Frühmesse kam. / Ich hatte da voll Liebesklagen / [10] einen Brief, woran ein Angelhaken war: / den steckte ich ihr an. Das war vor Tagesanbruch, / damit sie es nicht merken sollte.

2 Mich dünkte, sie dächte: / »Ist das ein Tobsüchtiger? / Was wollte er in solcher Nähe, / daß er mich anfaßte?« / [5] Sie fürchtete sich sehr, / meine schöne Herrin, / doch schwieg sie, besorgt um ihren Ruf; / eiligst entrann sie mir. / Grad deshalb tat ich gegen sie so stürmisch, / [10] daß sie recht schnell nach Hause käme, / damit den Brief niemand an ihr bemerke: / sie brachte ihn ungesehen fort.

3 Wie sie ihn dann behandelte, / das wurde mir nicht gesagt, / ob sie ihn wegwarf oder bewahrte. / Das bereitet mir Liebesleid. / [5] Las sie ihn empfänglich, / dann fand sie Segen drin: / tiefe Worte von der Liebe, / welche Not mein Herz erträgt. / Sie tat jedoch seitdem nie dergleichen, / [10] als wär ihr meine Not je recht bekannt geworden. / Oh weh, du Reine, Liebenswerte, / du verwundest mich schmerzlich.

4 Ich wagte es nie, / ihr einen Boten zu senden, / (da sie sich nie bequemte, / mir ihren Trost zu erzeigen), / [5] der ihr berichten sollte, / wie schmerzlich ich sie entbehre, / und der sie um Gnade bäte, / nach meines Herzens Wunsch. / Ich fürchtete da eben ihren Groll, / [10] denn sie haßt mich darum, / daß ich so liebend gerne ihre Huld hätte. / Warum tut sie das?

5 Mein Herz hat sie mir / schmerzlich durchbohrt, / indem sie da, die Edle, / so gewaltsam hindurchgeht, / [5] hin und wieder her, / obwohl es sie gern empfängt: / sie läßt sich drin auch nieder / in ihrer Herrlichkeit. / Sie kann so gefügig sein: / [10] wiewohl sie größer als mein Herz ist / und sie doch in es eindringt – ich komme heil davon: / so frei von Argem ist sie!

6 Ich glaube, man sähe / meine wohlgeschaffene Herrin, / wenn man mir die Brust aufbräche, / in meinem Herzen stehen, / [5] so lieblich und rein / und preisenswert weiblich. /

Ich schätze es zwar nicht gering, / daß ich sie so haben darf: / Das muß sie mir ja wohl gönnen, / [10] wie sehr sie sich mir auch entzieht. / Doch gönnt sie mir nicht die wahren Freuden, / die ich seit je von ihr begehre!

7 Oh weh, die Minne, / wie läßt sie mich im Stich, / wo ich doch all mein Sinnen / auf sie gerichtet habe! / [5] Daß mein Herz bis anhin / nie Trost von ihr erfur, / deswegen wird mein Liebesschmerz / mich sicher überwinden – / wenn sie mir's nicht noch zum Guten kehrt / [10] und die Reine vorher zu mir hinzwingt, / daß sie, zu meinem Heil, der leidigen Aufsicht / in Treue sich entzieht.[2]

1. Johannes Hadlaubs Lied *Ach, mir was lange* hat seit jeher ein besonders reges Interesse auf sich gezogen. Schon der einzige mittelalterliche Textzeuge, die Manessische Liederhandschrift, macht in dieser Hinsicht den Anfang. Nicht zufällig haben die Zürcher Redaktoren das Lied an die Spitze des umfangreichen Œuvres ihres singenden Mitbürgers gestellt und es zudem durch eine besonders große und reich ornamentierte Anfangsinitiale ausgezeichnet. Und es ist auch kein Zufall, wenn der Hauptmeister der gotischen Buchmalereien gerade diesem Text das Sujet für die eine Hälfte von Hadlaubs Doppelminiatur entnommen hat. Ein Minnelied, dessen ›Handlung‹ sich unverwechselbar abbilden läßt, stellt auch um 1300 noch die einsame Ausnahme von der Regel dar.

Ein kurzer Blick auf die weitere Rezeption zeigt, daß dieses narrative Potential offenbar wirklich den speziellen Reiz von Hadlaubs »Brief-Lied« ausmacht: Mitte des 18. Jahrhunderts hatte Johann Jacob Bodmer die im Exil der Königlichen Bibliothek zu Paris in Vergessenheit geratene Manessische Liedersammlung zu neuen Ehren gebracht, und er war es auch, der damals dem Codex den »zuvor nimmer gehörten Namen der Manessischen Handschrift« beilegte. Als Kronzeugen bei diesem Akt der Namengebung zitierte er keinen

anderen als Johannes Hadlaub, der in einem seiner Lieder
(SMS 8) den zeitgenössischen Zürcher Doyen und Lokalpo-
litiker Rüdiger II. Manesse als Initianten einer unvergleichli-
chen Liedersammlung preist. Zum Verfasser selber, zu Hadlaubs Biographie, lagen Bodmer dagegen keine Anhaltspunkte vor – oder fast keine. Nur wenig wußte er über
ihn mitzuteilen: »Aus einem bürgerlichen Geschlechte zu
Zürich. Er liebte eine vornehme Fräulein. Dieser entdeckte er
seine verliebten Empfindungen zuerst durch ein Billet, welches er ihr im Pilgrimkleide in der Kirche heimlich auf den
Rock heftete.« Als biographische Hauptquelle diente dem
Gelehrten offensichtlich der uns hier beschäftigende Lied-
text. Mit andern Worten: Bodmer war der Überzeugung, daß
der Sänger einen wahrheitsgetreuen Tatsachenbericht abge-
faßt und eine reale ›unerhörte Begebenheit‹ aus seinem Pri-
vatleben offenbart habe. In ähnlicher – freilich weit umfas-
senderer und kunstvollerer – Weise verwertete später auch
Gottfried Keller das Hadlaubsche Liedgut, aus dessen reich-
haltigem Episodenmaterial er die erste seiner *Zürcher
Novellen* komponierte. Selbst die literaturgeschichtliche
Forschung – insbesondere (aber nicht nur) im 19. Jahrhundert – bildete in dieser Hinsicht keine Ausnahme, wenn sie
etwa unser Lied zu Hadlaubs Jugendwerk zählte, weil es
doch in aller Deutlichkeit von seiner ersten schüchternen
Liebesavance berichte.[3]

Das übereinstimmende Moment dieser wissenschaftlichen
oder künstlerischen Annäherungsversuche beruht natürlich
nicht auf Zufall. Der anekdotische Zug des Liedtextes mußte
nachgerade zu biographistischen Auslegungen der genannten Art verlocken, und dies um so mehr, als es sich in Hadlaubs Œuvre um keinen isolierten Sonderfall handelt. Neben
Ach, mir was lange findet sich bei ihm eine ganze Gruppe
ähnlich strukturierter Texte, die man in der Forschung meist
unter dem Begriff der »Erzähllieder« zusammenfaßt. Bei

---

3 So Schleicher, S. 41; ähnlich Lang, S. 40.

hnen allen stellt sich die Frage nach dem Verhältnis von
Dichtung und Wahrheit auch heute noch mit besonderer
Dringlichkeit.

2. Die Zürcher Bürgerfamilie Hadlaub wird erstmals im
Jahre 1227 faßbar. Damals vermerkt das Zinsverzeichnis der
Großmünsterpropstei einen R[uodolf] Hadelovp, der im
Zürcher Neumarktquartier über mehrere Liegenschaften
verfügte. Wohl zur folgenden Generation zählt ein 1260 als
Prokurator des Zisterzienserinnenklosters Selnau agierender
Burkhard Hadlaub. Und eine weitere Generation später
begegnet – neben dem Minnesänger Johannes – ein zwischen
1308 und 1333/34 gut bezeugter Peter Hadlaub. Auch er trat
als Rechtsvertreter und Gönner des Klosters Selnau auf und
war zugleich Lehensträger des Großmünsters. Er besaß ein
Haus am Neumarkt sowie mehrere Güter außerhalb der
Stadt, und er verkehrte regelmäßig in den gehobenen weltlichen und geistlichen Zürcher Kreisen. Peter war möglicherweise ein (jüngerer) Bruder oder Vetter, vielleicht aber auch
ein Neffe oder gar Sohn des Minnesängers.

Über Meister Johannes fließen die Nachrichten spärlicher.
Sein Name erscheint erstmals in einem Abgabenverzeichnis
der Großmünsterpropstei, welches sich auf die Monate von
Ende 1293 bis 10. Juli 1294 datieren läßt. Dort wird die
Abgabepflicht seiner Ehefrau verzeichnet, die demnach ein
eigenes Ackergrundstück besessen hat. Dann folgt eine am
4. Januar 1302 ausgestellte Urkunde, gemäß welcher der
Minnesänger ein (abermals im noblen Neumarktquartier
gelegenes) Haus erwirbt. Neueste stadtarchäologische Untersuchungen erlauben nunmehr die Lokalisierung des Ge-
bäudes im heutigen Neumarkt 1.[4] Hadlaub war somit der
direkte Nachbar Jakob Bruns, dessen Sohn Rudolf sich 1336
zum Zürcher Bürgermeister aufschwingen sollte. Ob der
Minnesänger die Wirren des Brunschen Umsturzes noch

4 Schneider, S. 102 f.

erlebte, ist freilich mehr als zweifelhaft. Das 1338/39 angelegte Jahrzeitverzeichnis des Großmünsters hilft in dieser
Frage nicht wesentlich weiter: Zwar vermerkt es der
16. März als Todestag des Johannes Hadlaub, doch leider
ohne Angabe seines Todesjahres.

Daß Meister Hadlaub um einiges früher, vielleicht schon vor
1310 verstorben sein könnte, läßt sich nur indirekt anhand
literarischer Anhaltspunkte nahelegen. Zunächst empfiehlt sich ein nochmaliger Blick auf die Manessische Liederhandschrift: Die aktuelle Forschung ist sich darin einig, daß
diese wichtigste Minnesangquelle tatsächlich – wie ja schon
Bodmer vermutet hatte – in Zürich entstanden ist. Wie dies
im einzelnen begründet werden kann, braucht hier nicht
weiter zu kümmern. Festgehalten sei lediglich, daß der
Hauptteil der Sammlung, der 110 Sängerkorpora umfassende ›Grundstock‹, von paläographischer wie kunsthistori-
scher Seite in die Zeit um 1300 oder nur geringfügig später
datiert wird. Die Arbeit an diesem Handschriftengrundstock
muß also in der Tat direkt ›unter den Augen‹ Hadlaubs
erfolgt sein. Unbestritten ist ferner die auffallende Sonder-
behandlung, die man dem zeitgenössischen Zürcher Sänger
angedeihen ließ und für die es ein ganzes Spektrum von Belegen gibt.[5] Neben der schon erwähnten Doppelminiatur und
der Prunkinitiale sei nur herausgehoben, daß Hadlaubs
Œuvre ursprünglich den ehrenvollen Abschluß der Sammlung bilden sollte. Dieses Vorhaben wurde erst später wieder
aufgegeben, als man seit ca. 1310 die Sammlung um letztlich
30 zusätzliche Sänger zu erweitern begann.

All dies macht deutlich, daß Hadlaub in engstem Kontakt
mit der Handschriftenredaktion gestanden haben muß, ja
daß er vielleicht in der einen oder anderen Form selber aktiv
am Unternehmen mitbeteiligt war. Möglicherweise hat er
seine Lieder eigenhändig ins reine geschrieben. Jedenfalls
kommt die entsprechende Schreiberhand sonst im ganzen

5 Vgl. zusammenfassend Schiendorfer (1990) S. 1.

Codex nicht mehr vor, und die Textanordnung läßt ein (freilich eher locker gehandhabtes) Konzept erkennen, das vom Autor selber stammen könnte. Sicher scheint zumindest dies: Hadlaubs Lieder wurden ganz zu Beginn des 14. Jahrhunderts aufgezeichnet, und um 1310 war er als Sänger offenbar ›verstummt‹, wenn nicht überhaupt schon tot. Als damals im Rahmen der ersten Nachtragsarbeiten das Regenboge-Korpus in den Codex aufgenommen wurde, schloß man es unmittelbar an die letzten Hadlaub-Texte an. Dies kann nur bedeuten, daß die gutinformierten Redaktoren keine weiteren Produkte ihres ›Hofsängers‹ mehr erwarteten. Zweifellos hätten sie sonst, wie in der ganzen übrigen Handschrift, vorsorglich den nötigen Raum freigehalten.

Die voranstehenden, in unserem Zusammenhang nötigerweise etwas ausführlichen Angaben zum biographischen Hintergrund erlauben zunächst folgendes Fazit: Zu Unrecht wurde Meister Hadlaub immer wieder als Minnesänger des 14. Jahrhunderts gehandelt. Nur der geringste Teil seines Werks mag noch knapp jenseits der Jahrhundertwende entstanden sein. Dazu gehören vielleicht die Erzähllieder SMS 5 und 6, die in der Handschrift erst ganz am Schluß nachgetragen wurden. Ferner könnte SMS 8 hierher gehören, der schon erwähnte Preisgesang auf die Herren Johannes und Rüdiger Manesse, welcher zwischen deren Todesdaten (1297 bzw. 1304) zu setzen ist. In der Handschrift erscheint dieses Stück an dritter Position, direkt hinter dem andern mehr oder weniger genau datierbaren Erzähllied SMS 2: Die separate Strophe 2, XIII feiert die Wahl Heinrichs von Klingenberg zum Konstanzer Bischof, was auf eine Entstehungszeit um 1293/94 schließen läßt. Strophe 2, VII – und mit ihr wohl das ganze restliche Lied – ist demgegenüber etwas später anzusetzen, da hier der Klingenberger schon selbstverständlich als *vürste von Konstanz* tituliert wird. All diese Daten machen aber klar, daß die Erzähllieder keinesfalls als geschlossene Gruppe dem Hadlaubschen Frühwerk zugerechnet werden dürfen (und daß die handschriftliche Reihenfolge nichts über die Chronologie der einzelnen Stücke aussagt). Wenn man sie sich zeitlich nicht allzu weit voneinander abgerückt vorstellen möchte, müßte man geradezu zum gegenteiligen Schluß gelangen! Endlich sollten auch die folgenden Zeilen aufhorchen lassen (SMS 2, I,1–7):

Ich diene ir sît daz wir beidiu wâren kint.
diu jâr mir sint   gar swaer gesîn,
Wan si wag so ringe mînen dienest ie:
sin wolte nie   geruochen mîn.
    Daz wart irbarmende herren, dien wartz kunt,
    daz ich nie mit rede ir was giwesen bî.
    des brâchten sî   mich dar zestunt.

Ich diene ihr, seit wir beide Kinder waren. / Die Jahre wurden mir recht schwer, / weil sie meinen Dienst immer so gering schätzte: / Noch nie wollte sie sich um mich kümmern. / Das erbarmte hohe Herren, die davon erfuhren, / daß ich noch nie zum Gespräch mit ihr gekommen war; / deshalb brachten sie mich sogleich dorthin.

Ganz ähnlich wie in *Ach, mir was lange* wird in diesen Zeilen eine erste (hier verbale, aber ebenso umständlich inszenierte) Kontaktnahme zwischen dem Sänger und seiner Geliebten geschildert. Und trotzdem wissen wir, daß der Verfasser dieser Strophe zum Zeitpunkt der Niederschrift längst ein reifer Mann und Künstler und überdies ein gestandener Ehegatte war! Der direkt-biographistische Zugang zu Hadlaubs Erzählliedern birgt also durchaus seine Tücken in sich. Wenngleich in modifizierter Form, gilt auch hier die prinzipielle Einsicht, daß Minnesang keine romantische Erlebnisdichtung ist.

3. Nun hat es erzählende Lieder in der Geschichte des Minnesangs schon ein Jahrhundert vor Johannes Hadlaub gegeben. Gemeint sind Texte, in denen ein Sänger nicht seine innere Gemütsverfassung einsam und ›subjektiv‹ reflektiert, sondern ein ›objektives‹, von außen betrachtetes und meist

auf zwei oder mehrere Handlungsträger verteiltes Geschehen berichtet. Für Lieder dieser Art stellte die literarische Tradition eigene Gattungstypen bereit, die unter dem Begriff des *genre objectif* zusammengefaßt werden. Erinnert sei nur an die im deutschen Sang weitaus wichtigste dieser Gattungen, an das sogenannte ›Tagelied‹. In zahlreichen Variationen präsentieren hier die Sänger die im Kern stets gleiche, klassische Modellsituation: Zwei heimlich Liebende werden nach gemeinsam verbrachter Nacht von einem Komplizen, einer Wächterfigur, geweckt, damit sich der Liebhaber noch vor Tagesanbruch ungesehen davonstehlen kann.[6] Die Tageliedgattung wird also durch ihren konventionell festgelegten Personalbestand und den weitgehend unveränderlichen Handlungsablauf konstituiert. Anders dagegen Hadlaubs Erzähllieder: Erstens folgt dieser von ihm neugeschaffene Liedtyp – vordergründig betrachtet – gerade keinen traditionell vorgeprägten szenischen Mustern; vielmehr zeichnen sich die Erzähllieder durch ihre je individuelle und unverwechselbare Episodenhandlung aus. Zweitens nimmt das Sänger-Ich keinen ›auktorialen‹ Standpunkt außerhalb der Handlung ein, sondern es bildet als eine der tragenden *dramatis personae* selbst einen integralen Bestandteil der Inszenierung. Und drittens darf nicht übersehen werden, daß die Episodenhandlung – in unserem Falle also die ›Briefszene‹ – nur ein, wenn auch besonders markantes kompositionelles Element des Liedtyps darstellt. Wenn wir den Handlungsbogen unseres Textes nochmals Revue passieren lassen, zeigt sich nämlich, daß dieser in drei Hauptteile zerfällt: Nur die ersten drei bzw. vier Strophen thematisieren die Briefepisode (wobei jedoch die Strophen 2 bis 4 bereits in zunehmendem Maße von psychologischen Reflexionen und hypothetischen Erwägungen des Erzählers dominiert werden!); die Strophen 5 und 6 lassen darauf eine merkwürdig extensive Behandlung der klassischen Herzmetapher folgen; mit Stro-

---

6 Vgl. den Beitrag von J. Kühnel im vorliegenden Band, S. 144 ff.

phe 7 mündet das Lied schließlich in eine konventionelle und durchaus ›subjektiv‹ gehaltene Minneklage aus. Es werden also objektive und subjektive, erzählende und reflektierende Elemente miteinander kombiniert, und gerade diese episch-lyrische Mischform gilt als das typische Markenzeichen der Hadlaubschen Erzähllieder.

4. Gegenüber den traditionellen *genres objectifs*, könnte man sagen, erscheint der eigentliche Erzählteil von *Ach, mir was lange* ›konkretisiert‹. Hier ist nicht von einem *werden ritter* und seiner *schoenen frouwe* die Rede, nicht von abstrakten, modellhaften Idealfiguren also, sondern das Sänger-Ich berichtet aus seiner ureigenen Perspektive von seiner ureigenen *affaire amoureuse*. Auch fehlt es nicht an Detailrealismen – Pilgerkleidung, Frühmesse, Brief, Angelhaken –, die diesen Eindruck gesteigerter Konkretheit weiter verstärken.

Das Phänomen der Konkretisierung läßt sich aber auch außerhalb der erzählenden Passagen aufzeigen, nämlich in den Strophen 5 und 6: Die Vorstellung, daß die geliebte Person im Herzen des Liebenden wohnt, gehört zu den ältesten und unverwüstlichsten literarischen Klischees überhaupt. Schon Paulus hat den Topos in seinem Brief an die Epheser (3,17) verwendet, und in der deutschen Liebesdichtung begegnet er gleich am Anfang in unübertrefflicher Formulierung: *dû bist beslozzen / in mînem herzen, / verlorn ist daz sluzzelîn: / dû muost ouch immêr darinne sîn* (MF 3,3–6). Kaum einer der mittelalterlichen Sänger hat sich dieses Gleichnis innigster Liebesverbundenheit entgehen lassen,[7] wobei sich im 12. und mehr noch im 13. Jahrhundert ein offenbar wachsendes Bedürfnis nach einer Auffrischung der abgeblaßten Formel abzeichnet. So etwa, um nur ein Beispiel zu nennen, bei Heinrich von Morungen: *der enzwei braeche mir daz herze mîn, / der möhte sî schône drinne schouwen. /*

7 Vgl. Ohly, S. 129–135, und v. Ertzdorff, S. 6–46.

Si kam her dur diu ganzen ougen / sunder tür gegangen (MF 127,4–9). Schon hier finden wir die bei Hadlaub (6,1–6) wiederkehrende Aussage, wonach man die Geliebte im ›entzweigebrochenen‹ Herzen des Sängers in ihrer ganzen Schönheit bewundern könnte. Morungen fängt den leicht drastischen Ansatz zur Konkretisierung aber gleich mit einem Folgetopos wieder auf: Die Augen sind es, durch welche die Geliebte – bzw. eben ihr Bild oder Anblick – den Weg in sein Herz genommen hat. Anders Hadlaub, der die räumlich-konkrete Vorstellung sichtbar genüßlich auskostet: Bei ihm geht die Dame in fast schon gewalttätiger Weise ein und aus – man sieht sie förmlich die Türe einrennen –, um sich nach Belieben in einer Herzkammer niederzulassen, die für ihre Körpergröße doch bei weitem zu eng sein müßte! Diese forcierte Tendenz zum weitschweifigen ›Auserzählen‹ des wörtlich genommenen Motivs war vor Hadlaub fast ausschließlich der epischen Dichtung vorbehalten gewesen.[8] So zeichnet sich also auch in den Strophen 5 und 6 unseres Liedes eine bewußt organisierte Durchdringung epischer und lyrischer Stiltraditionen ab.

In der Tradition höfischer Dichtkunst, Epik wie Lyrik, war Meister Hadlaub beneidenswert versiert. Es gibt kaum eine herkömmliche Liedgattung, in der er seine Kunst nicht versucht hätte, kaum ein literarisches Motiv, das sich in seinem Œuvre nicht nachweisen ließe. Man geht wohl nicht fehl, seine Kenntnisse auf dem lyrischen Bereich mit dem Sammelprojekt der Herren Manesse, dieser einmaligen und nahezu unerschöpflichen Inspirationsquelle, in Verbindung zu bringen. Vor Hadlaub hatte sich vermutlich kein praktizierender Sänger je in einer ähnlich komfortablen Lage befunden. So darf man denn z. B. getrost annehmen, daß ihm das oben zitierte Lied Heinrichs von Morungen zumindest in schriftlicher Form vertraut war.

Aber Hadlaub scheint auch in der höfischen Romankunst

8 Vgl. etwa *Parzival* 584,8 ff.

einigermaßen bewandert gewesen zu sein. Aus dem *Tristan* (15 560 ff.) kannte er wohl das Motiv der Verkleidung als Pilger, um sich der Geliebten zu nähern; und das Briefmotiv mag ihm etwa bei der Lektüre des *Wilhelm von Orlens*, wo es eine herausragende Rolle spielt, aufgefallen sein. Von beiden Romanen wurden in Zürich um 1270/80 Handschriften angefertigt, die sich bezüglich ihrer Illuminationen bzw. Miniaturen als direkte Vorläufer des Codex Manesse bestimmen lassen.[9] Somit wäre zu vermuten, daß auch die bei Hadlaub so real und lebensnah wirkende Episodenhandlung letztlich ein geschicktes Arrangement literaturgeschichtlich vorgegebener Versatzstücke darstellt.

Das Briefmotiv könnte freilich ebenso gut aus dem *Frauendienst*-Roman Ulrichs von Lichtenstein stammen, wo sich zudem das Motiv der Zusammenkunft bei der Messe findet.[10] Dem *Frauendienst*, der eine Sammlung von knapp 60 Minneliedern in eine ›autobiographische‹ Rahmenhandlung einbettet, mag Hadlaub überhaupt das Konzept der episch-lyrischen Mischform verdanken. Die weiterführende Neuerung des Zürcher Meisters bestünde dann darin, daß er den kontextuellen Rahmen gleichsam in die Liedtexte integriert und damit die erwähnte Verschmelzung von pseudobiographisch-objektiver Erzählhandlung und subjektiver Minnereflexion herbeigeführt hat. Obschon Hadlaubs Sänger-Ich – anders als der Erzähler bei Ulrich von Lichtenstein – nicht mit dem offiziellen Namensetikett des Verfassers versehen wird, ergibt sich aus diesem Vorgehen ein vergleichbarer, das ganze Lied tangierender Effekt der Konkretisierung: Auch die Minneklage der Schlußstrophe erhält – bei all ihrer Konventionalität – nun plötzlich einen neuen Stellenwert und eine überraschend aktualisierte Bedeutung, stammt sie doch nicht von einem phantomhaften und mehr oder minder austauschbaren lyrischen Subjekt, sondern von einem (scheinbar) konkreten und behaftbaren Individuum. Das

9 Vgl. Schiendorfer (1991) S. 37 f.
10 Lang, S. 22.

Gerippe der literarisch-künstlichen Minnediener-Figur wird
so bei Hadlaub gewissermaßen mit Fleisch und Blut ausgestattet.

5. Vielleicht kommen wir hier dem eigentlichen Anliegen
Hadlaubs allmählich auf die Spur. Gewiß gäbe seine nicht zu
übersehende Fabulierfreude an sich schon eine hinreichend
treibende dichterische Kraft her. Doch das ›konkretisierende‹
Erzählen scheint bei Hadlaub kein purer Selbstzweck zu
sein. Noch weniger ist es der Ausdruck egozentrischer
Geschwätzigkeit, die sich nicht scheut, intimste Liebeserfah-
rungen vor die Öffentlichkeit zu tragen. Nochmals: Daß die
abenteuerliche Briefepisode in Wirklichkeit jemals stattgefunden hat, ist mehr als nur unwahrscheinlich. Hadlaubs
Anliegen ist vielmehr ein traditionsbewußt poetologisches,
es ist das Anliegen eines im besten Sinne ›epigonalen‹ Minnesängers. Um es zugespitzt zu formulieren: Im Grunde
scheint ihm vor allem andern gerade die konventionelle Minnestrophe des Liedschlusses am Herzen zu liegen, denn
Hadlaub war sich über seine spätzeitliche Situation offenbar
sehr wohl im klaren. Die traditionelle Pose des reflektieren-
den Minnediener-Ichs war durch den generationenlangen
Gebrauch zur abgegriffenen Münze geworden, die dringend
einer profilierenden Neuprägung bedurfte. »Nicht mehr im
Rahmen der Minnesang-Tradition ließ sich ein Subjekt konstituieren, sondern nur in der ›Realinszenierung‹ des Autors
als Minnenden, der erst dadurch wieder als liebendes und
davon singendes Subjekt möglich ist. Daher ist der minnesängerische Schluß der Erzähllieder ihre eigentliche Pointe,
um seinetwillen wurden sie inszeniert.«[11] Die erzählenden
Partien – bei all ihrer detailreichen Ausführlichkeit – erweisen sich funktional demnach als eine Art »Realeingang«,[12]
und Hadlaubs innovativste Leistung dient paradoxerweise
vornehmlich dazu, den gegen Ende des 13. Jahrhunderts als

11 Mertens, S. 64.
12 Renk, S. 163.

überlebt empfundenen klassischen ›Hohen Sang‹ am Leben zu erhalten und von innen heraus mit neuem Leben zu erfüllen. Der Autor selbst dürfte seine so originell anmutenden Erzähllieder daher weder als (im engeren Sinn) innovative noch als restaurative, sondern am ehesten vielleicht als renovative Schöpfungen verstanden haben.

Sang, dâ man dien frowen wolgetân / wol mitte kan ir lob gemêren, / den wolten sî nit lân zergân, so preist er andernorts (SMS 8, II,9–11) den Sammeleifer der beiden Manessen: Sie wollten die Kunst des Hohen Sangs nicht untergehen lassen. Herr Rüdiger und sein Sohn Johannes spürten wohl schon jene neue Zeit heraufziehen, die das bittere Ende der adlig-höfischen Tradition mit sich bringen sollte. Ähnlich wie ihr Gesinnungsgenosse Hadlaub mühten sich daher auch sie nach Kräften, zu retten, was in letzter Stunde noch zu retten war.

Literaturhinweise

Ausgaben

Die Schweizer Minnesänger. Nach der Ausg. von Karl Bartsch neu bearb. und hrsg. von Max Schiendorfer. Tübingen 1990.
Johannes Hadlaub. Die Gedichte des Zürcher Minnesängers. Hrsg. von Max Schiendorfer. Zürich / München 1986.

Forschungsliteratur

Baechtold, Jacob: Die Züricher Minnesänger. (Züricher Taschenbuch auf das Jahr 1883.) Zürich 1882. S. 202–234.
Bodmer, Johann Jacob / Breitinger, Johann Jacob: Proben der alten schwäbischen Poesie des Dreyzehnten Jahrhunderts. Aus der Manessischen Sammlung. Zürich 1748.

Ertzdorff, Xenia von: Die Dame im Herzen und das Herz bei der Dame. Zur Verwendung des Begriffs ›Herz‹ in der höfischen Liebeslyrik des 11. und 12. Jahrhunderts, ZfdPh. 84 (1965) S. 6–46.

Glier, Ingeborg: Konkretisierung im Minnesang des 13. Jahrhunderts. In: From Symbol to Mimesis. Hrsg. von F. H. Bäuml. Göppingen 1984. S. 150–168.

Lang, Hedwig: Johannes Hadlaub. Berlin 1959.

Leppin, Rena: Der Minnesinger Johannes Hadlaub. Monographie und Textkritik. Diss. Hamburg 1959/61. [Masch.]

Mertens, Volker: Erzählerische Kleinstformen. Die genres objectifs im deutschen Minnesang: ›Fragmente eines Diskurses über die Liebe‹. In: Kleinere Erzählformen im Mittelalter. Paderborner Colloquium 1987. Paderborn 1988. S. 49–65.

Ohly, Friedrich: Cor amantis non angustum. Vom Wohnen im Herzen. In: F. O.: Schriften zur mittelalterlichen Bedeutungsforschung. Darmstadt 1977. S. 128–155.

Renk, Herta E.: Der Manessekreis, seine Dichter und die Manessische Handschrift. Stuttgart [u. a.] 1974. Bes. S. 60–65, 142–200.

Schiendorfer, Max: Johannes Hadlaub. Dokumente zur Wirkungsgeschichte. Göppingen 1990.

– Handschriftenproduktion. In: Die Manessische Liederhandschrift in Zürich. Katalog zur Ausstellung des Schweizerischen Landesmuseums vom 12. Juni bis 29. September 1991. Zürich 1991. S. 37 bis 40.

Schleicher, Iwan A.: Über Meister Johannes Hadlaubs Leben und Gedichte. Diss. Leipzig / Bonn 1888.

Schneider, Jürg E.: Zürichs Rindermarkt und Neumarkt. Entstehung und Entwicklung eines Quartiers. Archäologie – Bau- und Kunstgeschichte – Geschichte. Zürich 1989.

Weydt, Günther: Johannes Hadlaub. In: GRM 21 (1931) S. 14–32.

Zimmermann, Werner G.: Die Manessische Liederhandschrift im Spiegel von Wahrheit und Dichtung. In: Manesse-Almanach auf das 40. Verlagsjahr. Zürich 1984. S. 309–472.

Das *hûssorge*-Lied

Johannes Hadlaub:
Er muoz sîn ein wol berâten êlich man

Von Max Schiendorfer

1 Er muoz sîn ein wol berâten êlich man,
   der hûs sol hân,   er müezze in sorgen stên.

   Nôtig lidig man fröit sich doch mangen tag,
   er sprichet: 'ich mag   mich einen sanft begên.'

5   Ach, nôtig man, kumst dû zer ê,
    wan du kûme gewinnen macht muos unde brôt,
    du kumst in nôt: hûssorge tuot so wê!

2 Sô dich kint anvallent, sô gedenkest dû:
   'war sol ich nû?   mîn nôt was ê so grôz –'

   Wan diu frâgent dike, wa brôt und kaese sî,
   so sitzet dabî   diu muoter, râtis blôz.

5   So sprichet si: 'meister, gib uns rât!'
    sô gîst in dan Riuwental und Siuftenhein
    und Sorgenrein,   als der nicht anders hât.

3 Sô spricht sî dan: 'ach, daz ich ie kan zuo dir!
   jan haben wir   den witte, noch daz smalz,

   Noch daz fleisch, noch vische, pfeffer, noch den wîn:
   waz wolte ich dîn?   son hân wir niender salz.'

5   So riuwetz ire, da sint fröide ûz.
    dâ vât frost und turst den hunger in daz hâr
    und ziehent gar   oft in al dur daz hûs.

4 Mich dunket, daz hûssorge tüeje wê,
  doch klage ich mê, daz mir mîn frowe tuot:

  Swenne ich für si gên, dur daz si grüezze mich,
  so kêrt si sich von mir, daz reine guot.

5 So warte ich jaemerlîchen dar
   unde stên verdâcht als ein ellender man,
   der nicht enkan und des nieman nimt war.

5 Daz si mich versêret hât so manig jâr,
  daz wolt ich gar lieblîch vergeben ir,

  Gruozte sî mich, als man friunde grüezzen sol:
  so taete si wol. si sündet sich an mir,

5 Wan ir mîn triuwe wonet bî.
   dâvon solte sî mich grüezzen âne haz.
   wan tuot si daz? daz si iemer saelig sî!¹

1 Er muß ein wohlversorgter Ehemann sein, / der einen Haushalt haben kann, ohne in Sorgen zu geraten. / Ein notdürftiger lediger Mann freut sich dennoch oft / und sagt sich: »Mich allein kann ich leicht durchbringen.« / [5] Ach, armer Mann, trittst du in die Ehe, / wo du dir doch kaum Mus und Brot leisten kannst, / dann kommst du in Not –: Hausstandssorgen sind so drückend!

2 Wenn sich Kinder einstellen, dann denkst du: / »Wohin bringt mich das jetzt? Meine Not war doch eh schon groß:« / Denn die fragen laufend, wo Brot und Käse seien, / und die Mutter sitzt ratlos daneben. / [5] Dann spricht sie: »Meister, gib uns Hilfe!« / Und du gibst ihnen Jammertal und Seufzenheim / und Sorgenrain, als einer, der nichts anderes hat.

3 So spricht sie weiter: »Ach, daß ich je zu dir kam! / Wir haben ja weder Brennholz noch Schmalz / noch Fleisch noch Fische, Pfeffer noch Wein: / Was soll ich mit dir? Wir haben nicht einmal Salz!« / [5] Dann reut es sie, mit der Freude ist es

1 Text nach: SMS (Ausg. Schiendorfer), S. 324 f.

aus: / Da packen Frost und Durst den Hunger bei den Haaren / und ziehen ihn wieder und wieder durchs ganze Haus.

4 Mich dünkt, daß Hausstandssorgen schmerzlich sind, / doch mehr beklage ich, was mir meine Herrin antut: / Wenn ich vor sie trete, damit sie mich grüße, / dann wendet sie sich von mir ab, sie reines Gut. / [5] Dann starre ich ihr jammervoll nach / und stehe gedankenverloren und elend da, wie einer, / der nichts kann und den niemand beachtet.

5 Daß sie mich verletzt hat so viele Jahre, / das wollte ich in Liebe ihr vergeben, / grüßte sie mich, wie man Freunde grüßen soll: / daran täte sie recht. Sie versündigt sich an mir, / [5] da meine Treue ihr gehört. / Daher sollte sie mich ohne Widerwillen grüßen. / Warum tut sie das nicht? – Allzeit sei sie gesegnet![2]

1. Hadlaubs Lied von der »Haussorge« setzt unvermittelt mit zwei sentenzhaften Formulierungen ein, die im Sinne von gemeingültigen Erfahrungstatsachen zwei alternative Lebensformen präsentieren: Entweder gründet man als Ehegatte einen eigenen Hausstand, wozu jedoch unbedingt die nötige Wohlhabenheit gehört; oder aber man ist von Haus aus mittellos und bleibt dann tunlichst unverheiratet, um sich mit dem Unterhalt einer Familie nicht zusätzlich zu belasten. Ab Zeile 5 wendet sich der Sänger dann einem fiktiven Gesprächspartner zu, einem *nôtig man*, der diese fundamentalen Verhaltensregeln mißachtet hat und nun folgerichtig unter der drückenden *hûssorge* leidet. Angesprochen ist demnach der Typus des mittellosen Ehemanns, dessen Elend im weiteren äußerst plastisch und farbenreich geschildert wird. Hadlaubs Szenario nimmt sogar handfest dramatische Gestalt an, wenn er die Kinder und die Ehegattin des Bedauernswerten als permanent nörgelnde Plaggeister auftreten läßt und wenn am Ende der dritten Strophe auch noch die allegorischen Schreckgespenster des Hungers, Dursts und Frosts ihr Unwesen treiben.

2 Übersetzung nach: *Johannes Hadlaub* (Ausg. Schiendorfer), S. 33–35.

»Ja, solche *hûssorge* ist wahrlich schlimm«, faßt der Sänger das Gesagte in Zeile 4,1 nochmals zusammen, um dann abrupt den Ton und das Thema zu wechseln. Die letzten beiden Strophen widmen sich im folgenden ganz der ›subjektiven‹ Minneklage, der *jaemerlîchen* Situation eines Liebenden, dem die Angebetete nicht einmal einen freundschaftlichen Gruß gönnen mag. Und dennoch kann er – hierin ganz klassisch-traditioneller Minnediener – nicht umhin, ihr für immer alles erdenkliche Heil zu wünschen.

Ähnlich wie schon das Lied SMS 1, *Ach, mir was lange*, zerfällt auch Hadlaubs Haussorge-Lied in zwei Teile, einen objektiv-erzählenden und einen subjektiv-reflektierenden. Dabei ist es erneut der erste Teil, der dem Lied sein charakteristisches Gepräge verleiht und auf den sich die Forschungsbemühungen daher fast ausschließlich konzentrierten. Und ähnlich wie die Gruppe der Erzähllieder verleitete schließlich auch das Lied von der Haussorge zu kurzschlüssig biographistischen Auslegungen. Karl Bartsch, der erste Herausgeber und Kommentator der *Schweizer Minnesänger*, ging hierin mit folgenreichem Beispiel voran: »Daß seine [Hadlaubs] persönlichen Verhältnisse ärmlich waren, zeigt das siebente Lied, aus dem wir erfahren, daß er verheiratet war und Kinder hatte; er gibt hier eine Schilderung seines Hausstandes, die nicht ohne einen gewissen Humor ist« (SMS, Ausg. Bartsch, S. CXC). Gegen Bartschs ›naives‹ Für-bare-Münze-Nehmen des dichterischen Wortes wandte sich später am vehementesten Günther Weydt (S. 21): »Es ist Hadlaubs Art, seine eignen Erlebnisse immer sehr deutlich in der ersten Person zu erzählen; wir können also von diesem, in der dritten Person erzähltem Gedicht ziemlich sicher annehmen, daß es keine autobiographische Bedeutung besitzt. [...] Man könnte ebensogut meinen, daß dieser Dichter der Tage- und Wächterlieder einmal Nachtwächter gewesen sei!« Zu dieser resoluten Kritik wäre aber wiederum einiges zu bemerken: Erstens haben wir bei Lied SMS 1 schon gesehen, daß die »autobiographische Bedeutung« auch bei den in Ich-

Form gehaltenen Erzählliedern äußerst vorsichtig abzuwägen ist; zweitens wäre, gemäß Weydts simplifizierender Formel, aufgrund des in erster Person erzählten Tagelieds SMS 33 tatsächlich an persönliche Nachtwächter-Erlebnisse Hadlaubs zu denken; und drittens könnte ja die *dû*-Anrede an den mittellosen Ehemann unter Umständen als poetische Selbstadresse des Autors gedeutet werden.

2. In einem Punkt hat Karl Bartsch jedenfalls unbestreitbar recht behalten: Wie wir heute sicher wissen, war der historische Johannes Hadlaub in der Tat verheiratet.[3] Etwaige Kinder aus dieser Verbindung sind urkundlich zwar nicht nachzuweisen, doch ist ja auch der Minnesänger selbst nur wenige Male bezeugt. (Übrigens ist auch die Möglichkeit nicht gänzlich von der Hand zu weisen, daß der ab 1308 auftretende Peter Hadlaub ein Sohn des Johannes war. Nimmt man für den Minnesänger ein Geburtsdatum nicht allzu lange nach der Mitte des 13. Jahrhunderts an, was sich nach den oben zusammengefaßten biographischen Anhaltspunkten durchaus anbietet, stünde dem die urkundliche Chronologie zumindest nicht entgegen.) Anders steht es dagegen um die angeblich »ärmlichen Verhältnisse« in Hadlaubs Hausstand: Hier ist zweifellos ein großes Fragezeichen anzubringen. Wie der 1338/39 aufgezeichnete Nekrolog des Großmünsters ausweist, ging Hadlaubs Steinhaus am Neumarkt 1 nach seinem Tod in den Besitz Chuonrad Phentzis, seines Zeichens Camerarius der Propstei, über. Der einflußreiche und begüterte Chorherr hätte sich wohl nicht so leicht mit einer zweitklassigen Liegenschaft abgefunden. Überhaupt war um 1300 das Neumarktquartier eine ausgesprochen bevorzugte Wohngegend: »Seit der zweiten Hälfte des 13. Jahrhunderts bis ins mittlere 14. Jahrhundert wurde hier durch die Familien Brun und Bilgeri [...] ein, wenn nicht gar das politische und städtebauliche Zentrum des spätmittelalterlichen Zürich errichtet und repräsentativ gestaltet. Das

3 Vgl. in diesem Band S. 257.

vom Programm her ehrgeizige Wandgemälde im ›Langen Keller‹ und die Nachbarschaft des Minnesängers Johannes Hadlaub sind kulturelle ›Glanzlichter‹ in diesem späthöfischen Kern«.[4]

Auf welche Weise mag Hadlaub zu dem für den Hauskauf erforderlichen Bargeld gelangt sein, und wie hat er überhaupt seinen Lebensunterhalt bestritten? Darüber schweigen die Quellen sich aus. Aber wer weiß, vielleicht ist es kein purer Zufall, wenn Hadlaubs Hauskauf just in der Zeit erfolgte, als das Manessische Sammelprojekt den vorläufigen Abschluß fand, und wenn darüber hinaus der amtliche Kaufvertrag an erster Stelle gerade von Rüdiger Manesse bezeugt wurde.[5] Könnte hier vielleicht sogar das mutmaßliche Verdienst des Minnesängers um Rüdigers Liedersammlung seine Früchte getragen haben? Natürlich bleiben derartige Überlegungen aber ganz und gar spekulativ.

Ebenfalls unsicher ist, ob zwei außerhalb der Stadt gelegene Weinberge – in Zinsverzeichnissen als *Hadlovbes guot* bzw. *Hadlobs wingarten* bezeichnet – zum persönlichen Besitz des Minnesängers oder seines jüngeren, ebenfalls am Neumarkt domizilierten Verwandten Peter Hadlaub gehörten.[6] So oder so kann sich aber offenbar die Familie über einige Begüterung ausweisen, und dies um so mehr, als ja auch Meister Hadlaubs Gattin ein eigenes Ackergrundstück in die Ehe einbrachte.[7]

Soll man daraus nun primär folgern, daß die offenbar aus gutem Hause stammende Frau Hadlaub »auch gewisse Ansprüche auf einen gehobenen Lebensstandard« mit sich brachte,[8] die der Minnesänger – gerade etwa im Vergleich zu den Herren Manesse oder den auf mondänen Lebensstil bedachten Regensbergern – nicht zu befriedigen vermocht

4 Schneider, S. 161 f.
5 Schiendorfer, S. 4 und 27.
6 Ebd., S. 5.
7 Vgl. in diesem Band S. 257.
8 Schwob, S. 90.

hätte? »Der gesellschaftliche Umgang mit finanziell besser Gestellten [...] könnte Hadlaubs Frau durchaus zu ähnlichen Unzufriedenheitsausbrüchen, wie wir sie im ›hûssorge‹-Lied überliefert finden, verführt haben. Schließlich beklagt die literarische ›muoter‹ keineswegs nur den Mangel an Lebensnotwendigem, sondern sie zählt auch damals sehr teure Waren als nicht vorrätig auf: neben Schmalz, Fleisch und Salz eben auch Wein, Fische und Pfeffer. Armut wird stets relativ bemessen.«[9] Das mag zwar durchaus richtig sein, nur müßte man sich dann umgekehrt auch fragen, weshalb der Autor neben den genannten, vielleicht etwas exklusiveren Dingen auch allertrivialste Grundnahrungsmittel auflistet. Denn daß selbst so notorische ›Armeleutespeisen‹ wie *muos* und *brot* in Hadlaubs Privathaushalt gefehlt hätten, wird ernstlich kaum jemand in Betracht ziehen wollen. Die Formulierung meint daneben aber auch dies: Es ist der Autor, der letztlich den Katalog an Mangelwaren gerade so und nicht anders aussortiert hat, ein Autor übrigens, dessen ausgeprägtes Flair für katalogartige Aufzählungen auch in seinen drei Herbstliedern (SMS 18, 20, 44) aufleuchtet. Ich halte es für sehr wohl möglich, daß in Hadlaubs Mängelliste – auch da, wo sie durch den Mund der Gattinnen-Rolle gesprochen wird – primär das Bestreben nach optimaler ›Vollständigkeit‹ federführend gewirkt hat. Gewiß schließt die Verwendung eines literarischen Topos einen realen Erfahrungshintergrund und eine tatsächliche emotionale Anteilnahme des Autors an sich noch nicht aus. Und es mag ja auch sein, daß Hadlaub seinen bessergestellten Bekannten aus dem ›Manesse-Kreis‹ bisweilen etwas neidisch auf die üppige Tafel geschielt hat. Darüber werden wir allerdings auch künftig überhaupt nichts Sicheres in Erfahrung bringen, und m. E. stellt das Haussorge-Lied in dieser Sache kein unmittelbar historisch oder psychologisch deutbares Quellenzeugnis zur Disposition.

9 Ebd.

3. Bereits 1931 hat Günther Weydt (S. 21) darauf hingewiesen, daß das Haussorge-Motiv zu Hadlaubs Zeit »schon gangbare Münze« gewesen sei und sich in der höfischen Dichtkunst bis auf den bald nach 1200 vollendeten *Iwein*-Roman Hartmanns von Aue zurückverfolgen lasse. Dem Musterritter Gawein ist es dort vorbehalten, dem jungvermählten Iwein das abschreckende Beispiel eines ob seiner häuslichen Alltagspflichten ›verlegenen‹ Ritters vor Augen zu führen. Dieser fiktive Hausherr beklagt sich höchst wortreich: »Seit der Zeit, da ich einen Hausstand habe, bin ich tatsächlich – niemand würde es glauben – nicht darum herumgekommen, jedes halbe Jahr das Korn zu kaufen. Dieses Jahr geht's mir ganz schlecht (es tut mir leid, vor Euch zu jammern), mir hat der Hagel meinen besten Anbau zerschlagen. Ich fürchte, ich muß das Haus aufgeben. Ich selbst würde schon irgendwie durchkommen, aber ich mache mir Sorgen um meine Frau: wohin ich die tun soll, weiß ich nicht. Großen Kummer hat der, der ein Haus führen will, niemand kann genau wissen, was das kostet« usw. (V. 2824–41).[10] Hartmann stellt das Haussorge-Motiv, das im *Yvain* Chrétiens de Troyes übrigens noch fehlte, als ein fiktives Exempel seiner Romanfigur Gawein dar, als ein Exempel, das mit dem Autor selbst in keine direkte Beziehung zu setzen ist. Trotzdem klingt stellenweise schon der ganz gleiche Tenor durch, den wir dann hundert Jahre später bei Hadlaub wieder vernehmen.

Mit anderer Akzentuierung wird das Motiv, nur wenige Jahre nach Hartmann, durch Wolfram von Eschenbach aufgegriffen. Nachdem dieser zunächst die katastrophale Versorgungssituation in der belagerten Stadt Pelrapeire geschildert hat (*Parzival* 184,7–26), kommt er in einer seiner bekannten humorvollen Einlagen auf seinen eigenen Haushalt zu sprechen: Bei ihm zu Hause hätten sogar die Mäuse nichts zu lachen, die ihr Fressen mühsam zusammensuchen

10 Hartmann von Aue, *Iwein*, aus dem Mhd. übertr., mit Anm. und einem Nachw. vers. von Max Wehrli, Zürich 1988.

müßten. Vor Wolfram selbst bräuchte man die Speisen schon gar nicht zu verbergen, er fände sie ohnehin nicht, weil da eben gar nichts Eßbares vorhanden sei: *alze dicke daz ge-schiht / mir Wolfram von Eschenbach, / daz ich dulte alsolh ungemach* (185,6–8).[11] Ein autobiographischer Tatsachen-bericht im ›Originalmaßstab‹?

Mit seinem (wohl selbstgewählten) ›Familiennamen‹ signiert als nächster auch Neidhart ein entsprechendes Lamento: *Hie envor dô stuont sô schône mir mîn hâr, / umbe und umbe gie der spân. / des vergaz ich, sît man mich ein hûs besorgen hiez: / salz und koren muoz ich koufen durch daz jâr. / wê, waz het ich im getân, / der mich tumben ie von êrste in disen kumber stiez? / mîne schulde wâren kleine wider in. / mîne vlüeche sint niht smal, / swanne ich dâ ze Riuwental / unberâten bin* (WL 3, Str. 7).[12] Abgesehen vom geistreichen Spiel mit dem redenden Beinamen *Riuwental* – ›Jammer-tal‹ – (und vom Motiv des Kornkaufs, das vielleicht von Hartmann adaptiert wurde), fallen hier erstmals zwei Ter-mini, die sich in der Folgezeit als eine Art Schlüssel- und Erkennungswörter des Topos herauskristallisieren: Aus Neidharts mühsamer Pflicht, sein *hûs* zu *besorgen*, wird mit folgerichtiger semantischer Nuance der zentrale Begriff der *hûssorge* entwickelt; und wenn hier Neidhart sein Riuwenta-ler Heim namentlich als *unberâten* charakterisiert, so wird auch bei späteren Autoren immer wieder vom *Unrât* (Tann-häuser) und *ungeraete* (Süßkind) oder – im Sinne einer posi-tiven Kontrastfolie – von einem *baz berâtenen* (*Der Haus-kummer*) bzw. *wol berâtenen* (Hadlaub) Hausstand die Rede sein.

Im übrigen läßt Neidhart das Haussorge-Motiv auch noch

---

11 Wolfram von Eschenbach, *Parzival*, mhd. Text nach der Ausg. von Karl Lachmann, Übers. und Nachw. von Wolfgang Spiewok, Stuttgart 1981.
12 *Die Lieder Neidharts*, hrsg. von Edmund Wießner, fortgef. von Hanns Fischer, 4. Aufl., rev. von Paul Sappler, mit einem Melodienanh. von Helmut Lomnitzer, Tübingen 1984.

andernorts beiläufig aufblitzen. In einem Sommerlied beklagt er sich darüber, daß die lästige Haussorge seinen Gesang verunmögliche: *ich muoz ein hûs besorgen, / daz mich sanges wendet manigen morgen* (SL 22, Str. 6). Hat Neidhart sich hier von Hartmanns ›verlegenem‹ Ritter inspirieren lassen, oder bezieht er sich vielleicht gar parodistisch auf Walthers Strophe L. 28,1 (die er jedenfalls kannte, vgl. 28,3 mit WL 5, V,10), wo der Vogelweider ganz im Gegenteil den so heiß ersehnten ›eigenen Herd‹ als unabdingbare Voraussetzung seines weiteren Singens darstellt? Jedenfalls bleibt auch bei Neidhart die Frage problematisch, für wie weitreichend man die biographische Substanz seiner Haussorge-Motive halten soll.

In der Folge macht Neidharts allegorisches Namensspiel Schule. Wohl unter seinem Einfluß läßt der Tannhäuser einen ganzen Schwarm höchst ungemütlicher Hausgenossen Revue passieren. Nacheinander betreten *her Unrât und her Schaffeniht*, ein gewisser *Seltenrîch*, die Herren *Zadel* (›Entbehrung‹) und *Zwîvel*, *Schade* und *Unbereit* (›Nicht-vorhanden‹) die Szene (XII,3).[13] Mit dieser Tannhäuserschen Strophe hängt wiederum ein ähnlich konstruierter Spruch Bruder Wernhers zusammen (Nr. 73),[14] und in der Folge werden sprechende Phantasienamen desselben Strickmusters von verschiedenen weiteren Autoren eingesetzt: Der Leichdichter von Gliers muß in seinem Liebeselend *ze Truobenhûsen varn* (SMS 2, V,12); im *Jüngeren Titurel* wird im analogen Sinne vom *Vreudental* bzw. *Riwental* (mit bezeichnender Lesart *iamers tal*) gesprochen (Str. 3827 f.);[15] und im *Renner* Hugos von Trimberg reitet ein schlitzohri-

13 Johannes Siebert, *Der Dichter Tannhäuser. Leben – Gedichte – Sage*, Halle 1934. Nachdr. Hildesheim / New York 1980.

14 Anton E. Schönbach, »Beiträge zur Erklärung altdeutscher Dichtwerke. 3. Stück: Die Sprüche des Bruder Wernher«, Wien 1904 (Sitzungsberichte der Kaiserl. Akad. der Wiss. zu Wien, phil.-hist. Kl., Bd. 148, Abh. 1) und Wien 1905 (ebd., Bd. 149, Abh. 1).

15 *Albrechts von Scharfenberg Jüngerer Titurel*, hrsg. von Werner Wolf, Bd. 2,2, Berlin 1968 (V. 3237–4394).

Minne und Kunst in konkreten Bezügen

ger, aber ärmlicher Edelknappe auf seinen im *Hungertal* lokalisierten Wohnsitz (Bd. 1, V. 1605).[16]

Ein in Ich-Form abgefaßter Haussorge-Spruch findet sich sodann im Œuvre Süßkinds, den die Manessische Liederhandschrift als Juden von Trimberg bezeichnet (KLD V,1).[17] Erneut treffen wir hier auf garstige allegorische Kreaturen mit vielsagenden Namen: *Wâhebûf* und *Nichtenvint* (›Woheb-auf‹ und ›Finde-nichts‹), *her Bîgenôt von Darbîan* (›Große-Not von Darbe-Land‹), Frau *Bîzûf* und Herr *Dünnehabe* (›Habe-nichts‹). Namentlich der Letztgenannte wird für das *ungeraete* im Süßkindschen Haushalt verantwortlich gemacht, weshalb die *milten* Herren im Publikum dem Autor diesen Bösewicht vom Leibe schaffen sollen. Mit dem unverblümten Hilferuf an die potentiellen Gönner lehnt sich dieser Spruch deutlicher als die bisher genannten Belegstellen an die alte Heischestrophen-Tradition der professionellen Spruchdichter an. Kombinierbar wurden für Süßkind die beiden Traditionen aber wohl nur dadurch, daß er eben tatsächlich kein ›fahrender‹, sondern ein seßhafter Bettelpoet mit eigenem Hausstand war. Und daß gerade in seinem Haussorge-Spruch ein Stück bitterer Lebenserfahrung greifbar wird, hat man in der Forschung wiederholt aus den Zeilen 5 f. geschlossen, wo »wie ein unvermittelter Einbruch realer Not und Sorge«[18] in anrührender Weise von den Kindern des Autors und ihrer kargen »Schnabelweide«

---

16 »*Der Renner*« von *Hugo von Trimberg*, hrsg. von Gustav Ehrismann, 4 Bde., Neudr., mit Nachw. und Erg. von Günther Schweikle, Berlin 1970.

17 KLD I. – Daß Str. 2 des Tones von vornherein mit zur Vortragseinheit gehörte, ist mir eher unwahrscheinlich: Während am Ende von Str. 1 die *milten* noch hoffnungsfroh um Hilfe angerufen werden, stellt Z. 3 der zweiten Str. bereits resignativ fest, *daz mir die herren nicht welnt geben*. Möglicherweise wurde Str. 2 erst nachträglich, zur intensivierenden Wiederaufnahme des zunächst fruchtlos gebliebenen Appells hinzugedichtet. Dazu würde übrigens passen, daß in Hs. C ein Farbwechsel der Initialen stattfindet. Zu Süßkinds *Elegie* vgl. den Beitrag von Edith Wenzel im vorliegenden Band S. 284 ff.

18 Schwob, S. 82.

die Rede sei: *des weinent dicke mîniu kint: / boes ist ir sna-belweide.*

Vom mißlichen Schicksal seiner *armen kindelin* (V. 96) be-richtet aber auch der anonyme Autor des um 1300 entstande-nen Versgedichts *Der Hauskummer.*[19] Unter allen von Gott geschaffenen ›Orden‹ sei gewiß keiner so mühsam wie der seine, nämlich die Ehe: *den abent und den morgen, / mit reu-wen und mit sorgen, / geschiht mir in dem orden wê: / der orden ist genant die e* (V. 5–8). Wie gehabt, hat nun die Auf-stellung sämtlicher Mangelwaren zu folgen, die hier auf-grund der epischen Darstellungsform natürlich besonders minutiös ausfallen kann. Neben den Kindern tritt auch die Frau des Erzählers in Erscheinung, und als originelle Berei-cherung des Haussorge-Motivs wird die entwürdigende Notwendigkeit des Verpfändens und Kreditaufnehmens neu in die Klage mit aufgenommen.

Wohl ebenfalls noch »ins frühe 14. Jahrhundert gehört«[20] das unter dem Titel *Das Hausgeschirr* bekannte strophische Gedicht,[21] welches vermutlich unter dem Eindruck des etwas älteren *Hauskummer* entstanden ist (vgl. bereits die Ein-gangszeilen: *Jch waiss ein orden, dar in ist manchem also we. / er ist vill leiten woll erkantt vnd haist ›die e‹*). Gegen die Jahrhundertmitte wird dann auch noch der ›König vom Odenwald‹ seinen Beitrag zum Thema abliefern.[22] Es fol-gen weitere »Hausratsgedichte«,[23] und last not least ist es Oswald von Wolkenstein, der die Gattung mit einem nun

19 Gustav Rosenhagen (Hrsg.), *Kleinere mhd. Erzählungen, Fabeln und Lehrgedichte*, Bd. 3: *Die Heidelberger Handschrift cod. Pal. germ. 341*, Berlin 1909, Nr. 40.
20 Kornrumpf, S. 298.
21 *Liederbuch der Clara Hätzlerin*, hrsg. von Carl Haltaus, mit einem Nachw. von Hanns Fischer, Berlin 1966, Nr. 1,35; Abdruck nach der älteren Hs. cpg 314 in: *Epochen der deutschen Lyrik 2: 1300–1500*, nach Handschriften und Frühdrucken in zeitlicher Folge hrsg. von Eva und Hansjürgen Kiepe, München ²1982, S. 236–238.
22 *König vom Odenwald, Gedichte*, hrsg. und übertr. von Reinhard Olt, Heidelberg 1988, Nr. XIII: »Von dem Husrate«.
23 Assion, Sp. 557 f.

280 Minne und Kunst in konkreten Bezügen

deutliche Realbezüge aufweisenden Meisterstück bereichert (Kl. 44).[24]

4. Eines läßt sich nach dem kursorischen Überblick über die Gattungstradition sicher festhalten: Als Johannes Hadlaub gegen oder um 1300 (vor oder nach dem berühmten Hauskauf von 1302?) sein *hûssorge*-Lied schuf, konnte er sich auf einen längst etablierten »Typ solcher katalogartiger Hausrat-Gedichte oder -Lieder«[25] berufen und diesen zuhanden seines literarisch versierten Zürcher Primärpublikums unmißverständlich anzitieren.

Das deutlichste Zitat mit direkter Anspielung auf den literarischen Vorläufer liegt natürlich in der ›geographischen‹ Angabe *Riuwental* vor, und auch das analoge *Siuftenhein* leitet sich vermutlich von einer Wortbildung Neidharts her (*Siuftenecke* WL 8, V,10). Schon vermerkt wurde, daß die Eingangswendung *wol berâten* letztlich wohl auf dem Neidhartischen *unberâten* beruht (WL 3, VII,10) und daß Hadlaub die Mühsal des Riuwentalers, sein *hûs* zu *besorgen* (WL 3, VII,3), zum griffigen Schlagwort der *hûssorge* umprägt. Wenn ferner Hadlaubs mittelloser Junggeselle (1,3 f.) feststellt, wenigstens sich selbst relativ problemlos durchbringen zu können, mag dies u. U. gar auf Hartmanns *Iwein* zurückverweisen (V. 2835), und die gespenstische Allegorie des Frosts (3,6) büßt vor dem Hintergrund der Tradition doch etwas von ihrem einmalig-›originellen‹ Anstrich ein.[26]

Die Figur des Frosts – flankiert durch den Mangel an Brennholz (*witte*, 3,2; vgl. auch *Der Hauskummer*, V. 57) – lenkt im übrigen den Blick auf eine andere, noch altehrwürdigere Tradition des Minnesangs: auf den winterlichen Natureingang.

---

24 *Die Lieder Oswalds von Wolkenstein*, unter Mitw. von Walter Weiß und Notburga Wolf hrsg. von Karl Kurt Klein, Musikanh. von Walter Salmen, 2., neubearb. und erw. Aufl. hrsg. von Hans Moser, Norbert Richard Wolf und Notburga Wolf, Tübingen 1975.

25 Kornrumpf, S. 295.

26 Vgl. etwa *Tannhäuser* XII,30: *wizzet, daz mir von dem bu her in den buosen snie.*

Sieht man von wenigen Ausnahmen, die nur die Regel bestätigen, ab (Stichwort: die vorteilhaft langen Winterliebesnächte), so dient der konventionelle Wintereingang ja seit jeher als probates Mittel, um die Liebesnot des Sängers besonders plastisch und hautnah fühlbar zu machen: Im Winter, wenn ohnehin alle Welt trist und freudlos ist, wiegt das Leid des unglücklich Minnenden eben doppelt schwer.

Es scheint mir außer Zweifel, daß Hadlaub im vorliegenden Fall einen passenden, noch unverbrauchten ›Ersatz‹ für den abgeblaßten Wintereingangs-Topos gesucht und gefunden hat. Denn so sehr um 1300 das Haussorge-Motiv seinerseits schon topisch geworden sein mag: Meister Hadlaub ist der erste auf weiter Flur, der es versuchsweise ins Medium höfischer Minnedichtung zu integrieren wagte. Ebenso könnte man übrigens die Genreszenen in Hadlaubs Ernte- und Herbstliedern als Substitut der klassischen Sommereingänge interpretieren, als das Kontrastbild einer allenthalben überschäumenden Lebenslust mit dem einzigen Schönheitsfehler, daß der unglücklich liebende Sänger an ihr nicht teilhaben darf. Vielleicht trifft also Herta E. Renk den Nagel auf den Kopf mit ihrem Vorschlag, das Haussorge-Lied als »Verkehrung des Herbstlieds« (S. 157), gleichsam als seine komplementäre Gegengattung aufzufassen. Gibt uns Hadlaub nicht sogar selbst einen entsprechenden Wink, wenn er gleich im ersten seiner Herbstlieder den programmatischen Auftakt *Herbest wil birâten / mang gisinde* ... setzt (18, I,1; vgl. 20, I,4) und auch sonst mehrfach, fast schon leitmotivisch des Herbstes *rât* verherrlicht?

In den Herbstliedern schildert der Sänger die objektivierte Szenerie einer ausgelassenen Zecher- und Schlemmergesellschaft von außen, aus der Perspektive eines Zaungasts und Außenseiters. Anders als in den Erzählliedern, wo das Minnethema – und damit die Figur des Minnenden – auch die objektiv-erzählenden Partien beherrscht, haben wir es hier mit einer wirklich ›objektiven‹, vom Sänger losgelösten (und aus der literarischen Tradition stammenden) Gegenwelt zu

tun. Mutatis mutandis trifft nun dasselbe m. E. auf das Haussorge-Lied zu: Auch hier bietet der Sänger seinem Publikum
ein ›objektives‹ Daseinsmodell zur Identifikation bzw. eben
Nicht-Identifikation an, das von seiner poetologischen
Funktion her – hierin den traditionellen Winterliedern vergleichbar – vornehmlich als Basis für den angestrebten Überbietungstopos der Zeilen 4,1 f. fungiert: Jedermann weiß aus
der literarischen Tradition zur Genüge, wie drückend die
hûssorge ist –, was aber ich von meiner Geliebten zu erdul-
den habe, ist im Vergleich damit noch um etliches qualvol-
ler ... Der erste Teil des Haussorge-Lieds kann somit als
ein ›Genre-Eingang‹ bestimmt werden, aus dem heraus sich
eine besonders emphatische Darstellung des Minneleids,
jener andern, wenigstens ebenso ›existentiellen‹ Sorge des
Sängers entwickeln ließ. Denn tatsächlich wird durch die
Assoziation der *hûssorge* »der existentielle, der lebensbedro-
hende Charakter dieser Sorge deutlich gemacht, den man
vielleicht sonst in der luftigen seelischen Landschaft nicht
sehen würde«.[27] Wir kommen somit zu einem ähnlichen
Fazit wie bei der Besprechung des Erzähllieds *Ach, mir was
lange*: Die ›Originalität‹ des Johannes Hadlaub entspringt
der im Grunde konservativen Geisteshaltung eines tradi-
tionsverpflichteten Epigonen.
Der sogenannte König vom Odenwald wird wenige De-
zennien später sein Hausrat-Gedicht nebenbei auch für die
übermütige Parodierung höfischer Minnedichtung fruchtbar
machen (V. 150–174). Einen derartigen Einfall hätte Meister
Hadlaub sich gewiß nie gestattet.

27 Renk, S. 158.

Literaturhinweise

Ausgaben

Die Schweizer Minnesänger. Nach der Ausg. von Karl Bartsch neu bearb. und hrsg. von Max Schiendorfer. Tübingen 1990.

Johannes Hadlaub. Die Gedichte des Zürcher Minnesängers. Hrsg. von Max Schiendorfer. Zürich / München 1986.

Forschungsliteratur

Assion, Peter: Das Hausgeschirr, Das Haushalten, Der Hauskummer, Hausratgedichte. In: VL² 3 (1981) Sp. 552–558.

Bartsch, Karl: Die Schweizer Minnesänger. Frauenfeld 1886. Nachdr. Frauenfeld / Darmstadt 1964.

Körnrumpf, Gisela: Deutsche Lieddichtung im 14. Jahrhundert. Ein Aspekt der Überlieferung. In: Zur deutschen Literatur und Sprache des 14. Jahrhunderts. Dubliner Colloquium 1981. Hrsg. von W. Haug, T. R. Jackson und J. Janota. Heidelberg 1983. S. 292–304.

Lang, Hedwig: Johannes Hadlaub. Berlin 1959.

Renk, Herta E.: Der Manessekreis, seine Dichter und die Manessische Handschrift. Stuttgart [u. a.] 1974.

Schiendorfer, Max: Johannes Hadlaub. Dokumente zur Wirkungsgeschichte. Göppingen 1990.

Schneider, Jürg E.: Zürichs Rindermarkt und Neumarkt. Entstehung und Entwicklung eines Quartiers. Archäologie – Bau- und Kunstgeschichte – Geschichte. Zürich 1989.

Schwob, Anton: *hûssorge tuot sô wê*. Beobachtungen zu einer Variante der Armutsklage in der mhd. Lyrik. In: Jb. der Oswald von Wolkenstein Gesellschaft 1 (1980/81) S. 77–97.

Weydt, Günther: Johannes Hadlaub. In: GRM 21 (1931) S. 14–32.

›Autobiographische‹ Lyrik

Süßkind von Trimberg: *Wâhebûf und Nichtenvint*

Von Edith Wenzel

1 Wâhebûf und Nichtenvint
  tuot mir vil dicke leide.
  her Bîgenôt von Darbîân,
  der ist mir vil gevaere.
5 des weinent dicke mîniu kint:
  boes ist ir snabelweide.
  ez hât si selten sat getân
  Bîzûf diu fröidenbaere.
  in mînem hûs her Dünnehabe
10 schaffet mir ungeraete.
  er ist zer welt ein müelich knabe:
  ir milten, helfent mir des boesewichtes abe,
  er swechet mich an spîse und ouch an waete.

2 Ich var ûf der tôren vart
  mit mîner künste zwâre.
  daz mir die herren nicht welnt geben,
  des ich ir hof vil wliehen
5 und wil mir einen langen bart
  lân wachsen grîser hâre:
  ich wil in alter juden leben
  mich hinnân fürwert ziehen,
  mîn mantel der sol wesen lanc,
10 tief under einem huote
  dêmüeteclîch sol sîn mîn ganc,
  und selten mê gesingen hovelîchen sanc,
  sît mich die herren scheident von ir guote.[1]

1 Den Textabdruck übernehme ich von Wapnewski (1989) S. 272.

1 Wogibtswas und Findenichts fügen mir oft Leid zu. Herr Notgesell von Darbenland ist mein arger Feind. Deshalb weinen oft meine Kinder, denn böse steht es um das Futter für ihre Schnäbel. Nie hat Frau Beißrein, die freudenspendende, sie satt gemacht. Herr Habenichts bringt mir in meinem Haus nur Unglück. Er ist auf dieser Welt ein lästiger Bursche: Ihr Großzügigen, befreit mich von diesem Bösewicht, er nimmt mir Nahrung und Kleidung.

2 Ich bin wahrhaftig auf der Straße der Toren mit meiner Kunst. Weil mir die Herren nicht geben wollen, deshalb will ich ihren Hof fliehen und will mir einen langen grauen Bart wachsen lassen: Ich will fortan nach alter jüdischer Lebensweise weiterziehen. Mein Mantel soll lang sein, und unter einem tief heruntergezogenen Hut soll mein Gang demütig gebeugt sein, und nie mehr werde ich höfische Lieder singen, weil mich die Herren von ihrem Reichtum fernhalten.

1. Unter der Überschrift *Süſkint der Jvde von Trimperg* überliefert die Große Heidelberger Handschrift (C) auf drei Seiten insgesamt zwölf Strophen und eine Miniatur, die vermutlich kaum die Aufmerksamkeit der Forschung auf sich gezogen hätten, wären sie nicht von der Handschrift einem Juden zugeschrieben worden – ein Unikat in der Literatur des deutschsprachigen Mittelalters. Diese zwölf Strophen, die sich fünf Tönen zuordnen lassen, bewegen sich inhaltlich und formal völlig im Rahmen des gängigen Spruchdichter-Repertoires mit seinen gattungstypischen Themenkreisen: politische und gesellschaftliche Kritik, Zeit- und Weltklage, Armutsklage, Memento-mori-Thematik und Heischestrophen. Das überlieferte Œuvre beginnt mit einer kritischen Abwägung von Geburts- und Seelenadel (1,1)[3], dieser Strophe folgt ein Preis der ›rechten‹ *êre* (1,2), sodann eine Variation zum Memento-mori-Thema (1,3; wiederaufgenommen in 4,1). Der zweite Spruch plädiert für die Gedankenfreiheit (Str. 2); es folgt ein Preislied auf den allmächtigen Gott (3,1) und auf die keusche Ehefrau (3,2). Die übrigen Strophen

3 Zählung nach KLD I (1952) S. 421–425.

behandeln sodann durchaus kritisch – aber immer in den Grenzen des Gattungstypischen – Armut und Reichtum (4,2 und 4,3 sowie Str. 6). Der Konvention der Armutsklagen und der Heischestrophen entsprechen schließlich die beiden Strophen *Wâhebûf und Nichtenvint* (5,1) und *Ich var ûf der tôren vart* (5,2).

Weder in editorischer noch in formaler Hinsicht haben diese beiden Strophen die Forschung vor große Probleme gestellt, so daß sich die vorliegenden Editionen von C. von Kraus, de Boor, Höver/Kiepe und Wapnewski[3] nur geringfügig unterscheiden. Die wenigen Korrekturen der überlieferten Fassung verändern aber weder Aussage noch Form, so daß wir sie an dieser Stelle übergehen können mit dem Hinweis auf Wapnewskis Kommentar, der die Textvarianten akribisch aufgelistet und eingehend diskutiert hat.[4]

Auch in interpretatorischer Hinsicht bieten diese beiden Strophen – auf den ersten Blick zumindest – keine Innovationen, die die intensive Beschäftigung der Forschung mit diesem Autor und speziell diesen beiden Strophen erklären könnten. In der ersten Strophe stellt sich der Autor in der Rolle des von Armut bedrückten Hausvaters vor;[5] er sieht sein Haus und seine Kinder von allerlei Plagegeistern umstellt: ›Wogibtswas‹ und ›Findenichts‹ und den ›Herrn Notgesell von Darbenland‹ benennt er als seine Feinde, dazu ›Herrn Habenichts‹, der seinem Haus Unglück bringe. Seine Kinder weinten oft vor Hunger, weil ›Frau Beißrein‹ sie nicht sättige.

Dieses Spiel mit allegorischen Namen ist sehr hübsch inszeniert, aber »kein innovatorischer Akt«[6]; vor Süßkind betreibt

---

3 Ebd., S. 424 f.; H. de Boor (Hrsg.), *Mittelalter. Texte und Zeugnisse*, Bd. 1,1: *Die deutsche Literatur. Texte und Zeugnisse*, München 1965, S. 708 f.; W. Höver und E. Kiepe (Hrsg.), *Epochen der deutschen Lyrik 1: Gedichte von den Anfängen bis 1300*, München 1978, S. 470 f. und Wapnewski (1989).

4 Wapnewski (1989) S. 274–276, zur Metrik ebd., S. 272–274.

5 Vgl. Schwob (1980/81).

6 Wapnewski (1989) S. 278 mit weiteren Hinweisen.

der Tannhäuser ein ähnliches literarisches Spiel in der Rolle eines potentiellen Bauherrn, der angesichts der üblen ›Helfer‹ vor seinen Hausbauplänen zurückschreckt:

> Ich denke, erbuwe ich mir ein hus nach tumber liute rate,
> die mir des helfen wellent nu, die sint also genennet:
> Her Unrat und her Schaffeniht, die koment mir vil drate
> und einer, heizet Seltenrich, der mich vil wol erkennet.
> Her Zadel und Her Zwivel sint min staetez ingesinde,
> her Schade und ouch her Unbereit, die'ch dicke bi mir vinde.[7]

> Ich stelle mir folgendes vor: Wenn ich mir – dem Ratschlag törichter Leute folgend – ein Haus bauen würde, so würden mir die dabei helfen wollen, die wie folgt genannt werden: Herr Unrat und Herr Schaffenichts, die kommen schnell zu mir, und einer, der heißt Seltenreich, der mich sehr gut kennt. Herr Hunger und Herr Zweifel sind meine zuverlässigen Hausgenossen und auch Herr Schaden und Herr Niefertig, die ich oft bei mir habe.

Auf allegorisierende Satznamen greift auch Meister Boppe zurück, wenn er seine Dichterkollegen verunglimpft:

> Hoert ir'z, her esel, her dünkelguot, her êrennîdinc,
> her galgenswenkel, her wendenars, her niemansvriunt, her
> > glîdinc,
> ir sît wol des witehopfen genôz![8]

> Hört ihr's, Herr Esel, Herr Dünkel, Herr Ehrabschneider, Herr Henker, Herr Wendearsch, Herr Niemandesfreund, Herr Schreihals, ihr seid wohl die Gefährten des Wiedehopfes!

Schließlich sei in diesem Zusammenhang an die Räuber im *Helmbrecht* erinnert, die unter so bezeichnenden Namen

---

7 J. Siebert, *Der Dichter Tannhäuser. Leben – Gedichte – Sage*, Halle (Saale) 1934, Neudr. Tübingen 1979, S. 118. Zit. auch von Wapnewski (1989) S. 278.
8 De Boor (Anm. 3) S. 699.

wie *Lemberslint, Slickenwider, Küefraz* und *Slintezgeu* auftreten.[9]
Literarisch vorgeprägt ist ferner die Rolle des bekümmerten
Familienvaters, der sich um das Schicksal seiner Kinder
sorgt. Wie Süßkind mit seiner anrührenden Klage über seine
vor Hunger weinenden Kinder, so wendet sich auch Neidhart in der Pose des bedrohten Familienvaters an sein Publikum:

> Mich hât ein ungetriuwer tougenlîchen an gezündet,
> hât mir vil verbrant, des mîniu kindel solten leben;
> diu leit sîn unserm trehtîn und den vriunden mîn gekündet![10]

> Ein Treuloser hat mir heimlich das Dach über dem Kopf
> angezündet und hat viel von dem im Brand gesteckt, wovon
> meine Kinderchen leben sollten. Dieses Leid sei unserem
> Herrgott und meinen Freunden verkündet!

Diese Variante der Armutsklage hat die Phantasie der Nach-
welt zu allerlei biographischen Ausdeutungen angeregt.
Schon Stackmann hat – trotz seiner eher nüchternen Bestandsaufnahme zu Süßkind – in bezug auf diese Strophe
angemerkt: »Da spürt man durch die Schablone der Armutsklage hindurch die Stimme echter menschlicher Not
und unmittelbarer Sorge.«[11] Was Stackmann noch mit der
Vorsicht des Literarhistorikers formuliert, wird dann in
(pseudo-)wissenschaftlichen Beiträgen zu Süßkind zum biographischen Faktum stilisiert und zu einer ›Süßkind-Legende‹ zusammengefügt: Demnach war Süßkind ein fahrender Sänger, der von Hof zu Hof zog, er war verheiratet und
hatte zwei (!) Kinder, die oft hungern mußten, weil seine
Kunst nicht das nötige Geld einbrachte.[12]

9 F. Panzer (Hrsg.), *Wernher der Gartenaere, Helmbrecht,* Tübingen
  ⁹1974, V. 1185 ff.
10 E. Wießner (Hrsg.), *Die Lieder Neidharts,* 4. Aufl. rev. von Paul Sappler, Tübingen 1984, WL 11, VII. Weitere Hinweise bei Schwob.
11 K. Stackmann, »Süßkind von Trimberg«, in: VL¹ 4, Sp. 349 f., hier
  Sp. 350.
12 L. Sievers, *Juden in Deutschland. Geschichte einer 2000jährigen Tragö-*

Die problematische Gleichsetzung der Sprecher-Rolle mit dem Autor-Ich im Sinne einer autobiographischen Ausdeutung mittelalterlicher Lyrik (die sich nicht nur der Figur Süßkinds bemächtigt hat, sondern vor allem des Autors Neidhart) hat die Interpretation der zweiten Strophe maßgeblich beeinflußt. Der Autor kündigt an, seine Rolle und sein Kleid zu wechseln; weil ihm die Herren den Lohn für seine Kunst vorenthalten, will er von ihrem Hof fliehen. Er wird sich einen langen grauen Bart wachsen lassen und das höfische Gewand gegen einen langen Mantel eintauschen. *In alter juden leben* will er fortan seines Weges ziehen und nie mehr am Hofe der Herren singen.

Diese »Absage« an die Gönner und zugleich an die Kunst,[13] gekoppelt mit dem eigenwilligen Hinweis auf die Juden, hat in der Forschung zu widerstreitenden Deutungen geführt: Ist dieser Vers so aufzufassen, daß hier ein Jude spricht, der sich seiner ›alten‹ Lebensweise als Jude wieder zuwendet, oder bedient sich der Autor hier lediglich eines Vergleichs in dem Sinne, daß er fortan wie ein alter Jude demütig seines Weges gehen will? Gibt es eventuell weitere Belege, die für oder gegen das Judentum des Autors sprechen?

In diesem Kontext ist die Frage intensiv erörtert worden,[14] ob der vom Autor angekündigte Wechsel der Kleider- und Barttracht auf jüdische Gebräuche verweisen könnte, doch das Ergebnis dieser Recherchen blieb unergiebig. Was die Haar- und Barttracht anbelangt, so scheinen sich die Juden – trotz anderslautender Vorschriften – der jeweils herrschenden Mode angepaßt zu haben, d.h., sie waren häufig rasiert und trugen ihre Haare geschnitten und frisiert wie ihre Zeit-

---

die, München 1979, S. 31; ähnlich auch L. Rosenthal, »Süßkind von Trimberg. Der jüdische Spruchdichter des Mittelalters«, in: *Hanauer Geschichtsblätter* 24 (1969) S. 69–99, hier: S. 85.

13 Auch diese ist in der mhd. Lyrik vor Süßkind belegt, etwa bei Stolle: *Ich wil sie lobes irlazen – sie irlazen mich ir gebe.* (Höver/Kiepe, Anm. 3, S. 396).

14 Ausführlich bei Wapnewski (1989) S. 281 f.

290 Minne und Kunst in konkreten Bezügen

genossen.[15] Der lange Bart ist also kein eindeutiger ›Beweis‹ für eine Rückkehr zum Judentum. Mir scheint die Ankündigung, sich einen langen grauen Bart wachsen zu lassen, eher topischen Charakter zu haben: Ganz der Armutsklage und der *hûssorge*-Geste entsprechend, will der Autor ein demonstratives Zeichen setzen, daß ihn die drückende Last der Sorgen (vorzeitig) altern läßt. Erfolglos blieb auch der Versuch, den langen Mantel und den tiefgezogenen Hut als ›typisch jüdisch‹ zu belegen. Hier gilt, was wir schon für die Haarmode konstatieren mußten, daß die Juden auch in der Kleidung mit der Mode gingen, trotz aller Versuche von christlicher Seite, die Juden durch bestimmte Kleidervorschriften als gesellschaftliche Außenseiter auszugrenzen.[16]

Untersucht wurde sodann, ob sich in der Spruchdichtung Süßkinds Hinweise auf typisch jüdische Denktraditionen finden ließen, insbesondere die Anklänge an das Alte Testament wurden dafür reklamiert.[17] So überzeugend diese Parallelen auch klingen, so gehen sie doch von dem Trugschluß aus, daß die Kenntnis des Alten Testaments den Juden allein vorbehalten sei. Übersehen wird dabei, daß die beiden Schwesterreligionen sich auf ein gemeinsames Heiliges Buch berufen können – die hebräische Bibel ist das Alte Testament – wenngleich sie in der Auslegung dieser Schrift weit differieren. Beweiskräftiger erscheint ein Beleg aus dem Talmud, der im Mittelalter nur Juden bekannt war:[18] »Wisse woher du

---

15 So Metzger, S. 151.
16 Diese Kennzeichnung wurde seit dem Vierten Lateran-Konzil 1215 immer wieder gefordert; dazu gehörten u. a. der sog. Judenhut und vor allem der »Gelbe Fleck«, vgl. G. Kisch, »The Yellow Badge in History«, in: *Historia Judaica* 19 (1957) S. 89–146; R. Straus, »The ›Jewish Hat‹ as an Aspect of Social History«, in: *Jewish Social Studies* 4 (1942) S. 59–72.
17 Wapnewski (1986) S. 120 ff.
18 Die Kenntnis des Talmuds beschränkte sich bei den des Hebräischen zumeist unkundigen Christen in der Regel auf die (lat.) Auszüge, die im Zusammenhang mit dem Pariser Talmud-Prozeß für die Anklageschrift zusammengestellt worden waren; die Literatur dazu ist umfangreich, ich verweise hier nur auf die jüngeren Veröffentlichungen von J. Rosenthal, »The Talmud on Trial«, in: *Jewish Quarterly Review* 47

kommst, wohin du gehst und vor wem du dereinst Rechenschaft und Rechnung ablegen wirst.« Hier sind, worauf Wapnewski hingewiesen hat,[19] gewisse Anklänge an Süßkinds Spruch 1,3 zu erkennen: *Swenn ich gedenke waz ich was ald waz ich bin / ald waz ich werden muoz, sôst al mîn fröide hin.* Doch auch hier ist Skepsis angebracht, denn bereits aus dem ersten Drittel des 13. Jahrhunderts ist unter dem Namen Bruder Werners ein Spruch überliefert, zu dem Süßkinds Formulierung eher zu passen scheint als auf das Talmud-Zitat: *So we myr armen, we, daz ich so rechte weiz, / wan ich quam vnde wer ich byn vnde waz ich werden mvze!*[20] Angesichts dieser Sachlage scheint sich Prawers resignative Feststellung noch einmal zu bestätigen: »But anyone familiar with mediaeval German poetry will recognise that Süsskind's sentiments are commonplaces of the time.«[21]

2. Trotz dieser bislang recht unergiebigen Diskussion – gesichert ist lediglich die Tatsache, daß ›Süßkind‹ ein häufig beurkundeter jüdischer Name ist[22] – ist der größere Teil der germanistischen und auch der historischen Forschung zu dem Schluß gekommen, daß hier tatsächlich ein Jude spricht. Lediglich de Boor lehnt die jüdische Identität des Autors kategorisch ab und bezeichnet Süßkind als »Wanderdichter aus der Gegend von Bamberg, wohl fälschlich als Jude bezeichnet.«[23] Die übrigen Germanisten, die sich mit der

(1956) S. 58–76, S. 145–166 und K. Schubert, »Das christlich-jüdische Religionsgespräch im 12. und 13. Jahrhundert«, in: *Kairos* 19 (1977) S. 161–186.

19 Wapnewski (1986) S. 122.

20 Zit. nach Höver/Kiepe (Anm. 3) S. 188.

21 S. S. Prawer, »Jewish Contributions to German Lyric Poetry«, in: *Year Book of the Leo Baeck Institute* 8 (1963) S. 149–170, hier: S. 152.

22 Zahlreiche Belege bei I. Kracauer, *Urkundenbuch zur Geschichte der Juden in Frankfurt am Main von 1150–1400,* 2 Bde. Frankfurt a. M. 1914, ferner Rosenthal (Anm. 12) S. 74 f.

23 Zit. nach de Boor (Anm. 3) S. 709. In der folgenden Passage beziehe ich mich weitgehend auf meinen Aufsatz: »Friedrich Torberg: ›Süßkind von Trimberg‹. Jüdische Identitätssuche in Deutschland«, in: *Mittel-*

292	*Minne und Kunst in konkreten Bezügen*

Person und dem Werk Süßkinds von Trimberg auseinander-
gesetzt haben – Roethe, von der Hagen, R. M. Meyer, K.
Bartsch, K. Stackmann, C. von Kraus und last not least P.
Wapnewski[24] –, sprechen sich dafür aus, daß der Autor ein
Jude gewesen sein muß.

Noch häufiger als die Literaturwissenschaftler haben sich die
Historiker mit dem kulturhistorischen Phänomen eines
jüdischen Autors im deutschsprachigen Mittelalter beschäftigt. So wird Süßkind in beinahe jeder größeren Abhandlung
zur Geschichte der Juden im mittelalterlichen Deutschland
gewürdigt. Bereits Graetz und Dubnow[25] haben ausführlich
begründet, daß der Autor Süßkind ein Jude gewesen sei.
Auch G. Kisch[26] schließt sich dieser Auffassung an, wie denn
auch Güdemann und Elbogen/Sterling[27] keinen Zweifel am
Judentum des Autors aufkommen lassen. Lediglich R.
Straus[28] wehrt sich vehement gegen die Sicherheit, mit der
Süßkinds Judentum vorausgesetzt worden ist. Vor allem verurteilt er die Legendenbildung, die sich um den nach seiner
Auffassung unbedeutenden Autor gerankt hat:

alter-Rezeption 2, hrsg. von J. Kühnel, H.-D. Mück, U. Müller, Göppingen 1982, S. 367–381.

24 G. Roethe, »Süßkind von Trimberg«, in: ADB 37 (1894) S. 334–336; F.
H. von der Hagen, *Minnesänger*, Bd. 4, Leipzig 1838, S. 536–583; R. M.
Meyer, »Süsskind von Trimberg«, in: *ZfdA* 38 (1894) S. 201–204; K.
Bartsch, *Deutsche Liederdichter des 12. bis 14. Jahrhunderts*, Berlin
⁴1906, S. LXXXII; Stackmann (Anm. 11); KLD II (1958) S. 513–516
und Wapnewski (1989, 1986).

25 H. Graetz, *Geschichte der Juden von den ältesten Zeiten bis auf die
Gegenwart*, Bd. 6, Leipzig 1897, S. 235–238; S. Dubnow, *Weltge-
schichte des jüdischen Volkes*, Bd. 5, Berlin 1927, S. 197 f.

26 G. Kisch, *The Jews in Medieval Germany*, Chicago 1948, S. 279 und
Anm. S. 517.

27 M. Güdemann, *Geschichte des Erziehungswesens und der Cultur der
abendländischen Juden während des Mittelalters und der neueren Zeit*,
Bd. 3, Wien 1888, S. 186 f.; J. Elbogen und E. Sterling, *Geschichte der
Juden in Deutschland. Eine Einführung*, Frankfurt a. M. 1966, S. 42.

28 R. Straus, »Was Süsskint von Trimperg a Jew? An Inquiry into 13th
Century Cultural History«, in: *Jewish Social Studies* 10 (1948) S. 19
bis 30.

A few highly doubtfull books have been written on this
rather insignificant poet, containing many allegations on the
poet and this time based on nothing other than the author's
esthetic feeling – poetry itself with some flavor of learning.[29]

Die Warnung von R. Straus vor dieser pseudowissenschaft-
lichen Interpretationsrichtung hat jedoch nicht verhindern
können, daß die Süßkind-Legende in weiteren Veröffentlichungen ausgemalt worden ist. So erscheint Süßkind noch
1973 in einer umfangreichen Veröffentlichung als »eine der
reizvollsten Gestalten aus der Gruppe der mittelalterlichen
›Minnesänger‹«, der sich »an geistigem Gehalt und in der
Form (Strophenbau, Versmaß und Reim), wenn nicht mit
den allergrößten, so doch mit den bedeutenderen unter
den zeitgenössischen Minnesängern sehr wohl vergleichen
läßt«,[30] und in einem 1979 erschienenen populärwissen-
schaftlichen Band *Juden in Deutschland* wird Süßkind gar
zum ersten sozialkritischen Dichter deutscher Sprache stilisiert: »Er wandte sich gegen ein engstirniges Klassendenken
und wollte Charakter und Herz des Menschen als einzigen
Maßstab anerkennen. [...] Er geißelte die Brutalität der
Machtmenschen und trat für soziale Gerechtigkeit ein.«[31]
Unbeachtet blieben die frühen Stimmen der Forschung, die
vor einer biographischen Auslegung der Spruchdichtung
Süßkinds gewarnt haben. Bereits 1894 hatte R. M. Meyer
angemerkt: »Auch sonst würde ich es kaum wagen, aus den
wenig characteristischen liedern biographische anhaltspunc-
te zu holen. Süßkind bewegt sich durchaus im fahrwasser der
spielmännischen didaktik [...]«,[32] und Aronius konstatierte
1902: »über sein Leben ist nichts bekannt, als was sich aus
seinen Gedichten entnehmen läßt, die mehr oder weniger
bestimmten Angaben, die man vielfach in der Litteratur über

29 Straus, ebd., S. 30.
30 Rosenthal (Anm. 12) S. 69 und S. 71.
31 Sievers (Anm. 12) S. 31.
32 Meyer (Anm. 24) S. 202.

ihn findet, sind mit größter Vorsicht aufzunehmen.«[33] Trotz dieser frühen Warnungen ist die Legende vom feinfühligen jüdischen Dichter, der an dem Versuch einer deutsch-jüdischen Symbiose zugrunde geht, immer weiter ausgesponnen worden, und maßgeblich daran beteiligt war der Roman von L. Kastein mit dem vielsagenden Titel *Süsskind von Trimberg. Die Tragödie der Heimatlosigkeit*[34], den R. Straus zu Recht als »a curious mixture of learning, fancy and rigmarole by which this small German poet is remolded into a kind of Jewish hero«[35] bezeichnet hat. Für eine weite Verbreitung der Süßkind-Legende sorgte zuletzt *Süßkind von Trimberg*, ein Roman von Friedrich Torberg (1972), der die Lebensgeschichte eines stigmatisierten, weil jüdischen Dichters auf der leidvollen Suche nach seiner Identität beschreibt, nach Reich-Ranicki »ein absolutes Mißverständnis«[36].

3. Die Forschung scheint auf ihrer Suche nach der ›Fremdheit‹ des Juden Süßkind in eine Sackgasse geraten zu sein. Dabei ist sie allerdings von Prämissen ausgegangen, die noch einmal einer Hinterfragung bedürfen. Sie betreffen zum einen die faszinierende Vorstellung, daß ein Jude in den der aristokratisch-christlichen Selbstdarstellung vorbehaltenen Bereich des *hovelîchen sanc* eindringen konnte und in der Sprache dieser Kultur dichtete, wobei von vielen Forschern (z. T. mit großem Erstaunen) angemerkt worden ist, daß er an formaler Bildung seinen (christlichen) Kollegen nicht nachstehe. Dahinter verbirgt sich – wenn auch unausgesprochen – der Gedanke, daß die Juden bereits im 13. Jahrhundert

33 J. Aronius, *Regesten zur Geschichte der Juden im fränkischen und deutschen Reiche bis zum Jahre 1273*, Berlin 1887–1902, Nachdr. 1970, S. 178.

34 Jerusalem 1934; vgl. ferner das in diesem Sinne mißlungene Theaterstück von M. Geilinger, *Süßkind von Trimberg, ein Minnesänger. Dreiakter*, Zürich / Leipzig 1938.

35 Straus (Anm. 28) S. 30, Anm. 29.

36 M. Reich-Ranicki, *Über Ruhestörer. Juden in der deutschen Literatur*, Frankfurt 1977, S. 59–64, hier: S. 60.

aus der christlichen Gemeinschaft völlig ausgegrenzt und in ihrer eigenen Kultur und Sprache befangen gewesen seien. Dazu ist grundsätzlich anzumerken, daß die Juden auch gegen Ende des 13. Jahrhunderts noch inmitten der Städte wohnten, wie es den zahlreichen Urkunden über Grundbesitz und Hauserwerb zu entnehmen ist.[37] Darüber hinaus wird an vielen Orten den Juden noch das Bürgerrecht verliehen. Zwar hat sich ihre rechtliche Stellung als Reichskammerknechte in dem Maße verschlechtert, wie die Zentralmacht geschwächt wird,[38] doch ist – insgesamt gesehen – der soziale und wirtschaftliche Austausch zwischen christlicher Majorität und jüdischer Minorität noch nicht durch einschneidende Maßnahmen beeinträchtigt, wie es dann seit der 2. Hälfte des 14. Jahrhunderts zu beobachten ist. Von einer ›Gettoisierung‹ der Juden kann im 13. Jahrhundert nicht gesprochen werden, wenngleich von kirchlicher Seite immer lauter die Segregation gefordert wird. Trotz einiger örtlich begrenzter Pogrome kann die Situation der Juden im 13. Jahrhundert als relativ ruhig angesehen werden.[39]

Es darf ferner nicht übersehen werden, daß die Juden neben ihrer ›heiligen Sprache‹, dem Hebräischen, die Sprache ihrer christlichen Umgebung beherrschten;[40] und nach Auskunft jüdischer Quellen können wir davon ausgehen, daß die Juden selbst an der mhd. Literatur Interesse zeigten. Dem *sefer chassidim* des R. Jehuda ben Samuel ist zu entnehmen, daß »Ritterromanzen und eine um die Mitte des 12. Jahrhunderts verfaßte deutsche Kaiserchronik als Unterhaltungslektüre bei der jüdischen Bevölkerung sehr beliebt wa-

37 Aronius (Anm. 33) Reg.
38 L. Dasberg, *Untersuchungen über die Entwertung des Judenstatus im 11. Jahrhundert*, Den Haag 1965.
39 Battenberg, S. 119; vgl. auch E. Roth, »Die Geschichte der jüdischen Gemeinden am Rhein im Mittelalter. Von der Epoche der Kreuzzüge bis zur Auflösung der Großgemeinden im 15. Jahrhundert«, in: *Monumenta Judaica. 2000 Jahre Geschichte und Kultur der Juden am Rhein*, hrsg. von K. Schilling, Köln ²1964, S. 100.
40 Dinse, S. XXII.

ren«[41]. Etwa um 1300 ist der *Dukus Horant* entstanden, ein in mhd. Sprache verfaßtes, aber in hebräischen Buchstaben niedergeschriebenes Brautwerbungsepos, das in enger Beziehung zum *Kudrun-Epos* zu sehen ist,[42] – ein weiteres Zeugnis dafür, daß um 1300 kulturelle Beziehungen zwischen Juden und Christen existent waren. Angesichts dieser Fakten relativiert sich die ›Fremdheit‹ des jüdischen Autors in einer von der christlichen Majorität geprägten literarischen Welt.

Das Faszinosum der Einmaligkeit des jüdischen Autors Süßkind relativiert sich weiter, wenn wir im Blick auf andere europäische Literaturen feststellen können, daß auch hier jüdische Autoren bekannt sind, unter deren Namen hebräische und nationalsprachliche Dichtungen überliefert sind. Der berühmteste ist zweifellos Immanuel ben Salomon aus Rom, genannt ›Manoello Giudeo‹ (ca. 1261–1328), der im *dolce stil nuovo* italienische Sonette verfaßte und der durch seine hebräische Version einer Reise durch Hölle und Paradies in enger Anlehnung an Dantes *Divina Commedia* bekannt wurde.[43] Aus Gent stammte ein jüdischer Dichter des 13. Jahrhunderts, Mahieu bzw. Mathieu, der in seinen Liedern im Stil der *trouvères* behauptet, einer schönen Minnedame wegen zum Christentum übergetreten zu sein.[44] In der Provence ist schließlich ein jüdischer fahrender Sänger mit dem Namen Isaac Gorni (Isaac ben Abraham ha-Gorni) beurkundet,[45] der in seinen (hebräischen) Liedern ein ähnliches Leben beschreibt, wie wir es aus der Spruchdichtung Süßkinds kennen.

Diese Belege sprechen dafür, daß zumindest von jüdischer Seite eine Partizipation an der christlichen Kultur des 13. Jahrhunderts von Interesse war; für die umgekehrte

---

41 Dinse, S. 21.
42 M. Caliebe, »Dukus Horant«, in: VL² 2 (1980) Sp. 239–243.
43 *Encyclopaedia Judaica* 8, Sp. 1295–1298.
44 *Histoire littéraire de la France* 23. (Paris 1856) S. 657 f.
45 *Encyclopaedia Judaica* 9, Sp. 14 f.

These, daß auch Christen an einer derartigen Gemeinsamkeit gelegen gewesen sein könnte, spricht m. E. die Miniatur in der Großen Heidelberger Hs., die im 1. Drittel des 14. Jahrhunderts entstanden ist.[46] Die Miniatur präsentiert vier Personen: Rechts steht eine Figur im pelzgefütterten Mantel, den ein üppiger Pelzkragen ziert, durch den gewöhnlich hohe geistliche und weltliche Würdenträger ausgezeichnet werden, – der trichterförmige Hut aber weist diese Figur als Juden aus. Am linken Bildrand sitzt ein (kirchlicher?) Würdenträger in einem ähnlichen Mantel mit einem Krummstab in der linken Hand. Bei den beiden mittleren Figuren handelt es sich offensichtlich um einen Kleriker und einen Repräsentanten höheren Standes, denn auch seine Kleidung läßt ein Pelzfutter erkennen. Die Augen dieser Personen richten sich auf das Gesicht des Juden; seine Physiognomie gleicht der der anderen Personen, lediglich der lange Bart hebt ihn von den anderen ab. Diese Miniatur ist vor allem deshalb bemerkenswert, weil der Jude in keiner Weise als Angehöriger einer diskriminierten Minderheit gekennzeichnet ist. Seine höfisch-luxuriöse Kleidung entspricht der des christlichen Würdenträgers, und mit dessen goldenem Krummstab korrespondiert die Farbe des Judenhutes: er ist in Gold ausgemalt.[47]

Ohne Zweifel muß diese Darstellung überraschen, denn sie widerspricht auf frappante Weise dem Inhalt des 5. Spruches *mîn mantel der sol wesen lanc, / tief under einem huote / dêmüeteclîch sol sîn mîn ganc,* und überraschen muß auch die gesamte Aussage der Miniatur: hier wird der Vertreter des Judentums zwar als solcher gekennzeichnet, aber zugleich geadelt und dem Vertreter des Christentums gleichgestellt,[48] – ein Wunschbild vielleicht, aber ein Bild, das im 1. Drittel

46 Zum ikonologischen Gehalt der Miniatur, den ich hier weitgehend vernachlässige, s. M. Jahrmärker, »Die Miniatur Süßkinds von Trimberg in der Manessischen Liederhandschrift«, in: Euph. 81 (1987) S. 330–346.

47 Ebd., S. 336.

48 Ebd., S. 337.

298 *Minne und Kunst in konkreten Bezügen*

des 14. Jahrhunderts noch denkbar ist, das aber in den nach-
folgenden Jahrhunderten gründlich zerstört wird.

Im Rahmen der europäischen Überlieferung verliert der ein-
malige Fall eines jüdischen Spruchdichters in der Großen
Heidelberger Liederhandschrift seinen exotischen Charakter. Die angeführten Beispiele jüdischer Autoren machen
deutlich, daß im 13. Jahrhundert auch Juden die literarischen
Konventionen des jeweiligen Sprachraums übernehmen und
an der christlich geprägten literarischen Kommunikation
teilhaben, ohne deshalb notwendig ihre Sonderstellung zum
Ausdruck bringen zu müssen. Für ein solches Resümee
spricht sowohl der philologische Befund als auch unsere
Kenntnis der historischen Rahmensituation.

Literaturhinweise

Battenberg, Friedrich: Das Europäische Zeitalter der Juden. Zur Entwicklung einer Minderheit in der nichtjüdischen Umwelt Europas.
Darmstadt 1990.

Dinse, Helmut: Die Entwicklung des jiddischen Schrifttums im deutschen Sprachgebiet. Stuttgart 1974.

Metzger, Thérèse und Mendel: Jüdisches Leben im Mittelalter nach
illuminierten hebräischen Handschriften vom 13. bis 16. Jahrhundert. Würzburg 1983. [Orig.-Ausg. Fribourg 1982.]

Schwob, Anton: *hûssorge tuot sô wê.* Beobachtungen zu einer Variante der Armutsklage in der mhd. Lyrik. In: Jb. der Oswald von
Wolkenstein Gesellschaft 1 (1980/81) S. 77–97.

Wapnewski, Peter: Ein Fremder im Königlichen Liederbuch. Süß-
kind von Trimberg. In: Kontroversen, alte und neue. Akten des
VII. Internationalen Germanisten-Kongresses, Göttingen 1985.
Bd. 1. Tübingen 1986. S. 111–125.

– Der fünfte Ton des Juden Süsskind von Trimberg. In: PBB 111
(1989) Festgabe für J. Bumke. S. 268–284.

Wenzel, Edith: Friedrich Torberg: »Süßkind von Trimberg«. Jüdische
Identitätssuche in Deutschland. In: Mittelalter-Rezeption Bd. 2.
Hrsg. von J. Kühnel, H.-D. Mück, U. Müller. Göppingen 1982.
S. 367–381.

Oswald von Wolkenstein:
Es fügt sich, do ich was von zehen jaren alt

Von Sieglinde Hartmann

1 Es fügt sich, do ich was von zehen jaren alt,
  ich wolt besehen, wie die werlt wer gestalt.
  mit ellend, armüt mangen winkel, haiss und kalt,
  hab ich gebawt bei cristen, Kriechen, haiden.
5 Drei pfenning in dem peutel und ain stücklin brot,
  das was von haim mein zerung, do ich loff in not.
  von fremden freunden so hab ich manchen tropfen rot
  gelassen seider, das ich wand verschaiden.
  Ich loff ze füss mit swerer büss, bis das mir starb
10 mein vatter, zwar wol vierzen jar nie ross erwarb,
  wann aines roupt, stal ich halbs zu mal mit valber varb,
  und des geleich schied ich da von mit laide.
  Zwar renner, koch so was ich doch und marstaller,
  auch an dem rüder zoch ich zu mir, das was swër,
15 in Kandia und anderswo, ouch widerhar,
  vil mancher kittel was mein bestes klaide.

2 Gen Preussen, Littwan, Tartarei, Türkei, uber mer,
  gen Frankreich, Lampart, Ispanien, mit zwaien kunges
                                her
  traib mich die minn auf meines aigen geldes wer:
20 Ruprecht, Sigmund, baid mit des adlers streiffen.
  franzoisch, mörisch, katlonisch und kastilian,
  teutsch, latein, windisch, lampertisch, reuschisch und
                                roman,
  die zehen sprach hab ich gebraucht, wenn mir zerran;
  auch kund ich fidlen, trummen, paugken, pfeiffen.
25 Ich hab umbfarn insel und arn, manig land,
  auff scheffen gros, der ich genos von sturmes band,

des hoch und nider meres gelider vast berant;
die schwarzen see lert mich ain vas begreiffen,
Do mir zerbrach mit ungemach mein wargatein,
30 ain koufman was ich, doch genas ich und kom hin,
ich und ain Reuss; in dem gestreuss houbgüt, gewin,
das sücht den grund und swam ich zu dem reiffen.

3 Ain künigin von Arragon, was schon und zart,
da für ich kniet, zu willen raicht ich ir den bart,
35 mit hendlein weiss bant si darein ain ringlin zart
lieplich und sprach: 'non maiplus dis ligaides.'
Von iren handen ward ich in die oren mein
gestochen durch mit ainem messin nädelein,
nach ir gewonheit sloss si mir zwen ring dorein,
40 die trüg ich lang, und nennt man si raicades.
Ich sücht ze stund künig Sigmund, wo ich in vand,
den mund er spreutzt und macht ain kreutz, do er mich
                                                    kant,
der rüfft mir schier: 'du zaigest mir hie disen tant,'
freuntlich mich fragt: 'tün dir die ring nicht laides?'
45 Weib und ouch man mich schauten an mit lachen so;
neun personier kungklicher zier, die waren da
ze Pärpian, ir babst von Lun, genant Petro,
der Römisch künig der zehent und die von Praides.

4 Mein tummes leben wolt ich verkeren, das ist war,
50 und ward ain halber beghart wol zwai ganze jar;
mit andacht was der anfangk sicherlichen zwar,
hett mir die minn das ende nicht erstöret.
Die weil ich rait und süchet ritterliche spil
und dient zu willen ainer frauen, des ich hil,
55 die wolt mein nie genaden ainer nussen vil,
bis das ain kutten meinen leib bedoret.
Vil manig ding mir do gar ring zu handen ging,
do mich die kappen mit dem lappen umbefing.
zwar vor und seit mir nie kain meit so wol verhing,
60 die mein wort freuntlich gen ir gehöret.

Mit kurzer schnür die andacht für zum gibel aus,
do ich die kutt von mir do schutt in nebel rauss,
seid hat mein leib mit leid vortreib vil mangen strauss
gelitten, und ist halb mein freud erfröret.

5 Es wër zu lang, solt ich erzellen all mein not,
66 ja zwinget mich erst ain ausserweltes mündli rot,
da von mein herz ist wunt bis in den bittern tod;
vor ir mein leib hat mangen swaiss berunnen.
Dick rot und blaich hat sich verkert mein angesicht,
70 wann ich der zarten dieren hab gewunnen phlicht,
vor zittern, seufzen hab ich offt emphunden nicht
des leibes mein, als ob ich wër verbrunnen.
Mit grossem schrick so bin ich dick zwaihundert meil
vor ir gerösst und nie getrösst zu kainer weil;
75 kelt, regen, snee tet nie so we mit frostes eil,
ich brunne, wenn mich hitzt die liebe sunne.
Won ich ir bei, so ist unfrei mein mitt und mass.
von ainer frauen so müss ich pawen ellend strass
in wilden rat, bis das genadt lat iren hass,
80 und hulf mir die, mein trauren käm zu wunne.

6 Vierhundert weib und mer an aller manne zal
vand ich ze Nio, die wonten in der insell smal;
kain schöner pild besach nie mensch in ainem sal,
noch mocht ir kaine disem weib geharmen.
85 Von der ich trag auff mein rugk ain swëre hurd,
ach got, wesst si doch halbe meines laides burd,
mir wër vil dester ringer offt, wie we mir wurd,
und het geding, wie es ir müsst erbarmen.
Wenn ich in ellend dick mein hend offt winden müss,
90 mit grossem leiden tün ich meiden iren grüss,
spat und ouch frü mit kainer rü so slaff ich süss,
das klag ich iren zarten weissen armen.
Ir knaben, maid, bedenckt das laid, die minne
                                        phlegen,

wie wol mir wart, do mir die zart bot iren segen.
95 zwar auff mein er, wesst ich nicht mer ir wider gegen,
des müsst mein oug in zähern dick erbarmen.

7 Ich han gelebt wol vierzig jar leicht minner zwai
mit toben, wüten, tichten, singen mangerlai;
es wär wol zeit, das ich meins aigen kindes geschrai
100 elichen hort in ainer wiegen gellen.
So kan ich der vergessen nimmer ewiklich,
die mir hat geben mut uff disem ertereich;
in aller werlt kund ich nicht finden iren gleich,
auch fürcht ich ser elicher weibe bellen.
105 In urtail, rat vil weiser hat geschätzet mich,
dem ich gevallen han mit schallen liederlich.
ich, Wolkenstein, leb sicher klain vernünftiklich,
das ich der werlt also lang beginn zu hellen,
Und wol bekenn, ich wais nicht, wenn ich sterben sol,
110 das mir nicht scheiner volgt wann meiner berche zol.
het ich dann got zu seim gebott gedienet wol,
so forcht ich klain dort haisser flamme wellen.

1 Als ich zehn Jahre alt war, fügte es sich, / (daß) ich sehen
wollte, wie die Welt beschaffen wär. / In Fremde und Elend,
in mancherlei Winkeln heiß und kalt / fand ich Quartier bei
Christen, Griechen, Heiden. / [5] Drei Pfennig in dem Beutel
und ein Stücklein Brot, / das war meine Wegzehrung von
daheim, als ich loszog in (Kampf und) Not. / Durch falsche
Freunde hab ich viele Tropfen Bluts / seitdem vergossen, daß
ich (schon) glaubte, ich müßte sterben. / Ich lief zu Fuß in
schwerer Buße, bis mir der Vater / [10] starb, wahrlich, rund
vierzehn Jahre lang hatt ich kein Roß errungen / außer einem,
das ich geraubt, gestohlen, ein Maultier, dazu von falber
Farbe, / und ebenso nahm ich Abschied davon – mit Schmerzen. / Wahrlich: Laufbursche, Koch, das war ich noch und
Pferdeknecht, / auch Ruder zog ich, das tat weh, / [15] bei
Kreta und anderswo, auch wieder zurück. / Vielerlei Kittel
waren meine besten Kleider.

2 Nach Preußen, Litauen, in die Tartarei, Türkei, übers Meer, / nach Frankreich, Italien, Spanien, im Heer zweier Könige, / trieb mich die Minne, doch zahlte ich mit meinem eignen Geld: / [20] Ruprecht, Siegmund, beide mit dem Adlerwappen. / Französisch, arabisch, katalanisch und spanisch, / deutsch, lateinisch, slowenisch, italienisch, russisch und rumänisch (?), / die zehn Sprachen habe ich benutzt, wenn Not mich zwang. / Auch konnte ich fiedeln, trompeten, pauken, Flöte spielen. / [25] Ich hab umfahrn Inseln und Buchten, viele Länder, / auf großen Schiffen, die mich retteten vor des Sturmes Fesseln; / habe des Nord- und Südmeeres Teile gewaltig attackiert. / Das Schwarze Meer lehrte mich ein Faß umarmen, / als die Kogge zum Ärger mir zerbarst. / [30] Ein Kaufmann war ich, blieb dennoch heil und kam davon, / ich und ein Russe; in diesem Seegefecht sank mein Kapital, Gewinn / auf den Grund, ich aber schwamm ans Ufer.

3 Eine Königin von Aragon war schön und lieblich, / vor ihr kniete ich nieder, ergeben reichte ich ihr den Bart. / [35] Mit weißen Händlein band sie darein ein feines Ringlein / liebenswürdig und sagte: »Non maiplus dis ligaides.« / Mit ihren Händen hat sie meine Ohren / durchstochen mit einem Messingnädelein, / nach ihrer Landessitte schloß sie mir zwei Ringe darein. / [40] Die trug ich lange, auch nennt man sie ›raicades‹. / Ich suchte sofort König Siegmund, wo ich ihn fand. / Der riß den Mund auf und schlug ein Kreuz, als er mich erkannte, / gleich rief er mir zu: »Du zeigst mir hier diesen Tand?!« / Vertraulich fragte er mich: »Tun dir die Ringe nicht weh?« / [45] Frauen und auch Männer schauten mich an und lachten dann. / Neun Personen von königlichem Rang, die waren dort / zu Perpignan, ihr Papst von Luna, namens Pedro, / der römische König, der zehnte, und die [Margarete] von Prades.

4 Mein törichtes Leben wollte ich ändern, das ist wahr, / [50] so wurde ich ein halber Begharde zwei volle Jahre (lang). / Voll Reue war der Anfang – gewißlich wahr! –, / hätte mir die Minne nicht das Ende zerstört. / Während ich (umher) geritten war und Ritterspiele gesucht / und ergeben einer Dame gedient hatte, wovon ich schweige, / [55] wollte diese mir nicht mal ein Quentchen Gunst gewähren, / eh eine

Kutte mich nicht zum Narren machte. / So manche Sachen glückten mir da ganz leicht, / als der Kapuzenhabit mit dem Beffchen mich umfing. / Wahrlich: zuvor und seitdem hat keine mir so viel gewährt, / [60] die meine Worte voll Vertrauen hat angehört. / An kurzer Schnur war meine Reue zum Giebel rausgefahren, / als ich die Kutte da von mir in (Nacht und) Nebel rausschleudete. / Seitdem hab ich beim Liebesglück lauter Rückschläge / erlitten, und so ist meine Glut leicht abgekühlt.

5 Es wär zu lang, würd ich (alles) aufzählen, was ich erlitten hab. / [66] Ja, auch jetzt noch bezwingt mich ein auserwähltes Mündlein rot, / wovon mein Herz verwundet ist bis auf den bittren Tod. / Bei ihr befiel mich so mancher Schweißausbruch. / Oft hat sich mein Angesicht mal rot, mal bleich verfärbt, / [70] wenn ich der Gegenwart des holden Mädchens teilhaftig ward. / Vor Zittern, Seufzen hab häufig ich nicht (mehr) gespürt / den eignen Leib, als wär ich ausgebrannt. / Mit starkem Herzklopfen, so bin ich oft zweihundert Meilen / von ihr fortgerannt und fand (doch) nicht den geringsten Trost. / [75] Kälte, Regen, Schnee (gepaart) mit Frostes Kraft tat mir nie so weh, daß ich (nicht trotzdem) brennen würde, wenn mich erhitzt die liebe Sonne. / Bin ich bei ihr, so ist unfrei meine Mitte (?) und mein Maß (?). / Wegen einer Dame muß ich in Elend, Fremde und / in die Irre ziehn, bis Gunst beendet ihren Haß. / [80] Wenn die mir hülfe, würd mein Leid zu Glück!

6 Vierhundert Frauen und mehr, ohne jeden Mann, / fand ich auf Nios, dieser kleinen Insel, wohnen: / kein Mensch hat je ein schönres Bild in einem Saal gesehen, / doch keine davon konnte (der Schönheit) meiner Frau einen Tort antun. / [85] Die hat mir eine schwere Bürde aufgehalst. / Ach Gott, wär ihr nur halbwegs meine Last bewußt, / sie wär mir soviel leichter oft, trotz allem Schmerz, / und schöpfte Hoffnung, daß sie es (doch) erbarmen würde! / Wenn ich in der Fremde so oft die Hände ringen muß, / [90] wenn ich unter großen Leiden entbehren muß ihren Gruß, / wenn früh und spät ich nie die süße Ruhe des Schlafes finde, / (dann) klag ich dafür ihre schönen weißen Arme an. / Ihr Knaben, Mädchen, bedenkt, welch Leid die Liebenden ertragen! / Wie wohl mir

war, als mir die Schöne ihren Segen gab! / [95] Ja, bei meiner
Ehre: könnt ich sie nicht mehr wiedertreffen, / das würde
mein Auge oft zu Tränen rühren.

7 Ich hab gelebt rund vierzig Jahre – knapp weniger zwei – /
(in Kämpfen) tobend, wütend, mit Dichten, Singen mancherlei. / Es wär nun Zeit, daß ich das Geschrei meines eigenen
Kindes, / [100] (eines) ehelichen, in einer Wiege gellen hörte. /
Doch nie und nimmer kann ich die vergessen, / die mir Mut
und Freude auf diesem Erdenrund gegeben hat. / In aller
Welt könnt ich keine finden, die ihr gleichkommt. / Auch
fürcht ich sehr der Ehefrau Gekeife. / [105] Im Gericht, Rat
hat mancher Weise mich geschätzt, / dem ich gefallen habe
mit Liedern und Gesang. / Ich Wolkenstein lebe wahrlich bar
aller Vernunft, / daß ich dieser Welten (Lied) so lange schon
mitsinge. / Und klar erkenne: ich weiß nicht, wann ich sterben muß, / [110] (auch) daß mir nichts Sichtbareres folgt als
meiner Werke Lohn. / Hätte ich dann Gott nach seinem
Gebot recht gedient, / so würde ich kaum dort (in der Hölle)
das Lodern heißer Flammen fürchten![1]

Mittelalterliche Dichtung mit dem Begriff ›autobiographisch‹ bestimmen zu wollen birgt nicht unerhebliche Ge-
fahren anachronistischer Fehldeutungen. Vorsicht ist vor
allem deshalb geboten, weil die uns so geläufigen Termini
›Autobiographie‹ und ›autobiographisch‹ erst im 19. Jahrhundert entstanden sind. Das gilt ebenso für die Werke dieser Gattung, insbesondere für ihre Musterbeispiele. Sie stammen aus der gleichen Zeit und haben unsere Vorstellungen
von diesem literarischen Genre bis heute geprägt. Daher
denken wir bei Autobiographien gewöhnlich an Lebensbe-
schreibungen, worin ein Ich-Erzähler alle Entwicklungspha-
sen und Erfahrungen in genau der zeitlichen Reihenfolge
schildert, wie sie seinen Lebensweg und seine Persönlichkeit
geprägt haben.

1 Textwiedergabe nach der wissenschaftlichen Standardausg. von Klein,
Lied Nr. 18, S. 48–53. Neueste Übersetzung von Oswalds Gesamtwerk
von W. Hofmeister; Nachweise früherer Übersetzungen und Sekundärliteratur zu Lied Nr. 18 ebd., S. 379–380.

Solche Formen der Autobiographie suchen wir im Mittelalter vergebens. Denn abgesehen davon, daß uns vergleichsweise wenige Beispiele ›autobiographischer‹ Literatur aus
diesem Zeitalter überliefert sind, fehlt den meisten Werken
dieser Gattung gerade das, was wir als ihr spezifisches Kennzeichen empfinden: die unverwechselbare Individualität von
Autor und Leben. Ja, ganz im Gegensatz zu neuzeitlichen
Autoren läßt sich bei Verfassern mittelalterlicher Selbstbio-
graphien kaum erkennen, ob es je in ihrer Absicht gelegen
hatte, ihr Leben in erster Linie in seiner individuellen Besonderheit und unveräußerlichen Einmaligkeit darzustellen.
Dazu wirken einzelne Lebensepisoden wie auch das Autor-
Ich selbst zu oft und zu offensichtlich nach dem Vorbild vor-
geprägter Muster, sogenannter ›Topoi‹, oder exemplarischer
Rollen ›stilisiert‹.
Diese speziell mittelalterliche Art literarischer ›Stilisierung‹
zu durchschauen, d. h. die Anteile an ›biographischer Reali-
tät‹ und ›poetischer Einkleidung‹ zu scheiden, bereitet im
Fall autobiographischer Lyrik besonders große Schwierig-
keiten. Denn es dürfte leicht einleuchten, daß die formelhafte
Verdichtung lyrischer Bildsprache einen ungleich höheren
Grad an ›Stilisierung‹ bewirken kann als die Sprache der
Epik, für die auch im Mittelalter ›Breite‹ und Ausführlichkeit
der Schilderungen charakteristisch sind.
Was nun Oswald von Wolkenstein betrifft, so ist es nicht
zuletzt dank Dieter Kühns Biographie weithin bekannt
geworden, daß sich seine Sprachgebung durch besondere
Prägnanz und Dichte auszeichnet. Insofern müssen wir uns
bei diesem Lyriker ebenfalls auf einen hohen Grad an ›Stilisierung‹ gefaßt machen, obwohl seine Lebenszeit schon
in die Übergangsepoche zur Neuzeit fällt: 1376/78–1445.
Glücklicherweise hilft uns aber Oswalds reiche urkundliche
Hinterlassenschaft, sein Leben vergleichsweise genau, teilweise sogar bis in erstaunliche Einzelheiten zu rekonstruieren.
Bei Oswald kommt jedoch noch eine Schwierigkeit ganz

anderer Art hinzu: Seine autobiographische Lyrik erscheint, historisch gesehen, wie aus dem Nichts, weil sie ohne nennenswerte Vorstufen oder Vorläufer entstanden ist. Denn was sich im älteren Minnesang wie auch in der Spruchdichtung an autobiographisch klingenden Selbstaussagen findet, bleibt zumeist auf Darstellungen toposartiger Situationen beschränkt. Auch läßt sich eine Art Tendenz, den eigenen Lebensweg in wachsendem Umfang zum Thema zu machen, bei kaum einem der Lyriker vor Oswald erkennen. Infolgedessen ändert sich nichts an unserer Ausgangslage: die ›autobiographische‹ Lyrik des deutschen Mittelalters beginnt – so überraschend das klingen mag – erst mit Oswald von Wolkenstein.[2] Übrigens gilt das Lied, dessen Text wir hier vorstellen, als Oswalds bedeutendstes Werk dieser Gattung, da er hierin nicht nur einzelne Erlebnisse, sondern sein gesamtes bisheriges Leben darstellt.

Oswalds Kreativität, die bei vielen Lesern vermutlich ein besonders gespanntes Interesse weckt, bereitet uns Mediävisten nicht immer die gleiche Freude, weil uns der Mangel an Vorbildern und Vorläufern oft vor kaum lösbare Probleme stellt. Das gilt besonders für dieses Lied. Die Gründe dafür sind vielfältig, aber in ihrem Kern schnell umrissen. So können wir zwar nachweisen, was Ulrich Müller auch überzeugend gelungen ist, daß Oswald von Wolkenstein hierin laufend auf traditionelle Topoi oder Rollen zurückgreift.[3] Nur: diese literarischen Formeln und Muster stammen aus den unterschiedlichsten Gattungstraditionen und sind erst in diesem Lied auf den gemeinsamen ›Nenner‹ eines lyrischen Lebensberichts gebracht worden. Deshalb wirkt das ›Ergebnis‹ trotz seiner (für uns) deutlich erkennbaren ›Traditionsverbundenheit‹ ebenso neu wie individuell.

2 Vgl. Classen, zu Oswald: S. 145–209, jedoch keine Interpretation des hier behandelten Liedes.
3 Müller (1968) S. 10–54. Zu Oswalds urkundlich rekonstruierbarem Lebenslauf ist die wissenschaftliche Standardbiographie von Schwob zu konsultieren.

Dürfen wir aber daraus folgern, daß sich hiermit zugleich eine neuartig ›autobiographische‹ Absicht verbunden mit einem ›individuellen‹ Autorverständnis äußert? Oder wie sonst ist Oswalds Ich in diesem Lied zu bestimmen? So etwa lauten die Fragen, die unsere Interpretation zu diesem Lied leiten werden. Und wenn Leser, die Oswalds Lyrik noch nicht kennen, sich jetzt noch einmal den gesamten Text vergegenwärtigen, so brauchen sie sich über ihr Befremden nicht allzusehr zu verwundern: dieses Lied entläßt Erstleser gewöhnlich in nicht geringer Verwirrung.

Überraschend wirkt zunächst einmal die Fülle an konkreten Informationen, die Oswald über sein Leben liefert. Dennoch verliert man in all der Detailvielfalt bald die Orientierung, weil die Darstellungsperspektive wie auch der Erzählfluß laufend wechseln. Hinzu kommt die starke, sinnlich-emotionale Spannung aller Schilderungen, die auch heutigen Lesern noch ein wahres Wechselbad der Gefühle bereiten kann. Und der Suggestivkraft eines Dichters aus dem 15. Jahrhundert zu erliegen dürfte für viele eine Erfahrung bedeuten, welche die Verwirrung vollständig macht.

Einen Halt im Wirbel widerstreitender Eindrücke findet der Leser einzig beim Ich des Dichters. Dieses Ich ist von Anfang bis Ende präsent, mehr noch: höchst lebendig. Denn es spricht wie ohne jegliche Distanz zu uns, in einem ganz persönlich klingenden, bekenntnishaften Ton. Zudem bekräftigt das Ich in der Schlußstrophe noch namentlich seine Identität, wenn es gesteht: *ich, Wolkenstein, leb sicher klain vernünftiklich* ... (V. 107).

In diesem Moment reagieren wir alle ähnlich: wir sehen den einäugigen Wolkensteiner leibhaftig vor uns, wie wir ihn ja ohnehin von seinem vielerorts abgebildeten Porträt schon kennen. Autor-Ich und biographisches Ich scheinen daher wie zu einer unverwechselbaren Einheit verschmolzen. Allerdings gilt dies nur für diesen Augenblick. Denn wie jeder Leser es sicher bemerkt hat, inszeniert Oswald in der letzten Strophe ein besonders verwirrendes Schauspiel an

Selbstdarstellung. Er wechselt die Ansichten so rasch wie Kostüme und dazu noch so unvermittelt, daß eine Einheit der Person kaum noch zu erkennen ist.

Insofern stellt sich hier gleich die ›Gretchenfrage‹ unserer Interpretation: Gibt es in diesem Lied überhaupt eine Einheit von lyrischem und biographischem Ich, und wo steckt der rote Faden, der alle sieben Strophen auch zu einer dichterischen Einheit, zu einer Art lyrischer ›Autobiographie‹ verbindet?

Bekanntlich ist in neuzeitlichen Werken dieser Gattung die Einheit der Autorpersönlichkeit als Ergebnis eines Werdegangs geschildert, dessen Verlauf sich rein äußerlich am Leitfaden einer chronologischen Darstellung verfolgen läßt. Bei Oswald sieht es zunächst ebenfalls so aus, als beabsichtige er, seinen Lebensbericht chronologisch zu gliedern, da er mit einem Erlebnis aus frühester Jugend beginnt: *Es fügt sich, do ich was von zehen jaren alt* (V. 1). Zusätzlich zu dieser konkreten Altersangabe beziffert der Dichter noch die Zeitspanne, die er in der ersten Strophe behandelt, genau: Vierzehn Jahre soll es gewährt haben, daß er *nie ross erwarb* (V. 10), was – abstrakt gesprochen – die Dauer seiner ritterlichen Lehr- und Wanderzeit umreißen soll.

In der zweiten Strophe nennt Oswald zwar keine Jahreszahlen, aber er liefert deutliche inhaltliche Hinweise darauf, daß hier die unmittelbare Folgezeit seiner Selbständigkeit gemeint ist. Auf *aigen geldes wer* (V. 19 – und natürlich auf eigenen Pferden) habe er an den Heerzügen zweier Kaiser teilgenommen. Auch der Verlust, den er als Kaufmann bei seinem Schiffbruch auf dem Schwarzen Meer erlitten haben will, weist deutlich auf diesen neuen Lebensabschnitt.

In der dritten Strophe fehlen gleichfalls Andeutungen auf den Zeitpunkt des Geschehens. Die Verleihung von Kleinodien durch eine aragonesische Königin in Perpignan in Anwesenheit König Siegmunds ließ für ein zeitgenössisches Publikum jedoch keinen Zweifel daran, wann sich diese Szene abgespielt haben mußte: im Herbst 1415, als sich der

deutsche König in einer spektakulären und in ganz Europa
vielfältig kommentierten Mission in Perpignan aufhielt, um
Papst Pedro de Luna (d. i. Benedikt XIII.) im Einvernehmen
mit den spanischen Herrschern seiner Obedienz zum Ab-
danken zu bewegen. Dadurch sollte der Weg zur Überwindung der seit 1378 andauernden Kirchenspaltung geebnet
werden, welche Historiker heute als Großes abendländisches
Schisma bezeichnen. Ein Ereignis welthistorischen Rangs
also, das keiner ausdrücklichen Datierung bedurfte.

Bis hierhin folgt Oswalds Lebensbericht auch im allgemeinen der zeitlichen Abfolge der Ereignisse. Die folgenden
Phasen seines Lebens, die zweijährige ›Begharden‹-Episode
in Strophe 4, lange Auslandsaufenthalte sowie ein Besuch auf
der Ägäisinsel Nios während seines Minnedienstes in den
Strophen 5 und 6, passen jedoch weder in die innere Logik
des Liedes noch in die äußere, faktisch dokumentierte Chronologie seines Lebenslaufes.

Gegen eine Datierung dieser drei Minnephasen nach 1415
spricht vor allem der Ehe- und Kinderwunsch, den der Dichter in der Schlußstrophe äußert. Denn daraus läßt sich folgern, daß unser Lied vor Oswalds Eheschließung mit Marga-
rethe von Schwangau und nach seiner Perpignanreise entstanden sein muß, was höchstens die Jahre 1416 bis 1417 für
den gesamten Minnedienst übrig ließe. Diese ohnehin zu
kurze Zeitspanne zeigt den Dichter jedoch voll mit politischen Aufgaben in der Tiroler Landespolitik ausgelastet.

Die beiden Altersangaben zu Beginn und am Ende des Liedes fungieren mithin lediglich als zeitlicher Rahmen des
Ganzen. Eine chronologische Entwicklungslinie verbindet
sie nicht. Literaturwissenschaftlich gesprochen bedeutet dieser Befund, daß Oswald die Logik der Zeitfolge, die uns den
sprichwörtlichen roten Faden liefert, nicht als Gliederungs-
prinzip verwendet. Statt dessen hat der Dichter des 15. Jahrhunderts völlig andere, ›zeitgemäßere‹ Bauprinzipien gewählt, die er auch offen darlegt. Bezeichnenderweise greift
er dabei auf eine Formel aus der mittelalterlichen Poetik

zurück, die wir heute ›Unsagbarkeitstopos‹ nennen und die Oswald folgendermaßen formuliert hat: *Es wër zu lang, solt ich erzellen all mein not* (V. 65).

Wie ist dieser Topos zu verstehen? Wenn wir das Verb *erzellen* in seiner mittelalterlichen Grundbedeutung mit ›aufzählen‹ übersetzen, wird sofort klar, was hier gemeint ist. Oswald will ›aufzählen‹, was er in seinem Leben erlitten hat, allerdings nicht alles, sondern nur ›weniges von vielem‹, *pauca e multis*, wie die lateinische Regel lautet. Denn alles *wër zu lang* und ist demzufolge ›unsagbar‹[4].

Wie das Gestaltungsprinzip so erweist sich auch die Thematik als echt und ›zutiefst‹ mittelalterlich. Denn wenn man die Nöte und Leiden, die Oswald nacheinander ›aufzählt‹, einmal auf ihren thematischen Zusammenhalt durchmustert, erkennt man rasch, daß sie sich samt und sonders den beiden Lebensbereichen zuordnen lassen, die seit dem Hochmittelalter Leben wie Selbstverständnis eines jeden Adligen bestimmt haben: Ritterdienst und Minnedienst.

Hinzu kommt ein weiteres, typisch mittelalterliches Charakteristikum: die Motive, die Oswald zu dieser Art additiver Lebenssumme veranlaßt haben. Denn ausgerechnet im Alter von vierzig Jahren Rechenschaft über seine Lebensführung abzulegen und diese vier Dekaden auch noch als ununterbrochene Kette irdischer Bedrängnisse und Leiderfahrungen darzustellen, entspricht ganz spezifisch mittelalterlichen Lebensalter- und Glaubensvorstellungen. Ja, der Glaube daran, daß die ersten vierzig Lebensjahre als Zeit der Not, der Heimsuchung und Buße zu durchleiden seien, hatte sich bereits in Bibelauslegungen der Spätantike herausgebildet. Und seitdem waren die entsprechenden Bibelstellen – wie ein Blick in Heinz Meyers und Rudolf Suntrups *Lexikon der mittelalterlichen Zahlenbedeutungen* beweist – fest in der Liturgie des Kirchenjahres verankert worden und jedem Christen jener Zeit wohlvertraut.[5]

4 Zum ›Unsagbarkeitstopos‹ s. Curtius, S. 168.
5 Siehe Artikel zur Zahl 40, ebd., Sp. 709–723, bes. Abschn. 3, Sp. 713.

Bei diesen Voraussetzungen wirkt es kaum noch verwunderlich, daß Oswald gleich die ersten Erfahrungen seiner Knappenzeit in den düsteren Farben mittelalterlicher Armuts- und Leidenstheologie ausmalt und dieses ›Elends‹-Leben noch im selben Atemzug zu einer ›schweren Buße‹ hochstilisiert (V. 9). Gleichzeitig dürfte verständlich werden, warum sich in diesem Lied weltliche und geistliche Darstellungsperspektiven laufend abwechseln, kreuzen oder gar gegenseitig überlagern.

Diese weltlich-geistliche Doppelperspektive liefert schließlich auch den Grund dafür, warum sich der Dichter zusätzlich zu seinen diversen Rollen im Ritter- und Minnedienst stets zugleich in der geistlichen Rolle eines leidensbereiten und leidgeprüften Christenmenschen darstellt. In der ersten Strophe dominiert die geistliche Stilisierung sogar eindeutig, da Oswald seine ritterliche Lehr- und Wanderzeit durchgängig als entsagungsvolle und leiderfüllte Bußfahrt darstellt. Ähnlich verfährt der Dichter in Strophe 4, wo er seinen Versuch schildert, sein *tummes leben* zu ändern (V. 49) und ›Begharde‹, eine Art Bettelbruder, zu werden.[6] In den übrigen Strophen läßt Oswald den geistlichen Part seiner jeweiligen Doppelrolle dagegen nur punktuell sichtbar werden, indem er die religiösen Seiten seiner ›via dolorosa‹ im Schlaglicht leitmotivischer Schlüsselbegriffe (*leid, we, not, trauren*), Bildformeln (Schweißausbrüche, Erbleichen, Zittern, Seufzen, *pawen ellend strass*) und Motive wie dem Schiffbruchserlebnis aufleuchten läßt.[7] In der 7. Strophe schließt sich der

---

6 Müller (1968) sieht darin eine Anspielung auf Oswalds Pilgerfahrt ins Hl. Land; als Zeugnis dafür gilt ein Denkstein, worauf er mit einer Pilgerfahne abgebildet ist; der Stein trägt die Jahreszahl 1408 und befindet sich heute an der Außenwand des Brixener Doms; Abb. in Schwob, S. 56. – Da Oswald in Str. 4 jedoch nirgends auf eine Pilger- oder Seereise hinweist, vermuten andere Forscher, daß Oswald hier auf seine Einpfründung ins Kloster Neustift bei Brixen anspielt; s. dazu z. B. A. Robertshaw, S. 891 f.; zur Einpfründung s. Schwob, S. 84–87.

7 Zur religiösen Bedeutung der Schiffahrtsmetaphorik in diesem Lied s. Hartmann (1984/85) S. 94 f. und Anm. 2.

Kreis, da die letzten Verse Oswald wieder in der rein geistlichen Rolle eines Christen zeigen, der weiß, daß ihn in der
Ewigkeit noch viel schlimmere Leiden erwarten, wenn er
so *klain vernünftiklich* (›bar jeder Vernunft‹) weiterlebt
(V. 107), statt sich als Diener Gottes zu bewähren.

Oswalds noch typisch mittelalterliche Gestaltungsprinzi-
pien entdeckt zu haben bringt uns einen großen Schritt
voran. Wir erkennen jetzt, warum Oswald sein Leben in
Form einer Aufzählung darstellt und warum er die einzelnen
Glieder nicht chronologisch, sondern thematisch oder genauer: mittels steter Variation seines Generalthemas ›Not‹
leitmotivisch verknüpft. Ein wichtiger Befund, der wesentliche Unterschiede zu neuzeitlichen Autobiographievorstel-
lungen erhellt. Aber läßt sich daraus auch folgern, daß wir in
der leitmotivischen Verknüpfung aller geschilderten Lebens-
erfahrungen gleichzeitig den roten Faden gefunden haben,
der das lyrische Ich mitsamt seinen diversen Rollen und das
biographische Ich zu einer Einheit von womöglich unver-
wechselbarer Individualität verbindet?

Diese Frage ließe sich mit einem glatten Ja beantworten,
wenn die überall durchscheinende Absicht, das irdische
Leben als ununterbrochene Leidensfolge darzustellen, mit
dem dazugehörigen religiösen Ernst konsequent verwirklicht worden wäre. Aber wie soll man Oswalds Darstellungen durchgehend ernst nehmen? Ist es nicht vielmehr so, daß
wir zahlreiche Partien gar nicht ernst nehmen können, weil
es der Autor darin statt auf erschüttertes Mitleiden unverkennbar auf zwerchfellerschütterndes Mitlachen angelegt
hat? Selbst wenn wir Oswalds Verse nicht wie Ulrich Müller
einer stilistischen Feinanalyse unterziehen, merken wir bald:
In den ersten sechs Strophen geht jeglicher Ernst in einer
ebenso selbstironischen wie treffsicheren Komik unter.[8]
Denn abgesehen davon, daß Oswald sich nach der ›Ehrung‹

8 Auf die komischen Elemente und die »parodistische Stilisierung« einzelner Episoden in diesem Lied hat Müller (1968) als erster aufmerksam
gemacht.

in Perpignan sozusagen auf offener Szene auslachen läßt, gibt er auch die übrigen ›Leiderfahrungen‹ seines Lebens beifälligem Gelächter preis. Das geschieht mal mehr, mal weniger deutlich: indem der Dichter entweder einzelne ›Leidenszüge‹ seiner Selbstdarstellung melodramatisch übertreibt oder indem er ganze Episoden in Farcen verwandelt, weil er sich dort in den für einen Ritter grotesk-komischen Rollen eines Kaufmanns oder eines ›halben‹ Begharden bzw. geistlichen Schürzenjägers darstellt.

Erst in der Schlußstrophe beginnen Komik und Selbstironie zu versiegen. Zwar schlüpft der Dichter in den Anfangsversen noch einmal kurz in eine schwankhafte Rolle, wenn er wie ein Pantoffelheld über das *bellen* von Ehefrauen lamentiert (V. 104). Aber in den unmittelbar folgenden Versen wechseln Ton und Stil radikal, weil der Dichter jetzt plötzlich ohne jeden ironischen Unterton fortfährt: *In urtail, rat vil weiser hat geschätzet mich, / dem ich gevallen han mit schallen liederlich* (V. 105 f.). Dabei wirkt die Aussage an sich nicht besonders überraschend. Denn daß Oswald es in seinem Leben zu hohem öffentlichen Ansehen und künstlerischem Ruhm gebracht haben könnte, ließ sich schon aus zahlreichen früheren Bemerkungen heraushören: über seine harte, aber zugleich elitäre Ausbildung zum Ritter, seine außergewöhnlichen Fremdsprachenkenntnisse und musischen Talente oder über seine umfassende Weltkenntnis und seine häufige Teilnahme an Feldzügen in aller Herren Länder. Auch daß es dem Dichter gelungen war, das Vertrauen des bedeutendsten Fürsten und weltlichen Oberhaupts des Abendlandes, König Siegmund, zu gewinnen, geht deutlich aus der Perpignan-Episode hervor. Nur: so ausgesprochen hat Oswald seine Erfolge bisher noch nirgends.

Infolgedessen zeigt er sich jetzt wahrhaftig von einer ganz neuen Seite, ohne jede ironische Übertreibung oder komische Rolle. Für uns wird damit ein biographisches Ich sichtbar, wie wir es heute verstehen, zumal es vielfach historisch dokumentiert ist, daß Oswald sich damals tatsächlich auf dem Höhepunkt seiner ritterlichen Laufbahn befunden hatte. Er war nicht nur im Februar 1415 in den Rat König Siegmunds aufgestiegen, sondern hatte noch im gleichen Jahr an dem kühnsten Eroberungszug der Zeit teilgenommen, der Einnahme von Ceuta, einer nordafrikanischen Küstenstadt, die heute noch zu Spanien gehört. In Perpignan war Oswald dafür mit dem höchsten Orden der iberischen Königreiche ausgezeichnet worden: dem aragonesischen Kannen- und Greifenorden, wie er ihn auf seinem Porträt von 1432 auch in voller Adjustierung zur Schau trägt.[9]

Dennoch schildert Oswald die Ehrung am aragonesischen Hof, wie eine nähere Betrachtung der dritten Strophe zeigt, lediglich indirekt in listig versteckten Anspielungen. Denn wie an den Keinodien deutlich zu erkennen ist, stellt der Dichter vordergründig einzig seine Dichterehrung durch die Königinwitwe Margarete von Prades (*die von Praides*, V. 48) dar, einer gefeierten Gönnerin führender Dichter Aragoniens. Indem er dieser Königin aber noch die Verleihungsformel der Ordensübergabe, *non maiplus dis ligaides* (d. h. ›bindet nie mehr los‹, V. 36) in den Mund legt, bleibt kein Zweifel mehr, daß Oswald diese Zeremonie gleichzeitig mitgemeint hat. Stolz oder gar Triumphgefühle über diese ehrenvolle Auszeichnung läßt er aber kaum aufkommen, da er die ganze Szene wie ein Narrenspektakel schildert, das er auch in entsprechendem Gelächter untergehen

---

9 Das lebensgroße Original, ein Temperabild aus der Pisanello-Schule von ca. 1430, ziert als Vorsatzblatt die von Oswald selbst in Auftrag gegebene Handschrift B, die heute in der Univ.-Bibliothek Innsbruck (o. Sign.) aufbewahrt wird. Verkleinerte farbige Abb. in Schwob, S. 61; Schwarz-weiß-Reproduktion in: *Oswald von Wolkenstein. Abbildungen zur Überlieferung I: Die Innsbrucker Wolkenstein-Hs. B*, hrsg. von Hans Moser und Ulrich Müller, Göppingen 1972. Wie naturgetreu dieses Porträt ist, beweisen die 1973 entdeckten Skelettreste Oswalds von Wolkenstein; gerichtsmedizinische Analyse mit Abbildungen von Marie-Louise Glowatzki-Mullis [u. a.], »Untersuchungen zur Identifizierung der Skelettreste aus Neustift: Ist es Oswald von Wolkenstein?«, in: *Jb. der Oswald von Wolkenstein Gesellschaft* 2, 1982/83, S. 155 bis 191.

läßt.[10] Ein höchst subtil eingefädeltes Versteckspiel mit dem eigenen Ich also, das wir heute nur unter größten Mühen entwirren können, um die Anteile, die sich auf das Autor-Ich, das Rollen-Ich und das biographische Ich beziehen, zu unterscheiden.

In Strophe 7 hat sich das biographische Ich endlich aus all dieser ironischen Umgarnung befreit. Aber wie endet dieser Befreiungsakt? Lesen wir einen Vers weiter: *ich, Wolkenstein, leb sicher klain vernünftiklich, / das ich der werlt also lang beginn zu hellen* (V. 107 f.). Ist Oswald hier völlig orientierungslos geworden? Nach Verdienst und Anerkennung in dieser Welt zu streben, soll nun plötzlich ein gänzlich sinnloses Unterfangen sein? Sicher, vor Gott zählen nur andere gute Werke. Die Hinwendung zu Gott bringt Oswald indes nicht den verlorenen Halt zurück. Im Gegenteil: das Ich verliert sich zum Schluß in Ungewißheit über seine Todesstunde und sein ewiges Seelenheil.

So gelangen wir denn zu einem fast paradoxen Fazit: in der Selbstironie steckt der rote Faden, der alle Facetten von Oswalds Persönlichkeit zu einer Einheit verbindet. In dem Moment, wo dieser Faden abreißt, muß die Einheit des Ichs zerbrechen. Deshalb zeigen die Schlußbilder Oswald auch in einem Zustand völliger innerer Zerrissenheit. Eine innere Zerrissenheit, die fast modern anmutet, zumal der Dichter selbst in seinen ironischen Rollenspielen unverwechselbar individuell wirkt. Warum? Weil Ironie schon immer Distanz geschaffen hat und deshalb auch hier verhindert, daß die mittelalterlichen Darstellungsformen ihre ursprünglich exemplarische, d. h. identitätsstiftende Wirkung entfalten.

Wie weit sich Oswald damit vom Mittelalter entfernt und der Neuzeit angenähert hat, dies zu beurteilen, möchte ich jedem Leser selbst überlassen.

---

10 Zu Margarete von Prades, ihrem Dichterkreis und Oswalds Erlebnissen bereitet die Verfasserin eine Untersuchung mit der Publikation bisher ungenutzter altspan. Quellen vor.

Literaturhinweise

Ausgaben

Die Lieder Oswalds von Wolkenstein. Unter Mitw. von Walter Weiß
und Notburga Wolf hrsg. von Karl Kurt Klein. Musikanh. von
Walter Salmen. 3., neubearb. und erw. Aufl. hrsg. von Hans Moser,
Norbert R. Wolf und Notburga Wolf. Tübingen 1987.
Oswald von Wolkenstein. Sämtliche Lieder und Gedichte. Ins Nhd.
übers. von Wernfried Hofmeister. Göppingen 1989.

Forschungsliteratur

Classen, Albrecht: Die autobiographische Lyrik des europäischen
Spätmittelalters. Studien zu Hugo von Montfort, Oswald von
Wolkenstein, Antonio Pucci, Charles d'Orléans, Thomas Hoc-
cleve, Michel Beheim, Hans Rosenplüt und Alfonso Alvarez de
Villasandino. Amsterdam 1991.
Curtius, Ernst Robert: Europäische Literatur und lateinisches Mittel-
alter. Bern / München ⁹1978.
Hartmann, Sieglinde: Oswald von Wolkenstein. Empirie und Sym-
bolismus in seiner Lebensballade. In: Jb. der Thomas-Morus-
Gesellschaft (1984/85) S. 83–95.
– Oswald von Wolkenstein und Spanien. Göppingen [i. Vorb.].
Joschko, Dirk: Oswald von Wolkenstein. Eine Monographie zu Per-
son, Werk und Forschungsgeschichte. Göppingen 1985.
Kühn, Dieter: Ich Wolkenstein. Eine Biographie. Frankfurt a. M.
⁷1989.
Meyer, Heinz / Suntrup, Rudolf: Lexikon der mittelalterlichen Zah-
lenbedeutungen. München 1987.
Müller, Ulrich: ›Dichtung‹ und ›Wahrheit‹ in den Liedern Oswalds
von Wolkenstein. Die autobiographischen Lieder von den Reisen.
Göppingen 1968.
– Oswald von Wolkenstein. Darmstadt 1980. (WdF 526.)
Robertshaw, Alan: Chivalry, Love, and Self-Advertisement in
Oswald von Wolkenstein's »Es fügt sich«. In: MLR 82 (1987)
S. 887–896.

Röll, Walter: Oswald von Wolkenstein. Darmstadt 1981.
Schwob, Anton: Oswald von Wolkenstein. Eine Biographie. Bozen
  ³1979.

Siehe außerdem die *Jahrbücher der Oswald von Wolkenstein Gesellschaft*, wo laufend neue Literatur erscheint und angezeigt wird.

Die Minne und ihre Konkurrenten

Die Pastourelle

Pastourelle oder Pastourellenpersiflage?
Neidhart: *Wie sol ich die bluomen uberwinden*

Von Ingrid Bennewitz

Das in Edmund Wießners Zählung achte ›Winterlied‹ Neidharts wird von den beiden wichtigsten Textzeugen der Neidhart-Tradition überliefert: der zu Beginn des 14., vielleicht auch schon Ende des 13. Jahrhunderts geschriebenen Riedegger Handschrift (R), die von Moriz Haupt, dem ersten Herausgeber der Neidhart-Lieder, zur Aussonderung des ›echten‹ vom sogenannten ›unechten‹ Liedgut herangezogen wurde (»was in R nicht steht das hat keine äussere gewähr der echtheit«[1]), sowie der Berliner Papierhandschrift c, geschrieben um die Mitte des 15. Jahrhunderts, möglicherweise in der Gegend von Nürnberg. Mit 131 Liedern bietet Handschrift c die umfangreichste Überlieferung unter den insgesamt 25 (bzw. 26) Handschriften bzw. Fragmenten und drei Drucken; davon gelten der traditionellen Forschung allerdings 69 Lieder als ›unecht‹, das heißt als nicht vom Autor Neidhart (ca. 1180–1240) selbst, sondern von Nachahmern seiner Werke verfaßt.[2] Das im folgenden behandelte Winterlied wäre wohl ohne die Bezeugung durch die Riedegger Handschrift kaum in Haupts Kanon aufgenommen wor-

---

1 Haupt, S. IX.
2 Sowohl R als auch c sind als Faksimile zugängig: Abbildungen zur Neidhart-Überlieferung I; Abbildungen zur Neidhart-Überlieferung II; Handschrift c liegt darüber hinaus auch in Transkription vor (Die Berliner Neidhart-Handschrift c (mgf 779). – Eine ausgezeichnete Darstellung sowohl der überlieferungs- und editionsgeschichtlichen wie der forschungsgeschichtlichen Grundlagen bietet Schweikle (1990). Vgl. auch seine grundsätzlichen Bemerkungen zur Echtheitsproblematik (Schweikle, 1981, S. 86–104).

322 *Die Minne und ihre Konkurrenten*

den: Lieder mit vergleichbar deutlicher erotischer Konnotation aus dem Neidhart-Corpus der Großen Heidelberger Liederhandschrift etwa finden sich ausnahmslos unter den ›unechten‹ Liedern der Hauptschen Edition. Nichts kann die argumentatorischen Paradoxa dabei besser verdeutlichen als ein Vergleich der (zumeist lapidaren) Kurzkommentare Haupts. So werden einerseits Strophen (wie die letzte, nur in Hs. c überlieferte Strophe von WL 8) als »witzloser schmuz« ausgeschieden, andererseits wird damit ihre ursprüngliche Zuordnung zu Neidharts Œuvre begründet (»dass dieses lied und das folgende unter die neidhartischen gekommen sind hat nur ihr schmuz verschuldet«).[3] – Wir haben im folgenden den Text nach Handschrift R wiedergegeben;[4] Abweichungen der Handschrift c sind im textkritischen Apparat verzeichnet. Sie weist die gleiche Strophenabfolge wie R auf, überliefert jedoch eine zusätzliche Strophe (vgl. S. 325). Die Interpretation geht auf beide Textfassungen gesondert ein.

1   Wie sol ich die blůmen uberwinden,
     die so vertorben sint?
     die siht man nindert so mans in dem maien sah.

R 31 (56 r); c 82 (207v/208r).
Überschrift: ein ander R, Die derr plahen c.
1,2 so] so gar c.   **3** der empfind ich nyndert als mans Jm mayen sahe c.

---

3 Vgl. Haupt, S. 153 (Anm. zu 47,39) bzw. XIV,17.
4 Kürzel werden aufgelöst, *u/v* und *i/j* ausgeglichen, ebenso die Groß- und Kleinschreibung. Doppelkonsonanzen sind entsprechend dem nhd. Gebrauch vereinfacht. Die Interpunktion hat ausnahmslos Vorschlagscharakter und soll nur ein rascheres Textverständnis ermöglichen. Eine synoptische Edition der Fassungen R und c, die sich aufgrund dieser Überlieferung anbieten würde, war aus publikationstechnischen Gründen nicht möglich. – Für Diskussion und Hilfe nicht nur bei den übersetzungstechnischen Problemen des Liedes danke ich meinem Salzburger Kollegen Peter K. Stein.

ir vergezzet niht der grunen linden
5 – we, wa tanzet nu diu kint? –,
diu was uns den sumer vur di heizzen sunne ein dach.
    diu ist grunes loubes worden ane.
des bin ich dem winder gram,
sit er uns die rosen ab der heiden nam,
10 die da stunden hiwer wolgetan.

2   Mine vriund, ratet wie ich gebare
umb ein wip, diu wert sich min,
die begreif ich da si flahs ir meisterinne swanch.
    diu wert sich des ersten vil undare,
5 doch tet si ze jungist schin,
daz si mir ze starche was und ich ir ze chranch.
    laider lutzel half mich da min ringen,
doch versuht ich si genůch,
mangen ungevuegen puch, den si mir slůch,
10 si sprach: 'liupper, siczet, lat mich swingen.'

3   Ich begunde mit der gůten schimphen
also mich das hertze hiez,
leise greif ich dort hin da diu wip so stundich sint.
    diche zeigt si mir ir ungelimphen,
5 in dem tausche si mich stiez
mit der veuste gen den brusten, daz ich ergint.

---

6 diu was uns den sumer] Sie was hewer c; ein dach] endanch R, ein uil gut
dach c.   7 nu ist sie lauben worden an c.   9 der der haid uil der liechtenn
plumen nam c.   10 die da hewer stunden lobesam c.

2,1 Mine vriund, ratet] Ratet lieben freund c.   3 ir] Irer c.   4 des ersten
weret sie sich mein vntáre c.   5 si ze jungist] sis zu dem leczten c.   6 ir]
ir gar c.   8 doch] yedoch c; si] sein c.   9 puch, den si mir] puchs sie mir
do c.   10 siczet] siczet vnd c.

3,1 Ich begunde] Do begund ich c.   2 also] als c.; das hertze] mein fug-
hait c.   3 dort] da c; diu wip] weib c; stundich] súzz c.   4 do tett sie mir
kunt Irn vngelimpffen c.   5 in dem tausche] mit den fuessen c.   6 sere
gein den brústen das ich also weit ergint c.

     'ir lat mich wurchen, laider witsteche,
    iwer leip ist ungeseit,
    vraischet ez min mûme, ja cheut si mir lait,
10 daz ich immer iht mit iu gezeche.'

4   Grozziu chraft diu was uns beiden tiwer
    von dem ringen das wir do
    mit enander taten umb ein dinch des ist nu sit.
     sehs pirn priet si in dem viwer,
 5 der gap mir diu vrowe zwo,
    vier si az si saelbe, da labt si daz hertz mit.
     heten wir des obzes niht funden,
    ich waer in min ouge tot.
    ouch, zwiu laid ich so grozziu not,
10 wes han ich mich tumber underwunden?

5   Langiu maere lat iu churtzer machen,
    swi ez umb allen spot erge:
    ich gesah nie wip so grimmechlich geslahen.
     ich muz diche ir schimphes vil gelachen.
 5 waz darumbe, was mir we?
    daz versûnt si ouch sit ûf einer derre plahen,
     bei ir mûmen hûs under einem hekke
    [kam ich zu ir, des was sie gail].

---

7 ir lat] lat c; wurchen] wrchen R, wurcken c; witsteche] wúteschen c.
8 ungeseit] vngesatt c.   9 vraischet] erforschet c; cheut] tut c.   10 mit iu
gezeche] mit euch mere gezencke c.

4,2 wir do] *fehlt* R, *erg. nach* c.   3 tetten vmb ein kleines dingell des
ist hewer sitt c.   4 priet si in] brieten wir vns bej c.   5 vrowe] liebe c.
6 selbs azz sie vier da labten wir vns baide mitt c.   7 .funden] empfunden c.   8 ouge] augen c.   9 we warumb leid ich armer solicher nott c.
10 tumber] armer hewer aber c.

5,1 maere] rede c; churtzer] kurcz c.   2 allen spot] den schimpff c.
3 Ich sahe nye so Iunges weib als grymiglichen slahen c.   4 Irs vngelimpffen must ich lachen c.   5 was] geschah c.   6 das versúnet ich seitt
mit Ir auff einer dúrren plahen   7 bei ir mûmen] hinter Irer muter;
einem] einer c.   8 *fehlt* R, *erg. nach* c.

mines gutes ward ir da daz beste teil,
10 da liez ich der vrowen seuftenekke.

Hs. c:

6 Ich begraifs allein auf einer tille,
das was meins herczen gere,
alda warf ichs unter mich und trat ir upf das gewandt.
dennoch lág der wundtstecke stille,
5 wir rúckten hin, wir ruckten here,
er ward ir aussermassen lieb, sie nan in in ir handt.
einer freud sie alda geluste,
sie sprach zu mir – das es selig sei –:
'herczenlieber bul, ich will dir wesen bei.'
10 vor lieb sie mich in das aug kuste.

1 Wie soll (werde) ich die Blumen verschmerzen, die ganz
zugrunde gegangen sind? Man sieht sie nirgendwo so, wie
man sie im Mai gesehen hat. Ihr sollt nicht die grüne Linde
vergessen – ach, wo tanzen nun die jungen Leute? –, die hat
uns im Sommer als Dach gegen die heiße Sonne gedient. Sie
hat das grüne Laub völlig eingebüßt. Ich bin dafür dem Winter böse, daß (seitdem) er uns die Rosen von der Heide nahm,
die in diesem Jahr dort schön gewachsen waren.

2 Meine Freunde, ratet mir, wie ich mich gegenüber einer
Frau verhalten soll, die sich gegen mich sträubt. Mit der
wurde ich handgreiflich, als sie für ihre Herrin (Bäuerin)
Flachs schwang (drosch). Sie setzte sich zuerst wenig (sehr
unfreundlich) zur Wehr, doch zuletzt machte sie mir klar, daß
sie für mich zu stark war und ich für sie zu schwach. Mein
Kämpfen half mir da leider wenig, doch ich versuchte sie
genug, die vielen heftigen Schläge (oder: doch ich kriegte
genug davon ab, von den vielen heftigen Schlägen), die sie mir
zufügte. Sie sagte: »Verehrtester, setzen Sie sich hin und lassen Sie mich Flachs schwingen.«

---

9 do ward Ir meins leibs der beste teil.   10 den layhe ich den schonen
saffteneggke c.

326 Die Minne und ihre Konkurrenten

3 Ich begann mit dem guten Mädchen zu scherzen, wie es mir mein Herz befahl. Vorsichtig griff ich dort hin, wo die Frauen immer bereit (gierig) sind. Heftig demonstrierte sie mir ihr Mißfallen. Als Antwort (oder: in diesem Spaß) stieß sie mich mit der Faust gegen die Brust, daß es mir den Mund aufriß. »Lassen Sie mich arbeiten, widerwärtiger Weidenstock. Sie sind (benehmen sich) unbeschreiblich. Wenn es meine Tante erfährt, dann stellt sie mich zur Rede (wörtlich: ›kaut sie mir Böses‹), weil ich mit Ihnen (da) herummache.«

4 Beide hatten wir viel Kraft verloren durch den Ringkampf, den wir uns lieferten um einer Angelegenheit willen, die gerade in Mode ist. Sechs Birnen briet sie im Feuer, davon gab mir die Dame zwei, vier aß sie selbst, damit erquickte sie das Herz. Hätten wir das Obst nicht gefunden, fürwahr, ich wäre längst (wörtlich: in mein Auge) tot. Ach, wozu leide ich so große Not, worauf habe ich Narr mich eingelassen?

5 Lassen Sie sich die lange Geschichte kürzer machen, wieviel Spott das auch immer bringen mag (wörtlich: wie es um jeden Spaß auch ergehen mag). Ich habe niemals eine Frau so grimmig kämpfen sehen. Über ihren Scherz muß ich oftmals sehr lachen. Was soll's, auch wenn mir alles weh tat? Das machte sie ja schließlich auch später auf einer Dörrplane wieder gut, (und zwar) beim Haus ihrer Verwandten unter einer Hecke [dort kam ich zu ihr, worüber sie sich freute]. Da wurde ihr der beste Teil meines Besitzes übereignet, dort überließ ich der Dame das Seufzereck.[5]

6 (Hs. c) Ich erwischte sie allein auf einem Dachboden, das war das Verlangen meines Herzens. Dort warf ich sie unter mich und trat ihr auf das Gewand. Da lag der ›Wundenfüller‹ noch ruhig. Wir rückten hin, wir rückten her, er wurde ihr über die Maßen angenehm, sie nahm ihn in ihre Hand. Nach einer Freude gelüstete es sie da, sie sagte zu mir – gepriesen

---

5 Die R-Fassung des Liedes liegt in verschiedenen, in Einzelheiten durchaus stark divergierenden Übersetzungen vor: Beyschlag, S. 144–149; in literarischer Bearbeitung bei Kühn, S. 238–240 (sowie in den folgenden – überarbeiteten – Auflagen 1983, S. 155 f., und 1988, S. 508–510, jeweils mit kleinen Veränderungen).

sei es! –: »Von Herzen geliebter Freund, ich will mit dir schlafen.« Vor (aus) Liebe küßte sie mich in (auf) das Auge.

Jede Diskussion des Liedes R 31 / c 82 muß gleichsam auf der
Folie eines doppelten Gattungshintergrundes erfolgen: dem
des Neidhartliedes und dem der Pastourelle. Gerade die
ältere Forschung versuchte immer wieder, den Zusammenhang mit der Rezeption der französischen Pastourelle zu
klären, doch erst die komparatistischen Untersuchungen
Sabine Brinkmanns erbrachten die dafür notwendigen Voraussetzungen.[6] Wießner selbst hingegen stellte die neidhart-
bzw. (in der Folge und sehr bezeichnend für sein Textverständnis) die »pseudo«-neidharttypischen Elemente in den
Vordergrund und verwies insbesondere auf »die lächerliche
Rolle«, die sich der Dichter (!) »in dem Abenteuer zuweise«.[7]
Was Wießner als autobiographische Darstellung mißver-
stand, stellt im Grunde ein durchgängiges Charakteristikum
des Neidhartschen Œuvres dar, nämlich die Aufspaltung der
Sängerrolle in eine höfische und eine unhöfische Komponente, für die Horst Wenzel den Begriff des »häßlichen Sängers« prägte.[8] Dieser interne Rollenwechsel, der jederzeit
und gleichsam ohne ›Vorwarnung‹ an die Adresse der Rezipientinnen und Rezipienten einsetzen kann, verhindert die
Möglichkeit ungebrochener Identifikation mit dem Sänger-

6 Vgl. Wießner (Kommentar) S. 110. Wießner verweist vor allem auf die
  Arbeiten von Hermann Schmolke (*Leben und Dichten Neidharts von
  Reuenthal*, Potsdam 1875), Richard M. Meyer (*Die Reihenfolge der Lieder Neidharts von Reuenthal*, Berlin 1883), Richard Brill (*Die Schule
  Neidharts*, Berlin 1908) und Samuel Singer (*Neidhart-Studien*, Tübingen
  1920). – Brinkmann, bes. S. 223–236; zit. nach der Ausg. Göppingen
  1985.
7 »Wenn der Dichter durch die fremde Gattung angeregt war, so hat er ihre
  Züge sich doch völlig eigenartig zurechtgelegt, so daß sie nur wenig
  durch sein Gebilde hindurchschimmern. Bemerkenswert ist aber die
  lächerliche Rolle, die er sich in dem Abenteuer zuweist [. . .]. Gerade dieser Typus lebt beharrlich in den Pseudo-Neidharten fort [. . .]. Doch gibt
  sich N. auch sonst dem Spotte der Zuhörer preis« (Wießner (Kommentar) S. 110).
8 Wenzel, S. 45–75.

Ich und zwingt das Publikum zur ständigen Reflexion über den eigenen Standpunkt.[9] Zugleich unterscheidet er den Typus des Neidhartliedes nachhaltig von der Konzeption des Minnesangs bei Reinmar oder Walther, der jedoch eine unverzichtbare Basis für sein Verständnis liefert.[10]

Der Natureingang, der die gesamte erste Strophe umfaßt, läßt das typische Strukturmuster der Neidhartschen Winterlieder erwarten, nämlich die Abfolge Natureingang – Minnestrophen – *dörper*-Teil. Der Sänger artikuliert die Klage über den Einbruch des Winters; seine artistische Kompetenz vergegenwärtigt der Gesellschaft die verlorene Sommerfreude. Die zweite Strophe zitiert mit der Wendung an die Freunde ein Motiv, das bereits für Neidharts Zeitgenossen als typisches Kennzeichen seiner Lieder gegolten haben muß: nur so läßt sich Wolframs parodistisches Zitat dieser Geste im *Willehalm* verstehen.[11] In Neidharts Liedern dient sie der Bitte um Rat (WL 16, 3, 12, 20), der Klage über das Leid, das dem Sänger von den *dörpern* zugefügt wurde (WL 24, 30, 32), sowie der Bitte um – zum Teil recht handfeste – Unterstützung in Liebesangelegenheiten (WL 6 und 35) oder um finanzielle Zuwendung (WL 11). Den Anruf der Freunde kennt auch der Minnesang vor Neidhart; dort steht er jedoch zumeist für den Versuch des Sängers, sein scheinbar individuelles Minnedilemma (*dienst* ohne *lôn*) öffentlich erfahrbar zu machen und es als nunmehr gesellschaftliches Problem einer möglichen Lösung zuzuführen.

Schon im zweiten Vers dieser Strophe erfolgt der Bruch mit Terminologie und Konvention des ›klassischen‹ Minnesangs. Nicht der *vrouwe* gilt das Bemühen des Sängers, sondern vielmehr einem *wip*, deren soziales Umfeld durch die von ihr

---

9 Vgl. dazu Ortmann/Ragotzky/Rischer, S. 1–29; Rischer, S. 184–210; Ragotzky, S. 471–488.

10 Die folgenden Ausführungen überschneiden sich in Inhalt und Wortlaut teilweise mit meiner Darstellung des Liedes in den Greifswalder Beiträgen von 1989 (»Parodie und Satire in der Literatur des Mittelalters«; vgl. hier Müller/Bennewitz-Behr, S. 90–102).

11 Vgl. Wolfram von Eschenbach, *Willehalm*, V. 312,11 ff.

ausgeübte Tätigkeit des Flachsschwingens und das Dienstverhältnis zur *meisterinne* deutlich wird. An die Stelle des
dienstes tritt konkrete Handgreiflichkeit (*die begreif ich . . .*;
2,3); an die Stelle der geistigen Zurückweisung durch die
vrouwe tritt die körperliche Abwehr seiner Übergriffe. Die
geistig-ethische und moralische Überlegenheit der Minnedame wird bei Neidhart umgemünzt zur physischen Überlegenheit der *dörperin*, die sich gegen den männlichen An-
griff erfolgreich zur Wehr setzt und so in parodistischer Verlagerung das traditionelle ›Kräfte‹verhältnis des Minnesangs
wiederherstellt (*doch wie si ze jungist schin, / daz si mir ze
starche was und ich ir ze chranch*; 2,5 f.). Die dritte Strophe
verdeutlicht die eben vorgestellte Szene mit drastischen
Details: zwar beharrt der Sänger auf der höfischen Initiation
seines Handelns (*also mich das hertze hiez*; 3,2), doch ist sein
Verhalten an sexueller Eindeutigkeit kaum überbietbar. Der
Griff an jene Stelle, *da diu wip so stundich sint* (3,3), ist wohl
identisch mit dem Griff an den *füdenol* (HW 65,12; WL 20),
der sonst den *dörpern* zur Last gelegt wird. Auf den sexuellen Übergriff des Sängers antwortet das Mädchen aber nicht
nur mit körperlicher, sondern auch mit verbaler Gegenwehr,
die zum einen die obszöne Komponente seines Verhaltens
spiegelt, zum anderen eine weitere Konstante des ›klassischen‹ Minnesangs zitiert, nämlich die *huote*, hier personifiziert in der Figur der *müme*.

Der Streit zwischen den beiden Kontrahenten scheint (Str. 4)
gütlich beigelegt; beiden mangelt es an Kraft, den Kampf um
»jene Angelegenheit, die gerade so der Brauch ist«, fortzuset-
zen. Daß dem Motiv des Birnenbratens sexueller oder – mit
Brill – »obscöner Nebensinn«[12] anhaftet, steht wohl außer
Zweifel; einer eindeutigen Auflösung im Detail scheint sich
die erotische Metapher jedoch zu entziehen,[13] was durchaus

---

12 Brill (Anm. 6) S. 212.
13 Vgl. auch die Angaben bei Wießner (Kommentar) S. 109 und Wießner
(Wörterbuch) S. 22 sowie Ernest Bornemann, *Sex im Volksmund*,
Herrsching 1984. Gegen Wießners Einwand, dem zufolge »das Birnen-

in der Intention des Autors gelegen haben könnte. Jedenfalls wird die physische und (wohl auch) erotische Überlegenheit der Frau abermals betont und zugleich (als »Unersättliche«) negativ besetzt. Die Erwartungshaltung der Rezipientinnen und Rezipienten, durch die vorangegangene Darstellung bereits auf eine schnelle und eindeutige Lösung ausgerichtet, wird an dieser Stelle getäuscht; der *dörper*-Kontext wird noch einmal gegen den höfischen Klagegestus des Minnesangs eingetauscht (*ouch, zwiu laid ich so grozziu not, / wes han ich mich tumber underwunden?*; 4,9 f.). – Die letzte Strophe bringt freilich genau dieses erwartbare Ende des ungleichen Kampfes: Die Gegenwehr des Mädchens konnte dem Sänger wenig anhaben, zumal sie dafür die von ihm gewünschte *süne* in Form von Liebesdiensten leistet. Über den Ort dieses Rendezvous (*úf einer derre plahen, / bei ir mûmen hûs*; 5,6 f.) erfolgt zugleich eine situative Rückbindung an den Kontext der Strophen 2 und 3.

Die beiden letzten Verse greifen deutlich auf die Riuwentaler-Rolle des Sänger-Ichs zurück, wie sie häufig in den Schlußstrophen von Sommer- und Winterliedern zum Einsatz kommt: den besten Teil seines Besitzes – eines Besitzes, in dem es sonst (WL 3 und 5) wenig zu essen, dafür aber ausreichend Schläge (SL 18) gibt – soll die *vrowe* erhalten, nämlich das ›Seufzereck‹. Ob damit tatsächlich »ein Kind ›Seufzerecke‹ (nach dem Ort des Geschehens)«[14] gemeint sein sollte, scheint zumindest fraglich; möglich wäre auch die Interpretation als phallische Metapher (mhd. *ecke* bedeutet ›Schneide einer Waffe‹).[15] Wie auch im Fall von Strophe 4,4 ff. bleiben solche Rückführungen auf eine Ebene scheinbarer erotisch-sexueller Konkretheit von nachrangigem Interesse, da sie die vom Autor wohl bewußt ge-

motiv nicht die Liebesvereinigung meinen« kann (Kommentar, S. 109), wendet sich Edwards, S. 140 f.

14 So Fritsch, S. 170; ebenso Brinkmann, S. 235.

15 Zum sexual-metaphorischen Spiel mit *messer* und *scheide* vgl. auch HW XLIV,1 (*Ez verlos ein ritter sine scheide*).

wählte Form des uneigentlichen, doppelbödigen Sprechens verfehlen.[16]

Die Fassung der Handschrift c bewahrt zwar im wesentlichen Textbestand und Inhalt der Überlieferung von R, weicht aber an zahlreichen Stellen und manchmal in charakteristischen Varianten von ihr ab. Dies gilt beispielsweise für die Verwendung von Adjektiva und Adverbia, die die emotionale Qualität des Benannten veranschaulichen und unterstreichen (1,2: *so gar*; 1,6: *ein uil gut dach*; 1,9: *der liechtenn plumen*; 2,1: *lieben freund*; 4,3: *ein kleines dingell*; 4,9: *ich armer*; 5,3: *so Iunges weib*), sowie für Umakzentuierungen im Bereich der ›ich‹ / ›wir‹- (bzw. ›du‹-)Zuordnungen (1,3; 4,4; 5,6). Die wohl stärkste Veränderung nimmt c im Vers 5,10 vor: Es ist nicht mehr das ›Seufzereck‹, der beste Teil seines *gutes*, das der Sänger vergeben will, sondern der beste Teil seines Körpers, nämlich *safftenegke*; das heißt, die in Handschrift R ins Spiel gebrachte Rolle des Riuwentalers wird zugunsten einer doch wohl sehr direkten phallischen Metaphorik aufgegeben.[17]

Die von c zusätzlich überlieferte Strophe wurde vom Ersteditor Moriz Haupt mit scharfen Worten verurteilt (als »witzloser schmuz«[18]). Tatsächlich handelt es sich um eine Strophe, »die den in der R-Fassung doppeldeutig umschriebenen Vorgang bei einfachem Ortswechsel (*dille*) übersetzt

---

16 Zum Problemkreis der Obszönität in den Neidhart-Liedern vgl. auch Bründl, S. 71–75.

17 Dies ist um so beachtenswerter, als die Rolle des Riuwentaler (»der von Rubentall«) ansonsten in Handschrift c durchaus präsent ist.

18 Vgl. Haupt, S. 153: »auf der scherz, der die vorige strophe und das lied schliesst kann diese strophe nicht folgen ohne ihn zu verderben. wer ihren witzlosen schmuz dem von Reuenthal zutraut, der muss für ›buole‹ etwas anderes suchen: denn dieses wort gebraucht Neidhart natürlich nie.« – Daß diese Beobachtung auch auf das Wort *tille* in Vers cVI,1 zutreffen würde, ist Haupt im demagogischen Eifer offenbar entgangen. Darüber hinaus sind solche Entscheidungen gerade im Fall der Neidhartlieder äußerst schwierig; alle Aussagen über den Wortschatz lassen sich im Grunde nur auf der Basis einer bestimmten Überlieferung treffen.

wiederholt«: eine »Ausweitung erotischer Motive«, wie sie in c auch im Lied Nr. c 111 zu beobachten ist.[19] Trotz der Unterschiede im Vokabular also zeigen Struktur und poetische Technik deutliche Beziehungen zu den Strophen 1 bis 4. Dazu zählen: die schon genannte Wiederholung und zugleich Variation (die ähnlich zwischen den Strophen 2 und 3 wie 5 und 6 vorliegt); die konkrete Rückbindung durch die direkte Wiederaufnahme und parodistische Umwertung einer Redewendung (4,8: *in min ouge* – 6,10: *in das aug*; analog etwa zur Rückbeziehung 5,7 und 3,9); die Beibehaltung der Darstellungsintention von Strophe 5 (es ist ›eigentlich‹ nur der Wunsch der Frau, der durch den Übergriff des Sängers erfüllt wird).

Lassen sich in den Neidhart-Liedern grundsätzlich, wie in der Forschung wiederholt betont,[20] Elemente der romanischen Pastourelle beobachten, so gilt dies in ganz besonderem Maße für dieses Winterlied. Sowohl Personal (Ritter und ein – im Vergleich dazu – ständisch deklassiertes Mädchen, wenn auch keine Schäferin) wie Handlungsverlauf erlauben es, direkte Parallelen zu ziehen. Dennoch ist die Annahme, Neidhart habe detaillierte Kenntnisse der französischen Dichtung besessen, sie möglicherweise sogar ganz direkt über eine Kreuzzugsteilnahme erworben,[21] zwar nicht von der Hand zu weisen, aber keinesfalls zwingend. Das Lied R 31 / c 82 läßt sich vielmehr direkt aus den Neidhartschen Liedtypen ableiten; es stellt eine mögliche und in sich geschlossene Weiterentwicklung dieser Gattung auf der Folie des Minnesangs dar, wobei darüber hinaus bei den meisten deutschsprachigen Autoren des Minnesangs wohl eine wenigstens periphere Kenntnis der (mittel)lateinischen Vagantendichtung, die ihrerseits den Pastourellentypus verwendet,[22] angenommen werden kann. Denkbar ist ein Zu-

19 So Becker, S. 439.
20 Vgl. Brinkmann, S. 286 ff.
21 Vgl. ebd., S. 235.
22 Vgl. z. B. die Nummern 184 und 185 der Carmina Burana.

sammenhang zwischen diesem Winterlied Neidharts und der Behandlung des gleichen Themas durch Gottfried von Neifen. Wie bei Neidhart weist auch bei Neifen das flachsschwingende Mädchen die Annäherungsversuche des Sängers mit scharfen Worten zurück:

> Si sprach 'hie en ist der wîbe niht:
> ir sint unrehte gegangen.
> ê iuwer wille an minem libe ergienge,
> ich sehe iuch lieber hangen.'[23]

> Sie sagte: »Hier gibt's keine Frauen dieser Art: / Sie haben den falschen Weg erwischt. / Bevor ich Ihnen zu Willen bin / würde ich Sie lieber hängen sehen.«

Doch auch Gottfried von Neifen entschärft die Aggressivität einer solchen Äußerung, und zwar durch den angefügten Refrain (*wan si dahs, si dahs, si dahs*), der die Auseinandersetzung zwischen Ritter und Mädchen »zur Unverbindlichkeit des literarischen Spiels verharmlost«[24].

Der Initiationskonflikt der Pastourelle ist, wie immer wieder betont wurde, ständischer Art, bedingt durch das Zusammentreffen zwischen einem männlichen Angehörigen des Feudaladels und einer weiblichen Angehörigen der bäuerlichen Schicht bzw. des Dienstpersonals. Doch hinter der sozialen Determination, die ja in dieser Fixierung eben keine zufällige ist, steht der Konflikt zwischen den Geschlechtern, genauer: die Frage nach dem permanenten Verfügungsanspruch des Mannes gegenüber der Frau und vor allem der weiblichen Sexualität. Zwar zeichnet die Pastourelle als Gattung stereotype Bilder der Geschlechter; als Dichtung männlicher Autoren für ein wohl wiederum überwiegend männ-

---

23 Hs. C, Bl. 40rb. Vgl. *Die große Heidelberger »Manessische« Liederhandschrift. In Abbildung*, hrsg. von Ulrich Müller, Göppingen 1971.

24 Thomas Cramer: »'Sô sint doch gedanke frî': zur Lieddichtung Burkharts von Hohenfels und Gottfrieds von Neifen«, in: *Liebe als Literatur. Aufsätze zur erotischen Dichtung in Deutschland*, hrsg. von R. Krohn (FS P. Wapnewski), München 1983, S. 47–61, hier S. 52.

liches Publikum gelangt sie nicht über den Standpunkt eines
einseitig männlichen Voyeurismus hinaus, in dessen Rahmen der Mann stets als Täter und die Frau als das Opfer
erscheint.[25] Doch trotz dieser grundsätzlichen Rollenfest-
schreibung kennt die Pastourelle neben der häufigeren Version des siegreichen Helden, der sein Vorhaben gegen die
körperlich-geistig unterlegene und darüber hinaus jedem
sexuellen Abenteuer zugängliche Frau durchsetzt, auch den
männlichen Verlierer, der zum Gespött nicht nur der weiblichen Protagonistin, sondern natürlich auch der Rezipientinnen und Rezipienten wird. In diesem Sinne ist auch die Frage
danach, ob Neidharts WL 8 als Parodie der Gattung Pastorelle interpretiert werden könnte, allenfalls mit Einschränkungen zu bejahen, denn die Strophen Rc 5 und c 6 kon-
servieren die traditionellen Rollenstereotype, ohne den
Freiraum einer distanzierten Stellungnahme zu eröffnen.
Ob diese für ein mittelalterliches Publikum im Rahmen der
literarischen Darstellung des (ständisch überformten) Ge-
schlechterkonflikts überhaupt möglich war, müßte darüber
hinaus erst diskutiert werden; Belege dafür dürften schwer
zu erbringen sein. Zu erinnern ist jedenfalls an eine weitere
›eindeutige‹ Fixierung des Sachverhalts im Rahmen der Minnediskussion des Andreas Capellanus.[26] So benutzt Neidhart
die ländliche Begegnung von ritterlichem Sänger und *dörperin* zwar zur Errichtung einer literarischen Gegenwelt in
Hinblick auf die Imaginationen und die Metaphorik des
Minnesangs, doch bleibt dabei die Infragestellung sozialer

25 Vgl. dazu Gravdal (1985).
26 *Si vero et illarum te feminarum amor forte attraxerit, eas pluribus lau-
dibus efferre memento, et, si locum inverneris opportunum, non differas
assumere quod petebas et violento potiri amplexu. Vix enim ipsarum in
tantum exterius poteris mitigare rigorem, quod quietos fateantur se tibi
concessuras amplexus vel optata patiantur te habere solatia, nisi modicae
saltem coactionis medela praecedat ipsarum opportuna pudoris.*
Andreas Capellanus, *De Amore (On Love)*, ed. with an Engl. Transl. by
P. G. Walsh, London 1982, S. 222. – Darüber hinaus blieb das Problem
der sexuellen Ausbeutung weiblicher Untergebener bzw. Angehöriger
der Unterschichten bis hinein ins 20. Jahrhundert virulent.

und gesellschaftlicher Herrschaftsverhältnisse ebenso ausgeklammert wie die der (damit untrennbar verbundenen) Herrschaftsverhältnisse zwischen den Geschlechtern.

Thomas Tomasek hat die Lieder Neidharts und Neifens in einem Vortrag am XII. Anglo-deutschen Colloquium (Kloster Frauenwörth, 10.–14. September 1991) behandelt. Er sieht in Gottfried von Neifen den ›Erfinder‹ dieses Pastourellentyps; WL 8 sei als Antwort Neidharts auf Neifens Vorlage zu interpretieren. – Dies ist eine interessante und durchaus mögliche Deutung der beiden Lieder; ich vermag jedoch die zwingende Notwendigkeit der Annahme einer zeitlich späteren Entstehung des Neidhart-Liedes nicht nachzuvollziehen. Der Pastourellentyp ist bei Neidhart kein Einzelfall, wenn die Pastourellen, die von Hs. c diesem Autor eindeutig zugeschrieben werden, gegen Haupt/Wießner seinem Œuvre zugerechnet werden. Konservative Werthaltung und ein misogynes Frauenbild sind Neidharts Liedern generell zu eigen; dazu bedarf es nicht der Vorstellung einer Reaktion auf Neifens Lied.

Literaturhinweise

Ausgaben

Neidhart von Reuenthal. Hrsg. von Moriz Haupt. Unveränd. Nachdr. der Ausg. Leipzig 1858. Hrsg. von Ulrich Müller, Ingrid Bennewitz-Behr und Franz V. Spechtler. Stuttgart 1986. [Zit. als: Haupt.]

Abbildungen zur Neidhart-Überlieferung I. Die Berliner Neidharthandschrift R und die Pergamentfragmente Cb, K, O und M. Hrsg. von Gerd Fritz. Göppingen 1973.

Abbildungen zur Neidhart-Überlieferung II. Die Berliner Neidharthandschrift c (mgf 779). Hrsg. von Edith Wenzel. Göppingen 1975.

Die Berliner Neidhart-Handschrift c (mgf 779). Transkription der Texte und Melodien von Ingrid Bennewitz-Behr unter Mitw. von Ulrich Müller. Göppingen 1981.
Beyschlag, Siegfried: Die Lieder Neidharts. Der Textbestand der Pergament-Handschriften und die Melodien. Text und Übertragung, Einführung und Worterklärungen, Konkordanz. Edition der Melodien von Horst Brunner. Darmstadt 1975.

Forschungsliteratur

Becker, Hans: Die Neidharte. Göppingen 1978.
Brinkmann, Sabine Christiane: Die deutschsprachige Pastourelle. 13.–16. Jahrhundert. (Diss. Bonn 1976.) Göppingen 1985.
Bründl, Peter: Minne und Recht bei Neidhart. München 1972.
Edwards, Cyril W.: Die Erotisierung des Handwerks. In: Liebe in der deutschen Literatur des Mittelalters. Hrsg. von J. Ashcroft [u. a.]. Tübingen 1987. S. 126–148.
Fritsch, Bruno: Die erotischen Motive in den Liedern Neidharts. Göppingen 1976.
Gravdal, Kathryn: Camouflaging Rape. In: Romanic Review 76 (1985) S. 361–373.
Kühn, Dieter: Herr Neidhart. Frankfurt a. M. 1981.
Müller, Ulrich / Bennewitz-Behr, Ingrid: Neidharts Lied von der *Derr Plahen* (R 31, c 82; HW 46,28). Ein Beispiel für Satire und Parodie im späten Mittelalter. In: Parodie und Satire in der Literatur des Mittelalters. Greifswalder Beiträge (1989) S. 90–102.
Ortmann, Christa / Ragotzky, Hedda / Rischer, Christelrose: Literarisches Handeln als Medium kultureller Selbstdeutung am Beispiel von Neidharts Liedern. In: IASL 1 (1976) S. 1–29.
Rischer, Christelrose: Zum Verhältnis von literarischer und sozialer Rolle in den Liedern Neidharts. In: Deutsche Literatur im Mittelalter. Kontakte und Perspektiven. H. Kuhn zum Gedenken. Hrsg. von Ch. Cormeau. Stuttgart 1979. S. 184–210.
Ragotzky, Hedda: Zur Bedeutung von Minnesang als Institution am Hof. Neidharts Winterlied 29. In: Höfische Literatur, Hofgesellschaft, höfische Lebensformen um 1200. Hrsg. von G. Kaiser und J.-D. Müller. Düsseldorf 1986. S. 471–488.
Schweikle, Günther: Neidhart. Stuttgart 1990. (SM 253.)
– Pseudo-Neidharte? In: ZfdPh. 100 (1981) S. 86–104.

Wenzel, Horst: Neidhart. Der häßliche Sänger. Zur Ich-Darstellung in den Winterliedern 6 und 11. In: Typus und Individualität im Mittelalter. München 1983. Hrsg. von H. W. S. 45–75.

Wießner, Edmund: Kommentar zu Neidharts Liedern. Nachdr. der Ausg. Leipzig 1954 mit einem Nachw. von I. Bennewitz-Behr und U. Müller. Stuttgart 1989.

– Vollständiges Wörterbuch zu Neidharts Liedern. Nachdr. der Ausg. Leipzig 1954 von I. Bennewitz-Behr und U. Müller. Stuttgart 1989.

Oswald von Wolkenstein:
Ain graserin durch kúlen tau

Von Ulrich Müller

1 Ain graserin durch kúlen tau
   mit weissen, blossen fússlin zart
   hat mich erfreut in grúner au;
   das macht ir sichel brawn gehart,
5 do ich ir half den gattern rucken,
   smucken fúr die schrencken,
   lencken, sencken in die seul,
   wolbewart, damit das freul
   hinfúr an sorg nicht fliesen möcht ir gensel.

2 Als ich die schön her zeunen sach,
   ain kurze weil ward mir ze lanck,
   bis das ich ir den ungemach
   tett wenden zwischen zwaier schranck.
5 mein häcklin klein hett ich ir vor
   embor zu dienst gewetzet,
   gehetzet, netzet; wie dem was,
   schúbren half ich ir das gras.
   'zuck nicht, mein schatz!' 'simm nain ich, lieber Jensel.'

3 Als ich den kle hett abgemät
   und all ir lucken wolverzeunt,
   dannocht gert si, das ich jät
   noch ainmal inn der nidern peunt;
5 ze lon wolt si von rosen winden,
   binden mir ain krenzel.
   'swenzel, renzel mir den flachs!'
   'treut in, wiltu, das er wachs!
   herz liebe gans, wie schön ist dir dein grensel.'[1]

_____

1 Text nach der Edition von Klein. – Das in seiner Bedeutung mehrdeutige

1 Eine Graserin – in kühlem Tau, / mit weißen, bloßen und zarten Füßlein, / hat mich auf der grünen Auwiese erfreut: / das bewirkte ihre Sichel – eine braunbehaarte! –, / [5] als ich ihr half, das Gatter[2] hochzuheben, / es an die (beiden) Zaun-Teile[3] anzudrücken, / den Zapfen in die Zaunpfosten hinein zu lenken und zu stecken, / ganz passend, damit das Mädchen / in Zukunft keine Sorge mehr haben müßte, seine Gänslein zu verlieren.

2 Als ich die Schöne beim Zäune-Richten herkommen sah, / da wurde mir sogar eine kurze Weile zu lang, / bis ich ihr dann die Schwierigkeit / zwischen den zwei Zaunstücken beheben konnte. / [5] Mein kleines Häcklein hatte ich ihr vorher / zum Dienst emporgerichtet, / scharfgemacht und angefeuchtet. Wie dem auch gewesen ist: / ich half ihr, das Gras aufzuhäufen. / »Zuck nicht, mein Schatz!« – »Keinesfalls, lieber Hänsel!«

3 Als ich den Klee abgemäht / und alle ihre Lücken gut verstopft hatte, / da wollte sie noch mehr, nämlich daß ich ihr / nochmals im unteren Gelände jäte: / [5] zum Lohn wollte sie mir aus Rosen ein Kränzlein / flechten und binden. / »Kämme und bearbeite mir meinen Flachs!« / »Behandle ihn liebevoll, willst du, daß er wachse! / Herzliebe Gans, wie schön ist dir dein süßer Schnabel.«[4]

1. Was der Südtiroler Landadlige Oswald von Wolkenstein (1376/78–1445) in diesem zweistimmig gesetzten und in den

Graphem / ü / (= *u, ue, ü, üe*) ist hier aber mit / *ú* / wiedergegeben; zur abweichenden Interpunktion in 3,8 vgl. unten.

2 D. h. die torartige, bewegliche ›Sperre‹ im Zaundurchlaß: Okken/Mück, S. 301.

3 Zu *schrencken* vgl. gleichfalls Okken / Mück, S. 301 f.: Zäune, die zusammengesetzt sind aus untereinander verschränkten Latten und Stecken.

4 Die genauesten Übersetzungen des Liedes stammen von Eva und Hansjürgen Kiepe (*Epochen der deutschen Lyrik 2: 1300–1500*, München 1972), Dieter Kühn (*Ich Wolkenstein*, Frankfurt a. M. 1977 [u. ö.]), Lambertus Okken und Hans-Dieter Mück sowie Wernfried Hofmeister (*Oswald von Wolkenstein. Sämtliche Lieder und Gedichte*, Göppingen 1989): an ihnen allen habe ich mich selbstverständlich und dankbar orientiert.

Wolkenstein-Handschriften ABc überlieferten[5] Lied erzählt,
ist schon nach oberflächlichem Lesen klar: Ein Mann, über
dessen Person und Stand keine Informationen gegeben werden,[6] berichtet davon, wie er, offenbar am Vormittag (1,1:
durch kúlen tau), auf einer Wiese ein Landmädchen traf, dem
er einerseits angeblich beim Einzäunen und beim Grasmähen
half, mit dem er aber auch ein sichtlich für beide Seiten ange-
nehmes Liebeserlebnis auf der Auwiese hatte; und das Mädchen konnte offenbar nicht genug bekommen.

Ein kundiges Publikum merkte damals, wenn es das Lied
hörte, spätestens nach den ersten vier Versen, wohin das
Ganze laufen würde, und auch die hier kennzeichnende Art
des eindeutig-zweideutigen Erzählens war ihm sicherlich gut
bekannt. Denn solches Reden über erotische Dinge hat nicht
nur eine alte Tradition, sondern es entsteht wohl auch spon-
tan immer wieder aufs neue: Bestimmte Fachausdrücke werden so verwendet, daß sie an der Oberfläche recht harmlos
klingen, andererseits aber ganz eindeutige Assoziationen in
Richtung Erotik und Sexualität in Gang setzen. Damit das
Prinzip einer solchen Sexualmetaphorik aber wirklich funktioniert, war und ist es für das Publikum notwendig, daß
Erzähler und/oder Sänger ein entsprechendes Signal setzen:
Ein solches Signal bringt V. 4 in Strophe 1: Eine ›Sichel‹ ist

5 In den vom Autor selbst in Auftrag gegebenen Handschriften A (35v)
  und B (31v) mit Melodie: Der Text steht jeweils bei der Unterstimme,
  also dem Ténor, während die Oberstimme (Diskant) – wie damals üblich
  – darüber separat notiert ist; in A ist ein älterer Eintrag des Diskant ein-
  geschwärzt und darauf eine neue Notierung mit roter Schrift eingetragen
  worden – aus welchem Grund dies geschah, ist unklar (Timm, S. 96,
  Anm. 246). – Handschrift c (66r/67v) überliefert nur den Text. – Zur
  Version F (Neithart-Fuchs-Drucke) s. S. 345 f.
6 Während Jones, S. 46, das lyrische Ich für einen Bauernburschen hält (so
  auch Okken/Mück, S. 307), verweist Brinkmann, S. 248, Anm. 3, auf
  die Möglichkeit, daß Oswald als Sänger »in die Rolle des Liebhabers
  geschlüpft« sei. Letzteres erscheint mir gemäß der Gattungstypik wahr-
  scheinlicher. Die Anrede *lieber Jensel* (2,9) gibt ständisch nichts her, weil
  es sich hier auch um einen aus der Situation heraus gut verständlichen
  Kosenamen handeln könnte; allerdings wäre evtl. die sachkundige Mitarbeit des Mannes doch als soziales Signal zu bewerten.

zwar zum Abmähen von Futtergras üblich, aber eben nicht eine ›braun behaarte‹ – damit wird auf den für den erzählenden Mann zentralen Körperteil des Mädchens hingewiesen, und das Publikum wird darauf aufmerksam gemacht, daß es bei solcherlei Ausdrücken im weiteren Fortgang der Geschichte aufpassen muß.

Diese Handlung und der Lied-Typ mußten damals fast allen, die zuhörten, geläufig sein, wenn vielleicht auch nicht dem Begriff nach (der schon existierte), so doch der Sache nach. Denn solche Lieder waren beliebt: ganz besonders häufig in den verschiedenen romanischen Dialekten von Süd- und Nordfrankreich, wo sie – mit Bezug auf die dort übliche Haupttätigkeit des Mädchens, nämlich das Hüten einer Tierherde – bereits im Mittelalter den Gattungsnamen *pastor(el)a / pastourelle* trugen; es gab sie aber auch – offenbar weniger oft – auf latein oder deutsch.[7] Und der zu erwartende Inhalt einer solchen ›Pastourelle‹ war: Ein Mann, möglicherweise (aber nicht unbedingt) höheren Standes, trifft unterwegs, und zwar in der freien Natur, zufällig ein Landmädchen, und er macht sich daran, es zu einem Liebesabenteuer zu bewegen. Die Variation lag für das Publikum in der Spannung, ob es dem Mann tatsächlich gelingen würde, und vor allem darin, auf welche Weise der Sänger die vom Inhalt her gut bekannte, aber natürlich dennoch immer wieder pikante Geschichte erzählen würde.

Wie jeder gute Erzähler erotischer Zweideutigkeiten arbeitet auch der Wolkensteiner mit einer bestimmten Mischung, nämlich von ganz klar erotischen Aussagen, von assoziationsreichen Anspielungen und von an sich ›harmlosen‹ Formulierungen, auf die aber der erotisch aufgeladene Kontext

---

7 Vgl. den Überblick bei Brinkmann (1985, mit umfangreicher Literatur); Textsammlungen durch Bartsch (*Romances et Pastourelles Françaises des XIIᵉ et XIIIᵉ siècles*, hrsg. von Karl Bartsch, Leipzig 1870, Nachdr. Darmstadt 1975) und Paden (*The Medieval Pastourelle*, ed. and transl. by William D. Paden, 2 vols., New York / London 1987; gleichfalls mit umfangreicher Bibliographie).

abfärbt und ihnen damit ihre ›Harmlosigkeit‹ nimmt. Dabei geht Oswald davon aus, daß dem Publikum die landwirtschaftliche Szenerie und die dort üblichen Arbeitstechniken geläufig sind. Es muß allerdings nicht unbedingt eine Almwiese in seiner Tiroler Heimat sein, wo sich die erzählte Handlung ereignet: denn eine alpenländische Landschaft wird im vorliegenden Lied nicht ausdrücklich beschrieben, etwa im Gegensatz zur anderen Pastourelle des Autors (Kl 83: ›*Ain jetterin*‹)[8] oder zum Frühlingslied Kl 116, wo der gattungstypische Natureingang in damals ganz neuer und moderner Weise auf die reale Landschaft Südtirols konkretisiert wird.

Okken/Mück (1981) haben sämtliche Realien, die in dem Lied vorkommen, und viele der dabei möglichen Assoziationen mit aller wünschenswerten Genauigkeit untersucht. Demgemäß wußte das damalige Publikum ganz selbstverständlich das Folgende:[9] Sammeln von Futtergras war im Rahmen der mittelalterlichen Dreifelderwirtschaft eine typische ›Mädchenarbeit‹ (in den Alpenländern üblich, aber keineswegs nur dort). Es diente zum einen, nach dem langen Winter und seinen Fütterungsproblemen, zur Versorgung mit frischem Gras. Die damit beauftragten Mädchen bewirkten mit dem Ausgrasen aber auch eine »jätende Pflegearbeit« – ›Graserin‹ und ›Jäterin‹, die weiblichen Hauptfiguren in Oswalds parallelen Pastourellen (Kl 76; Kl 84), sind also ganz nah verwandt bzw. fallen fast in eines zusammen. Die oft auch mit dem Gänsehüten beschäftigten Mädchen mußten ferner dafür sorgen, die für die Fluren schädlichen Tiere in engen Räumen einzuzäunen, üblicherweise in der Nähe eines Wassers – insofern paßt die ›Auwiese‹ (1,3) genau in diese Szenerie. Und die Kontrolle der für die Dreifelderwirtschaft wichtigen Einzäunungen von Feldern und Wiesen

8 In Str. 1 heißt es ausdrücklich, die *jetterin* sei *auf sticklem berg in wilder höch*, sei *biergisch* (›älplerisch‹), und die Niederwald-Landschaft wird für Tiroler Publikum genau lokalisiert (*ze öbrist auf dem Lenepach*, 2,3).
9 Vgl. dazu ausführlich Okken/Mück, S. 294–303.

gehörte offenkundig gleichfalls zu ihren Aufgaben; die eigentlichen Reparaturen an den Zäunen waren dagegen Männersache (und wohl nicht nur in Tirol wurde hier eine zum Einschlagen der Pfosten und zum Holzspelten spezielle Hacke verwendet). Insgesamt waren Grasschneiden und Reparieren der Zäune Tätigkeiten im Frühling, die bis spätestens Anfang Mai durchgeführt sein sollten.

Zum Wesen einer gut funktionierenden Sexual-Metaphorik gehört es, daß sie der Phantasie und dem Assoziationsvermögen des zuhörenden (später: des lesenden) Publikums einen gewissen Freiraum läßt, daß einige der Metaphern leicht aufzulösen sind, andere aber unscharf und ungefähr bleiben. Das alles läßt sich an Oswalds Text noch heute gut verfolgen: Nach der eindeutig ›behaarten Sichel‹ (1,4) wird in den nächsten Versen hintersinnig-unspezifisch vom *gattern rucken* (1,5), dann eindeutig doppelsinnig vom Einfügen des Zapfens (1,6 f.) geredet – daß sich das Publikum dann unter den *gensel* verschiedenes vorstellen konnte, ja mußte, ist klar.[10] In Strophe 2 wiederholt sich das Metaphern-Spiel: Während das ›Zäunen‹ (2,1), die Ungeduld (2,2) und das Gras-Häufen (2,9) einigermaßen allgemein sind, ist das gewetzte und aufgerichtete Häcklein (das bei der Zaunreparatur verwendet wird: 2,5–7) wieder eine ›eindeutig‹ aufzulösende Metapher, und der abschließende Kurzdialog (2,9) verzichtet auf alle Umschreibung. Mehr oder minder dasselbe ereignet sich mit immer neuen und überraschenden Variationen nochmals in Strophe 3: das Verschließen der Zaunlücken, das nochmalige Jäten ›im unteren Teil‹, die Belohnung mit dem in einem solchen Kontext fast zu erwar-

---

10 Brinkmann, S. 248, erklärt: »unverhüllt ausgedrückt – damit sie ihr *magttum* nicht noch einmal verlieren könne.« Vorsichtiger sind Okken/Mück, S. 303; ihnen ist zuzustimmen, wenn sie betonen: »Selbst wenn ein Text zu seiner erotischen Ausbeutung kräftig ermuntert, braucht die Phantasie doch nicht angestrengt jedem Wort einen erotischen Hintersinn zu unterstellen.« Denkbar wäre auch eine bewußt harmlose Wendung, die die aufgebauten Erwartungen raffiniert ›enttäuscht‹.

344   Die Minne und ihre Konkurrenten

tenden Blumenkranz aus Rosen sowie die abschließenden
Bemühungen um den Flachs[11] (der durch die ›liebevolle‹
[*treuten!*] Behandlung wachsen soll)[12] verlangten keine besonderen Dechiffrierungsfähigkeiten mehr. Das Gelächter
und Amüsement, welche von dem Lied sicherlich beim
Publikum provoziert wurden, läßt sich bis heute bei Auffüh-
rungen noch leicht nachvollziehen.[13]

2. Zur gekonnten und geradezu raffinierten textlichen
Durchführung des Themas kommt die metrische und musikalische Konstruktion:[14] Die drei Strophen sind durch Korn-
reim miteinander verzahnt. Die von der Metrik her mögliche
Interpretation der Strophenform als dreiteilig (also stollig),
wird von der durchaus kunstvollen zweistimmigen Komposition überspielt (die hier aus Platzgründen nicht besprochen

11 Zum erotischen Hintersinn von Flachs und Flachsschwingen vgl. Neidhart 46,38; Gottfried von Neifen II,5 und XLI (zur angeblichen
Unechtheit s. u.); *Lochamer-Liederbuch* 42, III.
12 Wie die drei letzten Verse auf die beiden Gesprächspartner zu verteilen
sind, ist nicht ganz eindeutig: Klein und sein Team haben 3,7 f. dem
Mädchen, 3,9 dem Mann zugeteilt (so auch Kühn und Hofmeister);
Kiepe (Anm. 4) S. 189 umgekehrt (3,7: Mädchen; 3,8 f.: Mann); Okken / Mück, S. 338, teilen alle drei Verse dem Mann zu.
13 Das Lied wurde bisher mehrfach eingespielt (verzeichnet sind im folgenden die ursprünglichen Platten-Versionen, nicht aber evtl. spätere
Übertragungen auf andere Schallplatten, auf Musikkassette oder Com-
pact Disc), und zwar von: Kurt Equiluz (Teldec SAWT 9625-B, Hamburg 1974: als Ténorlied), Hans Peter Treichler (Gold Records 11 095,
Oberreiden, Schweiz, 1979: instrumental, aber zusätzlich mit Rezita-
tion einer eigenen, sehr gelungenen Übersetzung) und »Les Mén-
estrels« (mirror music 00 001, Wien 1973: instrumental). – Vgl. zu den
Wolkenstein-Einspielungen grundsätzlich Helmut Lomnitzer, in:
Oswald von Wolkenstein, Darmstadt 1980, S. 453–471.
14 Zur handschriftlichen Überlieferung vgl. Anm. 5. – Edition der Melodie bei Josef Schatz / Oswald Koller (Wien 1902, Nachdr. Graz 1959),
Klein (von Walter Salmen im Musikanh.), bei Johannes Heimrath /
Michael Korth (München 1979 [u. ö.]) und Ivana Pelnar (2 Bde., Tut-
zing 1981–82, Bd. 1, S. 28 f., Nr. 7.76). Während Koller, Heimrath /
Korth und Salmen den Text nur dem Ténor unterlegen, gibt Pelnar in
ihrem »Rhythmisierungsvorschlag« (ebd., S. 29) auch eine Textunter-
legung für den Diskant. Zur Komposition vgl. Pelnar, Bd. 2.

werden kann). Die Art des handschriftlichen Eintrags in A/B legt nahe, daß der Text bei der Aufführung nur im Ténor realisiert und die Oberstimme instrumental gespielt wurde (Ténorlied); allerdings wäre es durchaus möglich, den Text auch zweistimmig zu singen.[15] Renate Hausner[16] vermutet in der Tatsache der zweistimmigen Komposition – damals im deutschsprachigen Raum etwas höchst Fortschrittliches und Modernes – einen ausdrücklichen Hinweis auf die romanische Pastourellen-Tradition; ein Vorbild in Inhalt oder Komposition konnte allerdings (bisher) nicht gefunden werden.

3. Wann Oswald von Wolkenstein dieses Lied geschrieben hat, ist nicht bekannt; ebensowenig sein genaues Publikum, das aber mutmaßlich nicht nur ›Offizierskollegen‹ umfaßt haben wird, sondern wo – entsprechend unseren sonstigen Kenntnissen zum mittelalterlichen ›Literaturbetrieb‹ – durchaus auch Frauen als Zuhörerinnen denkbar und möglich sind.

Lieder über eine *Graserin* waren später nicht nur zunehmend beliebt,[17] Oswalds Lied selbst hat auch eine bemerkenswerte Rezeption erfahren. Zusammen mit seinem Tanzlied Kl 21 gehört es zu den einzigen zwei Liedern außerhalb des Neidhart-Komplexes,[18] die in die Schwankkette um *Neithart Fuchs* (zit als: NF) aufgenommen und in diesem

---

15 Vgl. dazu Pelnar, Bd. 1.
16 Hausner, S. 70.
17 Vgl. dazu die Beispiele bei Okken/Mück, Exkurs VI. – Ferner die Gattung der sogenannten ›Graslieder‹ in den gedruckten Liedersammlungen des 16. Jahrhunderts (vgl. Hans Rupprich, *Die deutsche Literatur vom späten Mittelalter bis zum Barock* 2, München 1973, S. 242; – zu einem undatierten Druck von 28 ›Grasliedern‹ vgl. die Angaben bei Goedecke Bd. 2, 1886, S. 31).
18 Unberücksichtigt lasse ich hier Hans Heselohers Lied III (*Mir ist gesagt von einem gatten*: Cramer, Bd. 2, S. 13 f.), das Parallelen zur NF-Episode Nr. 20 (*Der mei ist wider in daz lant*) aufweist. Denn es ist mir keineswegs sicher, daß hier Heselohers Text bearbeitet wurde; möglicherweise gehen beide auf eine gemeinsame und nicht erhaltene Vorlage (Neidharts?) zurück.

Text-Verbund den von der mhd. Lyrik (im Gegensatz zur Epik) ansonsten nie wirklich gelungenen Sprung in die neue Technologie des Buchdrucks geschafft haben. Während Kl 21 in den NF-Drucken[19] in einer zwar längeren, aber letztlich unbearbeiteten Version erscheint,[20] lautet die *Graserin* dort gegenüber dem Text der drei Wolkenstein-Handschriften so deutlich anders, daß dieser Text – mit Reiffenstein[21] – am ehesten als (deutsche und recht freie) »Kontrafaktur« zu charakterisieren ist. Überdies ist die Handlung in das schon damals bekannte ›Bad‹ Gastein versetzt, möglicherweise eine Anspielung auf die damals freizügigen Bade-Sitten.[22] Daß beide Texte aber unzweifelhaft zusammenhängen, zeigen neben den gleichlautenden Anfangswörtern die Parallelen bei einzelnen Wörtern und in der Reimstruktur.[23] Der Text des Druckes z, der wie diejenigen in z¹ und z² von einem illustrierenden Holzschnitt begleitet wird, lautet (leicht normalisiert; mit moderner Interpunktion):[24]

19 Druck z: wohl Augsburg 1491/97; z¹: Nürnberg [?] 1537; z²: Frankfurt 1566; vgl. dazu Annemarie Eder / Ingrid Bennewitz / Sirikit Podroschko, in: *Jb. der Oswald von Wolkenstein Gesellschaft* 6 (1990/91).

20 Nach meiner Ansicht, die ich anderswo demnächst ausführlich darlegen möchte, handelt es sich bei der NF-Fassung von Kl 21 nicht um eine spätere Bearbeitung, sondern um eine auf Oswald selbst zurückgehende Version, die mit der überlieferten Melodie bestens zu vereinbaren ist.

21 Reiffenstein, S. 1106.

22 Vgl. die hintergründige Erwähnung von Bad Gastein durch Hans Folz in seinem erstmals um 1491 gedruckten *Bäderbüchlein*, V. 433–452 (hrsg. von Hanns Fischer, München 1961). – Zu den Badehäusern: Rossiaud, S. 13–15 (u. ö.).

23 Am einfachsten im Parallel-Druck nachprüfbar bei Mück, Bd. 2, S. 69 bis 75; Abb. dazu in Teil 3.

24 Die beiden anderen Fassungen finden sich bei Sirikit Podroschko, *Die Transkription der Neidhart-Drucke z¹ und z²*, Dipl.-Arb., Salzburg 1990 [Masch.].

Hie nach volget, wie Neithart bi ainer
schönen graserin in der Kastein badet

1   Ain graserin in der Kastein,
    die gab lust, fröd mich mit irem gerein.
    da ich sach durch ir pfat die praún,
    mich det nit irren högk noch zein.
5   ich graif si an und tât si zů mir schmucken,
    schon bucken,   jucken   in dem pad.
    waz aller welt ain klainer schad
    und det uns baiden wol in leib und im herczen.

2   Da si so fraintlich mit mir facht,
    ich sprach: 'hett ich eúch bi der nacht,
    wer waist aber, waz da geschach!
    doch daz ich eúch kain aug ausprach,
5   ich det ain ding, das ir eúch nit derst rimpfen,
    in schimpfen,   glimpfen   her und dar:
    daz macht ain frelin wol gefar.
    zuck nit, mein lieb, ich wil nur mit dir scherczen!'

3   Da wolt die fein, die húpsch als ich,
    auch gund die zart, die minigclich
    schön sam ain teiblin schúeblen mich.
    dar durch die lieb ward lieben sich,
5   und si gar schon ward scherczen mit meiner tocken.
    ir locken,   socken   macht uns gail,
    wir hetten baide fröde und hail,
    da unser schimpf sich endet one schmerczen.

Eine Übersetzung dieses Liedes würde ungefähr wie folgt
lauten (wobei die präzise Bedeutung einiger Formulierungen aufgrund des allerdings eindeutigen Kontextes nur
erahnt werden kann):

Hier folgt anschließend, wie Neidhart bei einer schönen Gra-
serin in der Gastein[25] badete:

25 Heute noch gebräuchlicher mundartlicher Ausdruck für: im Gasteiner
Tal.

1 Eine Graserin in der Gastein, / die schenkte Lust und
Freude mit ihrem Getue. / Als ich durch ihre Kleider ihre
›Gebräune‹ sah, / da hielten mich weder Hecke noch Zaun
mehr zurück: / [5] Ich griff sie an, begann sie zu mir zu ziehen, / zu biegen und in dem Bad zu drücken. / Das war für
niemanden ein großer Schaden, / sondern es tat uns beiden
wohl an Leib und Herz.

2 Als sie so willig mit mir rang, / sagte ich: »Hätte ich Euch
in der Nacht bei mir, / wer weiß, was da passieren würde! /
Keineswegs würde ich Euch ein Auge ausschlagen, / [5] sondern ich täte etwas, daß Ihr Euch nicht zu empören brauch-
tet, / mit Scherzen und Vergnügen, hier und dort: / das
würde ein Mädchen in Laune bringen. / Zuck nicht, meine
Liebste, ich will nur mit dir scherzen!«

3 Da wollte die Feine und Schöne dasselbe wie ich, / und die
Gute und Liebliche begann, / mich zärtlich zu beschnäbeln
wie ein Täubchen. / Dadurch wurde die Liebe immer liebe-
voller, / [5] und sie spielte gar angenehm mit meiner ›Pup-
pe‹. / Ihr Locken und Schmiegen machten uns ausgelassen, /
und wir hatten Freude und Glück, / bis dann unser Spiel ohne
alle Schmerzen endete.

4. Als »Schmutz« hat Moriz Haupt 1858 in seiner Neidhart-
Ausgabe ein ähnliches Pastourellen-Lied abqualifiziert, das
immerhin in der vornehmen und teuren Manessischen Liederhandschrift (C) eindeutig unter dem Namen Neidharts
überliefert ist (Hpt. XLIV = 195–198C: *Ez verlôs ein ritter
sîne scheide*). Und einem gleichfalls dort eindeutig tradierten
Lied Gottfrieds von Neifen (dem sog. *Büttnerlied* XXXIX =
153–157C) erging es später nicht besser. Oswalds Lied ist
einer solchen moralischen Ausmerzung entgangen, offenbar
weil man (!) dem Spätmittelalter hier doch mehr, d. h. alles
Schlechte zutraute; aber noch Sabine Christiane Brinkmann
1974/85 ordnet es ein unter: »Die o b s z ö n e Ausprägung
der Pastourelle«.
Nun ist bekanntlich ›obszön‹ ein sehr zeitgebundener Be-

griff, und zu Beginn der neunziger Jahre erregt eine solche Charakterisierung der *Graserin* am ehesten noch Erstaunen. Aber die Forschung hatte tatsächlich (und hat manchmal immer noch) enorme Schwierigkeiten mit solcherlei Texten, und sie hat die ärgerlichen Steine des Anstoßes insbesondere durch höchst subjektiv und willkürlich begründete Unechtheitserklärungen zu beseitigen versucht. Pierre Bec (1984) hat demgegenüber gezeigt, wie derartiges vom allerersten Anfang der Trobador-Lyrik an als *contre-texte* zu den Liedern der höfischen und sublimierenden Liebe gehört hat; und im Mittelhochdeutschen ist es – natürlich – nicht anders gewesen.[26] Oswalds Lied von der *Graserin* ist nichts mehr und nichts weniger als ein besonders gelungenes und – in seiner Bearbeitung – auch besonders weitverbreitetes Lied-Beispiel des Spätmittelalters für erotisch-sexuelle Zweideutigkeiten. Sie gehören, wie ein Rundblick in die Weltliteratur bzw. unsere normale Alltagswirklichkeit schnell zeigt, ganz offensichtlich zu den menschlichen Urreaktionen und Grundbedürfnissen.[27]

Die mittelalterliche Pastourelle, neben *alba / aube / tageliet* das andere große und beliebte *genre objectif* (Alfred Jeanroy) der damaligen Lyrik, befriedigte zu ihrer Zeit ganz offensichtlich das Bedürfnis nach Entlastung, und sie hatte inmitten der offiziellen Moralvorschriften eine Art Ventil-Funk-

---

26 Vgl. dazu ausführlich Edwards (1987); Beutin (bes. Kap. IX); Gerhard Wolf, »Spiel und Norm«, in: Bachorski, S. 482–485; des weiteren meinen Überblick anläßlich der obengenannten Neidhart-Pastourelle (in: James F. Poag / Thomas C. Fox, Hrsg., *Entzauberung der Welt*, Tübingen 1989, S. 73–88); ferner meine Interpretation des berüchtigten *Wengling-Liedes* der Neidhart-Handschriften c/f (in: *Deutsche Literatur des Spätmittelalters*, Greifswald 1986, S. 123–142). – Siehe insbesondere auch das lateinisch-deutsche Lied Nr. 185 der *Carmina Burana* (*Ich was ein chint so wolgetan*), ein ziemlich genaues Pastourellen-Gegenstück zum berühmten *Linden-Lied* Walthers (L 39,11), aber auch zu einem Lied wie Neidhart, Handschrift c Nr. 31.

27 Es ist also nicht unbedingt notwendig, ein Lied wie dieses mit den Anfang des 15. Jahrhunderts zeitweise besonders lockeren Sitten (vgl. dazu Rossiaud, 1989) in Verbindung zu bringen.

tion.[28] Gerade die Pastourelle wird vermutlich die tatsächlichen Sexual-Gewohnheiten des damaligen Adels am deutlichsten literarisch widerspiegeln: Die Lizenzen, welche die
Männer gemäß der üblichen Doppelmoral als selbstverständlich in Anspruch nahmen, fanden ja erst dort ihre Grenzen, wo Besitzstände von Standesgenossen verletzt wurden
(d. h. bei deren Töchtern, Schwestern oder Ehefrauen). Das
unterprivilegierte Landvolk gehörte sicherlich nicht in jenen
verbotenen und dadurch gefährlichen Bereich: hier spielte
›man‹ – literarisch – bei den im höfischen Milieu angesiedel-
ten Tageliedern in erheblich stärkerem Maße mit dem Reiz
des wirklich Verbotenen und des Gefährlichen.[29] Primär um
die Thematisierung sozialer Probleme wird es in den Pastourellen,[30] wie auch sonst in Liebesgedichten, kaum gegangen
sein. Ihr eigentliches Thema waren Männer-Phantasien und
gelegentlich auch Angstvorstellungen der damaligen Gesellschaft: Dabei ist auffällig, daß die deutschen Pastourellen-
Lieder und ihre verschiedenen Variationen ein speziell im
Nordfranzösischen sehr häufiges Thema nicht kennen (verdrängen / nicht überliefern?), nämlich das der Gewalt gegenüber dem Mädchen.[31] Häufig erscheint dagegen dort das

28 Noch in den sechziger Jahren wirkten in der Bundesrepublik die ›fre-
chen Lieder‹ der Cabaret-Sängerin und Schauspielerin Helen Vita ähnlich: darunter waren besonders viele Übersetzungen französischer
›Pastourellen-Lieder‹ aus späterer Zeit.
29 Sehr schön gezeigt wird das noch im *Don Giovanni* von Da Ponte /
Mozart (1787): ›Don Juan‹ hat bei dem Bauernmädchen Zerline keine
sozialen Probleme (das berühmte Duett ist eine richtige Opern-Pastou-
relle); mit dem ›Versuch‹ bei Donna Anna dagegen hat er die auch für
einen Adligen des Ancien régime existierenden Grenzen deutlich über-
schritten.
30 So lautet die These von Erich Köhler für die romanischen Pastourellen
(vgl. die bibliographischen Angaben bei Paden, Anm. 7, S. XXVI); zum
Grundsätzlichen: Müller (1986).
31 Vgl. dazu ausführlich Gravdal (1991) und Paden (1989): Sie zeigt, daß in
etwa 20 % der nordfranzösischen Pastourellen Gewalt und Vergewaltigung in irgendeiner Form vorkommen, und sie fragt zu Recht: »Why
are the texts of northern France more devoted to the representation of
rape than those of any other country or language?« – Zum Thema allge-

Angstbild der unersättlichen Frau;[32] es schimmert, in einer für den Mann positiven Wendung, auch bei dem sich sonst so selbstbewußt gebenden Wolkensteiner in Strophe 3,3 f. recht verräterisch durch.

mein: Ingrid Bennewitz, in dem von ihr hrsg. Band: ›*Der frauwen buoch*‹. *Versuche zu einer feministischen Mediävistik.* Göppingen 1989, S. 113–134.
32 Vgl. dazu ausführlich Margetts.

Literaturhinweise

Ausgabe

Die Lieder Oswalds von Wolkenstein. Unter Mitw. von Walter Weiß und Notburga Wolf hrsg. von Karl Kurt Klein. Musikanh. von Walter Salmen. 3., neubearb. und erw. Aufl. hrsg. von Hans Moser, Norbert Richard Wolf und Notburga Wolf. Tübingen 1987. [Zit. als: Klein.]

Forschungsliteratur

Bachorski, Hans-Jürgen (Hrsg.): Ordnung und Lust. Bilder von Liebe, Ehe und Sexualität im Spätmittelalter und in der frühen Neuzeit. Trier 1991.
Bec, Pierre: Burlesque et obscenité chez les Troubadours. Pour une approche du contre-texte médiéval. Paris 1984.
Beutin, Wolfgang: Sexualität und Obszönität. Würzburg 1990.
Brinkmann, Sabine Christiane: Die deutschsprachige Pastourelle. 13.–16. Jahrhundert. (Diss. Bonn 1974.) Göppingen 1985.
Classen, Albrecht: Zur Rezeption norditalienischer Kultur des Trecento im Werk Oswalds von Wolkenstein. Göppingen 1987.
Edwards, Cyrill W.: Die Erotisierung des Handwerks. In: Liebe in der deutschen Literatur des Mittelalters. Hrsg. von J. Ashcroft [u. a.]. Tübingen 1987. S. 126–148.

352   *Die Minne und ihre Konkurrenten*

Gravdal, Kathryn: Ravishing Maidens. Writing Rape in Medieval French Literature and Law. Philadelphia 1991.

Hausner, Renate: Thesen zur Funktion frühester weltlicher Polyphonie im deutschsprachigen Raum. In: Jb. der Oswald von Wolkenstein Gesellschaft 3 (1984/85) S. 45–78.

Jones, George F.: Oswald von Wolkenstein. New York 1973.

Margetts, John: Die Darstellung der weiblichen Sexualität in deutschen Kurzerzählungen des Spätmittelalters. Weibliche Potenz und männliche Versagensangst. In: Psychologie in der Mediävistik. Hrsg. von J. Kühnel [u. a.]. Göppingen 1985. S. 259–276.

Mück, Hans-Dieter: Untersuchungen zur Überlieferung und Rezeption spätmittelalterlicher Lieder und Spruchgedichte im 15. und 16. Jahrhundert. Die ›Streuüberlieferung‹ von Liedern und Reimpaarrede Oswalds von Wolkenstein. 3 Tle. Göppingen 1980–85.

Müller, Ulrich: Die Ideologie der Hohen Minne: Eine ekklesiogene Kollektivneurose? – In: Müller (1986) S. 283–315.

– (Hrsg.): *Minne ist ein swaerez spil*. Neue Untersuchungen zum Minnesang und zur Geschichte der Liebe im Mittelalter. Göppingen 1986.

Okken, Lambertus / Cox, Heinrich L.: Untersuchungen zu dem Wortschatz der Lieder Oswalds von Wolkenstein 81 und 116. In: MLN 88 (1973) S. 956–979; MLN 89 (1974) S. 367–391.

Okken, Lambertus / Mück, Hans-Dieter: Die satirischen Lieder Oswalds von Wolkenstein wider die Bauern. Göppingen 1981.

Paden, William D.: Rape in the Pastourelle. In: Romanic Review 80 (1989) S. 331–349.

Reiffenstein, Ingo: Die deutsche Literatur. In: Geschichte Salzburgs. Stadt und Land. Hrsg. von H. Dopsch und H. Spatzenegger. Bd. 1. Tl. 2. Salzburg 1983. S. 1097–1106. – Bd. 1. Tl. 3. Ebd. 1984. S. 1555–59.

Rossiaud, Jacques: Dame Venus. Prostitution im Mittelalter. München 1989. [Eigentlich – entgegen dem Titel – eine Geschichte der Sexualität im späten Mittelalter.]

Salisbury, Joyce E.: Medieval Sexuality. A Research Guide. New York / London 1990. [Vorwiegend Englischsprachiges.]

Staffler, Richard: Die Zäune in Südtirol. In: Der Schlern 3 (1922) S. 289–302.

Timm, Erika: Die Überlieferung der Lieder Oswalds von Wolkenstein. Lübeck/Hamburg 1972.

Das Schlemmerlied

Steinmar: *Sît si mir niht lônen wil*

Von Eckhard Grunewald

1 Sît si mir niht lônen wil,
der ich hân gesungen vil,
seht, so wil ich prîsen

Den, der mir tuot sorgen rât:
5 herbest, der des meien wât
vellet von den rîsen.

Ich weiz wol, ez ist ein altez maere,
daz ein armez minnerlîn ist reht ein marteraere.
seht, zuo den was ich gewetten:
10   wâffen!
die wil ich lân und wil inz luoder tretten.

2 Herbest, underwint dich mîn,
wan ich wil dîn helfer sîn
gegen dem glanzen meien:

Durh dich mîde ich sende nôt.
5 sît dir Gebewîn ist tôt,
nim mich tumben leigen

Vür in zeime staeten ingesinde!
'Steimâr, sich, daz wil ich tuon, swenne ich nu baz
                                bevinde,
ob dû mih kanst gebrüeven wol.'
10   wâfen!
ich singe, daz wir alle werden vol.

3 Herbest, nû hoere an mîn leben:
wirt, du solt uns vische geben,
mê danne zehen hande!

Gense, hüener, vogel, swîn,
5 dermel, pfâwen sunt da sîn,
wîn von welschem lande:

   Des gib uns vil und heizze uns schüzzel schochen!
   köpfe und schüzzel wirt von mir untz an den grunt
                         erlochen.
   wirt, du lâ dîn sorgen sîn,
10   wâfen!
   joch muoz ein riuwig herze troesten wîn.

4 Swaz dû uns gîst, daz wurze uns wol,
baz dànne man ze mâze sol,
daz in uns werde ein hitze,

Daz gegen dem trunke gange ein dunst,
5 als ein rouch von einer brunst,
und daz der man erswitze,

   Daz er waene, daz er vaste leke.
   schaffe, daz der munt uns als ein apotêke smeke!
   erstumme ich von des wînes kraft,
10   wâfen!
   so giuz in mich, wirt, durh geselleschaft!

5 Wirt, durh mich ein strâze gât:
darûf schaffe uns allen rât
manger hande spîse!

Wînes, der wol tribe ein rat,
5 hoeret ûf der strâze pfat.
mînen slunt ich prîse:

   Mich würget niht ein grôzziu gáns, so ichs slínde.
   herbest, trûtgeselle mîn, noch nîm mich ze íngesinde!

mîn sêle ûf eime rippe stât:
10   wâffen!
diu von dem wîne darûf gehüppet hât.[1]

1 Da sie mir den Minnelohn verweigert, / sie, die ich in so vielen Liedern besungen habe, / seht, so will ich von nun an den preisen, / der mich endlich von meinem Minneleid befreit: / [5] den Herbst, der das Kostüm des Mai / von den Zweigen herunterzieht. / Es ist in der Tat eine alte Binsenweisheit: / So ein armes Minnerlein ist schon ein rechter Märtyrer. / Seht, zu denen habe ich auch gehört. / [10] Heißa! / Die lasse ich links liegen und stürze mich ins Luderleben!

2 Herbst, nimm mich doch bei dir auf! / Ich will dir beistehen im Kampf / gegen den strahlenden Mai. / Denn du machst mich frei von allem Minneschmerz. / [5] Da dein Gebewein nun einmal tot ist, / so nimm mich blutigen Laien / an seiner Stelle zum treuesten Gefolgsmann. / »Einverstanden, Steinmar, wenn du mir beweist, / daß du als Sänger wirklich für mich taugst.« / [10] Heißa! / Ich singe, daß wir alle aus den Fugen gehen!

3 Herbst, gib acht: Das ist mein Leben! / He, Wirt, schaff uns Fische heran, / mehr als zehn verschiedene Sorten, / dazu Gänse, Hühner, Vögel, Schweine, / [5] Würste und Pfauen, / und Wein aus dem Süden. / Davon gib uns jede Menge und laß uns die Schüsseln übervoll machen: / Humpen und Schüsseln leere ich bis auf den letzten Grund. / He, Wirt, sei kein Hasenfuß: / [10] Heißa! / Der Wein allein hilft wahrhaft gegen Seelenschmerz.

4 Alles, was du uns servierst, mußt du ordentlich würzen, / kräftiger, als es im Kochbuch steht, / daß es in uns so richtig lodert, / daß jedem Trunk ein Qualm entgegenschlägt / [5] wie Rauch bei einer Feuersbrunst / und daß jeder von uns so schwitzt, / daß er glaubt, in der Sauna zu sitzen. / Würze so, daß wir aus dem Mund wie eine ganze Apotheke riechen. / Wenn mir der Wein die Zunge lähmen sollte, / [10] Heißa! / Wirt, dann schütte pausenlos weiter in mich hinein aus alter Freundschaft.

1 Text nach: SMS (Ausg. Schiendorfer), S. 280 f.

5 Wirt, mitten durch mich hindurch führt eine Straße: / Darauf karre uns alles heran, / Speisen jeder Art / und Wein, der ein ganzes Mühlrad treiben könnte, / [5] der muß diese Straße herunterströmen. / Mein Schlund sei gepriesen: / Ich kann mühelos eine ganze Mastgans auf einmal verschlingen. / Herbst, liebster Freund, nimm mich doch endlich in dein Gefolge auf. / Meine Seele hat sich schon auf eine Rippe gerettet. / [10] Heißa! / Aus Furcht vor dem Seemannstod im Wein ist sie dorthin gesprungen.

Steinmars Name hat einen guten Klang in der Literaturgeschichtsschreibung unserer Tage. Vor allem sein sogenanntes *Herbstlied* (*Sît si mir niht lônen wil*) hat in der einschlägigen Forschung allgemeine Anerkennung gefunden, ja überschwengliches Lob erfahren. Selbst abgeklärte Literarhistoriker entwickeln ein superlativisches Vokabular, wenn es gilt, die Leistung des Dichters angemessen zu würdigen: Steinmar ist »in der ganzen späten Lyrik vielleicht der einzige bewußt revoltierende Neuerer«[2]; seine Dichtung besticht durch die »Intensität ihrer Bildlichkeit« und gehört »zum Reizvollsten«, »was die Lyrik unseres Zeitraums hervorgebracht hat«[3]. Steinmars *Herbstlied* – »kräftiger, barocker, frecher«[4] als alle benachbarte Dichtung und von geradezu »burschikoser Frivolität«[5] – erscheint als »die letzte Konsequenz einer Revolte echten dichterischen Kraftgefühls gegen eine völlig entleerte Tradition«[6].

Steinmar gilt allgemein als kraftvoller Neuerer innerhalb einer in Konventionalität verödenden Literaturszene, als einzige poetische Potenz in einem Umfeld dünnblütiger Schreibtischstilisten, als genialischer Stifter einer neuen, lebensvollen Literaturrichtung. Er ist so recht das Wunschbild einer auf Innovation und Progression ausgerichteten

2 De Boor, S. 340.
3 Heinzle, S. 117.
4 Weydt, S. 16.
5 Mohr, S. 99.
6 De Boor, S. 340.

(Literatur-)Geschichtsschreibung, wie wir sie seit dem 18. Jahrhundert kennen.

Es bleibt zu fragen, ob und in welchem Umfang die vorgelegte Charakterisierung dem Dichter des 13. Jahrhunderts gerecht wird: Was ist uns über die Biographie Steinmars bekannt? Wie sieht sein überliefertes Werk aus, und welcher Stellenwert kommt darin dem *Herbstlied* zu? Worin liegt der Innovationsgehalt dieses Textes, und inwieweit kann er als Ausdruck einer »Revolte echten dichterischen Kraftgefühls« gewertet werden?

Vom Dichter Steinmar wissen wir kaum mehr, als seinen in der Großen Heidelberger Liederhandschrift überlieferten 14 Liedern zu entnehmen ist. Hier finden sich Texte mit traditioneller Minnethematik ebenso wie Lieder der niederen Minne, (parodistische) Gedichte Neidhartscher Prägung und eben das *Herbstlied*. Dies eröffnet die Liedersammlung und gibt auch das Motiv für das dem Textcorpus vorangestellte Autorenbild ab, das den Dichter im Kreise fröhlich zechender und schlemmender Gesellen zeigt.

Die thematische Breite des überlieferten Werkes, das vermutlich nur einen Bruchteil des tatsächlichen Repertoires des Dichters repräsentiert, erlaubt Rückschlüsse auf eine umfassende literarische Bildung und einen sicheren, ja überlegenen Umgang mit den traditionellen Themen und Motiven, Formen und Sprachmustern des Minnesangs.

Über die historische Person Steinmar sind wir denkbar schlecht informiert. Die seit dem 19. Jahrhundert übliche Gleichsetzung mit dem schweizerischen Ministerialen Bertold Steinmar von Klingnau wird heute mit Recht bestritten, ohne daß eine neue verbindlichere Zuweisung vorgenommen werden könnte. Die Tatsache, daß der Dichter in der Heidelberger Handschrift als *her Steimar* geführt wird, bietet keine Gewähr, daß er tatsächlich dem Ritterstand angehörte, da die Redaktoren der Sammlung sehr großzügig bei der Vergabe von Titeln verfuhren. Vermutlich handelt es sich um einen Berufsdichter, der in der 2. Hälfte des 13. Jahrhunderts im alemannischen Raum wirkte (zumindest hatte er hier seit der Jahrhundertwende seine stärkste literarische Resonanz).

Das *Herbstlied*, und dieses Lied ist es, das dem Dichter Steinmar seinen Platz in der Literarhistorie sichert, stellt in der Literatur des Mittelalters ein Novum dar. Erstmals sagt sich ein Sänger nicht nur von seiner Minneherrin los, sondern nimmt die Gelegenheit wahr, den Bereich der Minne (und des Minnemonats Mai) ganz zu verlassen und sich einen neuen Herrn zu suchen: den Herbst, der mit seinen üppigen Gaumenfreuden dem von Liebesleid ausgezehrten Minner handfesten Trost verspricht. Um seine Tauglichkeit für den neuen Dienst unter Beweis zu stellen, setzt sich der Sänger vor dem Herbst in Szene und intoniert ein Werbelied, das in grotesk-komischer Überzeichnung das gargantualische Fassungsvermögen seines Leibes vor Augen führt. Und er darf danach sicher sein, daß seine abschließende Bitte *herbest, trûtgeselle mîn, noch nîm mich ze îngesinde* (5,8) positiv beschieden wird und er an der Seite seines neuen Herrn den Kampf gegen die Partei der Minne und des *glanzen meien* aufnehmen kann.

In dieser Form wurde zuvor in der höfischen Dichtung noch niemals der Minne und dem gesamten Minnewesen abgeschworen. Das Thema des Haderns mit der unglücklichen Rolle des unbelohnten Minnedieners ([. . .] *ein armez minnerlîn ist reht ein marteraere*; 1,8) ist dabei keineswegs neu, es gehört im späten 13. Jahrhundert bereits zu den literarischen Gemeinplätzen. Minneklagen und Minneabsagelieder sind beinahe so alt wie der Minnesang selbst. Sie sind offenkundig mit dem komplizierten, dialektischen Minnesystem vorgegeben. Schon im 12. Jahrhundert – also in den Zeiten von *Des Minnesangs Frühling* – ließ sich Friedrich von Hausen vernehmen:

> Niemen darf mir wenden daz zunstaete,
>   ob ich die hazze, die ich dâ minnet ê.
> swie vil ich sî gevlêhte oder gebaete,
>   sô tuot si rehte, als sis niht verstê.

[. . .]
ich waer ein gouch, ob ich ir tumpheit haete
　für guot. ez engeschiht mir niemer mê.

(MF 47,33)

Niemand darf es mir als Wankelmütigkeit anlasten, wenn ich
die hasse, der ich vorher in Minne gedient habe. All mein Bitten und Flehen ist bei ihr auf Unverstand gestoßen. [. . .] Ich
wäre ja verrückt, wenn ich ihre Torheit gutheißen würde. Mit
mir kann sie das nicht mehr machen.

Beklagt wird in solchen Liedern allemal die – angebliche
oder tatsächliche – Hartherzigkeit der Minnedame, die den
längst überfälligen Minnelohn immerfort verweigert. Dem
Sänger steht hierfür ein festgelegtes poetisches Repertoire
zur Verfügung: Er kann mit dem Gedanken der Dienstauf-
kündigung spielen, er kann entsprechende Drohungen formulieren, kann den Schritt ankündigen (um ihn dann gleich
wieder zurückzunehmen), kann sich entschließen, seine
Dame tatsächlich zu verlassen und sich einer anderen – adligen oder auch nichtadligen – Frau zuzuwenden, und er kann
sich endlich verbittert von der Minne und dem gesamten
Minnewesen lossagen (wie etwa der Sänger Rubin in der
ersten Hälfte des 13. Jahrhunderts):

Wâfen über der Minne rât!
wâfen über der Minne lôn!
dirre ruof sol sô geschaffen sîn,
sît mîn sanc mich niht vervât,
und ich ir sô mangen dôn
habe gesungen in den jâren mîn,
sît daz si mir an die minneclîchen riet,
diu mich hât versûmet mîner tage und mich von fröiden schiet.

(KLD I,47, XIX)

Verflucht sei der Rat der Minne, verflucht sei ihr Lohn!
Anders kann ich es nicht in die Welt rufen, weil mein Minnesang völlig vergeblich war, obwohl ich für sie seit Jahren so

viel gesungen habe, und weil die Minne mir ausgerechnet eine
Minneherrin zudachte, die mich um mein Leben betrog und
mich todunglücklich machte.

Von hier aus scheint es kein weiter Weg mehr zu Steinmars
Lied zu sein, das ebenfalls den ungelohnten Minnedienst
zum Anlaß nimmt, mit dem gesamten Minnewesen zu brechen. Und doch bietet das *Herbstlied* eine bedeutsame Neuerung: Steinmar geht über die bis dahin erprobten Möglichkeiten der Absagelieder hinaus, indem er es nicht bei der
Aufkündigung des Minnedienstes beläßt, sondern die Abkehr von der Minne mit der Hinwendung zu einem unhöfischen, ja antihöfischen Bereich verbindet, die Absage an
den entsagungsvollen Frauendienst mit einem Bekenntnis zu
den hemmungslosen Freuden des Lebens im *luoder* verknüpft. Es geht ihm dabei nicht um die Darstellung oder Ver-
herrlichung der realen Genüsse des Luderlebens (bezeichnenderweise fehlt jeder Hinweis auf die zum Tavernenleben
gehörenden käuflichen Liebesfreuden), sondern um die
Erschließung und Kultivierung eines neuen literarischen Ter-
rains, dessen Struktur eine zur Minnewelt konträre Konzeption erlaubt. Mit Mai und Herbst, die in Steinmars Lied personifiziert erscheinen, sind nicht primär die beiden Jahreszeiten gemeint; *herbest* und *mei* bezeichnen vielmehr ein
antithetisches Prinzip, den Antagonismus von Idealismus
und Hedonismus, von Sublimation und Triebbefriedigung,
von höfischer und unhöfischer Lebensform schlechthin.
Steinmars (oder genauer: des im Lied auftretenden Sängers)
Hymne auf die maßlosen Freuden herbstlichen Zechens und
Schlemmens ist – nach unserem Kenntnisstand – die erste
Dichtung dieser Art in der mhd. Literatur; das Thema des
Tavernenlebens erscheint jedoch nicht plötzlich und unvermittelt auf der literarischen Szene. Bereits vor der Mitte des
13. Jahrhunderts gehört es zu den Gepflogenheiten höfischer
Dichter, in Zeitklagen den angeblichen Niedergang der rit-
terlichen Gesellschaft anzuprangern, der sich – wenn man

ihren Worten glauben will – gerade in der Abkehr von der
Minne und der Hinwendung zum Wein manifestiert:

> bî diser zît ligt nieman tôt
> von minne noch von seneder nôt.
> der rîche senet sich umb den wîn
> mêr dan nâch der frouwen sîn.
>
> (*Daz buoch von dem übeln wîbe*, V. 391–394)

Heutzutage stirbt niemand mehr aus Minne oder aus Sehn-
suchtsschmerz. Die Mächtigen sehnen sich mehr nach dem
Wein als nach ihrer Minnedame.

Beinahe zeitgleich mit Verfallsklagen dieser Tonart kommen
in Deutschland sogenannte Zechreden auf, die das über-
schwengliche Lob des Weins mit einer dezidierten Absage an
Minne und Mai verbinden:

> swenne ich mir sihe bringen
> in wîzen bechern guoten wîn,
> daz nime ich vür des meien schîn
> und vür der vogelîn gesanc.
>
> (*Der unbelehrbare Zecher*, V. 82 f.)

Wenn ich sehe, wie mir der gute Wein in glänzenden Bechern
gebracht wird, so ist mir das weitaus lieber als der strahlende
Mai mit all seinem Vogelgesang.

Der Wein nimmt in diesen Reden die Stelle der Geliebten ein
und wird wie sie ganz im Stil des Minnesangs (*Dû bist mîn,
ich bin dîn*) besungen:

> in hât in dem herzen mîn
> mîn minne alsô behûset,
> versigelt und verclûset:
> wir mugen uns niht gescheiden.
>
> ich muoz in immer minnen
> ich mac im niht entrinnen.
>
> (*Der Weinschwelg*, V. 50–53, 359 f.)

Ihn (den Wein) hat meine Minne in meinem Herzen so fest
angesiedelt, versiegelt und verriegelt, daß uns nichts mehr
trennen kann. – Ich muß ihn immer minnen, ich komme nicht
mehr von ihm los.

Und es mutet wie eine Vorwegnahme der von Steinmar ein-
genommenen Rolle an, wenn der Weinschwelg in der gleich-
namigen (um 1250 entstandenen) Zechrede vom Erzähler in
grotesk-komischer Überzeichnung vorgestellt wird:

> ich hân einen swelch gesehen,
> dem wil ich meisterschefte jehen.
> den dûhten becher gar enwiht,
> er wolde näpfe noch kopfe niht,
> er tranc ûz grôzen kannen.
> er ist vor allen mannen
> ein vorlouf aller swelhen.
> von ûren und von elhen
> wart solher slünde nie niht getân.
>
> (*Der Weinschwelg*, V. 3–11)

Ich habe einen Zecher gesehen, den will ich zum Meister
küren. Dem galten Becher gar nichts, der wollte auch nicht
aus Näpfen oder Pokalen trinken, der trank nur aus riesigen
Kannen. Er ist der Weltmeister der Zecher. Nicht einmal
Auerochsen und Elche haben je so große Schlucke bewältigt
wie er.

Angesichts der in Steinmars Werk allenthalben zu beobach-
tenden umfassenden literarischen Kenntnisse ist wohl davon
auszugehen, daß ihm das in Zeitklagen wie Zechreden immer
wieder propagierte Modell des antithetischen Bezugs von
Minne und Wein (als Synonyma für höfisches und unhöfi-
sches Dasein) durchaus vertraut war. Steinmar hat die hier
vorformulierte Antithese Wein contra Minne nicht nur aufgegriffen, sondern durch den neu eingeführten Kontrast von
Mai und Herbst für die Dichtung seiner Zeit ein Stück literarisches Neuland urbar gemacht, das sich in der Folgezeit als
überaus fruchtbar erweisen sollte.

Ähnlich wie Neidharts *dörperliche* Poesie hat Steinmars *Herbstlied* in der Literatur des 14./15. Jahrhunderts zahlreiche Nachfolger gefunden. Herbstdichtungen erscheinen weit gestreut in der deutschen Literaturlandschaft. Sie finden sich bei Steinmars alemannischem bürgerlichen Zeitgenossen Johannes Hadlaub ebenso wie bei dem weit im Osten wirkenden fürstlichen (?) Minnesänger Wizlaw von Rügen; sie sind in der Lyrik ebenso anzutreffen wie in der Epik und im Drama. Doch kaum einer der nachsteinmarschen Texte erreicht die poetische Kraft und Prägnanz des Vorbilds. Die Herbstthematik wird zwar als motivische Bereicherung dankbar aufgegriffen – man ist vielfach sogar bestrebt, die bei Steinmar aufgebotene Speisefülle quantitativ zu übertreffen –, in der Regel werden jedoch Steinmars originelle Spitzen und Schärfen umgebogen und abgeschliffen. Die herbstliche Motivik gerät zum modischen Versatzstück in konventioneller Minnedichtung. Noch im 14. Jahrhundert geht die von Steinmar formulierte klare Antithese von *mei/minne* und *herbest/luoder* mehr und mehr verloren. (Deutlichstes Indiz ist die Einführung des gattungsfremden Motivs der liebegewährenden Wirts- und Bademägde, das den von Steinmar eng begrenzt gehaltenen Rahmen des Genres sprengt.) Das Thema des Luderlebens beginnt sich zu verselbständigen, die Herbst-Mai-Thematik tritt zurück, der Aspekt der Gegenbildlichkeit von Minnewesen und Luderleben, der das Genre einst literaturfähig machte, wird gänzlich aus dem Blick verloren. Die Zecher- und Schlemmerdichtung kann so schließlich von der grobianischen Literatur eingeholt werden, in der sie – ohne daß noch jemand um ihre Ursprünge wüßte – bis weit ins 16. Jahrhundert fortlebt.

Man hat Steinmars *Herbstlied* in der Forschung des 19. Jahrhunderts (und darüber hinaus) gern als Dokument des moralischen Verfalls der höfischen Gesellschaft am Ende der Stauferzeit verstanden: »Die idealen Vergnügungen des sittsamen Minnedienstes genügten nicht mehr [. . .], und die roheren Freuden des Mahls und des Weins traten an die Stelle der frü-

364 Die Minne und ihre Konkurrenten

heren Unterhaltung.«[7] – »Man sieht aus diesen Stellen, wie weit um die Mitte des 13. Jh.'s die Sitte des ›luoder‹ in den vornehmen Kreisen verbreitet war. [...] und aus dieser Sitte ist Steinmars Herbstlied hervorgegangen. Das Lied beruht auf dem wirklichen Leben.«[8]

Diese Position – so plausibel sie auf den ersten Blick (und durch ständige Wiederholung in älteren Literaturgeschichten) erscheinen mag – ist heute kaum mehr aufrechtzuerhalten. Nach dem Zeugnis der historischen Quellen zeichnet sich die höfische Gesellschaft des 13./14. Jahrhunderts vielmehr durch zunehmende Kultivierung, Disziplinierung und Stilisierung aus; sie entwickelt »eine festere Konvention der Umgangsformen, eine gewisse Mäßigung der Affekte, eine Regelung der Manieren«, ein Bildungsideal, dem »man in dieser Gesellschaft selbst den Namen ›Courtoisie‹ gab«[9]: »Man kann damit rechnen, daß [...] die allgemeine Gesellschaftsmoral des Adels sich eher zum Positiven als zum Negativen gewandelt hat.«[10]

Ebensowenig wie als Dokument eines zunehmenden moralischen Verfalls der höfischen Gesellschaft im Spätmittelalter sollte Steinmars Herbstlied als Zeugnis eines individuellen dichterischen Aufbegehrens gegen den zeitgenössischen konventionellen Minnesang gewertet werden. Letzteren hat Steinmar offenkundig vor, neben und nach dem Herbstlied weiter gepflegt, wie die Sammlung seiner Texte in der Heidelberger Handschrift ausweist, in der rund die Hälfte der Lieder als mehr oder weniger konventionell bezeichnet werden kann.

Mit dem Herbstlied findet der Minnesang nicht seinen Abschluß, gerät nicht einmal in eine entscheidende Krise. In Steinmars Dichtung triumphiert auch nicht ein handgreiflicher ›Realismus‹ (oder ›Materialismus‹) über einen verstiege-

7 Gervinus, S. 320.
8 Neumann, S. 90.
9 Elias, S. 115.
10 Bumke, S. 28 f.

nen ›Idealismus‹: Das *Herbstlied*, das den heutigen Leser
aufgrund des in ihm erweckten Eindrucks von emotionaler
Unmittelbarkeit so fasziniert, ist eine Rollendichtung, nicht
anders als die Minnelieder und die Minneabsagelieder vor
und nach ihm. Es ist durch und durch fiktional, sicherlich gut
inszeniert, aber eben inszeniert. Es ist keine Dichtung gegen
den Minnesang oder auch nur neben dem Minnesang. Es ist
ein Lied, das eine im traditionellen Minnemotivbereich angelegte thematische Möglichkeit in origineller Weise aufnimmt
und ausgestaltet. Es zeigt keinen ethischen Niedergang der
höfischen Gesellschaft, nicht einmal eine Verrohung des
Geschmacks der führenden Schicht an, es dokumentiert vielmehr das Bedürfnis und Bestreben, dem mit dem dialektischen Minnesystem gegebenen Modell der Minneklage und
Minneabsage immer neue Formen und Varianten abzuge-
winnen.

Minnesang und *Herbstlied* gehören beide derselben literarischen Sphäre an, werden beide von derselben kulturellen
Schicht getragen; sie gehören zusammen als legitime Spiel-
arten innerhalb eines hochstilisierten Systems, das in seinen
Minneliedern nicht weniger gültig repräsentiert wird als in
seinen Herbstdichtungen.

Literaturhinweise

Ausgaben

Daz buoch von dem übeln wîbe, 2., neubearb. Aufl. hrsg. von Ernst
A. Ebbinghaus. Tübingen 1968.

Deutsche Liederdichter des 13. Jahrhunderts. Hrsg. von Carl von
Kraus. 2. Aufl. durchges. von Gisela Kornrumpf. Bd. 1: Text.
Tübingen 1978.

Die Schweizer Minnesänger. Nach der Ausgabe von Karl Bartsch neu
bearb. und hrsg. von Max Schiendorfer. Tübingen 1990.

Des Minnesangs Frühling. Unter Benutzung der Ausg. von Karl Lachmann und Moriz Haupt, Friedrich Vogt und Carl von Kraus bearb. von Hugo Moser und Helmut Tervooren. Bd. 1: Texte. 37., erneut rev. Aufl. Stuttgart 1982.

Der Weinschwelg. In: Der Stricker: Verserzählungen II. Mit einem Anhang: Der Weinschwelg. Hrsg. von Hanns Fischer. Tübingen 1967.

Der unbelehrbare Zecher. In: Der Stricker: Verserzählungen I. 3., rev. Aufl. bes. von Johannes Janota. Tübingen 1973.

Forschungsliteratur

Adam, Wolfgang: Die *wandelunge*. Studien zum Jahreszeitentopos in der mhd. Literatur. Heidelberg 1979.

Auty, Robert: Studien zum späten Minnesang mit besonderer Berücksichtigung Steinmars und Hadlaubs. Diss. Münster 1937. [Masch.]

Bolduan, Viola: Minne zwischen Ideal und Wirklichkeit. Studien zum späten Schweizer Minnesang. Frankfurt a. M. 1982.

Boor, Helmut de: Die deutsche Literatur im späten Mittelalter. Zerfall und Neubeginn. Tl. 1: 1250–1350. München ³1967.

Bumke, Joachim: Höfische Kultur. Literatur und Gesellschaft im hohen Mittelalter. Bd. 1. München 1986.

Elias, Norbert: Über den Prozeß der Zivilisation. Soziogenetische und psychogenetische Untersuchungen. Bd. 2. Bern / München ²1969.

Gervinus, Georg Gottfried: Geschichte der Poetischen National-Literatur der Deutschen. Tl. 1: Von den ersten Spuren der deutschen Dichtung bis gegen das Ende des 13ten Jahrhunderts. Leipzig 1835.

Grunewald, Eckhard: Die Zecher- und Schlemmerliteratur des deutschen Spätmittelalters. Mit einem Anh.: »Der Minner und der Luderer«. Edition. Diss. Köln 1976. [Hier ausführliche Interpretationen und bibliographische Angaben zu den oben angeführten Texten.]

Haas, Norbert: Trinklieder des deutschen Spätmittelalters. Philologische Studien an Hand ausgewählter Beispiele. Göppingen 1991.

Heinzle, Joachim: Vom hohen zum späten Mittelalter. Tl. 2: Wandlungen und Neuansätze im 13. Jahrhundert (1220/30–1280/90). Königstein 1984.

Krywalski, Diether: Untersuchungen zu Leben und literaturgeschichtlicher Stellung des Minnesängers Steinmar. Diss. München 1966.

Meissner, Rudolf: Bertold Steinmar von Klingnau und seine Lieder. Diss. Münster 1886.

Mohr, Ferdinand: Das unhöfische Element in der mhd. Lyrik von Walther an. Diss. Tübingen 1913.

Neumann, Alfred: Über das Leben und die Gedichte des Minnesingers Steinmar. Diss. Leipzig 1885.

Shimbo, Masahiro: Umgestaltung des Minnesangs. Steinmar und Hadlaub. In: Doitsu Bungaku 77 (1986) S. 25–36.

Simon, Eckehard: Literary Affinities of Steinmar's Herbstlied and the Songs of Colin Muset. In: MLN 84 (1969) S. 375–386.

Stackmann, Karl: Steinmar. In: VL[1] 4 (1953) Sp. 267–271.

Weydt, Günther: Johannes Hadlaub. In: GRM 21 (1933) S. 14–32.

Das Trinklied

Der Mönch von Salzburg:
Wolauf, lieben gesellen unverzait

Von Franz Viktor Spechtler

Der Lebensrhythmus des mittelalterlichen Menschen war von den Jahreszeiten und den kirchlichen Festen bestimmt. Das gilt sowohl für den geistlichen als auch für den weltlichen Bereich. Der allergrößte Teil der Bevölkerung hatte an Festlichkeiten meist einen bescheidenen Anteil, man feierte bei den seltenen Gelegenheiten, die das harte Arbeitsleben unterbrachen, aber um so ausgiebiger. Das nach und nach entstehende Festbrauchtum wird erst in der frühen Neuzeit besser faßbar. Für die Liedforschung ist entscheidend, daß jedes Fest, jedes gemeinsame Essen und Trinken eine Tischgemeinschaft konstituiert, für die die Lieder aufgeführt werden oder die die Lieder selbst singt. Durch Wiederholen des Zusammenseins wird dieses soziale Handeln gefestigt.[1] Im liturgischen Bereich ist ja die Eucharistie, die Meßfeier, aus dem gemeinsamen Mahl Jesu mit seinen Jüngern auf dem historischen Hintergrund des Paschamahles entstanden (Mt. 26,26–29; Lk. 22,15–20), das ständig erneuert wird.

Während der größte Teil der Bevölkerung im Mittelalter nur einfachste Speisen und Getränke kannte, entwickelte sich in den Klöstern, an Bischofssitzen und weltlichen Höfen eine üppige Eß- und Trinkkultur, was zum Beispiel um 1350 zur Entstehung des ersten deutschen Kochbuchs und der sogenannten ›höfischen Tischzuchten‹ führte. Als Parodien folgten dann die sogenannten ›grobianischen Tischzuchten‹.[2]

---

1 *Essen und Trinken in Mittelalter und Neuzeit*, S. 103; Bumke, S. 240 ff.; Rosenfeld, S. 145 ff.; *Alltag im Spätmittelalter*, S. 196 ff.
2 *Daz buoch von guoter spise* (Ausg. Hajek, 1958); Hayer (1976); *Höfische Tischzuchten* (1957); *Grobianische Tischzuchten* (1957).

Das bevorzugte Getränk an den Tafeln war der Wein, dessen Anbau seit dem 11. Jahrhundert durch den Terrassenbau auch nördlich der Alpen wesentlich erweitert wurde. Die Klöster hatten daran einen maßgeblichen Anteil. So wurde der Wein an Höfen und in Klöstern das tägliche Getränk, und zwar auch deswegen, weil das Wasser häufig ungenießbar war. Das Bier erreichte erst im Spätmittelalter durch die Einführung des Hopfens und durch kommerzielle Brauereien der Klöster eine gute Qualität. So ist es verständlich, daß der Wein in der Trinkliteratur die entscheidende Rolle spielt.

In diesem Zusammenhang scheint der Festtag des hl. Martin am 11. November ein besonderes Datum im Jahreskreis gewesen zu sein: er bildete den Abschluß des bäuerlichen Wirtschaftsjahres, an dem auch die Abgaben gemäß der Ernte berechnet wurden. Schon seit dem 6. Jahrhundert wird von weltlichem Brauchtum und von Trinkgelagen an diesem Tag berichtet. Der um 400 verstorbene Bischof von Tours, um den sich zahlreiche Legenden ranken, war der Patron der Winzer, die an diesem Tag den neuen Wein anstachen und die Martinsgans brieten. Thomas von Cantimpré dichtete 1216 den ersten lateinischen *cantus de Martino;*[3] vom Stricker stammt als erster deutscher Text mit dieser Thematik die Verserzählung *Die Martinsnacht* (2. Viertel des 13. Jahrhunderts). Dort heißt es vom Bauern (Verserz. I, S. 140):

> sus tranc er und die sîne
> dem guoten sande Martîne
> ze lobe und ze minnen
> unz si quâmen von den sinnen
> und deheiner witze pflâgen
> und enwessen, wâ si lâgen.
>
> (V. 165–170)

> So tranken er und die Seinen / dem guten heiligen Martin / zum Preis und zur Verehrung, / bis sie bewußtlos wurden /

3 Wachinger, *Martinslieder*, S. 166–169 (mit vollst. Bibliogr.).

und keinen Verstand mehr hatten / und nicht wußten, wo sie lagen.

1. *Trinkliteratur des Mittelalters.* Die Thematik des Trinkens ist seit der Antike in der Literatur bekannt. Mit den mittellateinischen *Carmina Burana* setzt diese Tradition neu ein und findet im 13. Jahrhundert rasch Verbreitung, und zwar in mehreren Gattungen, nicht nur im Lied. Die Themen reichen vom Lob des Weins, von dessen Eigenschaften und Wirkungen bis zu allen Aspekten der Trunkenheit, von Wein und Liebe, Würfelspiel, Gesang, Geld und Tod.[4] Haas bezieht in seine typologische Skizze einerseits die gesamte Trinkthematik mit ein, andererseits erweitert er den Gesichtskreis um Formaspekte, die sich aus den Einzelanalysen ergeben. »Den einzelnen Typen der Darstellung entsprechen spezifische Formen der Aussage: der Reflexion die Ich-Form; der Szene die Wir-Form; dem Preis die Anrede-Form; dem Gespräch die Dialog-Form; dem Mischtypus aus Szene und Preis folglich eine Verbindung von Wir- und Anrede-Form.«[5] Am Lied des Mönchs von Salzburg kann dies noch näher erläutert werden.

Die deutschsprachige Trinkliteratur setzt interessanterweise nicht mit Liedern, sondern mit der Kleinepik des Strickers ein, der ja die Gattung der Verserzählung mit den verschiedensten Themen als eine der großen Innovationen des 13. Jahrhunderts geschaffen hat.[6] Auch er nimmt auf den hl. Martin Bezug. In der erwähnten *Martinsnacht* ist der Bauer so betrunken, daß er einen Einbrecher gemäß dessen Aussage für den hl. Martin hält. Er und seine Knechte trinken auf den Heiligen, bis sie darniederliegen und der Gauner das Vieh rauben kann. Die Verserzählung *Der durstige Einsiedel*

---

4 Grunewald (mit bes. Berücksichtigung der Zechreden, der Herbstdichtungen und der Streitgespräche zwischen Minner und Luderer); Haas (mit vollst. Lit., die daher nicht im einzelnen zitiert wird).

5 Haas, S. 257 f.

6 Kuhn, S. 19 ff.; Spechtler (1984) S. 1–28; Einführung in die literarische Situation: Heinzle, S. 172 ff.

zeigt einen frommen Mann als Opfer des Rebensaftes. Der dritte Text des Autors, *Der unbelehrbare Zecher* (früher *Der Weinschlund* genannt), stellt die Argumente für und wider das Trinken gegeneinander und überläßt dem Publikum kommentarlos das Urteil (Verserz. I, S. 131–160). Gerade diese Verserzählung zeigt schön, wie fragwürdig es ist, die Texte der Trinkliteratur in sogenannte didaktische / moralisierende und andere zu unterscheiden: diese Literatur lebt ganz besonders vom *prodesse et delectare*. Das zeigt sich vor allem im *Weinschwelg* eines anonymen Autors des 13. Jahrhunderts (Verserz. II, S. 42–58). In grotesker Umkehrung höfischer Leitmotive werden dort Wein und Trunkenheit durch den Zecher hymnisch gepriesen, worin natürlich auch Kritik enthalten ist. Eine scharfe Zeitkritik, deren Unterhaltungswert ebenfalls nicht übersehen werden darf, legt Ulrich von Lichtenstein (1200/10–75) der höfischen Dame in seinem *Frauenbuch* in den Mund (442 ff.).

In der deutschen Lyrik gibt es keine Sammlung wie die *Trink- und Spielerlieder* des Codex Buranus, vielmehr finden wir das erste Lob des Weines und des Essens (Gans!) im vielzitierten *Herbstlied* Steinmars (urk. 1251–88), das gleichsam als »Kontrafaktur« in der Tradition des Minnesangs steht.[7] Diese Tradition setzt der Schweizer Johannes Hadlaub mit seinen drei Herbstliedern, die sowohl die Minneklage als auch das Schlemmerthema enthalten, fort (SMS, S. 283 ff., Nr. 18, 20, 44). Buwenburg und Wizlaw von Rügen sind ebenfalls zu nennen sowie natürlich jene Lyrik, die in der Neidhartnachfolge bis ins 15. Jahrhundert gedichtet und komponiert worden ist. *Neidharts Gefräß* ist das beste Beispiel.[8] Zunächst werden im Natureingang die Mai und die

---

7 SMS, S. 170–172; zu den Herbstliedern: Grunewald, S. 54 ff. (s. dazu die Interpretation Grunewalds in diesem Band, S. 353 ff.).
8 Text bei Boueke, S. 177–181. Eine neue krit. Ausg. aller Lieder, die vom 13. bis 16. Jahrhundert unter dem Namen ›Neidhart‹ überliefert sind, ist in Vorbereitung (Salzburger Neidhart-Ausg.) von I. Bennewitz, U. Müller, F. V. Spechtler. Vgl. Spechtler (1983); Müller (1990); Schweikle, S. 92.

Liebesfreuden gepriesen, dann folgt schon zu Ende der Strophe 1 die Aufforderung:

> ir luderknechte,
> merckent rechte:
> mit gebrechte
> nym hin die diern und furs in ein taberne!
>
> (1,19–22)

> Ihr leichtsinnigen Knechte, / merkt recht: / mit Geschrei / nimm die Magd und führe sie in eine Taverne!

Strophe 2 beginnt mit dem Herbstlob und ergeht sich wie die weiteren fünf Strophen im Preis der Tafelfreuden mit folgender Aufforderung an den Wirt:

> bereit den knappen
> einen trappen
> und sehs kappen
> wol gebratten uff einer breiten schussel,
> und feißte gense . . .   (2,15–19)

> Bereite den Gesellen / eine Trappgans / und sechs Hähne, / gut gebraten, auf einer großen Schüssel / und fette Gänse . . .

Die Schilderung unmäßigen Trinkens beginnt mit Strophe 3:

> Trincken ich nit lenger spar!   gar clar
> most uß ungefügen   krügen
> schenck in, wann es ist worden zyt!   sit
> ungemessig, wyt und fressig
> vaste trincken, daz wir sincken
> zu den bencken . . .   (3,1–6)

> Das Trinken will ich nicht länger aufhalten! Ganz klaren / Most aus plumpen Krügen / schenk ein, denn es ist Zeit! Seid / unmäßig und gierig, / fest zu trinken, daß wir / auf die Bänke sinken . . .

Der Autor beschreibt anschließend die Badefreuden und

neuerlich die Massen von Speisen (Str. 4–6), um dann in Strophe 7 das Saufgelage zu beschreiben:

> O wirt, hastu ein volles fass?　daz　laß
> uns auch anstechen!　zechen
> wol wir aber by der glut　gut.
> gib din gesten　keß und kesten!
> du solt schaffen,　daz wir slaffen,
> hyne slichen,　leg yglichen
> an ein bett besunder.　　　　(7,1–7)

> O Wirt, hast du ein volles Faß? Das laß / uns auch anstechen!
> Zechen / wollen wir wieder bei gutem Feuer. / Gib den
> Gästen Käse und Kastanien! / Du sollst bewirken, daß wir
> einschlafen, / wegschleichen; leg jeden / in ein eigenes Bett.

Mit dem Lob des Herbstes und der ›Schlußsignatur‹ (*und wil dann singen Nytharcz gut gefresse*) endet das Lied, das sogar noch bei Johann Fischart 1575 in seine *Truncken Litanei* der ›Geschichtsklitterung‹ Eingang gefunden hat. Auch Michel Beheim (1414 – ca. 1474) hat ein Lied *Ain gefress* verfaßt; vor ihm hat Oswald von Wolkenstein (1376/78–1445) vier Trinklieder geschrieben, davon einen Kanon (Kl. 54, 70, 72, 84), der ohne den des Mönchs nicht denkbar ist.[9] Zur Trinkliteratur gehören noch die ›epischen Gedichte‹ *Herbst und Mai* (14. Jahrhundert), das Schweizer Spiel *Vom Streit zwischen Herbst und Mai*, das Südtiroler Spiel *Mai und Herbst*, das Vigil Raber 1512 aufgezeichnet hat. Auch die Streitgespräche zwischen *Minner und Luderer* gehören in diesen Kontext ebenso wie *Ein Fassnacht spil mit vier Personen, Nemlich ein Richter, ein Buler, ein Spiler und ein Trincker* von Hans Sachs.[10]

Mit dem Lied *Neidharts Gefräß* (14. Jahrhundert) und seinen massiven Aufzählungen von Speisen und der Darstellung des Saufens sowie den raffiniert eingesetzten Reimhäu-

9 Grunewald, S. 78 ff.; Haas, S. 91 ff.
10 Grunewald, S. 86 ff.; Haas, S. 67 ff.

fungen ist bereits jener Liedtypus erreicht, den der Mönch von Salzburg (2. Hälfte des 14. Jahrhunderts) und Oswald von Wolkenstein so kunstvoll weiterentwickelt haben.[11]

2. *Der Mönch von Salzburg.* Hinter diesem Dichternamen (Pseudonym) verbirgt sich ein Liederdichter und Komponist von europäischem Format, der am Hof des prunkliebenden und weitgereisten Salzburger Erzbischofs Pilgrim II. von Puchheim (1365–96) seine 49 geistlichen und 57 weltlichen Lieder geschrieben hat. Der Kirchenfürst, der zugleich auch der weltliche Herrscher Salzburgs war, hatte unter anderem die diplomatische Aufgabe übernommen, zwischen Prag und Avignon, das heißt zwischen König Wenzel (1378–1400) und Papst Clemens VII. (1378–94) im Schisma zu vermitteln. Er hatte als Kleriker in Avignon studiert. Einige Lieder des Hofdichters weisen selbst auf Pilgrim: die Mariensequenz G 2 mittels eines Akrostichons (*Pylgreim erczpischof legat*) und zwei poetische Liebesbriefe des Hofstaates (*hofgesind*), die an die zu Hause gebliebenen Damen gerichtet und datiert sind (MR 30: 1387; MR 18: 1392). Das Lied 18 ist sogar dem Erzbischof in den Mund gelegt, was dazu geführt hat, daß man den Dichter mit dem Erzbischof gleichgesetzt hat. Dies ist jedoch nicht zu belegen.[12]

Der Mönch von Salzburg sticht durch mehrere Innovationen aus den spätmittelalterlichen Lyrikern heraus. Erstens ist er jener Liederdichter, dessen Lieder in über hundert Handschriften im Mittelalter am weitesten verbreitet gewesen sind. Im 15. und 16. Jahrhundert scheint man mit »Mönch« in vielen Handschriften und in Liederbüchern einen bekannten und beliebten Liedtyp bezeichnet zu haben. Zweitens hat

11 Zur literarischen Situation um 1400 Spechtler (1984) S. 11 ff.
12 Zusammenfassend Wachinger, *Mönch von Salzburg* (1987, mit vollst. Lit.); *Die geistlichen Lieder des Mönchs von Salzburg* (Ausg. Spechtler, 1972; auch mit Einführung zur Verfasserfrage und zu Pilgrim); die Ausg. der weltlichen Lieder von Mayer/Rietsch (1896); s. auch die Auswahl-Ausg. mit Melodien von Spechtler/Korth/Heimrath (1980); die neueste Untersuchung von Wachinger (1989).

der Autor eine umfassende Bildung genossen, was auch die zahlreichen Übersetzungen lateinischer Sequenzen beweisen. Drittens ist er jener deutschsprachige Lyriker, der zum ersten Mal die Mehrstimmigkeit in seinen Liedern verwendet hat, wofür die Mondsee-Wiener Liederhandschrift das beste Zeugnis ist. Auch dadurch dürfte er auf Oswald von Wolkenstein gewirkt haben. Die Kontakte mit Prag und Avignon, wo die Mehrstimmigkeit bereits bekannt war, werden die Innovationen gefördert haben. Der Martinskanon ist übrigens der erste (dreistimmige) Kanon in deutscher Sprache. Die geistlichen Lieder, Übersetzungen und eigene Schöpfungen, verteilen sich auf das ganze Kirchenjahr, 20 sind Maria gewidmet. Neun Lieder stehen mit ihren großen, stolligen Strophen formgeschichtlich zwischen Sangspruchlyrik und Meistergesang.

Die 57 weltlichen Lieder umfassen alle Themen der spätmittelalterlichen Liebeslyrik einschließlich des Leichs in großer Variationsbreite: Tagelieder in mehreren Varianten bis zur Parodie (Mehrstimmigkeit), Lieder über Sehnsucht nach der Geliebten, Treueversicherung, Hoffnung, Erinnerung, Preis der Geliebten, Neujahrswünsche, Falkenjagd, Farballegorie, Liebesbriefe sowie die Schelte auf die höfischen *Klaffer* (›böse Zungen‹). Formal und musikalisch wechseln durchkomponierte Strophen mit stollig gebauten Liedern, die sehr häufig mit einem Refrain enden und musikalische und formale Begabung beweisen.

Drei Trinklieder runden das vielfältige Werk ab. Die nachfolgende Lyrikergeneration mit Oswald von Wolkenstein und Heinrich Laufenberg (urk. 1421–45) ist ohne ihn nicht denkbar. Der Meistergesang pflegte seine Formen weiter, noch Paul Hofhaymer (1459–1537) könnte von ihm beeinflußt gewesen sein.

3. *Die Trinklieder des Mönchs von Salzburg.* Der Mönch von Salzburg hat drei Trinklieder geschrieben, von denen das *Wolauf lieben gesellen* unten näher behandelt wird. Das

Herbst-Trinklied *Der herbst mit süessen trauben* besingt den
›seligen‹ Zustand der Trunkenheit mit einem besonderen
Kunstkniff: mit der Schilderung der Temperamentenlehre,
so daß sich der Sänger selbst zunächst als *sanguineus* und
flegmaticus, dann als *colericus* und *melancolicus* beschreibt.
Die gelehrte Bildung des Autors zeigt sich hier wiederum.[13]
Musikalisch am interessantesten ist der Martinskanon, der
schon in den Handschriften mit *Ain radel von drein stym-
men* bezeichnet wird. Auch er ist von der lateinischen Dichtung und Trinkliteratur nicht zu trennen; Kesting konnte
eine lateinische Vorlage nachweisen. Die Texte lauten:

Martein, lieber herre,	Martine, Christi famule,
nu laß uns fröleich sein	fac nos iam gaudere,
heint zu deinen eren	ut tibi valeamus
und durch den willen dein,	laudes promere,
dy genns solt du uns meren	aucas augmentare,
und auch küelen wein,	da vinum bibere,
gesoten und gebraten	aussatas et conditas
sy müessen all herein.	compelle intrare.

Martin, Christi Diener, / mach, daß wir uns freuen, / daß wir
dir Lob / spenden können; / die Gänse sollst du mehren – /
gib Wein zu trinken –, / gebraten und gewürzt / nötige sie
herein.

Der hl. Martin wird angerufen, zu seinen Ehren wird gefe-
stet. Die musikalische Auflösung des Kanons hat lange
Schwierigkeiten bereitet, ist jedoch mittels einer Melodie-
und Aufführungsanalyse nicht schwierig: Die ersten beiden
Zeilen gehören nämlich nicht zum dreistimmigen Kanon,
sondern stellen einen Einleitungsruf der Tischgesellschaft
dar; erst die Zeilen 3–8 bilden den Kanon (drei mal zwei
Zeilen).

13 Haas, S. 24–66.

4. *Wolauf, lieben gesellen.* Dieses dritte Trinklied des Mönchs von Salzburg und zweite Martinslied sticht in mehrfacher Hinsicht aus den weltlichen Liedern des Autors heraus. Es ist erstaunlich oft, nämlich in fünf Handschriften überliefert, wogegen der Großteil der weltlichen Lieder fast nur in der Mondsee-Wiener Liederhandschrift auf uns gekommen ist. Unser Lied findet sich aber nicht dort, sondern in der Umgebung geistlicher Lieder, zu denen es in seiner durchkomponierten Form natürlich paßt. In der Windsheimer Handschrift ist es sogar mehrstimmig gesetzt. Das Lied dürfte sehr beliebt gewesen sein.

Von sand Marteins freuden

1 Wolauf, lieben gesellen unverzait,
    seit gemait in der freuden klaid,
    lat sorgen und auch laid,
    uns hat freude bracht
5 Martein der milde man gesait,
    wir und unser genossen,
    die grossen, die klainen gemainen
    süllen sein berait,
    die weil uns die flaschen,
10 die kondeln aus den vassen
    gueten wein hertrait –
    geus aus, schenk ein!
   Refr. Seit willikomen, her Martein,
        lieber, zarter, trauter herre mein,
        schenk ein uns den wein sunder pein,
        das wir immer sälig müessen sein,
        schenk uns ein ein guetes trunkelein,
        das uns unsre wängelein werden fein.

2 Wir süllen uns freuen (seit die geschrift)
    gueter gift, die uns alle trift

mit grossen bechern schift,
kecker trencke stift
5 zu baiden wangen als der pfeift,
mit langen nassen krausen,
das pausen, das nimphen und schimphen,
das uns die lebsen entslimphen,
wie nu, her äppel,
10 her dietel und her träppel,
ob ir nu zugrift –
geus aus, schenk ein!
Refr. Seit willikomen . . .

3 Wer nu welle sein sand Marteins gast,
sorgen last die sei im als ein bast,
er trink unmassen vast,
wann er gee gein rast,
5 er sweb als vor dem wint ein ast,
vast so well wir trincken,
das hincken die zungen, die lungen,
um die went gent tasten,
raich her den becher
10 und laß uns aber zechen,
ob du icht mer hast –
geus aus, schenk ein!
Refr. Seit willikomen . . .

4 Das sant Marteins nacht nach werd volbracht
heint zu nacht, so han ich gedacht,
das uns werd gemacht
und auch hieher bracht
5 alles das mein herz hab ie gedacht,
so schieb wir in die gense
die flense, die kesten die besten
und auch küelen wein,
trag her bei vieren
10 die kütten und die biren,

ob sie gebraten sein –
geus aus, schenk ein!
Refr. Seit willikomen . . .[14]

1 Wohlauf, liebe Freunde, fröhlich auf, / seid vergnügt in
Fröhlichkeit, / laßt Sorgen und Trübsal sein; / uns hat Martin, der freigebige Mann, / Freude gebracht, / [6] wir und
unsere Freunde, / die großen, die kleinen, alle / sollen bereit
sein, / wenn man uns in Flaschen / [10] und in Kannen den /
guten Wein aus den Fässern herbringt – / gieß aus, schenk
ein! *Refr.* Seid willkommen, Herr Martin, / mein lieber, teu-
rer, vertrauter Herr, / schenk uns den Wein ohne Strafe ein, /
daß wir immer glücklich sein können, / schenk uns einen
guten Trunk ein, / daß uns unsere Wangen glänzend werden.

2 Wir sollen uns freuen (sagt die Schrift) / über eine gute
Gabe, die wir alle / mit großen Bechern erhalten, / gebt uns
frische Getränke / [5] für beide Wangen (wie wenn man
pfeift) / mit hohen, feuchten Trinkgefäßen, / so daß die Wangen schwellen, wieder einfallen und / Kurzweil treiben, daß
uns die Lefzen entgleiten; / wie es sei: her die Äpfel, / [10] her
die Bohnen, her die Gänslein, / wenn ihr nur zugreift – / gieß
aus, schenk ein! *Refr.* Seid willkommen . . .

3 Wer nun St. Martins Gast sein will, / dem sei die Last der
Sorgen leicht, / er soll maßlos und fest trinken, / wenn er zu
Bett geht, / [5] schwebe er wie ein Ast im Wind; / fest wollen
wir trinken, / daß uns die Zunge und der Atem lahmen / und
wir uns die Wände entlangtasten; / reich her den Becher /
[10] und laß uns wieder zechen, / wenn du noch mehr hast – /
gieß aus, schenk ein! *Refr.* Seid willkommen . . .

4 Damit St. Martins Nacht gut zu Ende gebracht werde /
heute nacht, das habe ich gedacht, / daß uns alles bereitet /
hierher gebracht werde, / [5] was mein Herz je erträumt hat; /
dann schieben wir die Gänse / ins Maul, die besten Kasta-

14 Brunner/Ganser/Hartmann, Text S. 189–191. Der obige Text ist auf
der Grundlage von Hs. E. (Wien 4969) in Anlehnung an die Ausg.
Spechtler/Korth/Heimrath, S. 110–115 erstellt. Das Lied trägt in E die
Überschrift *Von sand Marteins freuden*, in A sehr treffend: *Von sand
Marteins gesellschaft.*

nien / und auch den kühlen Wein; / tragt her zu viert /
[10] die Quitten und die Birnen, / wenn sie gebraten sind – /
gieß aus, schenk ein!   *Refr.*   Seid willkommen ...

Wie eingangs und bei den Überlegungen zur Typologie
erwähnt, ist für die Trinklieder die Tischgesellschaft wesentlich, also das Wir-Gefühl der Feiernden. Dem sind die beiden Strophen 1 und 2 ganz gewidmet, die dritte beschreibt
den betrunkenen Zechgenossen, erst in der vierten erscheint
das Sänger-Ich, das ab Zeile 6 wieder vom ›Wir‹ abgelöst
wird.
Strophe 1 setzt wirkungsvoll mit dem Aufruf an alle Freunde
ein, fröhlich zu sein und die Sorgen hinter sich zu lassen, weil
der freigebige Martin allen Freude gebracht habe. Alle sollen
daher bereit sein, dem Wein zuzusprechen. Die Einführung
zur Feier des Martinstags (und der Martinsnacht!) ist damit
gegeben.
Die Strophenform ist besonders raffiniert. Jede Strophe
besteht aus zwei Teilen: dem durchkomponierten Teil 1–12
und dem Refrain. Die beiden Teile folgen jedoch nicht unvermittelt aufeinander, vielmehr fassen wir mit Z. 12 eine musikalische Erscheinung, die wir schon seit Neidharts Melodien
kennen: Ein Ruf bildet zwischen zwei musikalisch getrennten Teilen einen sogenannten ›Steg‹, also eine textlich wie
musikalisch abgehobene Verbindung. Die Melodie hat Z. 11
auf e (Oktave des Grundtons e) geendet; der Steg besteht aus
einer von c abfallenden Terz (c–a), einer steigenden Quart
(Ruf: a–d) und einer weiteren Steigung wieder zum e. Der
folgende Refrain ist durch den Beginn mit dem Grundton e
(Oktavsprung) deutlich abgehoben, steigt langsam zum
hohen e und fällt wieder zum Grundton ab. Die ›hektische‹
Melodiebewegung 1–11 wird nach dem Ruf (Steg) von einer
relativ ruhig verlaufenden Tonreihe abgelöst; auch eine Symbolik für das unmäßige Trinken (z. B. 3,3) und den folgenden
Zustand der Zecher (3,5 ff.)?
Strophe 2 beginnt ironisierend mit einem Bibelzitat: *Wir sül-*

len uns freuen (*seit die geschrift*; Phil. 4,4), das jedoch sofort auf die guten Gaben des hl. Martin bezogen wird. Es geht vor allem um den Wein als besondere Gabe, dessen heftiges Trinken nun näher beschrieben wird: Die Wangen sollen sich wie beim Pfeifen aufblasen, sie sollen aufschwellen und wieder einfallen, so daß uns die *lebsen* (›Lefzen‹, Lippen) außer Kontrolle geraten. Hier wird derb-tierisches Vokabular angesprochen (vgl. 4,7 *flens / flans* ›Maul, verzerrtes Maul‹). Am Schluß der Strophe ist erst vom Essen die Rede: von den (gebratenen) Äpfeln, den Bohnen und dem Gänslein (kleine Trappgans).

Die Strophe 3 bringt neuerlich einen Aufruf an die Zecher mit dem Hinweis auf den hl. Martin, dessen Gäste sie alle sein sollen. Das Wir-Gefühl wird erneuert. Jetzt folgt eine Steigerung durch die Beschreibung der Wirkung des Weins. Ohne Maßhalten (*unmassen* 3,3) soll der Saufkumpan trinken und die Sorgen vergessen, so daß er dann schwankt wie ein Ast im Wind, nurmehr lallt und sich die Wände entlangtastet. Ein neuerlicher Aufruf (*raich her den becher / und laß uns aber zechen*; V. 3,9 f.) leitet zum Ausruf des Steges (*geus aus, schenk ein!*) über. Auch Strophe 4 leitet mit Martin ein, dessen Nacht durchgebracht werden soll. Hier spricht zum ersten Mal das Sänger-Ich auch im Namen der Zechrunde. Die Gänse, die Martinsgänse sollen wir ins Maul schieben und die gebratenen Kastanien, dann folgt wieder kühler Wein. Zu viert soll man die gebratenen Quitten und Birnen herbeischleppen. Und wieder folgt der Ruf: *geus aus, schenk ein!*

Nicht nur die Strophenform ist besonders kunstvoll, auch die Reimkunst wird vielfältig zum Lob des Weins eingesetzt: Ein einziger Reim umklammert den ersten Teil jeder Strophe durch die Zeilen 1–5, 8 und 11, wobei die Zeilen 2 und 7 noch dazu Binnenreime enthalten und daher die Zeilen 1/2 und 6/7 zusätzlich geklammert sind. Besonders raffiniert ist das Spiel mit *-ein* aus dem Zentralwort *wein*: Alle Zeilen des Refrains reimen darauf *-ein* und daher auch auf die Steg-

Zeile; die 3. und die 5. Zeile des Refrains häufen den Reim
gleich dreimal, die Schlußzeile des Liedes zweimal.
Inhalt und Form / Melodie verquicken sich in diesem Lied
des Mönchs von Salzburg zu einem besonders poetisch
›dichten‹ Lob des Essens und vor allem des Trinkens unter
dem ›Schutz‹ des hl. Martin. Die spätmittelalterliche Lieddichtung und Liedkomposition hatte um 1400 ihren Höhepunkt erreicht.

Literaturhinweise

Ausgaben

Daz buoch von guoter spise. Aus der Würzburg-Münchener Handschrift neu hrsg. von Hans Hajek. Berlin 1958. [Vgl. dazu auch
Hayer.]

Hayer, Gerold: Das buoch von guoter spise. Abb. zur Überlieferung
des ältesten deutschen Kochbuchs. Göppingen 1976.

[Mönch von Salzburg:]
 Die geistlichen Lieder des Mönchs von Salzburg. Hrsg. von Franz
 Viktor Spechtler. Berlin 1972.
 Friedrich A. Mayer / Heinrich Rietsch: Die Mondsee-Wiener Lie-
 derhandschrift und der Mönch von Salzburg. Berlin 1896. [Ausg.
 der weltl. Lieder, Sigle MR; die geistl. Lieder mit Sigle G nach
 Spechtler.]
 Der Mönch von Salzburg. Ich bin du und du bist ich. Lieder des
 Mittelalters. Auswahl, Texte, Worterklärungen von Franz Viktor
 Spechtler, Übersetzungen Michael Korth. [Übertragung und
 Rhythmisierung der Melodien Johannes Heimrath und Michael
 Korth, kunstgesch. Erläuterungen Norbert Ott.] München 1980.

Die Lieder Oswalds von Wolkenstein. Unter Mitw. von Walter Weiß
und Notburga Wolf hrsg. von Karl Kurt Klein. Musikanh. von
Walter Salmen. 2., neubearb. und erw. Aufl. von Hans Moser, Norbert R. Wolf und Notburga Wolf. Tübingen 1975. [Zit. als: Kl.]

Die Schweizer Minnesänger. Hrsg. von Karl Bartsch. Frauenfeld
1886. Nachdr. Darmstadt 1964.

Der Stricker: Verserzählungen I. II. Hrsg. von Hanns Fischer. 2. (3.)
Aufl. bes. von Johannes Janota. Tübingen 1973. 1984. [Zit. als:
Verserz.]

[Tischzuchten:] Höfische Tischzuchten. Hrsg. von Thomas P. Thornton. Berlin 1957. – Grobianische Tischzuchten. Hrsg. von Thomas
P. Thornton. Berlin 1957.

Ulrich von Liechtenstein: Frauenbuch. Hrsg. von Franz Viktor
Spechtler. Göppingen 1989.

Forschungsliteratur

Alltag im Spätmittelalter. Hrsg. von Harry Kühnel. Graz [u. a.] 1984.

Bärnthaler, Günther: Übersetzen im deutschen Spätmittelalter. Der
Mönch von Salzburg, Heinrich Laufenberg und Oswald von Wolkenstein als Übersetzer lat. Hymnen und Sequenzen. Göppingen
1983.

Boueke, Dietrich: Materialien zur Neidhart-Überlieferung. München
1967.

Brunner, Horst / Ganser, Hans / Hartmann, Karl Günther: Das
Windsheimer Fragment einer Musikhandschrift des 15. Jahrhunderts. In: Jb. der Oswald von Wolkenstein Gesellschaft 1 (1980/81)
S. 185–222.

Bumke, Joachim: Höfische Kultur. Bd. 1. München 1987.

Essen und Trinken in Mittelalter und Neuzeit. Hrsg. von I. Bitsch,
T. Ehlert, X. v. Ertzdorff. Sigmaringen 1987.

Grunewald, Eckhard: Die Zecher- und Schlemmerlieder des deutschen Spätmittelalters. Diss. Köln 1976.

Haas, Norbert: Trinklieder des deutschen Spätmittelalters. Göppingen 1991.

Heinzle, Joachim: Geschichte der deutschen Literatur von den
Anfängen bis zum Beginn der Neuzeit. Bd. 2,2: Wandlungen und
Neuansätze im 13. Jahrhundert (1220/30–1280/90). Königstein
1984.

Kesting, Peter: Martine Christi famule. Zum Martinskanon des
Mönchs von Salzburg. In: Beitr. zur weltl. und geistl. Lyrik des 13.
bis 15. Jahrhunderts. Hrsg. von K. Ruh und W. Schröder. Berlin
1973. S. 98–111.

Kuhn, Hugo: Entwürfe zu einer Literatursystematik des Spätmittelalters. Tübingen 1980.

Müller, Ulrich: Neidhart. Das Salzburger Editionsprojekt. Einfüh-
rung, Grundsätze, Textproben. In: An International Journal of
Linguistic-Literary Studies (Tokyo) 32 (1990) S. 43–67.
Rosenfeld, Hans-Friedrich und Hellmut: Deutsche Kultur im Spät-
mittelalter. Wiesbaden 1978.
Schweikle, Günther: Neidhart. Stuttgart 1990. (SM 253.)
Spechtler, Franz Viktor: Lyrik des ausgehenden 14. und des 15. Jahr-
hunderts. Amsterdam 1984.
– Lieder und Varianten. Zum derzeitigen Stand des Salzburger Neid-
hart-Editionsprojekts. In: Neidhart von Reuental. Aspekte einer
Neubewertung. Hrsg. von H. Birkhan. Wien 1983. S. 215–224.
– Mittelalterliche Liedforschung. I. Aufzeichnungs- und Auffüh-
rungsform der Lieder des Mönchs von Salzburg. In: Jb. der Oswald
von Wolkenstein Gesellschaft 1 (1980/81) S. 175–184. – II. Bei-
schriften zu Liedern des Mönchs von Salzburg. In: Festschrift für
I. Reiffenstein. Göppingen 1988. S. 511–525.
Wachinger, Burghart: Martinslieder. In: VL² 6 (1987) Sp. 166–169.
– Mönch von Salzburg. In: VL² 6 (1987) Sp. 658–670.
– Der Mönch von Salzburg. Zur Überlieferung geistlicher Lieder im
späten Mittelalter. Tübingen 1989.

Der burlesk-erotische Frauenpreis

Anonym: *Ich spring an disem ringe*

Von Gaby Herchert

1 Ich spring an disem ringe
   des pesten so ichs kan
   von hübschen frewlein singen
   als ichs geleret han
5 Ich raidt durch fremde lande
   Do sach ich mancher hande
   do ich dy frewlein vand.

2 Die frewelein von francken
   Dy sich ich alzeit gerne
   Nach jn stien mein gedancken
   sy geben süssen kerne
5 Sy seind dy veinsten dirnen,
   wolt got solt ich jn zwirnen,
   spynnen wolt ich lernen

3 Die frewelein von swaben
   dy haben gulden har,
   so dürens frischlich wagen
   sy spynnen über Jar
5 der jn den flachs will swingen
   der muß sein geringe,
   Das sag ich euch fürwar

4 Die frewelein vom Reyne
   dy lob ich offt und dick,
   sy sind so hübsch und veyne
   und geben frewntlich plick

5 Sy künnen seyden spynnen
   Dy newen liechtlein singen,
   sy seind der lieb ein strick

5 Die frewelein von Sachsen
   dy haben schewren weyt,
   dar jnn do poßt man flachsße,
   der jn der schewern leyt
5 Der jn den flachs will possen,
   muß haben ein slegell grosse,
   dreschend zu aller zeyt

6 Die frewelein von Bayren
   dy künnen kochen wol
   mit kesen und mit ayren
   ir kuchen die sind vol
5 Sy haben schöne pfannen
   weyter dann dy wannen,
   haysser dann ein kol

7 Den frewlein sol man hofiren,
   alzeyt und weil man mag,
   die zeit dy kummet schire,
   es wirt sich alle tag
5 Nun pin ich worden alde,
   zum wein muß ich mich halden
   all dy weyl ich mag[1]

1 Ich spring' bei diesem Reigen / so gut ich's eben kann / und sing' von ›hübschen Fräulein‹, / wie ich's gelernt habe. / Ich ritt durch fremde Lande. / Da sah ich mancherlei, / wo ich die ›Fräulein‹ fand.

2 Die ›Fräulein‹ von Franken, / die seh' ich allzeit gern, / nach ihnen steh'n meine Gedanken, / sie geben süße Kerne. / Sie sind die feinsten Dirnen, / wollt' Gott, ich sollt' ihnen zwirnen, / spinnen wollte ich lernen.

1 Text nach: Ameln (Lochamer-Liederbuch Nr. 42).

3 Die ›Fräulein‹ von Schwaben, / die haben goldenes Haar, / so dürfen sie es frischlich wagen, / sie spinnen das ganze Jahr über. / Der ihnen den Flachs schwingen will, / der muß behende sein. / Das sag' ich euch fürwahr.

4 Die ›Fräulein‹ vom Rhein, / die lob' ich oft und sehr, / sie sind so hübsch und fein / und geben freundliche Blicke. / Sie können Seide spinnen, / die neuen Liedlein singen, / sie sind ein Fallstrick der Liebe.

5 Die ›Fräulein‹ von Sachsen, / die haben weite Scheunen, / darin, da drischt man Flachs, / der in der Scheune liegt. / Der ihnen den Flachs dreschen will, / muß einen großen Schlegel haben, / der jederzeit drischt.

6 Die ›Fräulein‹ von Bayern, / die können gut kochen / mit Käse und mit Eiern, / ihre Küchen sind voll. / Sie haben schöne Pfannen, / weiter als die Wannen, / heißer als Kohle.

7 Die ›Fräulein‹ soll man hofieren, / jederzeit und solange man kann. / Die Zeit, die kommt schnell, / wenn es jeden Tag schlechter wird. / Nun bin ich alt geworden, / ich muß mich an den Wein halten, / solange ich kann.

Das zwischen 1452 und 1460 entstandene Lochamer Liederbuch zählt zu den ältesten Quellen musikalischer Überlieferung aus dem süddeutschen Raum.[2] Von der Forschung mittlerweile unbestritten, wird Nürnberg als Entstehungsort dieser Sammelhandschrift angenommen. Es ist ein Liederbuch, das für den Gebrauch bestimmt war und das einen Eindruck vom kulturellen Leben in den bürgerlichen Kreisen Nürnbergs um die Mitte des 15. Jahrhunderts vermittelt. Bis auf wenige Ausnahmen enthält die Sammlung Liebeslieder im weitesten Sinne. Neben Gesellschaftsliedern des vornehmen Bürgertums sind auch solche Lieder aufgezeichnet, die

2 Zur Handschrift und ihrer Geschichte: Petzsch, S. 1–111; Salmen, S. 1 bis 31; Salmen/Petzsch, S. VI–XIV; Ameln, Nachwort; Doris Sittig, *Vyl wonders machet minne. Das deutsche Liebeslied in der ersten Hälfte des 15. Jahrhunderts. Versuch einer Typologie*, Göttingen 1987, S. 23–26.

einer mündlichen Tradition entstammen und daher einen ›volksliedhaften‹ Charakter haben.

Eines der bemerkenswertesten Lieder dieser Sammlung ist ohne Zweifel Nr. 42 *Ich spring an disem ringe*, handelt es sich hierbei doch um einen der frühesten Belege eines ›Volksliedes‹. Spuren des Zersingens lassen vermuten, daß dieses Lied schon zur Zeit seiner Aufzeichnung in einer mündlichen Tradition gestanden hat. Neben *All mein gedencken, die ich hab* (Nr. 39) ist es das Lied des Lochamer Liederbuches, das in späteren Jahrhunderten die meiste Beachtung fand und bis in unsere Zeit in zahlreiche Volksliedsammlungen aufgenommen wurde – ein Zeichen ungebrochener Beliebtheit. Geschickt eingeflochtene Minnesangreminiszenzen, das raffinierte Spiel mit Worten und Doppeldeutigkeiten sowie die wirkungsvolle Plazierung von Pointen lassen darauf schließen, daß dieses anonym überlieferte Lied nicht ›aus dem Volk heraus‹ entstanden ist, sondern der Feder eines begabten Autors entstammt. Beachtet man aber nicht die Herkunft, sondern zieht als entscheidendes Kriterium für die Bestimmung eines Volksliedes seine Volksläufigkeit heran, d. h. seine Entwicklung vom Individuallied hin zum Bestandteil des volkstümlichen Singguts,[3] so läßt sich nicht bestreiten, daß *Ich spring an disem ringe*, das über 500 Jahre als Lied des Volkes in Gebrauch ist, zu den ›echten Volksliedern‹ gezählt werden kann.

Das Lied ist von Strophenform und Melodie her eine einfache siebenzeilige Kanzone. Der Schlußvers reimt auf die Stollenschlüsse (ab ab ccb). Die Melodie zeigt jedoch, daß es keine Rundkanzone ist. Die Verse in den Stollen wechseln zwischen weiblicher und männlicher Kadenz, im Abgesang folgt auf zwei weibliche Kadenzen eine männliche. Musikalisch ist diese eingängige Weise ein Reihen, also ein Springtanz.[4] Weitere Indizien, daß es sich um ein Tanzlied handelt,

---

3 Vgl. John Meier, *Kunstlieder im Volksmunde. Materialien und Untersuchungen*, Halle (Saale) 1906, S. XI.
4 Vgl. Petzsch, S. 224 ff.

sind der Eingangsvers und das in der Melodie zwischen den
beiden Strophenteilen notierte *he*, das in der Textaufzeich-
nung durch das musikalische Zeichen der Ligatur ersetzt
wird. Petzsch deutet dies als Rufsilbe, die charakteristisch für
spätmittelalterliche Tanzlieder ist.[5]

Durch Eingangsstrophe und Schlußstrophe wird der Rahmen des Liedes vorgegeben. Zunächst stellt sich das lyrische
Ich als ein Mann vor, der von den *hübschen frewlein* singen
möchte, die er auf seinen Reisen gesehen hat. Nach den
Beschreibungen der Mädchen aus verschiedenen deutschen
Ländern (Strophe 2–6) verabschiedet sich der inzwischen alt
gewordene Sänger mit dem gutgemeinten Rat, die kurze Zeit
zu nutzen und die Frauen so lange wie möglich zu hofieren,
denn ihm sei mittlerweile als einziges Vergnügen der Wein
geblieben. Dieser Bogen zwischen erster und letzter Strophe
läßt eine Deutung der dazwischenliegenden Strophen als
Markierungen sowohl von Stationen einer Wanderung als
auch von Lebensstationen des Berichtenden zu.

Alle Strophen des Hauptteils beginnen mit einer Strophen-
anapher, der stereotypen Wendung *Die frewelein von ...*,
auf die jeweils der Name einer bestimmten deutschen Landschaft folgt sowie die Aufzählung von Eigenheiten oder
Fähigkeiten der dort beheimateten Mädchen. Mit dieser
Deskriptionstechnik gehört das Lied zu den katalogartigen
Liedern, einer lyrischen Form, die im 15. Jahrhundert häufig
bei Personenbeschreibungen und Körperpreisgedichten zu
finden ist.[6]

Im Text sind jedoch auch rückwärtsgewandte Tendenzen
sichtbar, die auf den Minnesang verweisen. Der Ausdruck
hübsche frewlein ist doppeldeutig. Im späteren Mittelalter
werden damit einerseits, unserem heutigen Sprachgebrauch
vergleichbar, die gutaussehenden, unverheirateten jungen
Frauen bezeichnet. Andererseits aber hat *hübsch* in der Minnesangterminologie die Bedeutung ›höfisch‹, d. h. ›hofgemä-

5 Vgl. ebd.
6 Vgl. Tervooren, S. 190 f.

ßer Lebensart entsprechend‹, und *frewlein* als Diminutivum
von *frouwe* ist die Anrede für ein vornehmes Mädchen adligen Standes. Mit der Ankündigung, von *hübschen frewlein*
singen zu wollen, gibt sich das lyrische Ich als ›Minnesänger‹
zu erkennen, denn der Preis der Frau ist Zentrum des Minnesangs. Der Hinweis, so zu singen, wie er es gelernt habe, deutet an, daß er sich einer Tradition verpflichtet fühlt. 1,5 *Ich
raidt durch fremde lande* spielt möglicherweise auf den im
Minnesang zu findenden Topos *ich var* an, mit dem Lieder
eingeleitet werden, in denen der Sänger Abschied nimmt.
Die meisten Minnesangreminiszenzen konzentrieren sich
auf die 4. Strophe, die von den rheinischen Mädchen berichtet. Sie sind *hübsch und veyne*, also hofgemäß gebildet. Sie
können singen und *seyden spynnen*, d. h., sie zeigen vornehmes Verhalten und geistige Gewandtheit.[7] Beides deutet auf
die künstlerische und literarische Ausbildung hin, die nach
dem höfischen Ideal den Frauen zuteil werden sollte.[8] Dieser
Preis höfischer Tugenden und Fähigkeiten ist verbunden mit
dem Lob der *frewntlich plick*, das sich auf zwei Arten deuten
läßt. Zum einen kann der freundliche Anblick gemeint sein,
den die Mädchen bieten, es kann aber ebenso ein Hinweis auf
die schönen Augen sein, denen als Einfallstor der Liebe eine
besondere Rolle in der mittelalterlichen Liebesätiologie
zukommt. Mit der Kombination Tugendlob, Hervorhebung
intellektueller Fähigkeiten, kurzer Hinweis auf die Schönheit liegt in dieser Strophe die Normalform der Schönheitsbeschreibung vor, die im Minnesang vielfach nachzuweisen ist.[9] Auch die Redewendung *der lieb ein strick sein*
entstammt der Minnesangterminologie. Dieses Motiv der
Liebeskampfmetaphorik gehört zu den am häufigsten ge-

7 Vgl. Petzsch, S. 99, Anm. 85.
8 Vgl. Joachim Bumke, *Höfische Kultur. Literatur und Gesellschaft im
   hohen Mittelalter*, Bd. 2, München 1986, S. 474 ff. – Ein anschauliches
   Beispiel ist Gottfrieds von Straßburg Schilderung der Erziehung Isol-
   dens.
9 Vgl. Tervooren, S. 172.

brauchten Bildern im späten Minnesang.[10] Es bezeichnet die Gefangennahme des Mannes durch die Frau mit den Fesseln der Liebe.

Betrachtet man nun die restlichen Strophen, so fällt auf, daß sie, gemessen an Strophe 4, inhaltlich eher banal erscheinen. Das den Frauen zuteil werdende Lob scheint auf den ersten Blick vor allem ihren Fertigkeiten im Spinnen, Dreschen und Kochen zu gelten, also Tätigkeiten, deren rühmende Erwähnung man von einem dem hohen Lied verpflichteten Sänger nicht unbedingt erwartet, zählen sie doch keinesfalls zu den Aufgaben höfisch gebildeter Mädchen. Warum, so muß man sich fragen, ist die Aufzählung weiblicher Arbeiten in Haus und Scheune so interessant, daß dieses Lied über Jahrhunderte hinweg mündlich und schriftlich überliefert wurde? Sollte das ›Volk‹ etwa zwischen den Zeilen die Beschreibung ganz anderer weiblicher Vorzüge erkannt haben, die bis heute den Reiz des Liedes ausmachen, von Sammlern und Literaturwissenschaftlern jedoch im Einklang mit den Moralvorstellungen ihrer Zeit verschwiegen wurden?[11] Setzt man die in Strophe 5 gerühmten *weyten schewren* der Mädchen in Beziehung zu den *grossen slegelln* der Männer, dann wird eine zweite, erotische Ebene sicht-

10 Erika Kohler, *Liebeskrieg. Zur Bildersprache der höfischen Dichtung des Mittelalters*, Stuttgart 1935, S. 134.

11 Arnold (1926). In der Anmerkung zu Lied 42 schreibt Arnold zum Text: »Es ist gewiß nicht ohne Interesse, aus diesem Bänkelsängerliede zu erfahren, dass schon vor vier Jahrhunderten die rheinischen Mädchen durch ihre Sangeslust und die bairischen durch ihre Kochkunst sich auszeichneten« (S. 173). – Ähnliches vermerken Erk / Böhme in: *Deutscher Liederhort*, Auswahl der vorzüglicheren Deutschen Volkslieder, nach Wort und Weise aus der Vorzeit und Gegenwart ges. und erl. von Ludwig Erk. Nach Erk's handschriftlichem Nachlasse und auf Grund eigener Sammlung neubearb. und fortges. von Franz M. Böhme, Bd. 2, Leipzig 1894, S. 712: »Dieses Bänkelsängerlied läßt uns erfahren: daß sich vor 400 Jahren die Mädchen auszeichneten in Franken durch hübsche Gestalt, in Schwaben durch Spinnen, im Rheinlande durch Sangeslust, in Baiern durch Kochkunst, in Sachsen [Niedersachsen] durch volle Scheuern und Flachsbau. Allen solle man so lange es geht den Hof machen [ihnen hofieren].«

bar, die das bis heute anhaltende Interesse hinreichend erklärt.

Diese erotische Ebene wird in der den sächsischen Frauen gewidmeten fünften Strophe besonders deutlich. Wenn ansonsten das Aussehen der Mädchen gelobt wird, oder zumindest ihre Fähigkeiten und Tugenden, so sind hier ihre weiten Scheunen Anlaß der Bewunderung. Eine reale Deutung ergibt keinen Sinn, wurde doch der bäuerliche Hof im allgemeinen ausschließlich den Söhnen vererbt. ›Scheune‹ kann jedoch auch Metapher für das weibliche Geschlechtsteil sein. Henry Kratz[12] und Johannes Müller[13] geben Beispiele für diese Verwendungsweise aus den Fastnachtsspielen des 15. Jahrhunderts. Das DWB[14] verzeichnet die Redensart ›in fremden Scheunen dreschen‹ als verhüllende Umschreibung für den Ehebruch. In diesem Zusammenhang ist ›weit‹ ebenfalls sexuell konnotiert. Müller stellt fest: »Der Hinweis auf eine weite Vagina impliziert im Fastnachtsspiel stets, daß die betreffende Frau sehr häufig geschlechtlich verkehre, oft auch mit verschiedenen Männern, wodurch zudem auf ihre Promiskuität angespielt wird«.[15] Diese Interpretationsweise wird gestützt durch das in Zeile 3–5 anschließende Bild des Flachsschlagens bzw. Flachsdreschens, das einem weiteren Bereich der Sexualmetaphorik entstammt.[16] Neidhart und

---

12 Kratz, S. 54 ff. und 232 ff.
13 Müller, S. 47 und S. 83.
14 DWB 14, Sp. 2620.
15 Müller, S. 49.
16 Als eine der ältesten Kulturpflanzen hat Flachs in Brauchtum und Mythos besondere Bedeutung und steht in magischem Zusammenhang mit dem weiblichen Geschlecht. Vor der Aussaat sprechen die Frauen den Samen mit Reimen und Sprüchen an. Beim Säen soll der Verzicht auf Kopfbedeckungen den Flachs »haarig«, d. h. fein werden lassen, der Verzicht auf das Tragen von Hosen soll ihn anregen, bis zur »Fut«, also bis in die Höhe der Genitalien zu wachsen. Seine Fruchtbarkeit wird ebenfalls positiv beeinflußt, wenn Frauen sich nackt auf dem Acker wälzen, ihn nackt umtanzen oder ihn mit aufgehobenen Röcken durchschreiten. Zur Steigerung der weiblichen Fruchtbarkeit wurde Flachs in den Brautkranz geflochten und Leinsamen in die Brautschuhe gelegt. Ausführliche Beschreibungen der mythischen Vorstellungen und

Neifen wählen das Motiv der Flachs schwingenden Frau, um in pastourellenartigen Liedern eine erotische Grundstimmung zu erzeugen:

> die begreif ich, dâ si flahs ir meisterinne swanc.
> diu wert sich des êrsten vil undâre;
> doch tet sî ze jungist schîn,
> daz si mir ze starec was und ich ir gar ze kranc.
> leider lützel half mich dô mîn ringen;
> doch versuochte ich sîn genuoc,
> mangen ungevüegen bûz, den sî mir sluoc.
> sî sprach: 'liupper, sitzet, lât mich swingen!'
>
> (WL 8 2,3–10)

Ich umfaßte sie, als sie für ihre Herrin Flachs schwang. / Sie wehrte sich zunächst sehr unfreundlich; / doch bewies sie mir zuletzt, / daß sie mir zu stark war und ich ihr gar zu schwach. / Leider half mir da mein Kämpfen wenig, / obwohl ich mich doch sehr bemühte, / es war so mancher ungestüme Stoß, den sie mir gab. / Sie sprach: »Geliebter, setzt Euch, laßt mich schwingen!«

> Uns jungen mannen sanfte mac
> an frouwen misselingen.
> ez kan umb einen mitten tac,
> dô hôrte ich eine swingen:
> wan si dahs
> wan si dahs, si dahs, si dahs.
>
> (KLD XLI, 1)

Uns jungen Männern kann es / bei Frauen nur zu leicht mißlingen. / Es war um die Mittagszeit, / da hörte ich eine schwingen: / sie schwang nur / sie schwang nur, sie schwang, sie schwang.

Flachsbräuche sind zu finden in: Hanns Bächtold-Stäubli, *Handwörterbuch des deutschen Aberglaubens*, Bd. 5, Berlin / Leipzig 1927–1942, S. 1176 ff. Stichwort »Lein«, in: *Wörterbuch der deutschen Volkskunde*, 3. Aufl., neu bearb. von Richard Beitl und Klaus Beitl, Stuttgart 1974, S. 219 ff. »Flachs«, in: Werner Danckert, *Symbol, Metapher, Allegorie im Lied der Völker*, Bd. 3, Bonn / Bad Godesberg 1978, S. 1247 ff.

In zwei weiteren Liedern Neifens wird das Flachsschwingen in jeweils einer Zeile als erotische Metapher eingesetzt, ohne daß der Bildbereich weiter ausgeführt wird: *si kan dehsen swingen in der mâze* (KLD I, 4,9); *si kan dehsen swingen beide als si sol* (KLD XXIV, 4,5).

Wolkenstein verwendet in der Pastourelle *Ain graserin* die Metapher des Flachsschwingens als Bild für den Koitus:

> swenzel renzel mir den flachs
> treut in wiltu das er wachs
> herz liebe gans, wie schön ist dir dein grensel.
>
> (Kl. 76 III,7)

> »Schwänzchen, schwinge mir den Flachs.« / »Liebkose ihn, willst Du, daß er wachse. / Herzliebste Gans, wie schön ist Dir Dein Schnäbelchen.«

Die Deutung von *schewren* als Vaginametapher und *flachs possen* als Koitusumschreibung läßt die sächsischen Mädchen in einem völlig neuen Licht erscheinen. Nicht etwa ihre Tauglichkeit als Hilfe im bäuerlichen Arbeitsbereich imponiert dem Sänger, sondern ihre Qualitäten als Liebhaberinnen. Wer es im *flachs possen* mit ihnen aufnehmen will, muß einen *grossen slegell* haben, der jederzeit zu ›dreschen‹ imstande ist. Der metaphorische Gebrauch von Schlegel als Penis ist in der Lyrik erst später belegt. Diese Metapher ist, ähnlich wie Scheune für Vagina, hauptsächlich in der Märendichtung und im Fastnachtsspiel nachweisbar.[17] ›Dreschen‹ als Verbildlichung des Geschlechtsaktes ist jedoch auch in zahlreichen anderen erotischen Liedern zu finden:

> Liebe frauw besint uch basz
> Lat mich uwer huld erwerben
> Ich wil mich flyschen treschensz basz
> By der nacht
> solt ich darumb verderben.
>
> (Fichardsches Lb. XLVI, 3)

17 Vgl. Müller, S. 117, und Kratz, S. 88.

Liebe Frau, besinnt Euch eines Besseren. / Laßt mich Eure
Huld erwerben. / Ich will mich anstrengen, noch besser zu
dreschen / in der Nacht / und sollte ich deshalb verderben.

Ich sprach: fraw wölt irs nit empern,
Ich will eüch den wintter treschen gern
Und will darumb chain gåb von eüch begern.
Sy sprach: ich hab dich wol vernomen,
Ich traw, ains andern wol bechomen,
Der mir nun trischt, was ich ze treschen habe.

(Hätzlerin I 113,15–20)

Ich sprach: »Frau, wollt Ihr's nicht entbehren, / ich will Euch
im Winter gern dreschen / und will dafür keine Gabe von
Euch begehren.« / Sie sprach: »Ich habe Dich wohl vernom-
men, / ich traue mir wohl zu, einen anderen zu bekommen, /
der mir drischt, was ich zu dreschen habe.«

Dörschen und wannen kan ich wol,
ick kan woll korn sniden;
lacht juw dochterlin mit my gohn,
ick wil se leren upbinden.

(»Kornschneiden«, 4)[18]

Dreschen und schwingen kann ich gut, / ich kann gut Korn
schneiden; / laßt Euer Töchterlein mit mir gehen, / ich will
sie lehren, aufzubinden.

Man kann davon ausgehen, daß dem zeitgenössischen Publikum ›dreschen‹ als Koitusmetapher geläufig war. Die Pointe
der 5. Strophe wird aber schon in der ersten Zeile durch den
Hinweis auf die *weyten schewren*, also die Promiskuität der
Frauen eingeleitet und liegt in der Anspielung auf ihre Unersättlichkeit. Dieses ursprünglich aus der Märendichtung
stammende Motiv[19] ist das ganze Mittelalter hindurch sehr
beliebt gewesen. Die einmal Verführte dreht den Spieß um

---

18 Aus: Brednich, S. 209 ff.
19 Vgl. Hoven, S. 314 ff.

Die Minne und ihre Konkurrenten

und bringt den Mann durch maßlose sexuelle Forderungen in Potenznot.

In einer etwas abgeschwächten Form findet sich diese Pointe schon in der 3. Strophe. Auch hier wird Flachsarbeit zur Verbildlichung sexuellen Geschehens herangezogen. Wer den schwäbischen Mädchen *den flachs swingen* will, *der muß sein geringe*, was sowohl ›gering‹ wie auch ›behende‹ bedeutet. Folgt man der Überlieferung, so ist die 6. Zeile mit ›der muß behende sein‹ zu übersetzen. Es ist jedoch naheliegend, vor *geringe* ein *nit* zu ergänzen, wie in vielen Sammlungen praktiziert.[20] *Der muß sein nit geringe* stünde dann in der Bedeutung von ›der darf nicht schwächlich sein‹, um mit den Frauen, die das ganze Jahr über ›spinnen‹, mithalten zu können, denn auch ›spinnen‹ ist hier kaum im Sinne von Textilarbeit gebraucht, die ja wie alle bäuerlichen Tätigkeiten dem jahreszeitlichen Rhythmus der Natur untergeordnet ist.

Das Motiv der Jahreszeit-Unabhängigkeit als Unterstreichung einer erotischen Konnotation ist schon beim Kol von Niunzen (KLD 29, II) zu finden. Dort ist der auch im Winter fruchtbare Acker ein Bild für das weibliche Geschlechtsteil. Eine Durchbrechung oder Verschiebung der Arbeitsabfolge im bäuerlichen Bereich ist weder sinnvoll noch möglich. Gesponnen wird im späten Herbst und im Winter, in der Zeit nach der Ernte also, wenn die Feldarbeit ruht. Daß die schwäbischen Mädchen sich über diese Regeln hinwegsetzen dürfen, weil sie goldenes Haar haben, kann nur im übertragenen Sinn gedeutet werden. Die Arbeit am Spinnrad erfordert handwerkliches Geschick, nicht Schönheit. Will uns der Sänger aber sagen, daß die Schwäbinnen aufgrund ihrer Schönheit das ganze Jahr über Liebhaber finden, dann liegt es nahe, ›spinnen‹ als Koitusumschreibung zu deuten. Die Frauen sind jederzeit sexuell aktiv, womit gleichzeitig erklärt ist, weshalb ihre Partner *nit geringe* sein dürfen. Es gibt relativ viele Belegstellen in der Literatur, in denen das Spinnen

---

20 Arnold merkt an, daß an dieser Stelle ein *nit* zu fehlen scheint. Erk/Böhme (Anm. 9) Bd. 2, S. 712, konjizieren *nit*.

oder damit zusammenhängende Arbeitsgänge erotisiert werden. So heißt *werck am rocken* haben, zu sexuellen Abenteuern bereit sein:

> Des sament sich die schonen tocken
> Vnd pringend werck an iren rocken.
> wenn sy zu ein ander hocken,
> so hebt sich ein frolich locken
> mit wolgemutem schrein:
> 'chum, haintzel, chuntzel, her ein!'
>   (Augsburger Lb. Nr. 16)[21]

> Da versammeln sich die hübschen Puppen / und bringen
> Werg an ihren Rocken. / Wenn sie beieinander hocken, / so
> hebt ein fröhliches Locken an / mit gutgelauntem Schreien: /
> »Komm, Heinzchen, Kunzchen, herein!«

> Sy hatt gesûcht ain Newe waid
> Vnd hatt auch werck am rocken.
>   (Hätzlerin I 114,14 f.)

> Sie hatte eine neue Weide gesucht / und hatte auch Werg am
> Rocken.

›Nicht mehr spinnen wollen‹ kommt der Lösung eines bestehenden Verhältnisses gleich:

> Ach was hat dir der Rocken gethan,
> das du nicht magst mer spinnen.
> Du sichst jn vber die achsel an,
> sam wöl er dir entrinnen.
> Feyns meidleyn, so nym dir wol der weyl,
> das dich der Rocken nicht vbereyl,
> grüß mir die Spinnerine.
>   (Weimarer Lb. S. 531 ff., 8)[22]

21 Zit. nach: Epochen, S. 258 f.
22 Ähnliche Stellen finden sich in: *Das Ambraser Liederbuch vom Jahre 1582*, hrsg. von Joseph Bergmann, 2., unveränd. Nachdr. der Ausg. Stuttgart 1845, Hildesheim / New York 1971, Nr. CIIII, Str. 4: *Alle ist der rocken geraten / er ist nicht abgesponnen / all treibt mein lieb mit mir den spott / sie hats nit all gewunnen / der zeit die es viel gewun-*

398   *Die Minne und ihre Konkurrenten*

Ach, was hat Dir der Rocken getan, / daß Du nicht mehr spinnen kannst. / Du siehst ihn über die Achsel an, / als wolle er Dir entrinnen. / Feines Mädchen, so nimm Dir Zeit, / daß Du Dich wegen des Rockens nicht übereilst, / grüß mir die Spinnerinnen.

Es kann auch der Koitus selbst umschrieben werden:

ich wolt überwinden
ein maget sach ich winden,
wol si gárn wànt.
　　　(Neifen; KLD II, 124)

ich wollte überwinden / ein Mädchen sah ich winden, / sie wand das Garn gut.

Du brauchsts nit als dein leben,
was ich ietz bring zu dir.
Wolts nit vmb Straßburg geben
allein das wasser gschirr
gleich morn als heut
darffst hasplenn neut
das garn das ich dir spinne
keyn weber lon
darffst geben daruon
ist nit ein kleyner gwinne.
　　　(Gassenhawerlin VI, 9)

Du kannst Dein Lebtag nicht verbrauchen, / was ich jetzt zu Dir bringe. / Ich wollte es nicht um Straßburg geben / allein das Wassergerät. / Morgen genauso wie heute / brauchst Du nicht zu haspeln / das Garn, das ich Dir spinne / keinen Weberlohn / brauchst Du dafür zu geben, / das ist kein kleiner Gewinn.

---

nen / sie hat jn vor gelassen / all scheinen sie gut von aussen / von innen sind sie quadt. – Und: Georg Forsters Frische Teutsche Liedlein, Abdr. nach den ersten Ausg. 1539, 1540, 1549, 1556 mit den Abweichungen der späteren Dr., hrsg. von M. Elizabeth Marriage, Halle (Saale) 1903, II / XIX.: Fraw Luddeley fraw luddeley vnd warumb / spint jr nit? / (»So hab ich doch kein rocken nit du loser böß- / wicht!«) / auß gieng der arm man / bracht der frawen ein rocken hin dannoch span sie nit.

Eine weitere Metapher aus diesem Bildbereich[23] ist *zwirnen*[24]
(Strophe 2,6). So wie beim Spinnen Flachs- oder Wollfasern
zu einem Faden zusammengedreht werden, vereinigen sich
zwei oder mehrere dieser Fäden beim anschließenden Zwirnen zu einem stabilen Garn. Das Prinzip beider Arbeitsgänge ist gleich. Daß jemand zwirnen, aber nicht spinnen
kann, ist also ausgeschlossen. Unter dieser Voraussetzung
liegt der Witz der Aussage *wolt got solt ich jn zwirnen,/
spynnen wolt ich lernen* darin, daß ›zwirnen‹ hier als Koitusmetapher steht, ›spinnen‹ jedoch real für Handarbeit. Übersetzen wir sinngemäß mit ›wenn ich sie beschlafen dürfte,
würde ich sogar spinnen lernen‹, dann wird die Absicht des
Autors klar: Das lyrische Ich schätzt die fränkischen Mädchen so hoch, daß es für ein sexuelles Abenteuer sogar bereit
wäre, eine Tätigkeit zu erlernen, die als typische Frauenar-
beit weit unter seiner männlichen Würde liegt.
In den ersten vier Zeilen dieser zweiten Strophe werden die

23 Ebenso wie die Aussaat und Ernte von Flachs, steht seine weitere Verarbeitung in engem Zusammenhang mit Fruchtbarkeit, Fortpflanzung
und Sexualität. Schicksalsgöttinnen weben das Schicksal, spinnen den
Lebensfaden und führen durch sein Abschneiden den Tod herbei. Sie
sind insbesondere für Kindersegen, Schwangerschaft und Geburt
zuständig. Die Schöpfertätigkeit Gottes wird im Christentum ebenfalls
als Spinn- und Webarbeit aufgefaßt. Nach der Vertreibung aus dem
Paradies wurde Eva die Aufgabe zu spinnen erteilt, Adam wurde die
Bestellung des Ackers aufgetragen. Dieses Bild umschließt zwei Ebe-
nen und deutet sowohl auf die reale Arbeit als auch auf die Fortpflan-
zungstätigkeit. Ein weiterer Zusammenhang zwischen Spinnen und
Sexualität ergibt sich aus der Einrichtung der Spinnstuben, die jungen
Leuten die Möglichkeit boten, Kontakte zu ›knüpfen‹, aus denen sexu-
elle Abenteuer hervorgehen konnten. Fuchs (S. 135) bezeichnet die
Arbeit in den Spinnstuben als »Deckmantel der Venus und des Priaps«.
Ausführliche Darstellungen zu diesem Symbolkreis sind zu finden in:
Wörterbuch der Symbolik, hrsg. von Manfred Lurker, Stuttgart 1988,
S. 678; Dorothea Forstner, *Die Welt der christlichen Symbole*, Inns-
bruck/Wien ⁵1986, S. 407 ff.; Werner Danckert (Anm. 15) Bd. 2,
S. 675 ff.; Eduard Fuchs, *Illustrierte Sittengeschichte*, Ausgew. und eingel. von Thomas Huonker, Bd. 2, Frankfurt a. M. 1985, S. 135.
24 DWB erfaßt ebenfalls die Bedeutung »beischlaf ausüben«, »beschlafen« (Bd. 32, Sp. 1313).

Mädchen gelobt, weil sie *süssen kerne*, d. h. ›das Beste, das Ausgezeichnetste‹ geben. Dieses Lob bleibt sehr allgemein, da nichts darüber gesagt ist, worauf sich das Beste bezieht. Möglicherweise läßt sich aber, ausgehend von der erotischen Konnotation des Strophenendes, auch hier ein erotischer Nebensinn ausmachen, wenn man *kern* konkret als das Innere der Nuß auffaßt. In Lied 18 des Rostocker Liederbuches wird die Frau mit einem Baum verglichen, dessen *kerne* das lyrische Ich erfreuen: *al von des bomes kernen / myn fro-ly[k] herte vil vrowde hat* (Z. 12 f.; von den Kernen dieses Baumes / hat mein fröhliches Herz viel Freude). Lutz Röhrich[25] weist den Gebrauch von ›Kern‹ mit erotischer Konnotation im Sprichwort nach. So bezieht sich ›Wenn der Kern aus der Schale ist, fressen ihn die Mäuse‹ auf den vorehelichen Geschlechtsverkehr, ›Wenn die Nuß gespalten, so kommt man desto eher zum Kern‹ auf die Wiederverheiratung von Witwen.

Die 6. Strophe befaßt sich vordergründig mit den Kochkünsten der bayerischen Frauen. Wir kommen damit in einen interessanten Bildbereich, in dem ein enger Zusammenhang zwischen Essen und Erotik hergestellt wird. Dieses Motiv ist hauptsächlich in Mären, Schwankliedern und Fastnachtsspielen zu finden,[26] und aus diesen literarischen Genres stammen auch die Sexualmetaphern, die in Strophe 6 verwendet werden. In der Lyrik sind entsprechende Stellen nur vereinzelt nachweisbar. Das Kochen mit Käse und Eiern kann wieder als Umschreibung für den Koitus verstanden werden. Müller weist diese Verwendung für das Fastnachtsspiel nach;[27] eine ähnliche Stelle findet sich in Lied 118 des Heidelberger Liederbuches. Ein Wirt setzt einen Gast vor die Tür, dem die Wirtin und ihre Tochter ›Eier gebraten‹ hatten:

---

25 Lutz Röhrich, *Gebärde – Metapher – Parodie*, Studien zur Sprache und Volksdichtung, Düsseldorf 1967, S. 56 f.
26 Vgl. dazu: Hoven, S. 324, und Müller, S. 121 ff.
27 Vgl. Müller, S. 126.

4 Die frauw die briet den gast ein ay –
mit narren und eselln
die dochter briet ime xij und 2
mit narrn und eseln

5 Der wirt der kam in das haus
mit narren und eseln
er jaget den gast zum fenster hinaus
mit narrn und eseln

4 Die Frau, die briet dem Gast ein Ei, / mit Narren und
Eseln, / die Tochter briet ihm zwölf und 2, / mit Narren und
Eseln.

5 Der Wirt, der kam in das Haus, / mit Narren und Eseln, /
er jagt den Gast zum Fenster hinaus, / mit Narren und Eseln.

Sowohl die Küchen (Z. 6) wie auch die schönen Pfannen
(Z. 7) stehen für das weibliche Geschlechtsteil.[28] Daß die
Küchen voll und die Pfannen weiter als Wannen und heißer
als Kohle sind, zielt wiederum auf die Triebhaftigkeit und
Unersättlichkeit der Frauen. Dieses Motiv, schon in Strophe 5 ausgebreitet, erfährt hier noch einmal eine abschließende Steigerung.
Ich spring an disem ringe ist bisher auf unterschiedliche
Weise als Minnelied, Bänkellied oder Tanzlied charakterisiert
worden.[29] Die erotische Ebene des Liedes wurde entweder
übersehen oder aber nur am Rande erwähnt. Die Untersuchung des Textes und seiner sprachlichen Bilder zeigt jedoch,
daß den erotischen Anspielungen und Zweideutigkeiten eine

28 Vgl. ebd.
29 Arnold setzt sich bereits damit auseinander, daß die Charakterisierung
›Minnelied‹ nicht zutreffend ist. Er selbst bezeichnet das Lied, ebenso
wie Erk/Böhme (Anm. 11), als Bänkellied. Petzsch, S. 225 stuft den
Text als »bänkelsängerisch« ein, weist aber auch auf die Zweideutigkeiten hin. Er sieht die Hauptbedeutung des Liedes in seiner Eigenschaft
als Tanzlied. Sittig (Anm. 2) S. 356 f. charakterisiert das Lied als Tanzlied mit erotischem Inhalt.

so große Bedeutung zukommt, daß man in erster Linie von einem erotischen Lied sprechen sollte.

Nicht erotisch konnotiert sind die Eingangsstrophe und die Strophe 4. Beide zeichnen sich durch deutliche Minnesangreminiszenzen aus. Geht man einmal von der Annahme aus, daß diese beiden Strophen ursprünglich aufeinanderfolgten (was dem logischen Aufbau des Liedes entgegenkäme), dann läßt sich aus der Strophenfolge 1–4–2–3–5–6–7 eine kontinuierliche Entwicklung immer deutlicher werdender Sexualmetaphorik aufzeigen: In Strophe 1 stellt sich das lyrische Ich als Minnesänger vor, der beabsichtigt, schöne Frauen in traditioneller Weise zu besingen. In Strophe 4, die hier als 2 angenommen wird, verwirklicht der Sänger seine Absicht in Form eines konventionellen Frauenpreises und wird so der Erwartungshaltung des Rezipienten gerecht. Strophe 2 beginnt ebenso unverfänglich, erst durch die Doppelbedeutung von *süssen kerne* und *zwirnen* wird der Bildbereich gesprengt und auf die erotische Ebene hingewiesen. Hier werden erste parodistische Züge sichtbar. Strophe 3 knüpft daran an und führt das Bild des Spinnens weiter. In der zweiten Hälfte kommt das ebenfalls erotisch konnotierte Flachsschwingen hinzu, und das Motiv der Unersättlichkeit der Frau wird aufgenommen. In der 5. Strophe wird die Flachsmetaphorik ausgeweitet und verstärkt. Die Genitalien werden erstmals erwähnt und in recht drastischer Weise umschrieben. Das Motiv der unersättlichen Frau tritt in den Vordergrund. In Strophe 6 dient der Bildbereich Kochen als Grundlage zur Umschreibung des Koitus. In den letzten vier Zeilen wird ausschließlich das weibliche Geschlechtsteil metaphorisch umschrieben. Durch erneute Anspielung auf die Promiskuität der Frauen wird das Motiv der Unersättlichkeit noch einmal gesteigert. Strophe 7 ist, für sich betrachtet, nicht erotisch, jedoch wird dem Rezipienten durch den Kontext und das einseitig ausgerichtete Frauenbild die Nebenbedeutung *coire* bei *den frewlein sol man hofieren* aufgedrängt, so wie auch *alzeyt und weil man mag*, im

Sinne von ›solange man noch kann‹, auf die Potenz des Mannes bezogen ist, der sich am Ende, weil er alt geworden ist, an den Wein halten muß.

Ich fasse zusammen: Ausgangspunkt des Liedes ist der höfische Minnesang und sein Ideal der hohen Minne. Sprachlich entwickelt sich der Text von der Minnesangterminologie über subtile Zweideutigkeiten hin zu drastischen Umschreibungen. Die inhaltliche Entwicklung geht vom konventionellen Minnelied zu einem burlesken, derb-erotischen Lobgesang auf die niedere Minne, den konkreten sinnlichen Liebesvollzug. Zu Beginn wird der höfische Anstand der Mädchen, am Ende ihre Bereitschaft zur körperlichen Liebe gelobt. Das Motiv der Unersättlichkeit steht in krassem Gegensatz zum höfischen Minne-Ideal. Es gewinnt durch den dramaturgischen Aufbau immer mehr an Gewicht und zeigt so die Entwicklung zu einer gegensätzlichen Liebesauffassung an. Dieses parodistisch angelegte Lied konterkariert den Minnesang, indem es die höfische Liebe als Folie für die Darstellung ungezügelter Triebhaftigkeit benutzt. Damit ist *Ich spring an disem ringe* als erotische Parodie ein ›Gegengesang‹ zum konventionellen Minnelied.[30]

30 Vgl. dazu: Helmut Tervooren, *Reinmar-Studien. Ein Kommentar zu den »unechten« Liedern Reinmars des Alten*, Stuttgart 1991, S. 253 ff.

Literaturhinweise

Ausgaben

Lochamer-Liederbuch und das Fundamentum organisandi von Conrad Paumann. Faks.-Nachdr. hrsg. von Konrad Ameln. Kassel [u. a.] 1972. [Zit. als: Ameln.]

Das Locheimer Liederbuch nebst der Ars Organisandi von Conrad Paumann als Dokumente des Deutschen Liedes sowie des frühesten geregelten Kontrapunktes und der ältesten Instrumentalmusik. Aus den Urschriften krit. bearb. von Friedrich Wilhelm Arnold. Leipzig 1926. [Zit. als: Arnold.]

Das Lochamer Liederbuch. Kleine Ausg. hrsg. von Walter Salmen und Christoph Petzsch. Wiesbaden 1987. [Zit. als: Salmen/Petsch.]

J. C. v. Fichard: Altdeutsche Lieder und Gedichte aus der ersten Hälfte des 15. Jahrhunderts. In: Frankfurtisches Archiv für ältere deutsche Literatur und Geschichte 3. Frankfurt a. M. 1815. [Zit. als: Fichardsches Lb.]

Gassenhawerlin und Reutterliedlin zu Franckfurt am Meyn. Bei Christian Egenolf 1535. Hrsg. und eingel. von Hans Joachim Moser. Hildesheim / New York 1970. (Reprogr. Nachdr. der Faks.-Neuausg. Augsburg / Köln 1927.) [Zit. als: Gassenhawerlin.]

Liederbuch der Clara Hätzlerin. Hrsg. von Carl Haltaus 1840. Neudr. mit einem Nachw. von Hanns Fischer. Berlin 1966. [Zit. als: Hätzlerin.]

Das Weimarer Liederbuch. Schätzbare Sammlung alter Volkslieder. Faks.-Ausg. mit einem Nachw. von Konrad Kratzsch. Leipzig 1976. [Zit. als: Weimarer Lb.]

Das Rostocker Liederbuch nach den Fragmenten der Handschrift neu hrsg. von Friedrich Ranke und J. M. Müller-Blattau. In: Schriften der Königsberger Gelehrten Gesellschaft. Geisteswissenschaftl. Kl. 4. Jahr, H. 5. Halle (Saale) 1927. S. 193–306.

Die Lieder der Heidelberger Handschrift Pal. 343. Hrsg. von Arthur Knopp. Berlin 1905.

Die Lieder Neidharts. Hrsg. von Edmund Wießner. Fortgef. von Hanns Fischer. 4. Aufl. rev. von Paul Sappler. Mit einem Melodienanh. von Helmut Lomnitzer. Tübingen 1984.

Die Lieder Oswalds von Wolkenstein. Unter Mitw. von Walter Weiß und Notburga Wolf hrsg. von Karl Kurt Klein. Musikanh. von

Walter Salmen. 3., neu bearb. und erw. Aufl. von Hans Moser, Norbert Richard Wolf und Notburga Wolf. Tübingen 1987. [Zit. als: Kl.]
Deutsche Liederdichter des 13. Jahrhunderts. Hrsg. von Carl von Kraus. Bd. 1: Text. Tübingen 1952. [Zit. als: KLD.]
Deutsche Volkslieder. Balladen. Hrsg. von Rolf Wilhelm Brednich. 6. Tl. Freiburg i. Breisgau 1976. [Zit. als: Brednich.]
Epochen der deutschen Lyrik. Hrsg. von Walther Killy. Bd. 2: Gedichte 1300–1500. Nach Handschriften und Frühdr. in zeitlicher Folge hrsg. von Eva und Hansjürgen Kiepe. München 1972. [Zit. als: Epochen.]

Forschungsliteratur

Hoven, Heribert: Studien zur Erotik in der deutschen Märendichtung. Göppingen 1979.
Kratz, Henry: Über den Wortschatz der Erotik im Spätmhd. und Frühnhd. Diss. Ohio State University 1949. [Masch.]
Müller, Johannes: Schwert und Scheide. Der sexuelle und skatologische Wortschatz im Nürnberger Fastnachtspiel des 15. Jahrhunderts. Bern [u. a.] 1988.
Petzsch, Christoph: Das Lochamer-Liederbuch. Studien. München 1967.
Salmen, Walter: Das Lochamer Liederbuch. Eine musikwissenschaftliche Studie. Leipzig 1951.
Tervooren, Helmut: Schönheitsbeschreibungen und Gattungsethik in der mhd. Lyrik. In: Schöne Männer – Schöne Frauen. Literarische Schönheitsbeschreibungen. Vorträge eines interdisziplinären Kolloquiums. Hrsg. von Theo Stammler. Mannheim 1988.

Politische und religiöse Bezüge

Walther von der Vogelweide
Nû sol der keiser hêre

Von Thomas Bein

1 Nû sol der keiser hêre
   versprechen dur sîn êre
   des lantgrâven missetât.
   wand er was doch zwâre
5 sîn vîent offenbâre.
   die zagen truogen stillen rât.
   si swuoren hie, si swuoren dort
   und pruoften ungetriuwen mort.
   von Rôme fuor ir schelden.
10 ir dûf enmohte sich niht verheln,
   si begunden underzwischen steln
   und alle einander melden.
   seht, diep stal diebe,
   drô tet liebe.

2 Der Mîssenaere solde
   mir wandeln, ob er wolde.
   mînen dienst lâz ich allez varn.
   niwan mîn lop aleine –
5 daz in mîn lop iht meine,
   daz kan ich schône wol bewarn.
   lob ich in, sô lob er mich!
   des andern alles, des wil ich
   in minneclîch erlâzen.
10 sîn lop, daz muoz ouch mir gezemen,
   oder ich wil mînez her wider nemen
   ze hove und an der strâzen.
   sô ich nû genuoge
   warte sîner vuoge.

3 Ich hân dem Mîssenaere
   gevüeget manic maere,
   baz danne er nû gedenke mîn.
   waz sol diu rede beschoenet?
5 möht ich in hân gekroenet,
   diu krône waere hiute sîn.
   het er mir dô gelônet baz,
   ich diente im aber etewaz:
   noch kan ich schaden vertrîben.
10 er ist aber sô gefüege niht,
   daz er mir biete wandels iht,
   dâ lâzen wirz belîben.
   wan vil verdirbet,
   des man niht enwirbet.[1]

1 Nun möge der erhabene Kaiser / seinem Ansehen zuliebe /
das Vergehen des Landgrafen verzeihen. / Denn er war doch,
wie man weiß, / [5] ganz öffentlich sein Feind. / Die Feiglinge
(aber) gingen im Geheimen zu Rate. / Sie legten mal hier, mal
dort Eide ab / und diskutierten treulose Schandtaten. / Ihre
Schmähreden rührten von Rom her. / [10] Ihre Dieberei
konnte nicht geheim bleiben, / sie bestahlen sich gegenseitig, / und einer diffamierte den anderen. / Seht nur, der Dieb
bestahl den Dieb, / Drohung schuf Gunst.

2 Der Meißner sollte / mich gefälligst entschädigen. / Meinen Dienst kündige ich ihm auf. / Das wär's eigentlich,

---

1 Die Reihenfolge der Strophen L 105,13 ff. orientiert sich an der Großen
   Heidelberger Liederhandschrift C (1. Drittel 14. Jh.) und ihrer kleineren
   Schwester A (Ende 13. Jh.); aus dieser Folge darf man keine Chronologie
   oder stringente gedankliche Logik ableiten. Der abgedruckte Wortlaut
   ist an einigen wenigen Stellen ›verbessert‹, sonst sehr handschriftennah.
   Strittig mag die Entscheidung sein, in V. 2 von Str. 1 das in beiden Handschriften überlieferte *vúr brechen* in *versprechen* zu ›verbessern‹. Das
   Problem ist in der Geschichte der Walther-Philologie vielfach diskutiert
   worden; allein, die Versuche, das *vúrbrechen* zu verstehen, können mich
   (und andere) nicht recht überzeugen (vgl. dazu v. Kraus, S. 380. – Wil-
   manns/Michels, S. 365. – Jüngst haben Bernd Ulrich Hucker und Matthias Nix für die hs. Lesung plädiert; ich habe mich mit ihrer Position
   nach Abschluß dieses Manuskriptes andernorts ausführlich auseinander-
   gesetzt; eine Publikation meines Vortrags ist in Vorbereitung).

wenn da nicht noch eine Kleinigkeit wäre: mein Lobgesang; /
[5] ihn fürderhin noch jemals irgendwie zu preisen, / werde
ich zu unterlassen wissen. / Preise ich ihn, dann möge er auch
mich preisen. / Alles andere will ich / ihm gütigst erlassen. /
[10] Seine Lobrede muß auch mir angemessen sein, / wenn
nicht, dann werde ich die meine, / wo immer sie auch hingelangte, wieder zurücknehmen. / Ich warte nun lange genug /
auf das, was recht und billig wäre.

3 Ich habe für den Meißner so manches Mal / gute Worte
eingelegt, / habe für ihn viel mehr getan, als er nun mir
zukommen läßt. / Das ist nicht bloß schönes Gerede, /
[5] wenn ich ihn hätte krönen können, / die Krone könnte
er heute sein nennen. / Wenn er mich nur etwas besser entlohnt hätte, / ich hätte ihm aufs neue gedient: / immer noch
bin ich in der Lage, Schaden abzuwenden. / [10] Er besitzt
aber nicht so viel Anstand, / daß er mich auch nur irgend entlohnt, / also lassen wir's! / Es verkommt eben so manches, /
um das man sich nicht recht bemüht.

1. Die drei Walther-Strophen gehören der sogenannten Sangspruchdichtung[2] an, also jener Textsorte, die sich thematisch
und poetologisch vom Minnesang und der lyrischen Großform ›Leich‹ unterscheidet. Während wir im Minnesang des
13. Jahrhunderts in der Regel ›Lieder‹ vorfinden, d. h. aufeinander zu komponierte Strophenkomplexe (mit gewisser
Variabilität), die das Kernthema Minne in vielschichtiger
Weise sprachlich umkreisen, zeichnet sich die Sangspruchdichtung formal durch eine prinzipielle strophische Selbständigkeit aus (freilich mit der Möglichkeit zur Gruppenbildung) und thematisch durch eine Fokussierung all dessen,
was politisch, religiös und didaktisch zu nennen ist.[3]

2 Den Terminus ›Spruch‹ prägte 1833 Karl Simrock, der damit auf den seiner Meinung nach gesprochenen Vortrag hinwies. Hermann Schneider
(in: *Reallexikon der deutschen Literaturgeschichte*, 1. Aufl., hrsg. von
Paul Merker und Wolfgang Stammler, Bd. 3, Berlin 1928/29, S. 288) differenzierte zu ›Sangspruch‹, um den musikalischen Aspekt mit einzubeziehen.
3 Zur Einführung in die Sangspruchdichtung vgl. Helmut Tervooren,
»Spruchdichtung, mhd.«, in: *Reallexikon der deutschen Literaturge-*

Die Meißner-Ton-Strophe ist eine ›Kanzone‹ und repräsentiert somit eine der beliebtesten Strophenformen im Minnesang wie in der Sangspruchdichtung. Sie gliedert sich in einen Aufgesang (bestehend aus zwei Stollen) und einen Abgesang: V. 1–6 Aufgesang: aab–ccb; V. 6–14 Abgesang: dde–ffe–gg. In Walthers Strophen können wir also vier Terzinen, von denen je zwei durch Reimbindung zusammengehören, und ein Reimpaar unterscheiden. Im Abgesang wird die Stollenstruktur aufgegriffen, aber insofern variiert, als die Terzinen nun aus je zwei männlichen und einem weiblichen Vers bestehen, während dieses Verhältnis im Aufgesang umgekehrt ist.

Die Strophentektonik entspricht auffallend genau syntaktischen und semantischen Einheiten; man erkennt schnell, daß jede Terzine sprachlich in sich geschlossen ist. Insofern bleibt die äußere Form kein leeres Gerüst, sondern geht mit den Sprachinhalten eine Symbiose ein.

Nach der Strophe ist die höhere Formeinheit der ›Ton‹, der sich durch metrische und musikalische Gleichförmigkeit mehrerer Einzelstrophen definiert. Aufgrund dieser Gleichförmigkeit fügen sich die Walther-Strophen zu einem ›Ton‹ zusammen, der – da zwei der drei Strophen vom *Missenaere* sprechen – seit Karl Simrock (1870) ›Meißner-Ton‹ genannt wird. Daß aber nur diese zwei auch thematisch enger zusammengehören, die erste hingegen einen anderen Schwerpunkt hat, fällt bereits bei flüchtiger Lektüre auf.

2. Betrachten wir nun in einem ersten, immanenten Schritt das Sinnpotential der Strophen:
Strophe 1: In seiner Rolle als Sänger ergreift Walther Partei für den Landgrafen. Der erste Stollen enthält die Aufforde-

schichte, 2. Aufl., hrsg. von Werner Kohlschmidt [u. a.], Bd. 4, Berlin/ New York 1984, S. 160–169; ders., »›Spruch‹ und ›Lied‹. Ein Forschungsbericht«, in: *Mhd. Spruchdichtung*, hrsg. von Hugo Moser, Darmstadt 1972, S. 1–25 (mit weiterführender Literatur); Ulrich Müller, *Untersuchungen zur politischen Lyrik des deutschen Mittelalters*, Göppingen 1974.

rung an den Kaiser, dessen Würde und Erhabenheit durch die Reimwörter *hêre/êre* besonders akzentuiert werden, ein Vergehen des Landgrafen zu verzeihen; der zweite führt ein Argument dafür an: der Landgraf sei offen des Kaisers Feind gewesen. Seine Schuld wird dabei zur ›Tugend‹ umstilisiert: der Graf erscheint als couragierter Mann, der offen zu Entscheidungen steht. Im Abgesang wird ihm kontrastiv eine Horde heimtückischer, wetterwendischer, prinzipienloser Chaoten gegenübergestellt, die ihre Direktiven aus Rom, vom Papst, erhalten und nurmehr Verbrecher (*diebe*) genannt werden können. Ihr Diebstahl (*dûf*; der Begriff ist wohl nicht zu wörtlich zu nehmen) wurde jedoch bekannt, und Verrat hielt Einzug in die eigenen Reihen. Das abschließende Reimpaar führt dem Publikum (dem Kaiser) diese *zagen* vor Augen (*seht*). Ich möchte den letzten Vers als eine Art Sentenz (so auch 3,13 f.) recht allgemein verstehen: ›Drohung schuf Gunst‹, d. h., in ihren Reihen herrscht nur das Gesetz der Gewalt.[4]

Strophe 2: Sie setzt unvermittelt mit einer direkten Aufforderung an den Meißner ein, dem sprechenden Ich (Walther) eine Vergütung zukommen zu lassen. Schon hier macht sich ein anderer Sangspruchtyp bemerkbar: Während sich Walther in der ersten Strophe kein einziges Mal als Sprecher in der Ich-Form äußert, sind die beiden anderen mit Pronomina der ersten Person geradezu übersät. War Walther in der ersten Strophe Anwalt einer fremden Person, so vertritt er hier eigene Interessen mit selbstbewußter Rhetorik (man beachte das Spiel mit den Modalverben in V. 1 und V. 2 sowie die ironischen Wendungen in V. 6 und V. 9).

Der erste Stollen endet mit der Drohung (oder schon Feststellung?), daß Walther das Dienstverhältnis aufkündigt.

---

4 Konkreter Wilmanns/Michels, S. 365: »Des Kaisers Drohung flößte ihnen wieder Liebe ein«. – Mit einer Konjektur von v. Kraus (*drô tet diebe liebe*) übersetzt Friedrich Maurer (Walther von der Vogelweide, *Die Lieder*, mhd. und in nhd. Prosa, [...] München 1972, S. 215): »Drohungen machten Diebe freundlich«.

Damit wäre eigentlich alles gesagt, was es zu sagen gibt. Der zweite Stollen aber differenziert: Der Dienst für den Meißner an sich – darunter wird man wohl Walthers Unterhaltungskunst (z. B. Minnesang) verstehen können – interessiert nicht weiter; nur eines will er noch besonders hervorheben: *mîn lop*. Dieses Lob, das Walther früher einmal auf den Meißner gesungen hatte (vgl. L 12,3 ff.: *der Mîssenaere / derst iemer iuwer* [Otto] *âne wân / von gote wurde ein engel ê verleitet*), mit dem er sich dem Kaiser gegenüber für den Meißner verwendete und das dieser ihm anscheinend in keiner Weise honorierte, dieses Lob liegt Walther besonders am Herzen, und er bereut es im nachhinein. Er macht unmißverständlich klar, daß ein solcher Einsatz fürderhin ausgeschlossen sein wird.[5] Wie wichtig Walther dieser Aspekt ist, zeigt der Abgesang: Lobpreis, d. h., gute Worte für jemanden einlegen, muß auf Gegenseitigkeit beruhen. Das ist für Walther das Entscheidende. Auf alles andere verzichte er gern (V. 8 f.).

Mir scheint, daß Walther hier einen rein rhetorischen Gegensatz konstruiert, der zudem ironisch-zynisch formuliert ist (*minneclîch erlâzen*).[6] Natürlich will er auch materiellen Lohn; davon zeugt sein Œuvre auf Schritt und Tritt. Nur: das ist e i n e Sache; eine andere ist es, für positive Propaganda im Gegenzug ebenfalls Worte der Empfehlung zu hören. So

---

5 In der Forschung werden etwas andere Deutungen propagiert. Vgl. z. B. Wilmanns/Michels, S. 366: Vorgeschlagen wird, V. 4 mit exzipierender Semantik auf V. 3 zu beziehen, also etwa: »Meinen Dienst gebe ich auf, nur meinen Lobpreis nicht«. Gemeint soll wohl sein – auch in der Rückschau von V. 7–9 –, daß Walther auf sein Dienstentgelt verzichtet, nicht jedoch auf Anerkennung (*lop*) des Meißners. Diese Deutung halte ich für problematisch, denn im 2. Stollen würde *lop* unvermittelt in doppelter Perspektive gebraucht, und eine Syntax- und Sinneinheit würde die Stollengrenze überschreiten, was sonst in keiner der drei Strophen zu beobachten ist.

6 Anders z. B. Wilmanns/Michels, S. 366: Walther suche sich von Fahrenden abzusetzen, indem er nicht materiellen Lohn fordert, sondern ideelle Anerkennung. Hier scheint wohl noch deutlich ein idealisiertes Waltherbild durch.

wird man wohl das *lop*, das Walther für sich reklamiert, zu verstehen haben: nicht warme Worte für gefälligen Sang, sondern Worte der Empfehlung an potentielle Auftraggeber. Wenn solch eine Gegenseitigkeit nicht gegeben ist, dann will Walther seine Propaganda wieder zurücknehmen, und zwar überall dort, wo diese einmal hingelangte (geschickt periphrastisch ausgedrückt durch das Wortpaar *ze hove und an der strâzen*). Das geht freilich nicht so, wie die sprachliche Formulierung suggeriert; implizit ist vielmehr angedroht (und durch den Sangspruch bereits in einem ersten Akt ausgeführt), den Meißner, wo es nur geht, zu diffamieren.

Strophe 3: Viel Neues bietet sie nicht. Walther weist erneut – und durch die Spitzenstellung des Ich besonders pointiert – auf seinen Einsatz für den Meißner hin und beklagt, dafür nicht entlohnt worden zu sein. Mit einer rhetorischen Frage anhebend, demonstriert Walther eindringlich, wie weit er zu gehen bereit gewesen wäre: er hätte dem Meißner – wenn möglich – zu monarchischen Würden verholfen. Der Abgesang räsoniert über vertane Chancen. Ohne Lohn keinen Dienst, lautet die Parole. V. 9 ist des Präsens wegen wohl so zu verstehen, daß Walther an seine grundsätzliche Fähigkeit erinnert, immer noch seine Kunst für andere gewinnbringend einsetzen zu können. Dem Meißner jedoch kommt diese nicht mehr zugute; ihm wird jegliche *vuoge*, also jegliches höfische Benehmen, für das die Entlohnung geleisteter Dienste selbstverständlich sein sollte, abgesprochen. Walther reagiert mit lapidarem, aber selbstbewußtem Trotz: »Dann eben nicht!« (V. 12). Und im abschließenden Reimpaar folgt sentenzhaft die Moral von der Geschicht': Ohne Bemühen geht vieles zugrunde.

3. Keine der drei Strophen nennt einen präzisen Namen. Das heißt, daß dem zeitgenössischen Publikum die Personen und anzitierten Situationen bekannt sein müssen. Die Strophen haben unmittelbaren tagespolitischen bzw. aktuell persönlichen Bezug. Ihre Relevanz kann uns erst dann deut-

licher werden, wenn wir die historische Situation und die pragmatischen Bedingungen für den Vortrag der Strophen zu rekonstruieren versuchen.[7] Im besonderen fordert die erste Strophe dazu heraus, zeigt sie doch ihren Zeitbezug am deutlichsten:

Strophe 1: In der Forschung herrscht Konsens darüber, daß mit dem *keiser* Otto IV. (um 1182 [?] –1218) und mit dem *lantgrâven* Hermann I., Landgraf von Thüringen und Pfalzgraf von Sachsen (um 1155–1217), gemeint ist. Soweit sich die Ereignisse durch historische Quellen rekonstruieren lassen, spricht auch vieles dafür. – Seit der Doppelwahl von 1198 (zwei Könige: der Staufer Philipp von Schwaben und der Welfe Otto IV. von Braunschweig) bis zum endgültigen Machtverlust Ottos (Niederlage in der Schlacht von Bouvines, Juli 1214) und bis zur Übernahme der Herrschaft durch den Staufer Friedrich II. (zweite Königskrönung 1215) befindet sich Deutschland in einer politisch zerrissenen Situation. Das Hin und Her zwischen welfischem und staufischem Herrschergeschlecht ergreift weite Kreise der politischen Akteure; einmal findet man sie bei dieser, ein anderes Mal bei jener Partei.

Es fragt sich zunächst, wann und wo Hermann I. sich offen gegen Otto ausgesprochen hat. 1208, nach dem Tode Philipps von Schwaben, ist er noch ganz auf der Seite Ottos und nimmt an dessen zweiter Wahl am 11. November in Frankfurt teil. Dann jedoch treten Veränderungen ein: Bereits im Spätsommer 1210 müssen sich verschwörerische Umtriebe gegen Otto breitgemacht haben, denn am 30. Oktober drückt Papst Innozenz III. (um 1160–1218) einigen deutschen Fürsten gegenüber seine Freude über ottofeindliche Einstellungen aus. Innozenz steht nicht mehr hinter Otto, da dieser vertragsbrüchig wird, der Kirche einstmals zugestan-

---

7 Bei meinem Versuch, die historischen Ereignisse (soweit sie für den Germanisten von Belang sind) zu rekonstruieren, stütze ich mich auf folgende Literatur (alphabetisch): Böhmer, Burdach, Hucker, Kirmse, Lutz, Patze, Patze / Schlesinger, Laufs, Winkelmann.

denes Land zurückfordert und in Sizilien einmarschiert. Er exkommuniziert Otto am 18. November 1210. Die deutschen Fürsten setzt er von der Bannung Ottos in Kenntnis, spricht sie von der Treuepflicht zu Otto los und ermahnt sie, die politische Situation zu verändern. Diese Agitationen dürften sich hinter Walthers Vers *von Rôme fuor ir schelden* verbergen. Hermann seinerseits scheint verstimmt zu sein, »weil ihm Otto die thüringischen Reichsstädte, die er vermutlich 1204 verloren hatte, nicht zurückgab«[8]. Im Frühjahr 1211 findet in Naumburg ein konspiratives Treffen statt, an dem Erzbischof Siegfried von Mainz, Hermann von Thüringen, Ottokar von Böhmen und der Erzbischof von Magdeburg, möglicherweise auch Dietrich von Meißen, teilnehmen. Im Juni setzt sich in Bamberg das verschwörerische Treiben fort, ohne jedoch konkrete Folgen zu zeitigen. Dies geschieht erst Anfang September: Hermann, Ottokar, die Herzöge von Bayern und Österreich u. a. kommen zu einer Fürstenversammlung nach Nürnberg, erklären Otto für einen Häretiker und wählen Friedrich II. zum König. Spätestens jetzt ist Hermann Ottos *vîent offenbâre*.

Wer mit den *zagen*, die heimlich intrigierten, gemeint ist, läßt sich weniger eindeutig sagen; insbesondere bleibt unklar, wie wörtlich *zage* (Feigling) und *stille* aufzufassen sind. In der Walther-Forschung werden die Namen Ludwig I. von Baiern (um 1173–1231), Dietrich von Meißen (gest. 1221), Leopold von Österreich (1176–1230) genannt. Zunächst zu Ludwig und Leopold: Heimlichkeit kann man ihnen kaum vorwerfen, da sie – genauso wie Hermann – im September 1211 öffentlich auf der Nürnberger Fürstenversammlung Friedrich II. wählen. *zagen* könnte man sie schon eher nennen, denn als Otto – über die Opposition unterrichtet – schleunigst von Italien nach Deutschland zurückkehrt und im März 1212 in Frankfurt einen Hoftag abhält, schlägt sich Ludwig wieder auf Ottos Seite, und Leopold tut es ihm in

418 Politische und religiöse Bezüge

der zweiten Aprilhälfte gleich. Aber: Walthers Vers *von Rôme fuor ir schelden* würde schlecht zu einer dergestalt konkretisierten Situation passen, denn Leopold und Ludwig sind nach dem Übertritt nicht mehr romhörige Oppositionelle.

Zu Dietrich von Meißen: Seine Stellung im staufisch-welfischen Kampf ist nicht so eindeutig, wie die Walther-Forschung glauben macht. Einem thüringischen Chronisten gemäß ist er im Frühjahr 1211 unter den Naumburger Verschwörern zu finden. Winkelmann zweifelt daran (S. 272 f.). Aber auch, wenn man der Chronik glaubt (und das sollte man zunächst tun), fällt doch auf, daß Dietrich fürderhin nicht mehr in konspirativen Kreisen anzutreffen ist (soweit die Quellen uns berichten). Er scheint weder in Bamberg zu sein noch in Nürnberg. Und im März 1212 in Frankfurt preist Walther den Markgrafen Otto gegenüber als einen loyalen Verbündeten an: *her keiser [. . .] die fürsten sint iu undertan [. . .] und ie der Missenaere, derst iemer iuwer âne wân* (L 11,30 ff.).

Natürlich ist Walthers Spruch kein >objektives< Zeugnis; Propaganda kann hier eine die Wahrheit verfälschende Rolle spielen. Andererseits muß zu denken geben, daß Dietrich mit Otto einen Beistandspakt schließt und Otto die Zusage erteilt, als Gegenleistung Dietrichs Neffen Wratislaw mit dem böhmischen Königreich zu belehnen (was er am 13. Mai 1212 auch tut). Dietrich kämpft fortan auf Ottos Seite gegen die Opposition, und – anders als andere – wechselt er nicht so schnell die Fronten, als Ottos Kriegsglück schwindet. Erst im Herbst 1213 finden wir ihn auf der Seite Friedrichs II. Alles in allem: Eine Attacke Walthers gegen Dietrich in der Strophe zu vermuten, scheint mir höchst spekulativ zu sein. Und weiter: Ich finde kein plausibles Motiv dafür, daß in einer um Ottos Gnade buhlenden Strophe genau die Fürsten schlechtgemacht werden, die (z. T. gerade wieder) auf der Seite des Welfen stehen. Solange historische Quellen keine weiteren Informationen hergeben, wäre es aufrichtiger, die *zagen* so anonym zu lassen, wie es auch Walther tat. Gemeint sein können Sympathisanten, die nicht den Mut haben, offen ihre Position zu demonstrieren. Ihr konspiratives Tuscheln bleibt aber nicht ganz ungehört, und aus Angst, nun doch Rückgrat zeigen zu müssen, diffamiert und bedroht einer den anderen.

Es stellt sich nun die Frage, bei welcher Gelegenheit und in wessen Auftrag die Strophe vorgetragen wurde. Eindeutige Antworten verbieten sich auch hier, vor allem, wenn wir die durch Chroniken überlieferten Fakten im Auge behalten. Wessen Interessen vertritt die Strophe? Wie es scheint, sind es diejenigen Hermanns von Thüringen. Wir müssen dann voraussetzen, daß Hermann durchaus die Absicht hatte, wieder auf Ottos Seite zu wechseln, er aber Sorge hatte, daß Otto ihm nicht verzeihe. Die historischen Zeugnisse sprechen gegen eine solche Annahme: Hermann war nicht bereit, seine von Otto belagerte Festung Weißensee herauszugeben; er wartete – mit Erfolg – auf Friedrich II. Wir müßten ferner annehmen, daß Otto grundsätzlich bereit war, Gnade walten zu lassen. Auch hier sprechen die Quellen eine andere Sprache: Otto hegte Rache für Hermanns Verrat. Überdies mußte Otto wissen, welch ein unsicherer Kandidat Hermann war; kaum ein anderer Landesfürst hatte so oft die Fronten gewechselt wie er.

Arthur Hatto hat die These vorgebracht, die Strophe sei im Interesse Dietrichs von Meißen geschrieben worden.[9] Dietrich war in der zweiten Julihälfte 1212 als Unterhändler tätig und schloß ein Abkommen mit den belagerten Thüringern, die Stadt Weißensee aufzugeben und sich in die innere Burg zurückzuziehen. Walthers Spruch sollte demnach die Kapitulationsverhandlungen Dietrichs unterstützen und »durch einen wirksamen Appell an die öffentliche Meinung Otto unter Druck setzen«, sich mit Hermann zu versöhnen.[10] Die These hat einiges für sich, wenngleich auch sie sich nicht mit

9 Vgl. Hatto, S. 230–250.
10 Ebd., S. 242.

historischen Quellen verifizieren läßt. Fest steht nur, daß Dietrich nach Ottos ›taktischer‹ Hochzeit mit Beatrix von Schwaben (Tochter des Staufers [!] Philipp) am 22. Juli 1212 mit den in Weißensee eingeschlossenen Thüringern verhandelte. Ob Dietrich aber Otto ›unter Druck setzen‹ konnte und wollte, ob es sich Dietrich ›leisten‹ konnte, Otto zum ersten Schritt aufzufordern, ob Otto einen solchen zu gehen bereit gewesen wäre und ob dies an der starren Haltung Hermanns etwas geändert hätte, bleibt spekulativ. Der Verlauf der Geschichte zeigt jedenfalls, daß die Strophe keines der zu vermutenden Ziele erreichte: Otto verzieh Hermann nicht, und Hermann gab seinerseits die Festung Weißensee nicht auf und blieb staufischer Gesinnung.

Wir sind also bei der Rekonstruktion der historischen Situation für die Waltherstrophe weitgehend auf Spekulationen angewiesen. Die Strophe muß zu einem bestimmten Zeitpunkt noch Sinn gemacht haben, zumindest in den Augen dessen, der sie verfassen ließ. Die Feindseligkeiten zwischen Otto und Hermann müssen noch als behebbar angesehen worden sein. Das kann nach Ottos Nürnberger Reichstag (13. Mai 1212) gewesen sein, nachdem er politische Erfolge erzielt hatte; das kann kurz vor Ottos Heerfahrt gegen Hermann (Juli 1212) gewesen sein; das kann – von der Walther-Forschung häufiger genannt – auf der Hochzeitsfeier Ottos und Beatrix' (22. Juli 1212) oder wenig später gewesen sein. Nach dem 11. August, nach dem plötzlichen Tod Beatrix', der weitgehend Ottos Koalition mit seinen Verbündeten auflöst, ist die Strophe nur noch schwer denkbar.

Sie kann im Auftrag Dietrichs verfaßt worden sein, kann im Auftrag des Bischofs Wolfger von Aquileia verfaßt worden sein, dem Otto am 30. Juli 1212 brieflich mitteilt, er werde Weißensee bald eingenommen haben; sie kann – wer will es wissen – im Auftrag Hermanns verfaßt worden sein, der zu irgendeinem Zeitpunkt vielleicht doch überlegte, sich Otto wieder zu nähern.

Walthers Sangspruch zeigt uns Nuancen und Feinheiten

historischer Realität, die von den Chroniken nicht aufgezeichnet wurden. Insofern ist seine (und alle andere) politische Dichtung Geschichtsschreibung, ist ›Quelle‹, wenn auch
mit der Einschränkung, daß sie eine propagandistische, inter-
essengelenkte Geschichtsschreibung ist. Doch auch so manche Chronik ist nicht ›objektiv‹ im landläufigen Sinne,
wie denn fraglich ist, ob von ›objektiver Wahrheit‹ bei der
Darstellung von Geschichte überhaupt gesprochen werden
kann.

Strophen 2 und 3: Sie haben keinen tagespolitischen Bezug,
sondern verbinden Walthers persönliche Verärgerung über
des Meißners Undankbarkeit mit einer Diffamierung des
Markgrafen, die ihrerseits freilich politische Tragweite haben
kann. Was können wir den Scheltstrophen entnehmen?
Zunächst dies: Walther stand einmal im Dienst Dietrichs von
Meißen, er hat für ihn Kunst gemacht, Unterhaltungskunst
(anderes anzunehmen verbietet die Quellenlage); er hat sich
propagandistisch für den Meißner eingesetzt, einschlägige
Zitate sind oben bereits genannt. Doch Walther vermißt den
erwartbaren Lohn, materiell wie auch ideell im Sinne von
Empfehlungsworten. So hat er den Meißner verlassen und
einen anderen Gönner gefunden, denn es ist nicht vorstellbar, daß Walther die Strophen im Beisein Dietrichs singt.
Sein neuer Gönner muß die Attacken gegen Dietrich tolerie-
ren, ein guter Freund desselben kann er also kaum sein. Es ist
denkbar, daß die Strophen am Hof Hermanns von Thüringen vorgetragen wurden, vielleicht bald nach der ergebnislo-
sen Belagerung durch das welfische Lager. Möglicherweise
schrieb Walther die Sprüche im gleichen Ton wie Strophe 1,
um an den – wie immer auch motivierten – Einsatz für Hermann zu erinnern. Sicher ist das alles nicht; Vermutungen
nehmen hier einen großen Raum ein.

Eine unmittelbare Auftragsarbeit sind die Strophen gewiß
nicht. Walther spricht zu oft von sich selbst. Er mag sie
zunächst aus persönlicher Enttäuschung verfaßt haben, setzt
sie dann jedoch, indem er sie ›veröffentlicht‹, wohlkalkuliert

422   *Politische und religiöse Bezüge*

für seine Interessen ein. Den Vortragsrahmen kennen wir
nicht. Aber er muß doch etwa folgende Voraussetzungen
pragmatischer Art mit sich gebracht haben: Walther tritt
selbstbewußt auf – man wird ihn und seine Kunst kennen; er
setzt den Meißner in schlechtes Licht – das Publikum kann
kaum aus dessen Freunden und Anhängern bestehen; er
motiviert seine Schmährede mit ausgebliebenem Lohn –
damit dies ›greift‹, muß sein Publikum von der Selbstver-
ständlichkeit einer Entlohnung und Anerkennung ausgehen;
er preist – schon hypertroph[11] – die großen, immer noch vor-
handenen Möglichkeiten seiner Propagandakunst an – in seinem Publikum wird er potentielle Auftraggeber vermuten;
und schließlich: er demonstriert seine ›Rache‹, falls seine
Dienste ohne Lohn bleiben – sein Publikum muß von einer
gewissen ›Wirkung‹ solcher Verunglimpfungen überzeugt
sein.
Walther zeigt also die Palette seiner Möglichkeiten: Hier bin
ich, ruft er, ich kann von großem Nutzen sein, davon hat der
Meißner, wie ihr wißt, vor kurzem noch profitiert. Ich kann
aber auch schaden, und ihr hört gerade, in welchem Maße ich
das kann! Es kommt ganz darauf an, wie man meine Leistungen honoriert!

4. Der Meißner-Ton stellt nur einen kleinen Ausschnitt aus
Walthers Sangspruchdichtung dar. Zwei wesentliche Aspekte
werden aber deutlich: Walther und seine Auftraggeber
erkennen die Möglichkeiten volkssprachlicher Kunst, Rhetorik und Propaganda. Festlichkeiten verschiedener Art, die
den Ort für Walthers Auftritte im wesentlichen darstellen
werden, erhalten neben ihrer repräsentativen Funktion eine
konkretere öffentlich tagespolitische Dimension. Walther

---

11 Str. 3,5 f. sind schwer wörtlich zu nehmen. In der Forschung wurde
   gemutmaßt, Walther könnte die böhmische oder gar die deutsche
   Krone für Dietrich im Auge gehabt haben. Es fehlen jedoch jegliche
   historischen Zeugnisse für eine solche Annahme. Überdies dürfte Walther wohl über einen derartigen Einfluß nicht verfügt haben.

kennt seine Qualitäten und muß sie verkaufen; er ist auf Entlohnung seiner Kunst angewiesen. Seine verschiedenen Gönner erweisen sich jedoch nicht immer als so gönnerhaft, wie
er es wünscht. Was er tun kann: schweigend von dannen ziehen oder lautstark protestieren. Walther wählt den Protest:
seine Waffe ist seine Dichtung.

Literaturhinweise

Ausgaben

Walther von der Vogelweide. Hrsg. und erkl. von W. Wilmanns. 4.,
vollst. umgearb. Aufl. besorgt von Victor Michels. Bd. 2. Halle
(Saale) 1924. [Zit. als: Wilmanns / Michels.]
Die Gedichte Walthers von der Vogelweide. Hrsg. von Karl Lachmann. 13., aufgrund der 10. von Carl von Kraus bearb. Ausg. neu
hrsg. von Hugo Kuhn. Berlin 1965.

Forschungsliteratur

Böhmer, J. F.: Regesta imperii V. Die Regesten des Kaiserreiches unter
Philipp, Otto IV., Friedrich II., Heinrich (VII.), Conrad IV., Heinrich Raspe, Wilhelm und Richard. 1198–1272. Nach der Neubearb.
und dem Nachlasse Johann Friedrich Böhmer's neu hrsg. und erg.
von Julius Ficker [Bd. 1 und 2] und Eduard Winkelmann [Bd. 2].
Bd. 1: Kaiser und Könige. Innsbruck 1881–82. – Bd. 2: Päpste und
Reichssachen. Innsbruck 1892–94.
Burdach, Konrad: Walther von der Vogelweide. Philologische und
historische Forschungen. Tl. 1. Leipzig 1900.
Hatto, Arthur: Die Ottonischen Gedichte Walthers von der Vogel-
weide. Eine neue Interpretation. In: Walther von der Vogelweide.
Hrsg. von S. Beyschlag. Darmstadt 1971. S. 230–250.
Hucker, Bernd Ulrich: Kaiser Otto IV. Hannover 1990.
Kirmse, Ernst: Die Reichspolitik Hermanns I., Landgrafen von Thü-
ringen und Pfalzgrafen von Sachsen (1190–1217). In: Zeitschrift

des Vereins für thüringische Geschichte und Altertumskunde N.F. 19 (1909) S. 317–348; N.F. 20 (1911) S. 1–42.

Kraus, Carl von: Walther von der Vogelweide. Untersuchungen. Berlin ²1966.

Laufs, Manfred: Politik und Recht bei Innozenz III. Kaiserprivilegien, Thronstreitregister und Egerer Goldbulle in der Reichs- und Rekuperationspolitik Papst Innozenz' III. Köln/Wien 1980.

Lutz, Wolf Rudolf: Heinrich der Erlauchte (1218–88). Markgraf von Meißen und der Ostmark (1221–88). Landgraf von Thüringen und Pfalzgraf von Sachsen (1247–63). Erlangen 1977.

Patze, Hans: Die Entstehung der Landesherrschaft in Thüringen. Tl. 1. Köln/Graz 1962.

Patze, Hans / Schlesinger, Walter (Hrsg.): Geschichte Thüringens. Bd. 2,1: Hohes und spätes Mittelalter. Köln/Wien 1974.

Winkelmann, Eduard: Philipp von Schwaben und Otto IV. von Braunschweig. Bd. 2: Kaiser Otto IV. von Braunschweig. 1208–18. Leipzig 1878.

Die Arbeit zur politischen Lyrik Walthers von Matthias Nix war bis zur Drucklegung dieses Aufsatzes noch nicht publiziert, wesentliche Passagen sind jedoch bei Hucker, der die Arbeit im Ms. einsehen konnte, paraphrasiert.

Frauenlob: *Maria, muter gotes*

Von Thomas Bein

Maria, muter gotes, tochter, lebende brut,
ich mane dich, trut,
an Gabrieles grüzen,
do du got den süzen
5 neme in din leben, ich mane dich ouch an daz antwurt
büzen:
'ich bin ein dirne in gotes gunst, an mir sin wille erschine.'

Ich mane dich, vrouwe, an die geburt und an daz wegen,
do du den degen
gebe in den tempel schone
10 herren Simeone.
ich mane dich ouch der marter sin und der tropfen vrone,
die bluotigvar din ougen triben. wecke uz dem herzen
schrine

Die tropfen in der achte min.
ich mane dich der urstende sin,
15 des kindes din,
der vröuden fin,
do dir sin himelvart wart schin
und er dich, himelmeit, nam in.
der aller fröuden wis gemant: hilf mir von sünden pine.[1]

Maria, Mutter Gottes, Tochter, lebende Braut, / ich erinnere
dich, Geliebte, / an den Gruß Gabriels, / als du den süßen
Gott / [5] in dein Leben aufnahmst, ich erinnere dich auch an
das Gutmachen der Antwort [?]: / »Ich bin eine Dienerin in
Gottes Gunst, sein Wille möge sich an mir erzeigen.« / Ich
erinnere dich, Herrin, an die Geburt und an die Vorbereitung

---

1 Der Text – in fünf Handschriften überliefert – folgt der Göttinger Ausgabe (GA).

des Wegs [?], / als du das Kind / umsichtig / [10] zu Simeon in
den Tempel gabst. / Ich erinnere dich auch an seine Folter
und an die heiligen Tropfen, / die blutig deine Augen hervor-
brachten. Wecke aus dem Schrein des Herzens / diese Tropfen und denke an mich [?]. / Ich erinnere dich an seine Auferstehung, / [15] an dein Kind, / an die schönen Freuden, / als
dir seine Himmelfahrt offenbar wurde / und er dich, Jungfrau
des Himmels, dort aufnahm. / An all diese Freuden sollst du
erinnert sein: hilf mir von den Sündenqualen.[2]

1. Im traditionellen Epochenschema der Literaturwissenschaft nimmt Heinrich von Meissen (gestorben 1318 in
Mainz), schon zu Lebzeiten ob seiner Marienpanegyrik
›Frauenlob‹ genannt, die Position eines ›nachklassischen‹
Dichters ein. Diese Bezeichnung darf höchstens noch als
chronologischer Hinweis verstanden werden, denn sie impliziert ein Werturteil, das dem Werk Frauenlobs (es umfaßt
Minnelieder, Sangspruchdichtung, drei große Leichs sowie
ein Streitgespräch zwischen Minne und Welt) nicht gerecht
wird. Lange Zeit allerdings wurde Frauenlob von der Forschung mißachtet oder – für geisteskrank erklärt.[3] Grundlegend geändert hat sich die Einschätzung dieses oft kryp-
tischen Dichters mit dem Erscheinen der Göttinger Frauenlob-Ausgabe (Anm. 1), die Frauenlobs (für echt erachtete)
Werke auf textkritisch solide Beine gestellt und durch kom-
mentierende Hinweise leichter erschließbar gemacht hat.
Trotzdem: viele Probleme harren noch einer Lösung.

2 Frauenlobs Lyrik ins Nhd. zu übertragen ist ein heikles Unterfangen.
 Seine Wortwahl, Syntax und Metaphorik sind oft genug so gekünstelt,
 daß eine ›Übersetzung‹ entweder ganz frei gestaltet werden muß oder
 aber unfreiwillig komisch wird. Ich versuche, einen Mittelweg zu gehen,
 bin mir aber der Unzulänglichkeiten bewußt. Die Übersetzung kann
 nicht mehr leisten, als ein erstes Vorverständnis zu erleichtern. Ein [?]
 deutet auf Unsicherheiten hin. – Gute lexikalische Hilfen bietet das *Wörterbuch zur Göttinger Frauenlob-Ausgabe*.
3 Vgl. zur Geschichte des Frauenlobbildes die Hinweise bei Bein, S. 13–15
 und S. 341–348. – Zu Frauenlob allgemein vgl. Stackmann.

2. Die hier ausgewählte Strophe gehört der Großgruppe der Sangspruchdichtung an, jener Textsorte, die sich thematisch und poetologisch vom Minnesang und der lyrischen Großform ›Leich‹ unterscheidet. Sie zeichnet sich formal durch eine prinzipielle strophische Selbständigkeit aus und thematisch durch eine Darstellung all dessen, was in einem weiten Sinn politisch, didaktisch und religiös zu nennen ist (zuweilen lassen sich alle drei genannten Bereiche nicht scharf voneinander trennen).[4] Innerhalb der Sangspruchdichtung ist die Frauenlob-Strophe zur religiösen Lyrik, genauer: zur Mariengebetslyrik zu rechnen, die eine lange Tradition aufweist, worauf noch zurückzukommen ist.

Mit 19 Versen ist es eine recht lange Strophe, die – mit 121 weiteren – im sogenannten ›langen Ton‹ Frauenlobs verfaßt ist. Sie ist nach Art der Kanzone strukturiert, gliedert sich also in zwei Großteile: V. 1–12 Aufgesang, V. 13–19 Abgesang; der Aufgesang besteht aus zwei gleichgebauten Stollen (V. 1–6 und 7–12), von denen sich der Abgesang metrisch-musikalisch unterscheidet. Alle drei Teile werden durch den Reim auf *-ine* (V. 6, 12, 19) zusammengehalten. Inwiefern die Tektonik der Strophe mit der Aussage korrespondiert, wird später zu beobachten sein.

3. Die Strophe setzt pointiert ein mit dem Namen *Maria*, der Adressatin; sie endet ebenso pointiert mit der Bitte des sprechenden Ich um Hilfe. Dieses Hilfeersuchen ist das ›Ziel‹ der Strophe, darauf läuft alles hinaus. Insofern darf man der Strophe eine Priamelstruktur zusprechen, ein von Frauenlob gern verwendetes Stilistikum.[5] Zwischen Anrede und Bitte um Hilfe entwirft Frauenlob ein Panorama mariologischer Epitheta und marianischer Lebensbilder, die – teils anaphorisch – mit der fünfmaligen Formel *ich mane dich* eingeleitet

4 Erste Literatur zur ›Sangspruchdichtung‹ findet sich in meinem Beitrag zu Walthers von der Vogelweide ›Meißner-Ton‹, in diesem Band S. 411 f., Anm. 3.
5 Vgl. dazu Bein, S. 221 f., mit Literaturhinweisen.

428   Politische und religiöse Bezüge

und im Abschlußvers durch die (grammatikalisch variierte)
Aufforderung *wis gemant* abgeschlossen werden.

Um all diese Details und dann auch den ›Sinn‹ der ganzen
Strophe verstehen zu können, ist es nötig, die lange Tradition
der Marienverehrung und der Mariendichtung zu beachten,
die jedoch an diesem Ort nicht systematisch referiert, sondern – vom konkreten ›Fall‹ ausgehend – lediglich schlag-
wortartig betrachtet werden kann.[6]

4. Die Aussagen, die Frauenlob in der Strophe macht, lassen
sich drei Kategorien zuordnen: Wir finden 1. mariologische
Epitheta, also schmückende, verherrlichende Beiworte, und
zwar: *muter, tochter, lebende brut* (V. 1), *trut* (V. 2), *dirne*
(V. 6), *vrouwe* (V. 7) und *himelmeit* (V. 18); wir finden 2.
kurze Beschreibungen marianischer Lebensstationen, die
mit der *ich-mane*-Formel eingeleitet werden, und zwar: Ver-
kündigung (V. 3), Empfängnis (V. 4–6), Jesu Geburt (V. 7),
Darstellung Jesu im Tempel (V. 8–10), Leiden Jesu (V. 11),
Mitleiden Marias (V. 11 f.), Auferstehung Jesu (V. 14), Him-
melfahrt Jesu (V. 17), Aufnahme Marias in den Himmel
(V. 18); wir finden 3. Aufforderungen des sprechenden Ich an
Maria, und zwar: Bitte um Mitleid mit dem Ich (V. 12 f.),
Bitte, von den Sündenqualen erlöst zu werden (V. 19).

Alle drei Kategorien sind geschickt miteinander verzahnt:
Die Epithetonkaskade *muter gotes, tochter, lebende brut,
trut* wird durchbrochen durch die erste *ich-mane*-Formel
mit anschließender Verkündigungsszene, aber – wenn auch

6 Ich nenne im folgenden einige ausgewählte Titel, die in die Thematik
  einführen und ihrerseits weitere bibliographische Angaben enthalten.
  a) Zur ersten Orientierung sind folgende Artikel im *Lexikon für Theologie und Kirche* nützlich: Bd. 1: »Aufnahme Marias in den Himmel«
  (Sp. 1068–72); Bd. 7: »Maria« (Sp. 25–36), »Marienbild« (Sp. 58–62),
  »Marienfeste« (Sp. 65 f.), »Marienklagen« (Sp. 69 f.), »Marienlegenden«
  (Sp. 71 f.), »Marienpredigten« (Sp. 72–74), »Marienverehrung« (Sp. 78
  bis 80), »Mariologie« (Sp. 84–87). Informativ ist auch Fromm. b) Einschlägige Monographien (alphabetisch): Beissel, Delius, Edelmann-
  Ginkel, Gössmann, Handbuch der Marienkunde, Kern, Kesting, Salzer.

weniger intensiv – mit *dirne* und *frouwe* im Aufgesang und mit *himelmeit* im Abgesang fortgeführt. Die erste Bitte und Aufforderung des Ich (V. 12 f.) stellt eine Art Fuge zwischen Auf- und Abgesang dar: Nach der Erinnerung Marias an ihren Schmerz lenkt das Ich die Aufmerksamkeit auf sich, wechselt dann die Perspektive wieder und geht über zur Erinnerung Marias an die Freuden der Auferstehung und Himmelfahrt Christi und ihre eigene Aufnahme in den Himmel, um dann – nach Nennung des verherrlichenden Epithetons *himelmeit* – wieder auf sich zurückzuweisen: *hilf mir von sünden pine.*

5. Betrachten wir die einzelnen Epitheta in ihrer Bedeutung: Die Aufzählung *muter gotes, tochter, lebende brut* gehört syntaktisch zusammen, wobei der Genitiv *gotes* alle drei Begriffe regiert.[7] Maria ist also die Mutter Gottes (und zwar Gott Sohnes, insofern er durch sie Mensch wurde), die Tochter Gottes (und zwar Gott Vaters, insofern sie ein Menschen›kind‹ des Schöpfergottes ist) und die Braut Gottes (und zwar Gott Heiligen Geistes, insofern er als der übernatürlich befruchtende ›Gemahl‹ gilt).[8] Die Metaphorik geht insbesondere auf das Hohelied zurück, dessen erotisch gefärbt dargestellte Beziehung zwischen *sponsus* und *sponsa* (Bräutigam und Braut) schon früh, besonders aber seit dem 11. Jahrhundert (z. B. im Hoheliedkommentar Ruperts von Deutz) auf Maria gedeutet wurde.[9]

Wie sich *trut* im 2. Vers zu diesen Bezeichnungen verhält, ist nicht eindeutig. Möglich ist, daß sich auch dieses Epitheton auf *gotes* bezieht; Maria würde also noch als ›Geliebte‹ Got-

7 Schon Bertau (S. 160) hat auf die Apokoinoustellung von *gotes* hingewiesen. (Bertaus wichtige Arbeit ist leider – da nur maschinenschriftlich vervielfältigt – nicht überall leicht zugänglich.)
8 Vgl. dazu Kern, S. 89 f., der noch darauf aufmerksam macht, daß diese »Beziehungskette« in der deutschen Dichtung seit der Mitte des 13. Jahrhunderts existiert. – Vgl. ferner Salzer, S. 98–104, der zahlreiche Parallelen lat. und dt. Provenienz für diese Bezeichnungen beibringt.
9 Vgl. Kesting, S. 30.

tes dargestellt,[10] was inhaltlich der *brut* Gottes entspräche und ebenfalls Reminiszenzen zum Hohelied aufzeigte. Denkbar ist aber auch, daß mit *trut* das Verhältnis des sprechenden Ich zu Maria angedeutet wird; für ihn ist Maria eine sehr nahestehende Person, gleichsam eine Geliebte. Die Vorstellung ist gerade dann nicht abwegig, wenn man Einflüsse mystischen Sprechens berücksichtigt oder an Übertragungsschemata aus dem Minnesang denkt.[11]

dirne (V. 6) ist Selbstbezeichnung Marias. Sie stellt sich als Magd, Dienerin (lat. *ancilla*) Gottes dar. V. 6 ist insgesamt eine Übersetzung von Lk. 1,38 (Marias Einverständnis zur Verkündigung): *Ecce ancilla Domini, fiat mihi secundum verbum tuum.*[12]

vrouwe (V. 7) hat zwei semantische Dimensionen. Zum einen bezeichnet *vrouwe* einen Rang: die *vrouwe* ist ›Herrin‹, *domina*. Zum anderen impliziert der Begriff als Anrede ein Abhängigkeitsverhältnis: das sprechende Ich steht zur *vrouwe* im Verhältnis von Diener zur Dienstherrin.[13]

himelmeit schließlich weist auf Marias ›gegenwärtige‹ Position hin. Sie ist von Gott in den Himmel aufgenommen worden. Es gibt in der Mariendichtung zahlreiche lexikalische Varianten, dies auszudrücken, z. B.: *himelbluome, himel-*

10 Zahlreiche Belege bei Salzer, S. 97 ff., würden diese Deutung stützen.

11 Vgl. dazu Kesting, S. 49.

12 Bertau (S. 48) macht darauf aufmerksam, daß ›normalerweise‹ der lat. Evangelientext übersetzt wird mit: *sich ein dirne des herren.* »Frauenlob weicht originell ab, der Qualitätsunterschied zwischen ihm und den Bibelübersetzern ist bedeutend.« – Es gibt jedoch neben Frauenlob auch andere, nicht mehr interlinear strukturierte Übersetzungen. Vgl. um 1300 z. B.: *Der Saelden Hort. Alemannisches Gedicht vom Leben Jesu, Johannes des Täufers und der Magdalena,* aus der Wiener und Karlsruher Handschrift hrsg. von Heinrich Adrian, Berlin 1927, V. 685: *sich, ich bin Gottes dirn. – Der Saelden Hort* enthält im übrigen bis auf Marias Himmelfahrt alle auch von Frauenlob genannten Szenen in ›epischer Breite‹.

13 Es kann hier nur daran erinnert werden, daß im hohen Minnesang ein ebensolches Verhältnis mit ebensolcher Terminologie vorherrscht. Vgl. dazu Kesting, *passim.*

frouwe, himelgebieterin, himelgottine, himelkünigin, himels keiserin.[14]

Die von Frauenlob verwendeten Epitheta sind ganz traditionell und zudem recht ›konkret‹. Es gibt zahlreiche andere Beiworte, die in ihrer Symbolik und Metaphorik kryptischer sind und erst als theologisch spitzfindige Interpretationen bestimmter Bibelstellen, aber auch naturkundlicher Phänomene erklärbar werden.[15] Frauenlob kommt es aber in unserer Strophe augenscheinlich weniger darauf an, Maria mit ausgefallenen Attributen zu bedenken. Er rückt vielmehr bestimmte Stationen in Marias Leben in den Mittelpunkt des Gebets.

6. Diese ›Lebensbilder‹ sind chronologisch und der Kanzonen-Tektonik gemäß angeordnet. Der erste Stollen (V. 1–6) sowie die ersten sechs Verse des Abgesangs (V. 13–18) haben metaphysische Dimensionen zum Thema:
In V. 3–5 erinnert das Ich an die Verkündigung (*annuntiatio*) durch den Engel Gabriel (*Ave gratia plena*, Lk. 1,28). Im zweiten Halbvers 5 und im folgenden V. 6 wird die übernatürliche Empfängnis angesprochen (*conceptio*). Indem Maria dem Engel ihr Einvernehmen mit dem göttlichen Ratschluß kundtut (Lk. 1,38, oben bereits wörtlich zitiert), empfängt sie ihren Sohn Jesus gleichsam ›durch das Ohr‹, in das das Wort Gottes (des Heiligen Geistes) eindringt; so jedenfalls wird ihre Antwort schon früh und mit langer Tradition gedeutet.[16]
Schwierigkeiten bereitet Frauenlobs Formulierung *ich mane dich ouch an daz antwurt büzen* (V. 5). Ganz wörtlich bedeutet *antwurt büzen* ›das (Aus-)Bessern, (Wieder-) Gutmachen der Antwort; das Abhilfeschaffen für die Ant-

14 Vgl. Salzer, S. 145, 91, 457, 423, 456, 458.
15 Hingewiesen sei vor allem auf Frauenlobs Marienleich, der bis heute vielfältige Deutungsprobleme birgt. – Eine gute Übersicht über mariologische Attribute bei Salzer.
16 Vgl. Gössmann, bes. S. 239 f., und Reg., s. v. »Zustimmung«.

wort‹. Es gibt mehrere Möglichkeiten, den Ausdruck zu verstehen. Sicher scheint mir keine. Da ich jedoch nichts ›Sichereres‹ anbieten kann, kommentiere ich den Stand der Forschung: Ettmüller[17] deutet *antwurt büzen* als »antwortgeben. Der künstelnde ausdruck ward wohl gewählt, weil angedeutet werden sollte, dass die antwort der gehorsamen demuth der jungfrau den hochmütigen ungehorsam der menschheit sühnte (*buozte*)«. Dieses Verständnis hat mit syntaktischen Problemen zu ringen und dürfte kaum haltbar sein. – Bertau[18] (und auch Stackmann) denken an einen Zusammenhang mit Lk. 1,29 (und dann wohl auch 1,34[19]). Auf die Verkündigung des Engels reagiert Maria erschrocken (*Quae cum audisset, turbata est in sermone ejus* [des Engels], Lk. 1,29), denn sie weiß nicht, wie sie – ohne ihre Jungfräulichkeit zu verlieren – Mutter werden soll (*Quomodo fiet istud, quoniam virum non cognosco?*, Lk. 1,34). Frauenlob würde also mit *antwurt* diese Reaktion Marias meinen, auf die dann aber ihre Zustimmung *Ecce ancilla Domini . . .* folgt, die denn das *büzen* der (ersten) Antwort bedeutete: indem sie zustimmt und empfängt, macht sie ihre erschrokkene Reaktion wieder gut. Problematisch ist bei dieser Deutung, daß Frauenlob eine F r a g e Marias als *antwurt* bezeichnen würde. – Stackmann[20] macht darüber hinaus noch auf eine rechtssprachliche Bedeutung von *antwurt* aufmerksam (›Verteidigungsrede des Angeklagten‹) und deutet (vielleicht etwas sehr gewunden, aber Frauenlob ist einiges zuzutrauen): »In diesem Fall könnte auf das Erlösungswerk angespielt sein: Der Gehorsam Marias tilgt die Folgen des Sündenfalls, die in diesem Fall unter dem Bild des Zustandes

17 Vgl. Ettmüller, S. 292.
18 Vgl. Bertau, S. 46, Anm. 104.
19 Diese Stelle bringt Stackmann (GA 2, S. 723) ins Spiel und grenzt sich damit gegen Bertau ab. Ich denke aber, daß auch Bertau diese Stelle mit ins Kalkül gezogen hat, denn sonst wären seine nur sehr knappen Ausführungen nicht verständlich.
20 GA 2, S. 723.

eines Angeklagten vor einem Gericht dargestellt wären.« –
Schließlich ist noch auf ein textkritisches Detail hinzuweisen,
das von größerer interpretatorischer Relevanz sein könnte.
Statt des Wortes *antwurt*, das in den Handschriften C, F und
t erscheint, schreiben die Handschriften H¹ und H² *antwerc*.
antwerc bedeutet ›das durch Arbeit Hervorgebrachte, das
Geschöpf‹; Stackmann hält – mit Recht – auch ›Schöpfung‹
für möglich. *antwerc büzen* wäre also ›(Wieder-)Gutmachen
der Schöpfung‹, und damit könnte – so Stackmann – »die Tat
Marias wohl umschrieben worden sein«²¹, d. h., indem Maria
Gottes Sohn inkarniert, wird die Menschheit von den Sünden erlöst. Auf den ersten Blick scheint diese Lesart die ein-
leuchtendste zu sein. Es ist aber nicht ausgeschlossen, daß
das *antwurt büzen* der Leithandschrift doch die *lectio diffi-
cilior* ist.
Im ersten Stollen wurden also die übernatürliche Verkündigung und Empfängnis thematisiert. Der Abgesang hat ebenfalls metaphysische Dimension. Hier wird zunächst an die
urstende Christi erinnert (vgl. Lk. 24,6: *Non est hic* [im
Grab], *sed surrexit*), sodann an die *himelvart* (vgl. Lk. 24,51:
recessit ab eis [den Jüngern] *et ferebatur in coelum*) und
schließlich an die Aufnahme Marias in den Himmel. Letzteres Ereignis ist nicht biblisch (insofern es keine expliziten
biblischen Berichte über die Himmelfahrt Marias gibt), hat
aber eine recht frühe (etwa ab dem 4. Jahrhundert) und dann
auch dogmatisierte Tradition, die über apokryphe Schriften
und die Patristik in die kirchliche Liturgie einfließt.²²
Der erste Stollen und der Abgesang rahmen den zweiten
Stollen symmetrisch ein. Und er enthält – im Gegensatz zu
den beiden anderen Strophenteilen – diesseitige, irdische,
menschliche Ereignisse. Zunächst wird Maria an die Geburt
ihres Sohnes erinnert (*nativitas*; vgl. Lk. 2,7: *Et* [Maria] *pepe-
rit Filium suum*). Darauf folgt die Erinnerung an die Dar-

---

21 GA 2, S. 723.
22 Vgl. M. Schmaus, »Aufnahme Marias in den Himmel«, in: *Lexikon für
Theologie und Kirche*, Bd. 7, Sp. 1068–72.

bringung Jesu im Tempel,[23] wie uns von Lk. 2,22–38 berichtet wird. Diese rituelle Handlung geht zurück auf Exodus (2. Mose) 13,2–15 (*secumdum legem Moysi*, Lk. 2,22) und stellt eine gottesdienstliche Handlung dar, um den Erstgeborenen von der Pflicht, im Tempel Dienst zu tun (wie dies dem Stamm Levi auferlegt war), zu befreien.[24] Vor bzw. nach der eigentlichen Darbringung Jesu findet das sogenannte Reinigungsopfer Marias statt, das seine Wurzel in Leviticus (3. Mose) 12,1–8 findet: Nach der Geburt eines Jungen gilt die Mutter sieben Tage wie während ihrer Menstruation als unrein; am achten Tag findet die Beschneidung des Kindes statt; die Mutter muß darauf noch weitere 33 Tage *in sanguine purificationis* bleiben. Erst hernach darf sie den Tempel betreten, um dem Priester u. a. eine Taube als Sündopfer (*pro peccato*) zu übergeben; dieser vollzieht die Opferung und betet, und die Mutter wird so von ihrem Blutfluß rein (*mundabitur a profluvio sanguinis*).[25]

Auf die Darbringung (*praesentatio* und *purificatio*) folgt die Begegnung Jesu mit Simeon (*occursus Domini*; vgl. Lk. 2,25: *Et ecce homo erat in Jerusalem, cui nomen Simeon*; 2,28: *Et*

23 Was bedeutet *wegen* (V. 7)? Ettmüller, S. 292, glossiert: »an das betreten des weges, an den gang; oder ist diess *wegen* ein anderes, nämlich *wegen, intercedere*?« – Bertau, S. 46, Anm. 104, erklärt *wegen* »als die schmerzliche Gemütsbewegung Marias«; es fehlen jedoch Parallelbelege. – Stackmann (GA 2, S. 723, und Wörterbuch, S. 458) geht von der Bedeutung ›abwägen‹, ›beurteilen‹ aus und bezieht den Ausdruck auf Lk. 2,29–32, auf Simeons »Einschätzung des Jesusknaben«. Das ist möglich, man legt jedoch ziemlich genau fest, welchen Aspekt der ›Darbringung‹ Frauenlob herausgreift. – Mit meiner Übersetzung deute ich *wegen* als ›einen Weg machen, bereiten‹ (vgl. auch *Der Saelden Hort*, V. 7263); indem Jesus im Tempel dargebracht wird, wird ihm sein weiterer Lebensweg (vor)bereitet. Oder wäre –.recht banal – *wegen* als ›wiegen‹ zu fassen (vgl. *Der Saelden Hort*, V. 1603 ff: *du solt es* [sc. das Jesuskind] *heben und legen, / samft wiegen und wegen*. / [. . .].)?
24 Vgl. dazu Hans Martin von Erffa, »Darbringung im Tempel«, in: *Reallexikon zur deutschen Kunstgeschichte*, hrsg. vom Zentralinstitut für Kunstgeschichte, München, Bd. 3, [Stuttgart] / München [o. J.], Sp. 1057–76.
25 Im Alten Testament findet das Reinigungsopfer nicht zur gleichen Zeit wie die Darbringung des Kindes statt; anders im Lukas-Evangelium.

ipse [Simeon] *accepit eum in ulnas suas*). Es schließen sich
eine Weissagung Simeons (Lk. 2,34 f.) sowie die Begegnung
Jesu mit der Prophetin Anna (Lk. 2,36–38) an. Insgesamt
läßt sich die ›Darbringung im Tempel‹ also in fünf Ab-
schnitte unterteilen, von denen Frauenlob den *occursus
Domini* in den Mittelpunkt stellt. Es ist jedoch wichtig zu
beachten, daß die gesamte rituelle Handlung der Darbringung schon im frühen Mittelalter auf die Verehrung von
Marias *purificatio* reduziert wurde; seit karolingischer Zeit
gilt der 2. Februar als verbindliches Marienfest (*Purificatio
b. M. V.* bzw. ›Mariä Lichtmeß‹, da das Fest mit Kerzenweihe
und Lichterprozession verbunden wurde). Die *purificatio*
zählt zu den sogenannten ›Marienfreuden‹, und auf sie ist
noch näher einzugehen.
Frauenlob fährt fort mit einer Erinnerung an die *marter*
Christi und an die Tränen, die Maria unter dem Kreuz vergossen hat. Thematisiert werden also einerseits die *passio*
Christi (vgl. Lk. 23,26 ff.), andererseits die *compassio* Marias,
die biblisch nur indirekt angelegt (vgl. Lk. 2,35; dazu auch
weiter unten) und in der Hauptsache durch ostkirchliche
Hymnen und apokryphe Leidensgeschichten in die Tradition der Marienverehrung eingeflossen ist.[26]
Wir konnten bislang beobachten, wie genau Frauenlob die
formale Tektonik der Strophe für die einzelnen Aussagen
fruchtbar gemacht hat. Es bliebe zu fragen, ob Frauenlob bei
der Auswahl der marianischen Lebensbilder auf strukturelle
und / oder motivische Vorbilder zurückgreifen konnte. Bertau[27], der das Frauenlob-Gebet mit lateinischen Marienhym-
nen verglichen hat,[28] kommt zu dem Schluß, daß Frauenlob

26 Vgl. Seewald und Fromm. – Ein beachtenswerter Quellentext ist:
S. Bernardus [wohl falsche Zuschreibung], »Liber de passione Christi
et doloribus et planctibus matris ejus«, in: *Patrologia Latina* 182,
Sp. 1133–42, bes. 1137 und 1139.
27 Vgl. Bertau, S. 43–45.
28 Vgl. *Lateinische Hymnen des Mittelalters*, aus Handschriften hrsg. und
erkl. von Franz Joseph Mone, in 3 Bden, Bd. 2: *Marienlieder*, Nachdr.
der Ausg. Freiburg i. Br. 1854, Aalen 1964.

sieben Marienfreuden (Verkündigung, Empfängnis, Geburt, Reinigung, Auferstehung, Himmelfahrt, Aufnahme in den Himmel) und einen Marienschmerz (Mit-Leiden mit Christus) dargestellt hat, so daß Frauenlobs Gedicht »hymnischen Schemata und Einzelformen« – freilich in selbständiger Verarbeitung – verpflichtet sei. Bertau gibt aber weiter zu bedenken, daß die *praesentatio* bzw. *purificatio* (V. 7–10) neben einer Marienfreude auch einen Marienschmerz bedeuten könne (so in lateinischer Hymnik), denn Simeon prophezeit Maria Schmerzen: *et tuam ipsius animam pertransibit gladius* (Lk. 2,35; zu beziehen ist die Prophezeiung auf Christi Kreuzestod).

Freuden und Schmerzen Marias haben in der Marienliteratur in der Tat eine gut belegte Tradition; die Siebenzahl ist nicht verbindlich, wenngleich recht häufig anzutreffen. Frauenlob war diese Tradition zweifellos bekannt, und es ist durchaus damit zu rechnen, daß er sein Gebet daran orientierte bzw. das Motivinventar dieser Tradition entlehnte. Schon Bertau ist jedoch vorsichtig mit dem Postulat direkter Abhängigkeiten. Und zwei weitere Überlegungen mögen die Vorsicht unterstreichen: 1. Die Struktur der Strophe ist der Differenzierung in metaphysische und physische Ereignisse verpflichtet, nicht oder doch kaum derjenigen in Freuden und Schmerzen.[29] 2. Die traditionelle Einflußforschung hat in den letzten Jahren methodologisch durch die Intertextualitätsdiskussion andere Dimensionen gewonnen, besonders insofern die Instanz des Autors und das Postulat der Intentionalität dort einen anderen Stellenwert zugewiesen bekommen hat (und das dürfte nicht nur für epische, sondern auch für lyrische Texte beachtenswert sein).

29 Wenn man jedoch den zweiten Stollen insgesamt als die Schilderung schmerzlicher, da irdisch-weltlicher Ereignisse betrachtet (also Geburt, Darbringung, Hinrichtung, Mit-Leid), so ließe sich auch das Oppositionspaar Freuden–Schmerzen als Strukturprinzip ansetzen. – Allerdings wird die Geburt Christi in der Marienliteratur sonst wohl nur als Marienfreude gedeutet.

Frauenlob kennt sich in der mariologischen Literatur gut aus und verfügt über ein großes Repertoire an Traditionstopoi. Wie er diese Topoi verknüpft, wie er sie neu arrangiert, wie sein Text auf andere Texte reagiert und wie der Text durch die im Prozeß der Rezeption aktualisierte Reaktion – im Netzwerk anderer Texte – neue Dimensionen gewinnt, läßt sich aufgrund des nie zu überwindenden historischen Abstands immer nur bruchstückhaft rekonstruieren.[30]

7. Am Ende bleibt zu erläutern, welches Telos der Gebetsstrophe zugrunde liegt. In V. 19 faßt das Ich die Erinnerung an *alle fröuden* zusammen[31] und bittet Maria um Hilfe *von sünden pine*. Vorbereitet ist dieses Hilfersuchen am Ende des Aufgesangs (V. 12) und zu Beginn des Abgesangs (V. 13): das Ich fordert dort Maria auf, angesichts ihres Mit-Leidens mit dem gefolterten Christus auch Mit-Leid mit dem (eo ipso sündigen) Ich zu haben.[32] Wie schon erwähnt, verbindet Frauenlob beide formal getrennten Strophenteile durch das Enjambement von V. 12 auf V. 13. Inhaltlich fügt sich dieses Stilistikum gut zu den schon dargelegten strukturellen Beobachtungen. Der irdisch-weltliche Bereich des zweiten Stollens wird verlassen und der himmlisch-außerweltliche des Abgesangs betreten. Das Mit-Leid Marias steht nun ›textlich-räumlich‹ zwischen beiden Bereichen; ihr Mit-Leid kann

30 Das trifft freilich in gleichem Maße auch für den ›Umgang‹ Frauenlobs mit der Bibel zu; es wäre verfehlt zu glauben, daß er stets einen Vulgatatext auf dem Schreibtisch liegen hatte, den er beim Dichten durchblätterte ...

31 Ob damit nur die Freuden des Abgesangs gemeint sind oder ob auch die Freuden des ersten Stollens und eventuell die Geburt und Reinigung Marias mitzurechnen sind, läßt sich kaum eindeutig entscheiden, denn die *ich-mane*-Formel leitet ja auch die *marter* und die *tropfen vrone* ein.

32 *in der achte min* übersetzt Ettmüller (S. 292) mit »wie ich glaube«, Bertau (S. 161) mit »in meiner Betrachtung«; dem folgt Stackmann (GA 2, S. 723, und Wörterbuch, S. 4), der noch erläutert: »bei meiner sorgsamen Erwägung (sc. deines Leidens)«. – Mit meiner Übersetzung fasse ich *min* als *genitivus objectivus* auf.

eine Verbindung herstellen zwischen dem Diesseits und dem Jenseits. Und eine solche ver-mittelnde Position und Funktion wird Maria in der Tat zugeschrieben. Besonders seit dem 11. Jahrhundert (vereinzelt aber schon früher) wird sie als ›Helferin‹ verehrt und angebetet; sie ist die *advocata* der sündigen Menschen, sie stellt eine *mediatrix* zwischen Irdischem und Himmlischem dar, ihre Bitte für die Sünder bei Gott gilt diesen als große Hilfe.[33]

8. Frauenlobs Mariengebet ist eingebettet in die besonders im 13. Jahrhundert auch volkssprachig reich entwickelte Mariendichtung. Die entworfenen Bilder lassen sich ohne große Schwierigkeiten verschiedenen Traditionen zuordnen. Die Art und Weise ihrer Zusammenstellung, die Großkomposition und die sprachlich-ästhetische Umsetzung ideeller Zusammenhänge ist jedoch Frauenlob eigen. Auch in diesem Gedicht hat er seine Meisterschaft bewiesen und seinem Beinamen ›Frauenlob‹ alle Ehre gemacht.

Neben dem *Marienleich* freilich, jenem naturphilosophisch-theologisch durchkalkulierten, vielfach noch rätselhaften Großtext, der mit Recht als Frauenlobs Meisterstück zu betrachten ist, mutet unsere Strophe zwergenhaft an. Es wäre aber zu begrüßen, wenn sie für Frauenlobs Dichtung Interesse wecken würde; denn ihn zu verstehen kann nur im Kleinen beginnen.

---

33 Vgl. z. B. Delius, S. 160 f., und Kesting, S. 18–23. – Bis in heutige Tage haben sich ja Gebete erhalten, die dies zum Ausdruck bringen, etwa: »Maria, Mutter Gottes, bitte für uns Sünder ...«

Literaturhinweise

Ausgaben

Frauenlob (Heinrich von Meissen). Leichs, Sangsprüche, Lieder. Tl. 1: Einleitungen, Texte. Tl. 2: Apparate, Erläuterungen. Auf Grund der Vorarb. von Helmuth Thomas hrsg. von Karl Stackmann und Karl Bertau. Göttingen 1981. [Tl. 2 zit. als: GA 2.]

Forschungsliteratur

Bein, Thomas: *Sus hup sich ganzer liebe vrevel.* Studien zu Frauenlobs Minneleich. Frankfurt a. M. [u. a.] 1988.

Bertau, Karl: Untersuchungen zur geistlichen Dichtung Frauenlobs. Diss. Göttingen 1954. [Masch.]

Beissel, Stephan: Geschichte der Verehrung Marias in Deutschland während des Mittelalters. Ein Beitrag zur Religionswissenschaft und Kunstgeschichte. Mit 292 Abb. Freiburg i. Br. 1909.

Delius, Walter: Geschichte der Marienverehrung. München / Basel 1963.

Edelmann-Ginkel, Alwine: Das Loblied auf Maria im Meistersang. Versuch einer Typendifferenzierung auf der Basis spätmittelalterlicher Bedingtheiten und Wandlungsprozesse. Göppingen 1978.

Heinrichs von Meissen, des Frauenlobes Leiche, Sprüche, Streitgedichte und Lieder. Erl. und hrsg. von Ludwig Ettmüller. Quedlinburg / Leipzig 1843. [Zit. als: Ettmüller.]

Fromm, Hans: Mariendichtung. In: Reallexikon der deutschen Literaturgeschichte. Bd. 2. Hrsg. von W. Kohlschmidt [u. a.]. Berlin / New York 1963. S. 271–291.

Gössmann, Maria Elisabeth: Die Verkündigung an Maria im dogmatischen Verständnis des Mittelalters. München 1957.

Handbuch der Marienkunde. Hrsg. von W. Beinert und H. Petri. Regensburg 1984.

Kern, Peter: Trinität, Maria, Inkarnation. Studien zur Thematik der deutschen Dichtung des späteren Mittelalters. Berlin 1971.

Kesting, Peter: Maria – Frouwe. Über den Einfluß der Marienverehrung auf den Minnesang bis Walther von der Vogelweide. München 1965.

Salzer, Anselm: Die Sinnbilder und Beiworte Mariens in der deutschen Literatur und lateinischen Hymnenpoesie des Mittelalters. Mit Berücksichtigung der patristischen Literatur. Eine literarhistorische Studie. Linz 1893.

Seewald, Gerd: Die Marienklagen im mittellateinischen Schrifttum und in den germanischen Literaturen des Mittelalters. Diss. Hamburg 1953. [Masch.]

Stackmann, Karl: Frauenlob. In: VL² 2 (1980). Sp. 865–877.

Wörterbuch zur Göttinger Frauenlob-Ausgabe. Unter Mitarb. von J. Haustein red. von K. Stackmann. Göttingen 1990.

Abgekürzt zitierte Literatur und Zeitschriften

ADB   Allgemeine Deutsche Biographie. Hrsg. durch die Histor. Commission bei der Königl. [Bayerischen] Akad. der Wiss. 55 Bde. und Reg.-Bd. Leipzig 1875–1912. Nachdr. Berlin 1967–71.

DU   Der Deutschunterricht

DVjs.   Deutsche Vierteljahrsschrift für Literaturwissenschaft und Geistesgeschichte

DWB   Deutsches Wörterbuch. [Begr.] von Jakob und Wilhelm Grimm. 32 Bde. Leipzig 1854–1960.

Euph.   Euphorion. Zeitschrift für Literaturgeschichte

GLL   German Life and Letters

GRLMA   Grundriß der romanischen Literaturen des Mittelalters. Hrsg. von Hans Robert Jauss und Erich Köhler. Heidelberg 1968 ff.

GRM   Germanisch-Romanische Monatsschrift

Hpt. / HW   Neidhart von Reuental. Hrsg. von Moriz Haupt. Leipzig 1858. – 2. Aufl. neu bearb. von Edmund Wießner. Ebd. 1923.

     Die Lieder Neidharts. Hrsg. von Edmund Wießner. Fortgef. von Hanns Fischer. 4. Aufl. rev. von Paul Sappler. Tübingen 1984.

IASL   Internationales Archiv für Sozialgeschichte der deutschen Literatur

JbIG   Jahrbuch für Internationale Germanistik

JEPG   Journal of English and Germanic Philology

KLD   Deutsche Liederdichter des 13. Jahrhunderts. Hrsg. von Carl von Kraus. Bd. 1: Text. Tübingen 1952. Bd. 2: Kommentar. Bes. von Hugo Kuhn. Ebd. 1958. – 2. Aufl. durchges. von Gisela Kornrumpf. 2 Bde. Ebd. 1978.

L   Die Gedichte Walthers von der Vogelweide. Hrsg. von Karl Lachmann. 13., auf Grund der 10. von Carl von Kraus bearb. Ausg. neu hrsg. von Hugo Kuhn. Berlin 1965.

MF   Des Minnesangs Frühling

MFTM   Des Minnesangs Frühling. Unter Benutzung der Ausg. von Karl Lachmann und Moriz Haupt, Friedrich Vogt und Carl von Kraus bearb. von Hugo Moser und Hel-

	mut Tervooren. 36., neugest. und erw. Aufl. Bd. 1: Texte. Bd. 2: Editionsprinzipien, Melodien, Handschriften, Erläuterungen. Stuttgart 1977. – Bd. 1: 37., rev. Aufl. Ebd. 1982. – 38., erneut rev. Auflage mit einem neuen Anh. Ebd. 1988.
MLN	Modern Language Notes
MLR	The Modern Language Review
Neophil.	Neophilologus
PBB	Beiträge zur Geschichte der deutschen Sprache und Literatur. Halle (Saale) und Tübingen
SM	Sammlung Metzler
SMS	Die Schweizer Minnesänger. Hrsg. von Karl Bartsch. Frauenfeld 1886. Nachdr. Darmstadt 1964. Die Schweizer Minnesänger. Nach der Ausg. von Karl Bartsch neu bearb. und hrsg. von Max Schiendorfer. Tübingen 1990.
VL¹	Die deutsche Literatur des Mittelalters. Verfasserlexikon. Hrsg. von Wolfgang Stammler und Karl Langosch. 5 Bde. Berlin 1933–55.
VL²	2. Aufl. Hrsg. von Kurt Ruh [u. a.]. Bd. 1 ff. Berlin / New York 1978 ff.
WdF	Wege der Forschung
ZfdA	Zeitschrift für deutsches Altertum und deutsche Literatur
ZfdPh.	Zeitschrift für deutsche Philologie

Die Autoren der Beiträge

HANS-JOACHIM BEHR

Geboren 1949. Studium der Germanistik, Klassischen Philologie und Indogermanistik an der Universität Erlangen/Nürnberg. Professor für ältere deutsche Sprache und Literatur an der TU Braunschweig.

Publikationen: Politische Realität und literarische Selbstdarstellung. Studien zur Rezeption volkssprachlicher Texte in der lateinischen Epik des Hochmittelalters. 1978. – *Herzog Ernst.* Eine Übersicht über die verschiedenen Textfassungen und deren Überlieferung. 1979. – Literatur als Machtlegitimation. Studien zur Funktion der deutschsprachigen Dichtung am böhmischen Königshof im 13. Jahrhundert. 1989. – Aufsätze. Rezensionen und Handbucharktikel aus dem Bereich des Hoch- und Spätmittelalters.

THOMAS BEIN

Geboren 1957. Studium der Germanistik, Romanistik und Philosophie in Bonn. Dr. phil. Wissenschaftlicher Assistent am Germanistischen Seminar der Universität Bonn.

Publikationen: Sus hup sich ganzer liebe vrevel. Studien zu Frauenlobs Minneleich. 1988. – *Wider allen den suhtin.* Deutsche medizinische Texte des Hoch- und Spätmittelalters. 1989. – Textkritik. Eine Einführung in Grundlagen der Edition altdeutscher Dichtung. 1990. – Aufsätze zu Frauenlob, Minnesang, Sangspruchdichtung, Homosexualität in mittelalterlicher Dichtung, Walther von der Vogelweide, Editionsgeschichte, antik-mittelalterliche Humoralpathologie, mariologische Metaphorik/Allegorik, politische Lyrik, Fachgeschichte, Poetologie des mittelalterlichen Liedes.

444 *Die Autoren der Beiträge*

INGRID BENNEWITZ

Geboren 1956. Studium der Germanistik, Musikwissenschaft und Philosophie an den Universitäten Salzburg und Münster (Westfalen). Dr. phil. Lehrbeauftragte an den Universitäten Hamburg und Erlangen/Nürnberg; Universitäts-Assistentin an der Universität Salzburg.

Publikationen: Original und Rezeption. Funktions- und überlieferungsgschichtliche Studien zur Neidhart-Sammlung R. 1987. – Die Schrift des Minnesangs und der Text des Editors. Studien zur Minnesang-Überlieferung im *Hausbuch* des Michael de Leone. 1992. – (Hrsg.) *Der frauwen buoch*. Versuche zu einer feministischen Mediävistik. 1989. – (Mithrsg.) Feministische Wissenschaft. Methoden und Perspektiven. 1990. – (Mithrsg.) Deutsche Literatur. Eine Sozialgeschichte. Bd. 2. 1991. – Aufsätze zur Überlieferungs- und Editionsgeschichte der deutschen Literatur des Mittelalters, speziell zum Bereich des Minnesangs; Transkriptionen der Neidhart-Handschriften O, c und w sowie Mitarbeit an Verskonkordanzen; Artikel und Aufsätze zur moralisch-didaktischen Literatur und zum Prosaroman der frühen Neuzeit sowie zur Rezeption mittelalterlicher Stoffe in der Literatur des 19. und 20. Jahrhunderts; zahlreiche Beiträge zur Verwendung geschlechtergeschichtlicher Interpretationsansätze in der Literatur des Mittelalters und der frühen Neuzeit.

WOLFGANG BEUTIN

Geboren 1934. Studium der Germanistik und Geschichte in Hamburg und Saarbrücken. Dr. phil. Dozent für Mediävistik und germanische Linguistik an der Universität Hamburg.

Publikationen: Königtum und Adel in den historischen Romanen von Willibald Alexis. 1966. – *Deutschstunde* von Siegfried Lenz. Eine Kritik. Mit einem Anh.: Vorschule der Schriftstellerei. 1970. – Das Weiterleben alter Wortbedeutungen in der neueren deutschen Literatur bis gegen 1800. 1972. – Sprachkritik, Stilkritik. Eine Einführung. 1976. – Der radikale Doktor Martin Luther. Ein Streit- und Lesebuch. 1982. – Sexualität und Obszönität. Eine literaturpsychologische Studie über epische Dichtungen des Mittelalters und der Renaissance. 1990. – (Hrsg.) Literatur und Psychoanalyse. Ansätze zu einer psychoanalytischen Textinterpretation. 1972. – (Mithrsg.) Franz Mehring – Historiker der Philosophie, der Arbeiterbewegung und der Literatur. 1992. – Aufsätze zur Literaturpsychologie und -geschichte sowie zur Sprach- und Ideologiekritik. Belletristische Veröffentlichungen (darunter 4 Romane).

HORST BRUNNER

Geboren 1940. Studium der Germanistik, Musikwissenschaft, lateinischen Philologie in Erlangen und Zürich. Dr. phil. Professor für deutsche Philologie an der Universität Würzburg.

Publikationen: Die poetische Insel. Inseln und Inselvorstellungen in der deutschen Literatur. 1967. – Die alten Meister. Studien zur Überlieferung und Rezeption der mhd. Sangspruchdichtung im Spätmittelalter und in der frühen Neuzeit. 1975. – (Mithrsg.) Hans Sachs und Nürnberg. Bedingungen und Probleme reichsstädtischer Literatur. 1976. – (Mithrsg.) Walther von der Vogelweide. Die gesamte Überlieferung der Texte und Melodien. 1977. – (Mithrsg.) Wilhelm Scherer / Elias von Steinmeyer: Briefwechsel 1872–1886. 1982. – (Hrsg.) Literatur in der Stadt. Bedingungen und Beispiele städtischer Literatur des 15. bis 17. Jhs. 1982. – (Hrsg.) Das *Hausbuch* des Michael de Leone. 1983. – (Hrsg.) Neidhart (WdF 556). 1986. – (Mithrsg.) Repertorium der Sangsprüche und Meisterlieder des 12. bis 18. Jahrhunderts. 16 Bde. 1986 ff. – (Hrsg.) Konrad von Würzburg. Seine Zeit, sein Werk, seine Wirkung. 1988/89. – (Hrsg.) Die deutsche Trojaliteratur des Mittelalters und der Frühen Neuzeit. 1990. – (Mithrsg.) Die Schulordnung und das Gemerkbuch der Augsburger Meistersinger. 1991. – (Hrsg.) Heinrich Wittenwiler. *Der Ring* (zweispr. Ausg.). 1991. – (Mithrsg.) Wissensliteratur im Mittelalter und in der Frühen Neuzeit. Bedingungen, Typen, Publikum, Sprache. 1993. – Aufsätze, Lexikonartikel, Rezensionen zur deutschen Literatur des Mittelalters und der frühen Neuzeit.

TRUDE EHLERT

Geboren 1946. Studium der Germanistik, Romanistik und Komparatistik in Hamburg, Freiburg i. Br., Grenoble und Bonn. Dr. phil. Apl. Professorin an der Universität Bonn; Dozentin am Institut für Literaturwissenschaft, Abt. Mediävistik, Universität Karlsruhe (TH).

Publikationen: Konvention – Variation – Innovation. Ein struktureller Vergleich von Liedern aus *Des Minnesangs Frühling* und von Walther von der Vogelweide. 1980. – Deutschsprachige Alexanderdichtung des Mittelalters. Zum Verhältnis von Literatur und Geschichte. 1989. – Das Kochbuch des Mittelalters. 1990. ³1991. – (Hrsg.) G. Meissburger: *Einführung in die mediävistische Germanistik.* 1983. – (Mithrsg.) Essen und Trinken in Mittelalter und Neuzeit. 1987. ²1991. – (Hrsg.) Haushalt und Familie in Mittelalter und früher Neuzeit. 1991. – (Mitverf. und Mithrsg.) Der Rheinische Merlin. Text, Übersetzung, Untersuchungen der *Merlin-* und *Lüthild*-Fragmente. Nach der Handschrift Ms. germ. qu. 1409 der Staatsbibliothek Preußischer Kulturbesitz neu hrsg. von H. Beckers. Übers. und Unters. von G. Bauer u. a. Berlin 1991. – Aufsätze und Lexikonbeiträge zur deutschen (und französischen) Literatur des Mittelalters, mit dem Schwergewicht auf literatursoziologischen, funktionsgeschichtlichen und kulturhistorischen Fragestellungen.

JUTTA GOHEEN

Geboren 1935. Studium der Germanistik, Anglistik, Allgem. Sprachwissenschaft in Potsdam, Bonn und London. Dr. phil. Professor of German an der Carleton University, Ottawa (Kanada).

Publikationen: Mittelalterliche Liebeslyrik von Neidhart von Reuental bis zu Oswald von Wolkenstein. 1984. – Mensch und Moral im Mittelalter. Geschichte und Fiktion in Hugo von Trimbergs *Der Renner.* 1990. – Aufsätze zum literarischen Stil, zu Freidank, Neidhart, Walther von der Vogelweide, Oswald von Wolkenstein; Heinrich von Kleist, Rainer Maria Rilke und Sarah Kirsch.

ECKHARD GRUNEWALD

Geboren 1944. Studium der Germanistik, Geschichte und Kunstgeschichte in Köln. Dr. phil. Apl. Prof. für Deutsche Philologie an der Universität Oldenburg. Leiter des Wissenschaftsbereichs »Literatur/Sprache« am Bundesinstitut für ostdeutsche Kultur und Geschichte in Oldenburg.

Publikationen: Die Zecher- und Schlemmerliteratur des deutschen Spätmittelalters. 1976. – Friedrich Heinrich von der Hagen. 1780 bis 1856. Ein Beitrag zur Frühgeschichte der Germanistik. 1987. – (Hrsg.) Peter von Staufenberg. Abbildungen zur Text- und Illustrationsgeschichte. 1978. – (Hrsg.) Franz Kugler und Robert Reinick: Liederbuch für deutsche Künstler. 1978. – (Hrsg.) Der Ritter von Staufenberg. 1979. – (Hrsg.) Carl Spitzweg: *Und abends tu ich dichten.* Gedichte und Zeichnungen. 1979. – (Hrsg.) Joseph von Eichendorff: Aus dem Leben eines Taugenichts. Text und Materialien. 1986. – (Mithrsg.) Katalog: *Ich bin mit der Revolution geboren . . .* Joseph von Eichendorff. 1788–1857. 1988. – (Hrsg.) Katalog: Poetische Nachbarschaft: Wolf von Niebelschütz und Joseph von Eichendorff. 1990. – (Mithrsg.) Katalog: Der Dichter und seine Stadt. Max Herrmann-Neisse zum 50. Geburtstag. 1991. – (Mithrsg.) Von Spee zu Eichendorff. Zur Wirkungsgeschichte eines rheinischen Barockdichters. 1991. – Aufsätze zu Literatur und Kunst des Mittelalters, Geschichte der Germanistik, Mittelalterrezeption, Handschriftenkunde sowie Literatur und Kunst des 18./19. Jahrhunderts.

SIEGLINDE HARTMANN

Geboren 1945. Studium der Germanistik und Romanistik in Köln und Frankfurt am Main. Dr. phil. Privatgelehrte in Frankfurt a. M.

Publikationen: Altersdichtung und Selbstdarstellung bei Oswald von Wolkenstein. 1980. – (Mithrsg.) Deutsch-Französische Germanistik. Festschrift für Emile Georges Zink. 1984. – Aufsätze über Flaubert, *Helmbrecht,* Oswald von Wolkenstein, Karl IV., Ulrich von Winterstetten, Meister Eckhart, Essays über die Kochkunst und das Lachen im Mittelalter sowie Lexikonartikel zu Mystik und Kulturgeschichte des Mittelalters.

GABY HERCHERT

Geboren 1958. Studium der Germanistik, Philosophie und Pädagogik in Köln und Duisburg. M.A. Dozentin in verschiedenen Bereichen der Erwachsenenbildung; Lehraufträge an der Universität Duisburg.

INGRID KASTEN

Geboren 1945. Studium der Philosophie, Germanistik und Romanistik an der Universität Hamburg. Dr. phil. Professorin an der Freien Universität Berlin für Ältere deutsche Sprache und Literatur.

Publikationen: Studien zu Thematik und Form des mhd. Streitgedichts. 1973. – Frauendienst bei Trobadors und Minnesängern im 12. Jahrhundert. Zur Entwicklung und Adaption eines literarischen Konzepts. 1986. – (Hrsg.) Chrétien de Troyes: *Erec und Enide.* Mit Einleitung und Übersetzung. 1979. – (Hrsg.) Frauenlieder des Mittelalters. Zweispr. 1990. – *La vie du pape saint Grégoire* mit Einleitung und Übersetzung. 1991. – Aufsätze zur Literatur des Mittelalters und zur Rezeption mittelalterlicher Literatur mit komparatistischem Schwerpunkt (romanisch-deutsche Literaturbeziehungen).

JÜRGEN KÜHNEL

Geboren 1944. Studium der Germanistik, Indogermanistik, Geschichte und Politikwissenschaft in Tübingen und Stuttgart. Dr. phil. Akademischer Rat für Germanistik/Mediävistik an der Universität-GH-Siegen.

Publikationen: Grundkurs Historische Linguistik. Materialien zur Einführung in die germanisch-deutsche Sprachgeschichte. 1975. [2]1978. – Untersuchungen zum germanischen Stabreimvers. 1978. – Richard Wagners *Ring der Nibelungen*. Stoffgeschichtliche Grundlagen – dramaturgische Konzeption – szenische Realisierung. 1991. – Wolfram von Eschenbach: *Parzival*. Lachmanns Buch III. Abbildung und Transkription der Leithandschriften D und G. 1971. – (Hrsg.) *Dû bist mîn. Ich bin dîn.* Die lateinischen Liebes-(und Freundschafts-)Briefe des clm 19411. Abbildungen, Text und Übersetzung. 1977. – (Mithrsg.) *De poeticis medii aevi quaestiones.* Käte Hamburger zum 85. Geburtstag. 1981. – (Mithrsg.) Psychologie in der Mediaevistik. 1985. – (Mithrsg.) *Ist zwîvel herzen nâchgebûr.* Günther Schweikle zum 60. Geburtstag. 1989. – Mithrsg. mehrerer Tagungsbände zur Mittelalter-Rezeption (bisher 4 Bde.), zur Wagner-Rezeption und zu theaterwissenschaftlichen Themen (bisher 4 Bde.). Aufsätze zur deutschen Literatur des Mittelalters und ihrer neuzeitlichen Rezeption, zur Geschichte der deutschen Sprache, zu Themen der vergleichenden Literaturwissenschaft von Äschylus bis Tankred Dorst und vom Gilgamesch-Epos bis zu Marion Zimmer Bradley sowie zum Musiktheater des 19. und 20. Jahrhunderts. Lexikographische Arbeiten. Rezensionen.

ULRICH MÜLLER

Geboren 1940. Studium der Germanistik, lateinischen Philologie, Archäologie und Musikwissenschaft in Tübingen. Dr. phil. Professor für Deutsche Literatur des Mittelalters an der Universität Salzburg.

Publikationen: Dichtung und Wahrheit bei Oswald von Wolkenstein. 1968. – (Hrsg.) Kreuzzugsdichtung. 1969. – (Hrsg.) Politische Lyrik des deutschen Mittelalters. 1974 (dazu: Texte I/II. 1972/1974). – (Hrsg./Mithrsg.) Abbildungen zur mhd. Literatur: Manessische Liederhandschrift (1971), Heinrich von Morungen (1971), Hartmann von Aue, Der arme Heinrich (1971), Jenaer Liederhandschrift (1972), Oswald von Wolkenstein, Handschriften B/c/A (1972–74), Walther von der Vogelweide (1977), Kolmarer Liederhandschrift (1976). – (Hrsg.) *Litterae Ignotae.* 1977. – (Hrsg.) Oswald von Wolkenstein. 1980. – (Hrsg.) *Minne ist ein swaerez spil.* 1986. – (Hrsg.) Deutsche Gedichte des Mittelalters. 1993. – Mithrsg.: EDV-Konkordanzen zu Oswald von Wolkenstein (1973) und zu den Lyrik-Handschriften A/ B/c (1978/1979/1984) – Mittelalter-Rezeption I–IV. 1979–91. – Epische Stoffe des Mittelalters. 1984. – Richard-Wagner-Handbuch. 1986 (engl. 1992). – Richard Wagner und sein Mittelalter. 1989. – Opern und Opernfiguren. 1989. – Joachim Herz inszeniert *Don Giovanni* in

450   *Die Autoren der Beiträge*

Salzburg. 1990. – Antike Mythen im Musiktheater des 20. Jahrhunderts. 1990. – Deutsche Literatur 1320–1572. 1991. – Das Phänomen Mozart. 1991. – Weltheater–Mysterienspiel–Rituelles Theater. 1992. – *Don Giovanni* in New York. 1992. – Europäische Mythen der Neuzeit: *Don Juan* und *Faust*. 1993. – Aufsätze, Kongreß- und Lexikonbeiträge zur mhd. Literatur, zur Mittelalter-Rezeption, zur interkulturellen Germanistik, zur Musik der Antike und des Mittelalters sowie zum Musiktheater.

CHRISTA ORTMANN

Geboren 1936. Studium der Germanistik und Theologie in Freiburg i. Br. und München. Dr. phil. Professorin für Deutsche Literatur und Sprache des Mittelalters an der Universität Konstanz.

Publikationen: Die Selbstaussagen im *Parzival*. Zur Frage nach der Personengestaltung bei Wolfram von Eschenbach. 1972. – Aufsätze zu Minnesang und Spruchdichtung, zur höfischen Epik, zum *Moriz von Craûn*, zum Märe und zu volkssprachlicher Mystik.

HEDDA RAGOTZKY

Geboren 1941. Studium der Germanistik und Soziologie in München und Tübingen. Dr. phil. Professorin für Deutsche Literatur und Sprache des Mittelalters an der Universität-GH-Siegen.

Publikationen: Studien zur Wolfram-Rezeption. Die Entstehung und Verwandlung der Wolfram-Rolle in der deutschen Literatur des 13. Jahrhunderts. 1971. – Gattungserneuerung und Laienunterweisung in Texten des Strickers. 1981. – (Mithrsg.) Höfische Repräsentation. Das Zeremoniell und die Zeichen. 1990. – (Mithrsg.) Grundlagen des Verstehens mittelalterlicher Literatur. Literarische Texte und ihr historischer Erkenntniswert. 1992. – Aufsätze zum Minnesang, zur höfischen Epik, zum Märe und zum Fastnachtsspiel.

MAX SCHIENDORFER

Geboren 1952. Studium der Germanistik, Anglistik und Kunstgeschichte in Zürich. Dr. phil. Wissenschaftlicher Mitarbeiter am Musikwissenschaftlichen Seminar und Lehrbeauftragter am Deutschen Seminar der Universität Zürich.

Publikationen: Ulrich von Singenberg, Walther und Wolfram. Zur Parodie in der höfischen Literatur. 1983. – (Hrsg.) Johannes Hadlaub. Die Gedichte des Zürcher Minnesängers. 1986. – (Hrsg.) *Mîne sinne, di sint minne.* Zürcher Liebesbriefe aus der Zeit des Minnesangs. 1988. – (Hrsg.) Johannes Hadlaub. Dokumente zur Wirkungsgeschichte. 1990. – (Hrsg.) Die Schweizer Minnesänger. Bd. 1: Texte. 1990. – Aufsätze zur weltlichen und geistlichen Liedkunst des Mittelalters mit editorischen, historisch-biographischen und musikgeschichtlichen Schwerpunkten.

MANFRED GÜNTER SCHOLZ

Geboren 1938. Studium der Germanistik, Anglistik und Philosophie in Tübingen und Bangor (North Wales). Dr. phil. Professor für Deutsche Philologie an der Universität Tübingen.

Publikationen: Walther von der Vogelweide und Wolfram von Eschenbach. Literarische Beziehungen und persönliches Verhältnis. 1966. – Bibliographie zu Walther von der Vogelweide. 1969. – Hören und Lesen. Studien zur primären Rezeption der Literatur im 12. und 13. Jahrhundert. 1980. – Zum Verhältnis von Mäzen, Autor und Publikum im 14. und 15. Jahrhundert. *Wilhelm von Österreich, Rappoltsteiner Parzifal,* Michel Beheim. 1987. – (Mithrsg.) Die *hûsvrouwe* und ihr Gast. Zu Thomasin von Zerclaere und seinem Publikum. Festschrift für Kurt Herbert Halbach. 1972. – (Bearb.) Kurt Herbert Halbach: *Walther von der Vogelweide.* ⁴1983. – Aufsätze und Lexikonbeiträge zur Literatur des Hoch- und Spätmittelalters.

452 *Die Autoren der Beiträge*

HEIKE SIEVERT

Geboren 1961. Studium der Germanistik und Anglistik in Berlin. Dr. phil. Wiss. Mitarbeiterin für Ältere Literatur an der Humboldt-Universität Berlin.

Publikationen: Studien zur Liebeslyrik Walthers von der Vogelweide. 1990.

FRANZ VIKTOR SPECHTLER

Geboren 1938. Studium der Germanistik, Anglistik, Philosophie und Musikwissenschaft in Innsbruck. Dr. phil. Professor für Ältere deutsche Sprache und Literatur an der Universität Salzburg.

Publikationen: Die geistlichen Lieder des Mönchs von Salzburg. 1972. – Der Bruder Wernher. Abbildung und Transkription des gesamten Textes. 2 Bde. 1982–84. – Ulrich von Liechtenstein: *Frauendienst*. 1987. – Ulrich von Liechtenstein: *Frauenbuch*. 1989. – (Mithrsg.) Verskonkordanz zu den geistlichen Liedern des Mönchs von Salzburg. 1975. – (Mithrsg.) Walther von der Vogelweide. Die gesamte Überlieferung der Texte und Melodien. 1977 – (Mithrsg.) Hugo von Montfort. 3 Bde. (Faksimile, Transkription, Konkordanz). 1978–81. – (Mithrsg.) Die Salzburger Stadt- und Polizeiordnung von 1524. 1978. – (Mithrsg.) Die Salzburger Landesordnung von 1526. 1981. – (Mithrsg.) Der Mönch von Salzburg: *Ich bin du und du bist ich*. Lieder des Mittelalters. 1980. – Mithrsg. von Faksimileausgaben und Konkordanzen zu Oswald von Wolkenstein, zur Kolmarer Liederhandschrift, zur Kleinen Heidelberger Liederhandschrift, zur Weingartner Liederhandschrift, zur Sterzinger Miszellaneenhandschrift. Aufsätze zur Literatur des hohen und späten Mittelalters und zum Grenzgebiet Literatur/Musik.

SUSANNE STAAR

Geboren 1964. Studium der Germanistik, Katholischen Theologie und Pädagogik in Freiburg, München und Duisburg. M.A. Dissertation über das deutschsprachige *malmariée*-Lied.

HELMUT TERVOOREN

Geboren 1935. Studium der klassischen Philologie, Germanistik und Geschichte in Köln und Bonn. Dr. phil. Professor für deutsche Literatur des Hoch- und Spätmittelalters an der Universität-GH Duisburg.

Publikationen: Einzelstrophe oder Strophenbindung? Untersuchungen zur Lyrik der Jenaer Handschrift. 1967. – Bibliographie zum Minnesang. 1969. – Minimalmetrik zur Arbeit mit mhd. Texten. 1979. – Reinmarstudien. 1991. – (Mithrsg.) Die Jenaer Liederhandschrift. 1972. – (Hrsg.) Heinrich von Morungen. Lieder. Mhd./Nhd. 1975. ²1992. – (Mithrsg.) *Des Minnesangs Frühling.* Bd. 1: Texte. Bd. 2: Editionsprinzipien, Melodien, Handschriften, Erläuterungen. 1977. – (Mithrsg.) Kommentare zu *Des Minnesangs Frühling.* 2 Bde. 1981. – Zahlreiche Aufsätze zur hochhöfischen Lyrik, zu kodikologischen textkritischen Problemen und zur Sprach- und Literaturgeschichte des maasländisch-niederrheinischen Raumes. Mithrsg. der *Zeitschrift für deutsche Philologie.*

EDITH WENZEL

Geboren 1942. Studium der Germanistik, Philosophie und Geographie an den Universitäten Bonn, Freiburg i. Br., Berlin, Karlsruhe. Dr. phil. habil. Akademische Oberrätin an der Technischen Hochschule Aachen.

Publikationen: Zur Textkritik und Überlieferungsgeschichte einiger Sommerlieder Neidharts. 1973. – Abbildungen zur Neidhart-Überlieferung II. Die Berliner Neidhart-Handschrift c. 1976. – *Do worden die Judden alle geschant.* Rolle und Funktion der Juden in spätmittelalterlichen Spielen. 1992. – Aufsätze zu Walther von der Vogelweide, Süßkind von Trimberg, Martin Luther, Heinrich von Hesler, Hans Folz und zur Rezeptionsgeschichte.

Interpretationen

Romane des 19. Jahrhunderts

Tieck, *Franz Sternbalds Wanderungen* – Hölderlin, *Hyperion* – Schlegel, *Lucinde* – Novalis, *Heinrich von Ofterdingen* – Jean Paul, *Flegeljahre* – Eichendorff, *Ahnung und Gegenwart* – Hoffmann, *Kater Murr* – Mörike, *Maler Nolten* – Keller, *Der grüne Heinrich* – Stifter, *Der Nachsommer* – Raabe, *Stopfkuchen* – Fontane, *Effi Briest*. 8418.

Georg Büchner

Dantons Tod – *Lenz* – *Leonce und Lena* – *Woyzeck*. 8415

Fontanes Novellen und Romane

Vor dem Sturm – *Grete Minde* – *L'Adultera* – *Schach von Wuthenow* – *Unterm Birnbaum* – *Irrungen, Wirrungen* – *Quitt* – *Effi Briest* – *Frau Jenny Treibel* – *Der Stechlin* – *Mathilde Möhring*. 8416

Romane des 20. Jahrhunderts. Band 1

H. Mann, *Der Untertan* – Th. Mann, *Der Zauberberg* – Kafka, *Der Proceß* – Hesse, *Der Steppenwolf* – Döblin, *Berlin Alexanderplatz* – Musil, *Der Mann ohne Eigenschaften* – Kästner, *Fabian* – Broch, *Die Schlafwandler* – Roth, *Radetzkymarsch* – Seghers, *Das siebte Kreuz* – Jahnn, *Fluß ohne Ufer*. 8808

Romane des 20. Jahrhunderts. Band 2

Doderer, *Die Strudlhofstiege* – Koeppen, *Tauben im Gras* – Andersch, *Sansibar oder der letzte Grund* – Frisch, *Homo faber* – Grass, *Die Blechtrommel* – Johnson, *Mutmassungen über Jakob* – Böll, *Ansichten eines Clowns* – S. Lenz, *Deutschstunde* – Schmidt, *Zettels Traum* – Handke, *Der kurze Brief zum langen Abschied*. 8809

Philipp Reclam jun. Stuttgart

Gedichte und Interpretationen

Diese bislang größte Interpretationssammlung in historischer Folge ist für Lehrende und Lernende an Schulen und Hochschulen gedacht und soll ebenso allen anderen interessierten Lesern Zugang zu einzelnen Gedichten – oft zu sehr berühmten Gedichten – und lyrischen Epochen öffnen. Die Auswahl der Texte und ihre Deutung sind so angelegt, daß die jeweils epochenspezifischen Formen und Themen an repräsentativen Beispielen vorgeführt werden und eine verläßliche Abfolge zu einer Geschichte der deutschen Lyrik sich ergibt. Die textnahen, den Argumentationsverlauf und die Gestaltung der Gedichte erschließenden Interpretationen sind selbstverständlich mit den notwendigen geistes- und sozialgeschichtlichen Erläuterungen verbunden; Sekundärliteratur zur ferneren Orientierung wurde beigefügt.

Band 1: *Renaissance und Barock.* Hrsg. von Volker Meid. 7890

Band 2: *Aufklärung und Sturm und Drang.* Hrsg. von Karl Richter. 7891

Band 3: *Klassik und Romantik.* Hrsg. von Wulf Segebrecht. 7892

Band 4: *Vom Biedermeier zum Bürgerlichen Realismus.* Hrsg. von Günter Häntzschel. 7893

Band 5: *Vom Naturalismus bis zur Jahrhundertmitte.* Hrsg. von Harald Hartung. 7894

Band 6: *Gegenwart.* Hrsg. von Walter Hinck. 7895

Alle sechs Bände auch in Kassette erhältlich

Außerdem: *Deutsche Balladen.* Hrsg. von Gunter E. Grimm. 8457

Philipp Reclam jun. Stuttgart